LA SAGA DE LOS
WINDSOR

Jean des Cars

LA SAGA DE LOS
WINDSOR

La pompa y el esplendor de una de las familias reales
más emblemáticas de todos los tiempos

AGUILAR

AGUILAR

© Perrin, 2011
© De la traducción, Núria Petit Fontserè, 2012

De esta edición:
D.R. © Santillana Ediciones Generales, S.A. de C.V.
Av. Río Mixcoac 274, Col. Acacias
C. P. 03240, México, D.F.

Diseño de cubierta: Opalworks
Fotografías de cubierta: Corbis

Primera edición: enero de 2013

ISBN: 978-607-11-2212-4

Impreso en México

Para Victoria, mi reina

Índice

Introducción

El 29 de abril de 2011, gracias a cien cámaras y quinientos técnicos de la BBC, dos mil millones de telespectadores de ciento ochenta países siguieron la boda del príncipe de Gales, nieto de la reina Isabel II, con *miss* Catalina Middleton. Una audiencia cuatro veces mayor que la de la boda de Carlos y Diana en 1981. Según dijo el presidente Obama durante su visita oficial a Londres poco después, «la ceremonia fascinó a América».

Era difícil sustraerse al acontecimiento. Desde que se anunció la boda los medios acosaban a los novios y los internautas colgaban en la red toda clase de parodias. Ninguna de esas bromas —algunas muy atrevidas— fue censurada, lo cual demuestra que la monarquía no es incompatible con la democracia. Los republicanos, que son pocos, prometían protestar, y los *bookmakers*, según una muy arraigada tradición británica, cruzaban sus apuestas... incluso para pronosticar quién sucedería en el trono a Isabel II, si su hijo Carlos o su nieto Guillermo, el popularísimo novio. Un rumor afirmaba que el 76 por ciento de los británicos creía que Guillermo sería mejor rey que su padre. Los sondeos, implacables para Carlos y muy halagadores para Guillermo, no llegaban sin embargo a considerar la posibilidad de que el heredero abdicase en favor de su hijo, ya que esto provocaría una crisis constitucional comparable a la que se vivió en 1936 cuando Eduardo VIII renunció a ser rey para casarse con una americana divorciada en dos ocasiones con el agravante de que sus dos ex maridos aún estaban vivos.

Pero de todos modos la cuestión se plantea, ya que la soberana, que sucedió a su padre Jorge VI en 1952, reina desde hace cincuenta y nueve años. Y hay una pregunta subsidiaria: ¿Podrá Isabel II superar el récord de la reina Victoria? Ésta, que subió al trono en 1837 y murió en 1901 y fue además emperatriz de las Indias, reinó sesenta y cuatro años; una duración comparable a la del reinado del emperador Francisco José, el monarca Habsburgo que reinó sesenta y ocho años; sin olvidar a Luis XIV de Francia, campeón occidental absoluto con un reinado que duró setenta y dos años.

Aquel 29 de abril de 2011 Isabel II, con vestido, sombrero y guantes de color amarillo canario, exhibía a sus 85 años una sonrisa de oreja a oreja. Estaba visiblemente satisfecha y además lo demostraba, lo cual es rarísimo. Su Majestad, por una vez muy graciosa como afirma el *God save the Queen*, podía saborear la prueba de que la monarquía había recuperado un prestigio que se había visto mermado de gravedad tras la muerte globalizada, el 31 de agosto de 1997, de su ex nuera, la mítica e incómoda Diana. Había hecho falta tiempo para reconquistar el respeto del pueblo tras la oleada de descontento desatada por una opinión pública profundamente contrariada por la aparente indiferencia de la soberana. La reina no comprendió que aquella muerte brutal —misteriosa para muchos— había convertido a Diana en un icono universal. La princesa había sido «sacrificada», el pueblo estaba «destrozado» y la soberana se mostraba «ajena a un intenso dolor». La gente había llegado a la conclusión de que la reina, obligada a no manifestar jamás sus sentimientos ni sus emociones en público, no tenía corazón ni era capaz de sentir piedad. Esos Windsor parecían impermeables a la emoción.

Más tarde la impresionante película *The Queen* (La reina), de Stephen Frears, mostró cómo el colosal homenaje del pueblo había obligado a la reina a salir de su aislamiento afectivo gracias a los consejos apremiantes de su primer ministro Tony Blair. Al dolor popular se contraponía la frialdad real. El prestigio de Isabel II se vio empañado. Se llegó incluso a pensar que la monarquía estaba amenazada... a causa de un gigantesco malentendido. Luego el príncipe Carlos, que había rehecho su vida, se mostró como un padre solícito y se ocupó de sus dos hijos huérfanos de madre. Recuperó la estima del público, lo cual contribuyó a mejorar la imagen de los Windsor.

¿Por qué aquel enlace del 29 de abril de 2011 (llamada de forma abusiva «la boda del siglo») suscitó tanto interés, tantas pasiones, tantas discusiones, y provocó toda clase de reacciones empezando por un cariño espectacular del pueblo hacia la familia real, y por lo tanto hacia la monarquía que ésta encarna? ¿Por qué la boda de una pareja moderna —los futuros esposos, cuyo romance había sido revelado por *The Sun* en 2004, se conocían bien, ya habían vivido rupturas y crisis en medio de los fastos de un reino que pasaba a su vez por diversas turbulencias económicas—, entre un idilio romántico y un espectáculo perfectamente orquestado, provocó tantos sueños? Porque esa boda era la ocasión ideal para la monarquía de escenificar una de esas representaciones que sólo ella puede ofrecer. Sin duda también porque al contrario que la unión de conveniencia entre Carlos y Diana, el público presintió que esta vez se trataba de una boda por amor que devolvía a la Corona su parte de ilusión. Esa boda representa la unión entre la casa de Windsor y la familia Middleton, los primeros «plebeyos» que merecen tal honor en trescientos cincuenta años. Y eso significa que hoy los herederos de las coronas al casarse buscan el amor y no el interés dinástico, diplomático o político, como solía ser hasta principios del siglo xx. Si está en juego el amor, la opinión es por tanto de una exigencia mayor y cualquier ruptura es más dramática que antes de 1914. En el transcurso de la década de 1990 la ruptura matrimonial de los tres hijos de Isabel II causó graves perjuicios a la notoriedad de los Windsor, comparables (en intensidad, aunque no en sus consecuencias) a la conmoción que provocó Eduardo VIII cuando abdicó en 1936 para casarse con Wallis ex Simpson. Después de sólo nueve meses de reinado el primogénito de Jorge V renunció a todos sus derechos. Le adjudicaron un nombre que era como una especie de síntesis británica: duque de Windsor. Fue el primero en llevar ese título, y sin duda será el único, pues su vida se vio rodeada de elementos novelescos, qué duda cabe, pero también de escándalos, de componendas y hasta de traiciones antes y durante la Segunda Guerra Mundial. La enigmática duquesa de Windsor jamás tuvo derecho al tratamiento de Alteza Real, una humillación que le costó mucho aceptar.

La esencia de la realeza es su duración. Pero la longevidad, aunque respetable e impresionante, también es una trampa. «Para que todo cambie es preciso que nada cambie», escribía el príncipe de Lampedusa, el autor de *Gatopardo*. En la primavera de 2011 los Windsor debían cambiar sin hacer destrozos. Sobre todo no debían desaprovechar ese encuentro entre su secular razón de ser y el orgullo nacional. Fue tanto más esencial cuanto que paradójicamente la importancia que se concede a las bodas reales (cobertura mediática obliga) ha aumentado paralelamente al declive del poder efectivo de la monarquía. La imagen compite por no decir que ha sustituido al poder objetivo. Es una influencia inmediata difícil de controlar. Hace soñar, sí, pero puede trocarse en pesadilla.

En vísperas de la boda de Guillermo y Catalina todos los sondeos confirmaban el apego de los británicos (más del 76 por ciento) a la Corona, porque contribuye a la unidad del país y da de él una buena imagen, sobre todo en el extranjero. Incluso *The Guardian*, el diario de centroizquierda y de referencia fundado en 1821, mientras que constataba que la monarquía seguía siendo intocable en el corazón de la gente, resumía el sentimiento y decía que «Reino Unido no está por la revolución». La única revolución que tuvo éxito se remontaba a más de tres siglos y medio. Fue el intento republicano de Oliver Cromwell sobre un fondo de guerra civil que acabó con la ejecución del rey Carlos I el 30 de enero de 1649. Desde entonces al otro lado del canal de la Mancha se han conformado con cambiar de dinastía.

En esa primavera de 2011 la familia real, llamada «la firma» por envidia o en son de mofa, ya no tenía derecho a equivocarse. No era una coronación, y por lo tanto no era una celebración de Estado, sino una ceremonia por así decir «familiar» a escala planetaria bajo la protección vigilante de cinco mil policías y soldados y la atención indiscreta de miles de periodistas. Por consiguiente se esperaba mucho del acontecimiento. Ciertos aguafiestas, siempre los mismos, y entre ellos algunos corresponsales y unos cuantos enviados especiales al acecho de fracasos y catástrofes, denunciaban sarcásticos una puesta en escena escandalosa, mientras el fervor nacional, en todos los sectores de la sociedad, era entusiasta y se obstinaba en serlo. Es más, la gente estaba empeñada en mostrarse satisfecha.

Fue majestuoso, imponente, con el indispensable detalle humano y de humor *british* para que decenas de millones de sonrisas acompañasen las cinco horas de festividades públicas. Algunos vieron en el apellido de soltera de Catalina (a quien le gustaría que recordasen que su verdadero nombre de pila se escribe con C...) un signo de equilibrio. Nacida Middleton, es la muchacha del «término medio», ni demasiado guapa ni demasiado exuberante ni demasiado brillante, pero simpática, sana y espontánea. Tiene el don de hacer lo correcto en el lugar adecuado y en el momento oportuno.

En la ceremonia de la boda del príncipe Guillermo con la bonita Catalina no hubo el más mínimo tropiezo. Todo salió a pedir de boca. Ni el más mínimo retraso sobre el horario previsto por el protocolo (en su boda con Felipe en 1947 Isabel, todavía princesa heredera, llegó un minuto tarde). A la llegada del primer ministro David Cameron y su esposa a la abadía de Westminster el jefe de gobierno fue aplaudido. Esto sorprendió sobre todo porque el inquilino del número 10 de Downing Street acababa de anunciar severísimas restricciones presupuestarias y una cura de austeridad difícil de soportar. Pero ¡ese 29 de abril la crisis no estaba invitada a la boda! La jornada era un paréntesis que ninguna hada malvada vendría a estropear. Otras noticias negativas y otros escándalos político-mediáticos serían revelados días más tarde.

No hay boda real sin carroza. A la salida de Westminster, la carroza iba descubierta, pues el cielo se mostró clemente. Ese 29 de abril la monarquía supo combinar la tradición con la innovación: ante un millón y medio de personas reunidas delante de Buckingham Palace, al llegar al balcón engalanado de rojo y oro, la novia, radiante, murmuró *waow!*, a menos que fuera un más protocolario *oh my God!* —no se sabe a ciencia cierta—, pero se sintió deslumbrada y sin duda agradecida ante semejante entusiasmo popular. Los novios intercambiaron dos besos, el segundo, muy amoroso, a las 13.27 hora local. ¿Dijo Guillermo *Kiss me, Kate*, título de una famosa canción de comedia musical? Aquel beso provocó una oleada de bravos y hurras, y es una de las imágenes que conservará la historia. Ocupó las portadas de muchos periódicos. Más de seiscientas mil personas habían acudido, algunas de muy lejos, para vivir ese momento en la plaza. Después, como innovación, la pareja se fue en un magnífico Aston Martin convertible propiedad del príncipe Carlos (no era exactamente el de James Bond, pero casi), con una placa de matrícula trasera donde sólo se leía *Just wed* («recién casados») y sin el habitual estruendo de cacerolas atadas al parachoques, sino en medio de una suelta de globos rosas, algunos en forma de corazón. Al pueblo le encantó, se identificó, vio en ello sus propios recuerdos, sus sueños y sus nostalgias. Un entreacto en las preocupaciones del día a día. Todo fue impecable, simpático, sin errores, solemne pero sin rigidez, algo que no estaba garantizado de antemano. Un coctel juicioso como saben prepararlos al otro lado del canal. Y los comentaristas que afirmaban que dos tercios de los británicos eran indiferentes a la ceremonia quedaron desmentidos. Guillermo y Catalina, en adelante llamados el duque y la duquesa de Cambridge, un título que se remonta al siglo XVII, han aprobado su primer examen de pareja ante el público. ¡Y qué público! Sin duda el hecho de que Catalina, graciosa y sencilla, elegante y risueña, sea una británica sin ascendencia aristocrática es parte esencial del éxito. Lo complicado obviamente queda por hacer. Lo más difícil será llevar una vida tan sencilla como sea posible.

Como era de esperar el recuerdo de Diana no estuvo ausente, ya que había sido la esposa del príncipe Carlos y por lo tanto la madre del novio. Su sombra estuvo presente en la memoria de todos los asistentes. Era imposible olvidar las desdichas de la «princesa de corazones», como la llamó Tony Blair, el primer ministro en el momento del drama, su muerte trágica y el dolor de sus hijos tan jóvenes. Se comparó el vestido de Catalina, muy depurado y sobrio, muy ajustado al cuerpo, con el que lució la difunta Diana. La cola del vestido de Catalina era más corta (2.70 metros) que la de Diana, que era interminable. Recordaba un poco la de Grace Kelly cuando se convirtió en princesa de Mónaco en 1956. El encaje fue bordado en Caudry, en el norte de Francia, un pequeño guiño a un siglo largo de *entente cordiale*. Al día siguiente a los *tullistes* de Caudry empezaron a lloverles los pedidos de encajes de alta gama y gracias a Internet en pocas horas estaban disponibles al precio de 2 700 euros las copias del vestido que hasta entonces había sido un secreto de Estado. ¡Una ganga comparada con los 45 000 euros del original! Sin duda no habrá copias de la diadema que lució Kate. Prestada por la reina fue diseñada en 1936 por Cartier. Jorge VI se la regaló a su esposa Isabel, futura reina madre, y esa joya fue transmitida a su hija el día en que cumplió 18 años. Que Kate la llevara era la demostración de que la soberana aprobaba esa unión.

En cuanto al espectáculo popular y mediático, una boda como ésta sólo es un éxito si reserva alguna sorpresa bien preparada y de buen gusto. La aparición de Pippa, guapísima hermana menor y dama de honor de la novia, fue un buen golpe. Su belleza representó una muy seria competencia para Kate. Que un soldado, agotado, se desmayase forma parte de la tradición,

aunque ese desmayo no sea nada glorioso. Pero que un futbo-
lista ose llevar una condecoración en un chaqué y encima en la
solapa derecha (!) es imperdonable. ¿No había nadie en el protocolo para impedir esa metedura de pata? En su descargo
podemos decir que David Beckham es un deportista poco familiarizado con los usos cortesanos. Pero de todas formas merece una tarjeta roja.

Hacía falta una pizca de originalidad. Se encargó de ello
Elton John, que asistió con su marido. Entonces la gente se
preguntó por qué la estrella de la canción no se había puesto
un vestido. No importa. En cualquier caso, ¡fue *so british!* La
palma del mal gusto se la llevó sin duda el tocado de las dos
hijas del príncipe Andrés. El sombrero surrealista que llevaba
Beatriz de York parecía una mezcla de trofeo de caza y chimenea. Afortunadamente fue puesto a subasta en *e-bay* y, según
The Daily Telegraph, la suma obtenida —93 579 euros— fue
a parar a una asociación benéfica... Lo verdaderamente asombroso del programa fue la transformación sin precedentes de
una parte de Buckingham Palace en discoteca para trescientos
invitados, con una bola de luces reclamada por Pippa y un DJ
contratado por Enrique, el hermano de Guillermo. Se bailó
hasta el amanecer. Hubo que servir litros de café muy concentrado para despejar a los supervivientes a la hora del *breakfast*.

Se quiera o no la vieja monarquía, que ha visto tantas
cosas, se ha rejuvenecido, se ha regenerado, se ha humanizado.
Inevitablemente se criticó el costo de los festejos, pero la impresión habría resultado desastrosa si la ceremonia hubiese sido
pobretona, y la familia de Kate tuvo el detalle de pagar las facturas del hotel y el restaurante. Los uniformes, los señores elegantes, a la moda de Saville Row, la calle de los grandes sastres
londinenses, los inverosímiles *bibis* como únicamente en la
corte de Saint James (su nombre oficial) es costumbre que lle-
ven las mujeres, todo aquel fasto ¿no estaba acaso fuera de
lugar? Por supuesto que no. Hay que saber que aunque la lista civil de la Corona pueda parecerle elevada al contribuyente
británico, la monarquía es un gran negocio para la economía

de Reino Unido: proporciona más de 500 millones de euros anuales. Los turistas (cerca de 30 millones al año) son atraídos por el espectáculo, en particular el espectáculo inmutable del relevo de la guardia de Buckingham Palace y los desfiles a caballo. Cabe señalar además que, contrariamente a una idea muy extendida, esos soldados con su casaca roja y su gorro de pelo de oso como los Royal Scots no son figurantes de opereta, sino verdaderos combatientes cuyos regimientos tienen, por turno, el honor de asegurar el servicio de orden del soberano, cuando no están participando en guerras lejanas, por ejemplo en Afganistán.

Digámoslo con claridad: la elección de un presidente de la República también es cara, pero compensa menos desde el punto de vista estrictamente económico. El general de Gaulle, que confirió al cargo presidencial un prestigio digno de la realeza, gustaba de señalar una paradoja: los franceses guillotinaron a su rey, pero les encantan tanto los príncipes que van a buscarlos al extranjero y quieren recibirlos dignamente. Un diputado laborista, Tristram Hunt, también historiador, declaró en el *Figaro*: «El mundo ha podido admirar a una Gran Bretaña orgullosa de sus instituciones y de su pasado. Nadie domina como los británicos el esplendor y las tradiciones de este tipo de bodas». Sólo podemos objetar que el día de fiesta concedido a los súbditos de Su Majestad (cierre de fábricas, oficinas y comercios) afectó el crecimiento del segundo trimestre, pero sería injusto y estúpido echarle la culpa a la joven pareja. La fiesta fue perfecta, y esto es lo que cuenta.

Si la cobertura mediática fue tan amplia, siendo el príncipe Guillermo nada más que el segundo en la lista de sucesión al trono, y por lo tanto el heredero del heredero, también es porque la reina Isabel II sigue siendo el jefe de Estado de dieciséis países de los cincuenta y tres que componen la Commonwealth, algunos inmensos, como Canadá y Australia, otros más reducidos, como Nueva Zelanda, Lesotho, Brunéi o las Bermudas, Su Majestad está representada por gobernadores o por gobernadores generales[1]. Aunque el Imperio Británico haya sido sustituido por la Commonwealth Británica de Naciones, aunque la época de los dominios autónomos, que tan próximos se mantuvieron a la Gran Bretaña durante las dos guerras mundiales, se acabara después de 1945 todavía hay colonias. Gibraltar es en este sentido emblemático. ¡Desde 1704! El sol no se pone en los territorios donde la influencia británica ha dejado su huella inimitable, más o menos visible, lejos de Londres, aunque sólo sea por su lengua y su conducción por la izquierda. Y si ninguno de estos países ha decidido por ahora enviar esa influencia al museo de la Historia, es porque la monarquía aporta moralmente mucho al pueblo. Con los fallecimientos, las bodas, las coronaciones y las entronizaciones que se van sucediendo, los monarcas ostentan un prestigio mágico que vale tanto como el poder político: garantizan la unidad de su pueblo. Es la fuerza de los símbolos. Como contrapartida los *royals*, como se les conoce en el país de Albión, tienen que ser ejemplares, irreprochables, no escandalizar ni decepcionar. De lo contrario la sanción es la picota mediática: sabido es con qué diligencia los temibles tabloides de gran tirada venden sus informaciones y sus juicios en portada. Tienen una facilidad notable para los titulares. Esa prensa que asume riesgos es implacable, a veces a sus expensas, y sus métodos no siempre son recomendables. Lo hemos visto recientemente con los periódicos del grupo Murdoch.

En la boda de Guillermo y Kate, el más inspirado, el más divertido y el más insolente de todos los comentaristas francófonos en las cadenas de televisión francesas fue Karl Lagerfeld. Con impertinencia y exactitud, pero también con afán de veracidad histórica, recordó, con su acento germánico del que tanto jugo sacan los imitadores, que los Windsor, esa familia que encarna a la perfección al Reino Unido en sus alegrías y sus desdichas, no son de origen inglés, ni galés, ni escocés, ni siquiera irlandés, sino... alemán. Y esto no es nuevo. En efecto, tras las dinastías normandas de los Plantagenet, Lancaster, York, Tudor y Estuardo, en 1714, con el rey Jorge I accedió al trono la casa de Hannover. Luego, en 1840, la boda de la joven Victoria con el príncipe Alberto de Sajonia-Coburgo-Gotha refrescó la parentela germánica de la monarquía inglesa.

Sajonia-Coburgo-Gotha es un patronímico difícil de llevar y de hacer aceptar cuando estalla la Primera Guerra Mundial y Reino Unido lucha contra el imperio del káiser. Además, la guerra también es un conflicto familiar, ya que Guillermo II es por su madre nieto de la legendaria reina Victoria. Había que hacer algo para disipar las sospechas de simpatía germánica y despejar cualquier ambigüedad. Cambiar de nombre sin cambiar de familia fue el truco ideado por el rey Jorge V. Se imponía un nombre, uno solo: Windsor, el de un extraordinario castillo al sur de Londres, en la orilla derecha del Támesis, ni demasiado cerca ni demasiado lejos. ¿Por qué Windsor? Porque desde hace diez siglos es sinónimo de Inglaterra con una historia particularmente compleja. Windsor es la mayor fortaleza del mundo que sigue estando habitada y la única de las Islas Británicas que jamás ha dejado de estarlo. Con sus ochocientas habitaciones, de las que doscientas veinticinco son dormitorios, más ciento cincuenta y una escaleras y pasillos, por no hablar de sus tesoros, Windsor engloba, resume, reconstruye y escenifica toda la historia de Inglaterra desde Guillermo el Conquistador. A finales del siglo XVI, el teatro de Shakespeare lo usó como escenario prestigioso; luego hacia 1599 el nombre de Windsor se hizo inesperadamente famoso merced a la comedia *Las alegres comadres de Windsor*. El protagonista, sir John Falstaff, que encontramos en otras obras y tragedias shakesperianas, es un personaje bufo que esta vez se enamora de dos burguesas. Burlado por estas dos mujeres, también es hostigado en el bosque de Windsor por la población, que apoya a las comadres, todo ello en un ambiente a la vez cómico y de cuento de hadas.

En la noche de ese 29 de abril de 2011, como las comadres ya no tenían nada que decir, la reina se fue a descansar a Windsor, su residencia favorita. Le gusta pasar esa época del año en Windsor, y también el mes de junio, para asistir a las carreras de Ascot, el hipódromo de las elegancias, no lejos de allí. Cuando la reina reside en Windsor a título oficial o privado su pabellón es izado en el antiguo torreón macizo, en lugar de la *Union Jack* de Reino Unido. Allí Isabel II recupera el silencio que imponen varios siglos de historia. Ella es la cuadragésima segunda monarca británica, y treinta y nueve reyes antes que ella han habitado con regularidad ese castillo. En Windsor es donde late el corazón de la monarquía inglesa.

Capítulo I

1917
Jorge V, rey de Inglaterra, ya no es de origen alemán

Londres, martes 17 de julio de 1917. El gabinete de trabajo del rey Jorge V. La Primera Guerra Mundial había empezado hace casi tres años. Estamos en el 348 día de combates, sufrimientos, esfuerzos, victorias pagadas muy caras y trágicos fracasos. Del 21 de febrero al 15 de diciembre de 1916 la batalla de Verdún —trescientos días de lucha sin cuartel— ya ha cobrado la vida de trescientos mil hombres, franceses y alemanes. Varios acontecimientos ligados al conflicto han agravado la situación de los aliados antes de modificarla en un sentido positivo. En Francia se han producido movimientos pacifistas, motines y huelgas en las fábricas de armamento, sobre todo en enero y en mayo, que han socavado la moral de la tropa y que han comprometido la estrategia de las operaciones. Varios cabecillas han sido ejecutados en los regimientos de Infantería. En Irlanda el levantamiento popular del 24 de abril, día de Pascua, liderado por nacionalistas contra Gran Bretaña, se ha reprimido a sangre y fuego. En esa insurrección el gobierno de Londres ha denunciado una maniobra de Berlín. Esos movimientos son consecuencia de la Revolución rusa, que ha estallado a principios de marzo y provocado la abdicación del zar

Nicolás II, cuya esposa es una nieta de Victoria y cuyo imperio se había comprometido desde el verano de 1914, tal como estaba acordado, al lado de los franceses, pero también de los británicos. Un mes más tarde, a principios de abril, Estados Unidos ha entrado en guerra contra Alemania y sus primeros contingentes han llegado en junio. En cierta forma la guerra deja de ser europea, puesto que América viene a combatir al Viejo Continente, especialmente a Francia al grito de *La Fayette, nous voilà!*.*

Pero desde el comienzo de las hostilidades la opinión pública británica sentía un fuerte rechazo hacia todo lo germánico, incluidos los perros, los famosos pastores alemanes. Como durante la ocupación de Alsacia y Lorena por el imperio de Guillermo II, comer chucrut podía considerarse un acto de sabotaje... La misma palabra *sauerkraut* había sido sustituida por una expresión sorprendente, *liberty cabbage*, «la col de la libertad»: ¡un destino inesperado para ese modesto vegetal! De entrada un allegado de la familia real había sido víctima de este boicot: el primer lord del Almirantazgo, el almirante Battenberg, padre del futuro virrey de las Indias, lord Louis Mountbatten. El nombre del comandante en jefe de la Royal Navy sonaba demasiado germánico. Y en todo el imperio parecía absurdo que el soberano que residía en Buckingham Palace fuese de origen alemán. Además era el colmo que la guerra opusiera directamente a dos de los nietos de la legendaria reina Victoria: en efecto, ¡Guillermo II y Jorge V eran primos hermanos!

En el verano de 1914, décadas de resentimiento y desconfianza, envueltas en alianzas circunstanciales con algunas bodas incluidas, habían sido pulverizadas por los intereses superiores de los estados, por no mencionar el interés de los «fabricantes de cañones». Esa extraña situación no era más que la prolongación

---

* La Fayette (1757-1834) fue un aristócrata liberal francés que luchó junto a los americanos en la guerra de independencia. *[N. de la T.]*

de un embrollo dinástico que cuando estalló la Primera Guerra Mundial se mantenía desde hacía exactamente dos siglos.

DESDE 1714 LOS REYES DE INGLATERRA SON... ALEMANES

En su larga historia la Corona británica ha conocido varias dinastías desde Guillermo el Conquistador, el vencedor de Hastings en 1066. A los reyes normandos les sucedieron las casas de Plantagenet, Lancaster, York, Tudor y Estuardo hasta 1714. En esa fecha es un elector de Hannover, lugar en el que nació en 1660, quien ocupa el trono de Inglaterra con el nombre de Jorge I. Este monarca es biznieto de Jacobo I, un Estuardo, y representa el linaje protestante más próximo a la dinastía anterior, pero sólo Jacobo I había sido católico. Jorge I no domina la lengua inglesa y se interesa más por su país de origen que por Inglaterra, donde procura residir lo menos posible. De su reinado data la tradición según la cual el gabinete depende esencialmente del Parlamento en vez de estar sometido a la voluntad del rey. El desarrollo del parlamentarismo al otro lado del canal nace en esa época. Cuatro soberanos más tarde, la reina Victoria sólo tiene 18 años cuando en 1837 sucede a su tío Jorge IV, un dandi aquejado de todos los vicios y desacreditado por completo a causa del aroma a escándalo que rodea su vida. Del reinado prestigioso y excepcionalmente largo de Victoria, lo que debemos retener aquí es que estabiliza la monarquía y que el castillo de Windsor se convierte en su remanso de paz, aunque desde su acceso al trono en 1837 Victoria ha convertido Buckingham Palace en la residencia oficial del soberano británico.[1] En Windsor vive y recibe. A la fortaleza muy restaurada le confiere una celebridad definitiva. Ese castillo, único en todos los sentidos, está tan ligado a su felicidad como a su autoridad. En el momento de su entronización Victoria es considerada caprichosa y un poco alocada, lo cual perjudica al prestigio de la monarquía, que es frágil y controvertida. ¿Acaso no es la nieta del «rey loco», Jorge II, otro Hannover, que había perdido a la vez la razón y las colonias de América en el transcurso de su guerra de independencia apoyada por Luis XVI?

Victoria es pequeña, pero su metro cincuenta es un concentrado de energía e inteligencia. Rápidamente la soberana se propone y consigue ser amada y respetada. Se impone por su autoridad, su trabajo de representación y sus cualidades. A los 11 años había escrito: «Seré buena». Presentía que sería reina, ya que, al subir al trono su tío Jorge IV, Victoria de Hannover se convirtió en presunta heredera. Coronada en la abadía de Westminster el 28 de junio de 1838, la joven reina se arroga tres derechos esenciales que ningún gobierno, sea conservador o liberal, le podrá retirar: «el derecho a ser consultada, el derecho a impulsar y el derecho a advertir». Sin ser personalmente todopoderosa, encarnará el poder.

Tras los lamentables errores de sus predecesores Victoria dará un nuevo rostro a la Corona y le aplicará un adjetivo: existe una era victoriana igual que hubo una época isabelina. Si la monarquía victoriana nos parece mecánica y a veces impersonal, es porque tenía que ser estirada para protegerse y fortalecerse, en dos palabra para imponerse.

La reina Victoria lanza una moda: ¡se casa de blanco!

La joven Victoria libra un combate para borrar de su reino toda huella continental. Por esa razón la reina expulsa de la corte a su madre, que sigue siendo demasiado alemana. Son muchos los pretendientes que la cortejan, pero la joven apodada «rosa de Inglaterra» sólo se puede casar con un protestante. Es Leopoldo I, el primer rey de los belgas, el que mueve los hilos. También él procede del rico vivero de Sajonia-Coburgo-Gotha, que ya ha trenzado varias alianzas con la Casa Real de Gran Bretaña. Y antes de ser elegido rey de los belgas en 1830, Leopoldo había sido el esposo fugaz de la princesa Carlota Augusta, hija única del príncipe regente, el futuro Jorge IV. En Windsor fue donde Victoria cayó rendida a los encantos de su primo Alberto, el 10 de octubre de 1839, y escribió en su diario: «Alberto es asombrosamente guapo. Es muy amable y nada afectado. En una palabra: fascinante».

El domingo 10 de febrero de 1840 Victoria se casa con Alberto de Sajonia-Coburgo-Gotha después de una indispensable formalidad en el registro civil, ya que el gobierno y el Parlamento se han apresurado a votar un *bill* de naturalización del marido. La reina no se casa con un extranjero, sino con uno de sus súbditos. Introduce una novedad al darle el título de Alteza Real y el rango de mariscal, pero también al reducir su lista civil de 50 000 libras anuales a 30 000, que era la cantidad concedida hasta entonces a las esposas de los anteriores monarcas. Victoria, que simbolizará tantas tradiciones, empieza transgrediéndolas: envuelta en satén y encajes, la reina se casa de blanco, inaugurando esta moda en Occidente. Y para decidir de una vez por todas el estatus protocolario de su esposo decreta que vendrá inmediatamente detrás de ella, «salvo que el Parlamento le asignase otro rango». Si bien, oficialmente, Victoria se casa con un inglés, la corona de rosas y flores de azahar entreveradas con una brizna de mirto que lleva es una vieja costumbre alemana. Por primera vez una reina de Inglaterra se casa según el rito anglicano, puesto que María Tudor era católica, Isabel I se mantuvo soltera y Ana Estuardo ya era la esposa de Jorge de Dinamarca cuando accedió al trono en 1702.

Fue en Windsor donde la joven reina quiso pasar unos días de luna de miel con su querido Alberto, una innovación para la época. A pesar de una migraña tenaz a la mañana siguiente escribe: «¡Qué felicidad tener un marido como él!». Se comprende por qué Windsor fue desde entonces tan apreciado por la familia real...

El 10 de octubre de 1844 Victoria recibió a Luis Felipe de Francia, y al día siguiente se sirvió un gran banquete en la sala de Saint George. El rey de los franceses le regaló a la soberana la carroza de asientos azules en la que había llegado y este carruaje tirado antaño por cuatro caballos se conserva hoy en los establos reales de Buckingham Palace. Nicolás I de Rusia, el «zar de hierro», que se consideraba el gendarme de Europa, llegó en visita oficial y, afectado a su vez por la anglomanía entonces muy de moda, se fue con la idea de construir un *cottage* en el parque de su palacio de Petrovoretz a orillas del mar Báltico.

EN WINDSOR NAPOLEÓN III JURA FIDELIDAD A LA REINA DE INGLATERRA

Tras algunas reticencias, pero seducida al final por el encanto de Napoleón III y la elegancia de la emperatriz Eugenia, Victoria los invitó a Windsor el 18 de abril de 1855, una época en que Inglaterra y Francia eran aliadas en la guerra de Crimea contra Rusia. En la magnífica capilla de San Jorge la reina Victoria honró al emperador de los franceses otorgándole la cinta azul de la Jarretera, la más distinguida de las condecoraciones, que se remonta al siglo XIV y cuya divisa, no menos distinguida, es *Honni soit qui mal y pense*. ¿Qué pensaría el tío del recipiendario, es decir Napoleón I? Su sobrino prestó juramento de fidelidad... a la reina de Inglaterra, y en aquella época, el último monarca francés que entró en esa orden, que se reúne una vez al año en Windsor, fue un Borbón, Luis XVIII, entonces exiliado. Al menos Napoleón III estaba en el poder... y era sinceramente anglófilo.

Pero ofrecer luego a los soberanos franceses un baile en la espléndida sala gótica contigua (30 metros por 14) de los años 1820-1830 planteaba un serio problema diplomático, ya que el nombre oficial de la sala es «Waterloo» y está decorada con los retratos (pintados por Thomas Lawrence) de los principales reyes, dirigentes políticos y jefes militares que contribuyeron a la derrota final de Napoleón en 1815. Recibir allí al sobrino del adversario más conspicuo de Inglaterra recordando su derrota en Waterloo era algo embarazoso. Los servicios del protocolo borraron el insulto que representaba el nombre de «sala Waterloo», y mientras duró el acto ésta se convirtió en la «sala... histórica». La denominación era hábil y no podía ofender a nadie, puesto que toda cena en Windsor es una página de historia.[2]

La unión de Victoria y Alberto fue dichosa, bendecida por nueve hijos, pero quedó rota por la muerte prematura del príncipe consorte en 1861. Victoria se mostró inconsolable y cayó en una apatía rayana en la sinrazón. Envolviendo en adelante su figura oronda en crepé negro, Victoria, la reina viuda, que su primer ministro favorito Disraeli hizo proclamar emperatriz de las Indias en 1877, era un formidable ejemplo de estabilidad del Estado. Garante del equilibrio de las instituciones y respetuosa de la alternancia, a veces desautorizaba a sus primeros ministros, como Palmerston y Gladstone. Durante los sesenta y cuatro años en que el reino estuvo bajo su cetro, Francia conoció doce jefes de Estado, dos dinastías y tres revoluciones, Prusia cinco monarcas, España cuatro soberanos, dos dinastías y varios golpes de Estado en una interminable guerra civil, la primera. Merced a la longevidad de su reinado, Victoria no sólo estabilizó la monarquía, sino logró además volverla magistralmente inglesa. Fue la edad de oro del castillo de Windsor; con ella, aquel vasto lugar de veraneo se transformó en un magnífico palacio para alojar a los jefes de Estado extranjeros. Próxima a Londres, Windsor se había convertido, a mediados del siglo XIX y por voluntad de la reina, en una verdadera embajada de las tradiciones inglesas al servicio de las relaciones exteriores, a las cuales la soberana prestaba especial atención.

Victoria tiene unas dotes psicológicas poco frecuentes. Lord Salisbury, sucesor de Disraeli de 1885 a 1892, confiesa: «Cuando conocía el pensamiento de la reina estaba casi seguro de conocer la opinión de sus súbditos y en particular la opinión de la clase media».[3]

Para afirmar sus costumbres británicas, Victoria aconsejaba a su hija Vicky, convertida en princesa heredera de Prusia, que no bebiera más que té inglés en su castillo de Potsdam, cerca de Berlín. Hasta el final de sus días, la reina desconfió de

Guillermo II, ese Hohenzollern, rey de Prusia y emperador de Alemania, que era su nieto. Y le transmitió este consejo de prudencia a su hijo el príncipe de Gales al que siempre mantuvo apartado de los asuntos de Estado. Eduardo había sido muy paciente, puesto que su madre no falleció hasta los albores del siglo XX, el 22 de enero de 1901. Él ya tenía 60 años cuando se convirtió en el rey Eduardo VII.

EDUARDO VII, UN REY DE INGLATERRA ALEGREMENTE FRANCÓFILO

El nuevo soberano, de una jovialidad contagiosa y entusiasta, desarma a sus adversarios con sus comentarios sensatos. Inteligente y visionario, está bien informado de la situación internacional. *Bon vivant*, amante de todos los placeres, es famoso por sus aventuras parisinas. Una noche, durante una de sus irrupciones en el Moulin Rouge, cuando todavía era príncipe de Gales, invitó a un *magnum de champagne* a la reina del cancán, la célebre Goulue. La bailarina lo había abordado con toda la guasa de la que era capaz: «¡Eh, Gales! ¿Invitas a champán?». Las aventuras galantes del príncipe y su desenvoltura alegraban los cabarets de Montmartre. Otra noche, el hijo de Victoria estaba sentado a una mesa del *Chat noir*, un famoso establecimiento del bulevar de Rochechouart cuyo dueño, Rodolphe Salis, solía insultar a los clientes. Llamado a capítulo por un par de policías con sombrero hongo, el hombre consintió en limitarse a la longevidad de la reina: «¿Qué tal, monseñor? ¿Y mamá? ¿Sigue bien de salud?». El ilustre interpelado respondió sonriendo: «Sí, gracias a Dios. Le agradezco su interés».

Cuando por fin accedió al trono, Eduardo VII no se interesaba sólo por las francesas y por la disoluta «vida parisina». Aquel francófilo estaba preocupado por el papel que Alemania pretendía desempeñar en el mundo. De su corto pero decisivo reinado (1901-1910) la historia recuerda sobre todo que aquel monarca amable, que se expresaba en un francés perfecto, sedujo a los «comedores de ranas», y entre ellos al presidente de la República Emile Loubet, un meridional rechoncho más bajito que el rey, a quien recibió el viernes 1 de mayo de 1903 en la estación del Bois de Boulogne. Eduardo VII venía a imponer la negociación de la futura *entente cordiale*. Pero el asunto pintaba mal. En efecto, cuatro años antes, la conquista de África central por parte de Inglaterra había obligado a los franceses a evacuar Fachoda, en el Sudán. En Francia el incidente se vivió como una humillación. La reina Victoria había aplazado *sine die* su estancia anual en la Costa Azul. Y lo que aún era más grave, se temía que los ingleses renunciasen a su paseo en Niza. Finalmente muchos franceses se habían alistado con los bóers en la guerra del Transvaal.

El primer día de la visita de Estado de Eduardo VII en París se caracterizó por toda una serie de gestos hostiles. En el bulevar Flandrin se oyeron vivas a Juana de Arco, un contencioso de cuatrocientos años. Por la noche, a su llegada a la Comédie Française, el monarca fue recibido con silbidos por los anarquistas. Cuando hizo su aparición en el palco oficial, el rey sufrió la afrenta de una sala llena, puesta en pie, pero silenciosa y glacial. No hubo ni un solo aplauso, excepto los de la claque, desenmascarada y ridiculizada. Su Majestad no era bienvenido. Durante el entreacto el ambiente dio un vuelco. Eduardo VII fue al vestíbulo a fumar un cigarro, una de sus costumbres principescas; vio a la encantadora Jeanne Grenier y le dijo con su voz fuerte y bien timbrada: «Señorita, recuerdo haberla aplaudido en Londres. Allí fue usted la representante de toda la gracia y el ingenio de Francia».

El cumplido —como era de prever— se repitió por todo el teatro. Cuando el soberano volvió a su palco, la sala, de nuevo puesta en pie, lo aplaudió calurosamente, sin la ayuda de los miembros de la clacque. En una hora, todo París estaba al corriente. A la mañana siguiente, la República fue informada por los periódicos de la cortesía que había tenido el rey de Inglaterra y de su talante reconciliador. Al día siguiente, en el Hôtel de Ville, el visitante declaró incluso que en París se sentía como en casa. Lo cierto es que sus visitas eran frecuentes. Aquel tercer día, en la estación del Bois de Boulogne, su tren especial partió en medio de muestras de entusiasmo. Convertido en favorito de los parisinos cuyas aclamaciones ya se sabe que son caprichosas, Eduardo VII resultó ser un experto en relaciones públicas. Incluso se planteó la idea —¡antigua!— de construir un túnel bajo el canal de la Mancha.

SIN EDUARDO VII LA *ENTENTE CORDIALE* NO SE HABRÍA PODIDO FIRMAR

El rey desempeñó un papel de catalizador. Sin su habilidad y su personalidad expansiva, la *entente* habría sido teórica. Pero todavía fueron necesarios once meses más de arduas negociaciones y la devolución de la visita por parte del presidente Loubet para concretar el acuerdo. La *entente cordiale* fue firmada el 8 de abril de 1904 con el ministro francés de Asuntos Exteriores Théophile Delcassé, pelo cortado a cepillo, monóculo y bigote, un ex periodista tranquilo y prudente, que entró en política en 1889. Aunque el embajador de Francia, el apasionado pero astuto Paul Cambon, había sido muy apreciado por el Foreign Office y por su ministro lord Lansdowne —que contaba a Talleyrand entre sus antepasados, cosa no desdeñable—, Eduardo VII tuvo que hacer valer su influencia, su amor por Francia y su temor de Alemania para lograr acabar con el aislamiento diplomático francés.

La *entente cordiale*, un pacto que consta de cuatro artículos, era más una liquidación de los conflictos coloniales que un tratado de alianza, pero tenía la ventaja de ratificar el papel internacional de Francia tras la alianza franco-rusa. Paralelamente, un acercamiento anglorruso permitía esbozar una Triple Entente entre el Reino Unido, la República francesa y el Imperio de los zares. Los despachos enviados por los embajadores de Alemania en París y en Londres daban cuenta de esa estrategia destinada a aniquilar la obra de Bismarck.

Eduardo VII, de verbo claro e inteligencia fina, había convencido a los republicanos galos. En la Cámara de los Comunes, un parlamentario, celebrando la perspicacia del monarca, dijo que había triunfado la «dictadura del tacto». Diez años más tarde se transformaría en una acción concertada y en un inmenso sacrificio.[4]

Desde el verano de 1914, la *entente cordiale* se había convertido en una alianza estratégica y táctica, aunque los objetivos y los medios seguían sin estar armonizados. La guerra hacía estragos en Europa. Una guerra fratricida, casi tribal en muchos aspectos. ¿Quién podía preverla? ¿Quién hubiera podido impedirla?

BERLÍN 1913. EL ÚLTIMO ENCUENTRO ENTRE LOS SOBERANOS ANTES DE LA GUERRA

Catorce meses antes, el miércoles 21 de mayo de 1913, el hijo de Eduardo VII, convertido en el rey Jorge V, y su esposa la reina María fueron a Berlín a la boda de la hija única del káiser. A su llegada en barco, y antes de subir a un tren especial, el soberano iba vestido de paisano, elegante, tocado con un sombrero hongo y empuñando un paraguas. Un *gentleman*. Luego, para honrar al káiser, se puso el uniforme de general prusiano atravesado por el cordón anaranjado del Águila Negra. Guillermo II no se quedó atrás en cuanto a cortesía indumentaria: llevaba el uniforme escarlata de los Royal Dragoons, tocado con un casco de oro con barboquejo y crinera negra. Le gustaban los uniformes, todos... Aquellos intercambios de buenos modales eran un ejercicio un poco forzado de diplomacia entre parientes. Pronto se revelaron como irrisorios e impotentes para impedir el engranaje de la guerra y para sustituir los parentescos a veces incómodos por las alianzas militares.

El zar Nicolás II, otro pariente, se reunió con ellos al día siguiente. El inglés y el ruso tenían un gran parecido; en cuanto a Guillermo II se distinguía por sus bigotes, que parecían dibujar la inicial de su nombre, una amplia «W». Tres soberanos que reinaban sobre la mitad del mundo, tres primos. Una fastuosa fiesta de familia, la última en su género. «Ellos todavía lo ignoraban, pero esa boda sería la última ocasión de reunirse antes de la Primera Guerra Mundial».[5]

Las hostilidades entre Londres y Berlín no eran nuevas, pero la obsesión de Guillermo II por construir una flota importante las había avivado. No soportaba que el control de los mares estuviese en manos de Inglaterra. Esa ambición, cuya realización había confiado al almirante Tirpitz, envenenó las relaciones germano-británicas mucho antes del atentado de Sarajevo, el 28 de junio de 1914. La competencia armada no impide algunos gestos de apaciguamiento por parte del káiser. Así, en 1908, en una entrevista muy comentada que publicó el muy conservador *The Daily Telegraph*, Guillermo II había manifestado su apoyo al Reino Unido en la guerra de los bóers, contradiciendo el respaldo manifestado a Kruger en 1896, cuando éste quiso expulsar a los colonos británicos del Transvaal. El espectacular viraje del emperador, de pronto favorable a Londres, exasperó a la opinión pública alemana y debilitó la autoridad del soberano, abandonado por su canciller von Bülow. La actitud contradictoria del káiser, alternando las amenazas y las sorprendentes manifestaciones de simpatía, pone en evidencia el sufrimiento psicológico del monarca, causado o agravado por su complejo físico, su brazo atrofiado que disimula con toda clase de artificios indumentarios. Al káiser, que a menudo lleva un casco alado sacado de la mitología de las óperas wagnerianas y que exagera ostensiblemente la forma circunfleja de sus bigotes, le gustan las apariciones ceremoniales, teatrales y de un romanticismo exacerbado. Su padre, Federico III, yerno de la reina Victoria, que falleció por enfermedad tras sólo noventa y nueve días de reinado, consideraba que su hijo Guillermo era inmaduro. De hecho, el primo de Jorge V no es incompetente; es más torpe que belicoso, pero de él se puede esperar todo... ¡y no comprender por qué lo hace!

Martes, 17 de julio de 1917, Buckingham Palace. Jorge V, nieto de Victoria y segundo hijo de Eduardo VII, trabaja en la redacción de una inminente declaración histórica, sopesando cada palabra. Reina desde hace siete años, tres de ellos en plena guerra denominada mundial, la primera. De todos los monarcas británicos del siglo XX, sigue siendo sin duda el menos conocido por los franceses. París honra su memoria dándole su nombre a una avenida y a una estación de metro. Y los deportistas se acordarán de que el doble campeón olímpico de equitación Pierre Jonquères d'Oriola, desaparecido en julio de 2011, ganó en 1947 en Londres el muy codiciado trofeo del rey Jorge V. ¿Qué sabemos realmente de este hombre que no estaba preparado para ser rey, pero que fue uno de los más dignos y valientes en una época de cataclismos gigantescos, que precipitaron el hundimiento de un mundo —Europa—, resquebrajando la sociedad británica y socavando su imperio? Este soberano con barba y bigote más poblados aún que los del zar Nicolás II, al que tanto se parece, tiene un destino forjado por la revelación de su antigermanismo. Se podría resumir su acción en dos decisiones, de carácter a la vez interno y externo, pero que revelan un mismo estado de ánimo: por una parte, ha declarado la guerra a ese pariente al que detestaba, el káiser Guillermo II; por otra parte, el hecho de que Alemania violase la neutralidad de la Bélgica del rey Alberto I ha decidido a Jorge V y a su gobierno a alinearse con Francia. De eso hace tres años. El 17 de julio de 1917, dentro de pocas horas, Jorge V se dispone a renegar públicamente de cualquier referencia a su parentela alemana.

JORGE V NO ESTABA DESTINADO A REINAR; SIN EMBARGO, SERÁ EL «REY CORAJE»

Jorge V, Georgie para los íntimos, encarna por primera vez el espíritu de resistencia británico. Es el rey que dice no: no al recuerdo de un pasado dinástico y no al presente que amenaza su porvenir. Con Jorge V Albión no sólo sigue siendo pérfida, sino que también se convierte en empecinada para sus enemigos. Convertido en heredero del trono tras el fallecimiento de su hermano, Georgie se ha casado a los 28 años, en 1893, con su prima la princesa Mary de Teck, llamada May en referencia al mes de su nacimiento; es la biznieta del rey Jorge III, aquel príncipe de Hannover que compró el palacio del duque de Buckingham en 1762 y que más tarde contrajo una locura incurable. Ahora bien, como era costumbre entonces en el universo del gotha, Mary fue primero la prometida del hermano de Georgie, el príncipe Alberto Víctor, duque de Clarence. Ese otro nieto de Victoria arrastraba una malísima reputación de vividor que frecuentaba a unas gentes poco recomendables y provocaba escándalos que amenazaban la aparente dignidad victoriana, ya bastante vapuleada por el talento, deslumbrante y rompedor, del irlandés Oscar Wilde en sus sátiras de las costumbres aristocráticas. Antes de 1900 Wilde había demostrado la importancia de ser impertinente. Incluso llegó a circular el rumor de que el duque de Clarence era el escurridizo Jack el Destripador, que tenía aterrorizados a los barrios populares del East End con sus asesinatos de prostitutas. El ambiguo duque de Clarence murió el 14 de enero de 1892, de una neumonía según una versión aceptable por la buena sociedad, de sífilis según fuentes policiales menos hipócritas.[6]

Nacido en 1865, Jorge, el segundo hijo de Eduardo VII y que ahora ya es el heredero al trono, no se parece nada a su hermano mayor. De su madre, Alejandra de Dinamarca,[7] famosa por su belleza y también desgraciadamente por su sordera, ha heredado un carácter apacible, pero extraordinariamente firme. Transmite la misma impresión que Charles Dickens observó cuando asistió a la boda de la princesa danesa con el heredero de Victoria. Su presencia provoca respeto y da la sensación de estar dispuesto a desempeñar su papel con tanta grandeza como discreción. Entre unos párpados sobre los cuales parece pesar el fardo de la guerra, la mirada de Jorge V escruta atentamente a su interlocutor. El monarca es famoso por su puntualidad y sus costumbres regulares. Cuando era adolescente, practicaba la vela en la isla de Wight. De forma natural hizo carrera en la marina, y durante los quince años que pasó en ella mostró una gran determinación. El servicio en el mar le iba como anillo al dedo. Obligado a abandonar la Royal Navy a causa de la muerte de su hermano, oficialmente presentaba el inconveniente de no haber recibido la formación propia de un futuro rey. Pero las circunstancias revelan a las personas; su temperamento ponderado y concienzudo, heredado de su abuela Victoria, le resultó utilísimo.

Cuando en 1910 accedió al trono, Jorge V era muy puntilloso en cuanto a sus obligaciones como rey. Cumplía con ellas y las hacía cumplir. Y tenía la firme voluntad de enfrentarse a todas las dificultades, que habrían de ser muchas.

Su matrimonio con María, que parecía destinado a ser únicamente un trámite para cubrir las apariencias, ya que la muchacha se casaba con el que en principio debía ser su cuñado, resultó ser una unión presidida por el afecto y bendecida por seis hijos de los cuales dos reinarían: Eduardo VIII y Jorge VI. Cabe subrayar además que el día de su boda, el jueves 6 de julio de 1893, bajo un cielo luminoso —la legendaria «primavera de la reina» desde la boda de Victoria—, Jorge y María consiguieron acallar las polémicas en el Parlamento. Durante unas horas, los vivos debates de Westminster, donde la Cámara de los Comunes y la Cámara de los Lores discutían acaloradamente sobre el estatuto de Irlanda, callaron y todo Londres se vio invadido por una sensación de felicidad. Desde 1876, Londres era la capital de un imperio que se extendía de Canadá hasta la India. Aquel día de verano de 1893, sólo se hablaba de amor. Desde la unión de Victoria y Alberto en 1840, las bodas reales eran una pausa a veces adornada con alguna sorpresa. Su nieto Jorge, todavía duque de York, y su joven esposa María habían intercambiado sus juramentos en una capillita, la misma en la que Victoria y Alberto habían hecho lo propio cincuenta y tres años atrás... Era una peregrinación conyugal.

Sería un error pensar que Jorge V pasaba inadvertido. Sin duda el contraste con su padre Eduardo VII es grande. A los 45 años, Jorge V tiene un talento del que carecía su predecesor para apaciguar el clima agitado de la política interior, en especial una rebelión de la Cámara de los Lores contra el proyecto de presupuesto del primer ministro Lloyd George. Jorge V se esfuerza por mantener un equilibrio precario entre las fuerzas adversas. No cesa de preconizar la unidad y la reconciliación, sobre todo en cuanto a la delicada cuestión de la autonomía interna irlandesa entre 1911 y 1914, la famosa *Home Rule*. En julio de 1914 el soberano preside personalmente una conferencia sobre el futuro de Irlanda «en la que están representadas todas las partes. Al cabo de cuatro días, la reunión termina con un fracaso total».[8]

La guerra reunifica a la nación, que no incluye sólo a los ingleses (hay, por ejemplo, cuatro divisiones formadas sólo por escoceses), pero entre las huelgas y la cuestión de los protestantes irlandeses fieles a Inglaterra, la situación es difícil, ya que exige tener permanentemente un millón de hombres en el frente francés. La llegada de los norteamericanos aporta, por lo tanto, un apoyo masivo y valioso. Sus primeros contingentes, mandados por el general Pershing, que desembarcan el 8 de junio de 1917 en Liverpool, fueron saludados en particular por el general Campbell, al frente de un destacamento de los Royal Welsh Fusiliers. Es la primera vez desde hace dos siglos que soldados extranjeros pisan suelo británico. El 13 de junio, Pershing ha llegado a Boulogne. El 4 de julio, día de la fiesta nacional estadounidense, el comandante en jefe del cuerpo expedicionario norteamericano, acompañado por una multitud inmensa, visita el cementerio parisino de Picpus para honrar la tumba de La Fayette. Ese día se atribuyó a Pershing una frase que entró en la historia: «*La Fayette, nous voilà!*». Pero en realidad el general pidió a uno de sus oficiales, al que consideraba buen orador, que pronunciase en su nombre unas palabras. Fue pues ese coronel Stanton quien pronunció el famoso «*La Fayette, nous voilà!*». En sus *Recuerdos*, Pershing confesará:

«Muchos me han atribuido esa frase lapidaria y a menudo he lamentado que no fuera mía...».[9]

Con la decisión del Congreso de Estados Unidos, el conflicto se convierte realmente en una guerra mundial. El cuerpo expedicionario llegado del otro lado del Atlántico también se plantea preguntas sobre la ascendencia alemana de la monarquía británica. Incluso en el dominio lingüístico estadounidense, como en el Reino Unido, el antigermanismo es ahora obligado: ¡el *hamburger* pasa a llamarse *liberty sausage!* Y la Spy Act votada por el Senado y por la Cámara de representantes el 15 de junio convierte en sospechosa toda relación con los alemanes. Para la información de los soldados, la importante e influyente comunidad de origen germánico en Estados Unidos se encarga de explicar las relaciones familiares entre los monarcas en guerra. El presidente Wilson estima que «esta guerra ha sido decidida como las viejas peleas: por un grupo de ambiciosos, pero no por la voluntad popular». Ya en agosto de 1896, lord Salisbury, primer ministro británico, había comunicado su preocupación en una carta a un amigo: «¡Qué curioso espectáculo presenta Europa! Un futuro absolutamente incierto depende de la voluntad de apenas tres o cuatro hombres».[10] Extraña Europa, en efecto, cuyos soberanos pueden verse directamente, cuando no físicamente, implicados en los enfrentamientos: como en Azincourt, en Bouvines, en Austerlitz, en Waterloo, en Sedan... Así, a principios del siglo XX, las personalidades individuales todavía pueden tener más peso que las ideologías.

La corte anuncia el nuevo nombre de la familia real: Windsor

Para las tropas llegadas de Wyoming o de Kansas a fin de socorrer a los franceses, a los británicos y a los belgas, la situación no es fácil. Incluso el caso de Bélgica parece complicadísimo para los americanos. Sin duda Alemania ha violado la neutralidad del reino al atacar el Yser. El heroico rey Alberto I se enfrenta a la invasión, a la devastación, al expolio y al ultraje. Con una inteligencia notable y una muy buena planta manda el ejército y consigue evitarle lo peor. Pese a la ocupación casi completa de su país, participa muy activamente en la contienda junto a los aliados, mereciendo el sobrenombre de «rey caballero». Y sin embargo el tercer rey de los belgas también es un Sajonia-Coburgo-Gotha originario de esa pequeña pero antigua casa principesca de la Alta Franconia, y su esposa Elisabeth es una Wittelsbach, una duquesa bávara, y por tanto también alemana. Con una compasión y una abnegación admirables, la reina visita las trincheras, curando a los heridos con una sonrisa reconfortante. Un ángel en medio del horror. ¿Cómo orientarse en el embrollo de esas imbricaciones familiares y esos comportamientos?

Jorge V, tercer rey de Inglaterra de la casa de Sajonia-Coburgo-Gotha, es en efecto un alemán, de la misma casa principesca de la Alta Franconia y primo hermano del káiser. Una anomalía cada vez más inaceptable cuando centenares de miles de muertos y heridos, desfigurados, gaseados y mutilados son víctimas del imperio alemán... Millones de británicos, militares y civiles, lo viven con incomodidad, considerando que es una situación malsana. Les escandaliza y están hartos de esa anomalía que es un estorbo para el patriotismo. Se habla con dolor de la desgracia de «Nick», el ex zar Nicolás II que acaba de abdicar, pero sus primos ingleses no hacen nada para acogerlo. La Corona interroga al gabinete, que remite esa cuestión delicada a Buckingham Palace. ¿Recibir a los Romanov exiliados? Mientras las distintas instancias se lo piensan, éstos emprenden su trágica odisea, que acabará con las balas de los asesinos de Ekaterimburgo.

El martes 17 de julio de 1917, el rey Jorge V, a través del *Court Circular*, el diario oficial de la corte, comunica su renuncia a todos sus títulos y nombres alemanes. Un detalle al principio del comunicado es revelador: el rey «tiene la satisfacción de informar al Consejo de su determinación de respetar el nombre de su casa y de su familia y de interrumpir todos sus títulos alemanes». ¿Siente realmente «satisfacción» Jorge V al asumir este espectacular cambio de identidad? Su casa y su familia adoptan un nuevo nombre: Windsor. El consejo privado se ha celebrado en Buckingham Palace en presencia de importantes personalidades, entre ellas el duque de Connaught, el arzobispo de Canterbury, el lord canciller, el primer ministro Lloyd George y también lord Curzon, que ha sido virrey de la India hasta 1905. Jorge V conoce la importancia de las declaraciones ante la opinión pública. Ha instaurado la tradición de felicitar en Navidad y de los comunicados a través de la radio a los pueblos del Imperio. Sabe que, ante las conciencias británicas, inglesas, galesas, escocesas e irlandesas protestantes, la familia real ya no puede simbolizar la continuación del esfuerzo de guerra con un patronímico que suene a alemán, lo cual resulta chocante en todos los sentidos. ¿No es un poco tarde, después de tres años de combates? Cabe recordar que, en el momento mismo en que Rusia entró en guerra, el zar, cuya esposa Alejandra de Hesse era alemana, cuidó de que San Petersburgo, la capital rusa de sonoridades excesivamente germánicas, fuese rebautizada de inmediato como Petrogrado, un nombre ruso. La ciudad de Pedro había perdido su simbolismo sagrado...[11]

La proclamación real se publica al día siguiente en toda la prensa británica. *The Times* le dedica una de sus seis columnas, entre los éxitos franceses de Verdún y el Mosa, la retirada rusa, el envío de nuevas tropas estadounidenses a Francia y los programas de los teatros londinenses. Wagner, con dos espectáculos, aún no ha sido eliminado del repertorio. El diario anuncia que *Tristán e Isolda* figura en el programa del viernes por la noche y el sábado por la mañana en la ópera del Covent Garden, últimas representaciones de la temporada. En su texto, el monarca dice entre otras cosas: «Hemos resuelto, para nosotros mismos, para y en nombre de todos nuestros descendientes y de todos los descendientes de nuestra abuela la reina Victoria, de bendita y gloriosa memoria, renunciar y acabar con el uso de todos los títulos y dignidades alemanas. [...] A partir del día de nuestra proclamación, nuestra Casa y nuestra Familia serán llamadas y conocidas con el nombre de casa y familia de Windsor. Todos los descendientes en línea masculina de nuestra abuela la reina Victoria que sean súbditos de este reino, a diferencia de los descendientes femeninos que puedan casarse o haberse casado, llevarán el nombre de Windsor. [...] Para nosotros mismos y todos nuestros descendientes, el uso de los grados, títulos, dignidades y honores de duques y duquesas de Sajonia-Coburgo-Gotha y otras denominaciones alemanas ya no nos pertenecen. *God save the King*».

JORGE V, EL PRIMER REY WINDSOR, DEBE SUPRIMIR SU ACENTO ALEMÁN

Aunque tardía, la iniciativa real es valiente y eficaz. Y original. No se trata de ocultar, gracias a una sucesión o a un matrimonio, un antiguo nombre detrás de uno nuevo eligiendo otro patronímico y sus armas. Se trata de una ruptura de ascendencia, pero la dinastía sigue siendo la misma. Se reniega del pasado dinástico. Pero ¿puede borrarse? Hacía falta un nombre que fuera lo más británico posible, incontestable, incontestado, creíble y altamente evocador. No había más que uno: Windsor. En su comentario publicado bajo la proclamación, *The Times* estima que «el Rey no podía escoger un nombre más apropiado, pues Windsor es *par excellence*[12] la residencia del soberano y ha estado asociada durante más tiempo que ninguna otra residencia real a las alegrías y a las vidas de los reyes y reinas de Inglaterra». El prestigioso diario, fundado en 1785 bajo el reinado de un rey de la casa de Hannover, enumera las dinastías que se han sucedido desde Guillermo el Conquistador, recordando que todas han estado ligadas a Windsor «a veces en la fortuna y a veces en la adversidad de la Nación». La reina Victoria, última representante de la casa de Hannover, y el príncipe Alberto, un Sajonia-Coburgo-Gotha, están enterrados allí, igual que su hijo y sucesor Eduardo VII. También reposa allí

Carlos I, un Estuardo ejecutado por Cromwell; y su verdugo político, Cromwell, se ocupó de mantener el castillo.

Desde el punto de vista arquitectónico Windsor les debe mucho a cinco soberanos constructores. Guillermo el Conquistador, un normando, instaló allí una fortaleza de madera sobre un montículo que guardaba el Támesis; Enrique II, un Plantagenet, la reconstruyó en piedra y erigió sus primeras murallas desde donde podía ver más de doce condados; en 1344 Eduardo III decidió convertirla en residencia real, ampliándola pero conservando su plano original; Carlos II, un Estuardo, exigió transformaciones y mandó demoler las torres de los ángulos y las murallas; por último, Jorge IV, un Hannover, tío de Victoria, y ésta más tarde, se esforzaron por recuperar el carácter primitivo del castillo y le dieron su aspecto actual, de un medievalismo bastardo.

Otros monarcas dejaron su huella en la fortaleza, desde Enrique VIII, que le dio su nombre a la puerta de entrada, hasta Eduardo IV, que inició las obras de la capilla de San Jorge, sin olvidar a Enrique VI, último soberano de la casa de Lancaster, que sentía un gran aprecio por Windsor y que fundó el colegio aledaño de Eton. Casi todos los reyes se entusiasmaron mejorando las instalaciones de Windsor. *The Times* concluye diciendo que el castillo no tiene ningún rival para materializar la decisión del rey: «Por primera vez en su larga historia Windsor se convierte en el nombre de una dinastía epónima». Y con una buena dosis de humor inasequible al desaliento, el periodista se congratula: «Esta época es propicia a la innovación».[13]w Al final cita un adagio latino: *Stet domus!* («¡Ojalá esta casa se mantenga en pie!»).

«Windsor» se erige en apellido nacional. Fue una excelente idea... Un patronímico de dos sílabas para resumir toda la historia británica, nueve dinastías y treinta y ocho soberanos, en el momento en que Jorge V rompe de forma espectacular con sus vínculos germánicos. Un apellido que adquiere un nuevo sentido, el del arraigo en su tierra con su primera familia. ¿No es una fortuna inesperada para esa palabra sabiendo que *windsor* originariamente es un término anglosajón bucólico que designa «la colina junto al río»?

En su proclamación la explícita referencia de Jorge V a la muy respetada reina Victoria no es por supuesto casual. En realidad, el hecho de que Windsor se convierta en un nombre nacional es el fruto de una larga maduración. El genio de Jorge V es haber intervenido a tiempo, en el momento en que el patriotismo prohíbe cualquier duda. Él, que ha nacido en plena expansión victoriana, es sin duda el menos conocido de los soberanos que han reinado en el siglo XX. Dicen que es hogareño, de inteligencia mediana, y se recuerda que cuando tenía apenas 15 años estaba destinado a hacer carrera en la Royal Navy ya que el mar era su pasión; por lo tanto, no recibió la formación de un príncipe heredero. Fue en 1910 cuando ese príncipe de 27 años sucedió a su hermano mayor, que había fallecido. Prudente, concienzudo, armado de una buena voluntad sin límites, el hermano menor convertido en rey es un hombre amante del buen entendimiento y la reconciliación. Sus discursos y sus conversaciones lo demuestran; odia los conflictos, ya ha dado pruebas de ello, y persistirá al rechazar las medidas represivas contra los obreros en huelga. Actuando como mediador y consejero de los gobiernos, ejercerá un papel político relativamente importante para un monarca británico del siglo XX. Al lado de su padre, que fue un hombre brillante, mundano, vividor y mujeriego, pero de una inteligencia fulgurante y visionaria, Jorge V parece mediocre y gris. Pero vale la pena conocerlo mejor. Y son su sentido de la familia, su dignidad tranquila y su franqueza afable lo que mejor define a ese hombre que soporta la prueba de la guerra y que hace algo más que tomar una decisión histórica. Fue gravemente herido en Francia el 28 de octubre de 1915. Cuando pasaba revista a un destacamento, su caballo, asustado por los vivas de la tropa, se desbocó y desmontó al jinete. Jorge V se rompió varias costillas y se fracturó la pelvis. Sufrió sin quejarse.

En septiembre de 1917, dos meses después de haber elegido su nueva identidad, el rey, también de uniforme, presidió una reunión con el mariscal Joffre, el presidente de la República Poincaré (el único que iba de paisano), Foch (que aún no era mariscal) y el general Haig, el héroe de la batalla de Flandes y uno de los pocos que predijo, a causa de su agotamiento, la debacle alemana de 1918. Todos con sus botas, sonrientes y confiados.

Pero detrás de ese nieto de Victoria apasionado por la filatelia se dibuja un soberano de un patriotismo sincero, aunque discreto hasta esta revolución del 17 de julio de 1917. Una revolución respaldada por una verdad sonora: Jorge V es el primer rey de Inglaterra cuyo acento alemán es bastante discreto cuando habla inglés. Se corrige continuamente porque sus entonaciones guturales le hacen un flaco favor. Una lengua expresada de forma caricaturesca es la peor de las confesiones, sobre todo para un hombre al que le gusta hacerse entender.

Con una frase afortunada, Sacha Guitry, que representó ante Su Majestad el 1 de junio de 1919 su obra *Mon père avait raison* con Yvonne Printemps, confirmó con ironía el patriotismo lingüístico del soberano: «De todos los reyes que he tenido ocasión de conocer, es el único que parecía de la misma nacionalidad que sus súbditos». Sacha Guitry estaba en lo cierto: si el nombre de Windsor se impuso de forma tan espontánea —aunque tardía— fue porque era el símbolo nacional más antiguo.

Capítulo 2

1918-1935
Jorge V o la unión nacional

La excelente acogida popular reservada a esta decisión es un alivio para el rey. Él y su familia han lavado por fin una mancha que, desde hacía tres años, alimentaba los cotilleos, sospechas, dudas y comentarios negativos del gobierno. Windsor, ese nombre tan antiguo anclado en siglos de historia, aparecía como una singular renovación. Iniciada por Jorge V, la sustitución fue todo un éxito. En cierto modo, la décima casa reinante en las islas llamadas británicas era la más innovadora. Un monarca constitucional, si bien no tiene poder real, posee una influencia considerable. Si sabe utilizarla con tiento, es una fuerza no escrita, no reglamentada, pero poderosa, y que puede ser más sutil que un marco político concreto. Jorge V era muy consciente de ello. Desde la muerte de su padre, obligó en 1911 a la Cámara de los Lores a limitar ella misma sus poderes. Toda una hazaña... que hizo temblar las ventanas de Westminster. Toda medida financiera votada por la otra cámara, la de los Comunes, se convertía en ley al cabo de un mes, aunque los lores, ofuscados por ver disminuidos sus privilegios, se negasen a votarla. Los debates fueron violentos y prosiguieron hasta que estalló la guerra, especialmente sobre la cuestión irlandesa. No se podía negar el coraje del rey que, temiendo una guerra civil, se saltó los límites de su reserva constitucional: el 21 de julio de 1914 inauguró y presidió él mismo una conferencia con los miembros del gabinete, los de la oposición, los representantes de la Irlanda protestante y los de la Irlanda católica. Cuatro días más tarde no se atisbaba la menor esperanza de llegar a un entendimiento y Jorge V clausuró los trabajos constatando ese fracaso, pero todos reconocieron su buena voluntad. También intervino la fatalidad: fue el 24 de julio, el mismo día en que la Austria-Hungría de Francisco José enviaba su ultimátum a Serbia, casi un mes después del atentado de Sarajevo y cuatro días antes de que, por el mecanismo de las alianzas, quince países se vieran envueltos en el conflicto.

La idea fija de Jorge V: compartir las preocupaciones de sus pueblos

Durante la guerra, el rey despertó la compasión de sus súbditos hasta los confines del Imperio tras caerse del caballo en Francia cuando pasaba revista a un cuerpo de aviadores en otoño de 1915. Sufrió mucho por sus fracturas, pero también por no poder volver al frente hasta muchas semanas más tarde, es decir en 1916. Mostrando el ejemplo de un soberano próximo a los combatientes y sin parapetarse detrás de las recomendaciones de sus médicos, que le prescribían reposo «hasta el final de la guerra, el rey de Inglaterra haría cuatrocientas cincuenta apariciones públicas entregando en persona cincuenta mil recompensas al valor. Con la reina María visitaría trescientos hospitales y trescientas fábricas de municiones y astilleros».[1] El pueblo, uniformado o no, apreció la elegancia de esas atenciones por parte de la realeza. Excusándose por no poder hacer más, el soberano repite ante sus tropas: «No está en mi mano compartir vuestro calvario, pero estoy con vosotros de todo corazón cada hora que pasa».[2]

Pero había que hacer más. Los consejos de Lloyd George, a quien Jorge V había nombrado primer ministro a finales de 1916, eran sensatos. Aquel galés poseía una fuerza de convicción, una energía y una capacidad de trabajo notables. Sabía que el rey era sincero. Le pidió un esfuerzo suplementario a favor de la población civil, especialmente en Londres; se trataba de demostrar al pueblo que la pareja real también sufría las restricciones en todos los campos, desde la reducción de la calefacción y el alumbrado en Buckingham Palace hasta la utilización repetida de las servilletas identificadas con un servilletero como en todas las familias, pasando por la supresión de los vinos y un mínimo de agua para las abluciones de Sus Majestades. Jorge V ya sólo aparecía con un uniforme modesto; el tejido de paño corriente sustituía al *tweed* tan elegante y confortable de los días de caza, que también escaseaban. Las veladas teatrales fueron suprimidas, el frac se guardó en su funda y la chistera en su caja. La puntualidad del rey se volvió casi una manía, por respeto para el personal a su servicio, en la medida en que un minuto de retraso se consideraba un derroche que el reino no debía permitirse. Llegar con retraso a la mesa, frugal, de Sus Majestades, significaba verse privado de un huevo o de una patata. Incluso podía uno preguntarse si el rey no adelantaba adrede las manecillas de los relojes; se llegaba tarde cuando sonaba la hora y uno estaba bajando la escalera que conducía al comedor. Y tanto el rey como la reina demostraban que la puntualidad, cortesía obligada de los monarcas, formaba parte del *way of life* en tiempos de guerra.

Cada segundo de esos tiempos difíciles los Windsor fueron discretos, atentos, contentándose con lo mínimo y exigiéndose a sí mismos lo máximo. Reclamar dos huevos en el desayuno era más que una indecencia, cuenta sir Frederick Ponsonby, testigo de tres reinados: era una traición; y para Jorge V era evidente que la glotonería haría perder la guerra al Reino Unido.[3] El rey y la reina no daban ejemplo, *encarnaban* el ejemplo. Mientras algunos rituales y algunas sólidas tradiciones se suspendían, la cena ofrecida tras el insumergible derbi de Epsom a finales de la primavera de 1917 se había librado de ser pura y fue suprimida sin más. Instituida desde 1780 en una pradera de Surrey, su mantenimiento para treinta y dos invitados fue un alivio. Pero los comensales se encontraron pronto devueltos a la economía de guerra al consultar el menú: una sopa, pescado, pollo y macarrones. Desde que Italia había roto en 1915 su participación en la Triple Alianza y se convirtió en un país aliado, los macarrones eran bienvenidos en Inglaterra. Por desgracia, no se sirvió carne roja. Es más: no se ofreció ningún vino para soñar con tiempos mejores. Se bebió agua en exclusiva... Ésta podía incluso servir para el té. Se aprovechó la oportunidad para criticar una cena que el presidente de la República ofreció en París y cuyo menú comportaba, según decían, caviar (sin duda como homenaje al pobre ex Nicolás II y al ejército ruso, aliado de Francia), rodaballo, cordero, caza, un helado napolitano (también por deber de simpatía hacia esos valientes italianos que habían esperado un año antes de unirse a los aliados), fruta, etcétera. Se trataba sin duda de un rumor malévolo propagado por Berlín para hacer creer a los británicos que los franceses, incorregibles en sus pretensiones gastronómicas, hacían primero la guerra comiendo opíparamente... Más verídica era la visión del rey y de la reina recogiendo patatas en el parque de Windsor, delante de Frogmore House, la antigua residencia de la reina Carlota en el siglo XVIII. Así, Windsor podía alimentar a los Windsor. Ante el antigermanismo, a veces primario y ridículo que hacía estragos en el Reino Unido, donde señor y señora Braun se convertían en los nada sospechosos señor y señora Brown, y los Schmidt se convertían en inocentes Smith, el káiser, burlándose con un acerado sentido del humor de los esfuerzos de Jorge V por ser más inglés cada día, anunció que asistiría con gran placer a una representación de las *Alegres comadres de Sajonia-Coburgo*. ¡Una revancha jocosa! Sin duda el «primo hermano» movilizaría la pluma de un nuevo Shakespeare para esa adaptación provocadora... Pero el rey no bromeaba con todo lo que representaba Windsor, ya que era el primer monarca de ese nombre. Mandó instalar baterías de defensa antiaérea, en especial en la terraza oriental del castillo, donde estaban los apartamentos privados y la llamada torre del príncipe de Gales. Desde 1905 existe un cuerpo de salvamento del castillo, formado por unos veinticinco hombres con un uniforme que recuerda tanto el del célebre *bobby*, el policía londinense desarmado como era tradición, al igual que el del bombero, y que cumplen una misión de vigilancia y socorro, reforzada de forma evidente por militares a causa de los riesgos de bombardeo.

EL REY SE INSPIRA EN LOS MÉTODOS DE LA REINA VICTORIA
PARA CONOCER LA OPINIÓN DE LA GENTE

La austeridad impuesta por las circunstancias no es nada inhabitual para Jorge V. El hombre es modesto, el rey es sencillo. Nacido en 1865 en la residencia real de Sandringham House, ha vivido —y vive muchas veces— en una de sus dependencias llamada York Cottage. Es una casa corriente, sin ningún encanto, de un solo piso, con cuatro tejados muy inclinados, unas chimeneas desproporcionadas y unas habitaciones demasiado pequeñas. Es una falsa casa solariega de finales de siglo, pero confortable, íntima y discreta.

Georgie vio la luz en el primer piso, en la habitación de su madre dotada de una inevitable *bow-window;* pasó allí su infancia y su adolescencia. Volvió con su esposa y pasó allí la luna de miel. York Cottage había sido uno de los refugios del duque y la duquesa de York, luego del príncipe y la princesa de Gales. Y seguía siéndolo para Jorge V y la reina María. Parecía que allí el rey se relajaba. El lugar era un típico reflejo de los gustos de aquella importante *middle class* cuyas aspiraciones y opiniones había sabido adivinar su abuela Victoria durante sesenta años. Victoria tenía un olfato infalible para presentir las reacciones de la gran mayoría de sus súbditos. Para sorpresa de las decenas de gobiernos y primeros ministros a los que había nombrado, la soberana siempre había estado en sintonía con la opinión pública. Su nieto buscaba la misma armonía, ese contrato tácito pero tan esencial como frágil entre el pueblo y el monarca. Que la intendencia fuera desproporcionada no tenía ninguna importancia. York House desbordaba de personal: caballerizos, damas de honor, secretarios privados, cuatro pajes, un jefe de cocina, un ayuda de cámara, diez lacayos, tres *sommeliers, maîtres,* niñeras (la pareja real tendrá seis hijos), doncellas y hombres para todo... ¡durante treinta y tres años!

A María al principio no le entusiasmaron la mediocridad y la estrechez de York Cottage, pero no tuvo más remedio que conformarse y el ambiente no podía ser más inglés. La verdad es que María, alta y delgada, se adaptaba a todo con la condición de tener su sombrilla, sus veinte vueltas de perlas y no recibir a divorciados en la corte . Era avara, tanto afectiva como materialmente. En pocas palabras, era lo contrario de su cuñada Alejandra de Dinamarca, alegre y elegante a pesar de su edad, nunca puntual e increíblemente generosa. Jorge V, afín a las reacciones de su esposa, detestaba el fasto inútil y la sociedad de gentes ruidosas y cotillas. El rey concebía de otra forma la verdadera grandeza. Y uno de sus placeres era cenar a solas con su mujer en Buckingham Palace. Una mañana durante la guerra la pareja real fue a los barrios miserables del East End. El rey se sintió conmovido y avergonzado por las colas delante de las tiendas de alimentación a causa del racionamiento. Tres cuartos de hora para comprar una col... Ordenó a su secretario privado lord Stamfordham, muy envarado dentro de su levita, que enviase de inmediato una carta a Downing Street donde constase la vergüenza que habían sentido los soberanos: «Esta mañana, Sus Majestades [...] han visto a gente haciendo cola [para obtener comida] y eso les ha recordado las dificultades por las que están pasando los pobres, cuando la parte más rica de la comunidad no puede quejarse desde este punto de vista».[4]

En el momento del armisticio de 1918, firmado en Rethondes el 11 de noviembre, con excepción de los mariscales y los generales vencedores y a veces rivales, el Reino Unido cuenta con dos personalidades muy populares y respetadas. El uno representa al gobierno: es Lloyd George, primer ministro, un galés que dirigió el ala izquierda del partido liberal y sentó las bases del futuro Estado de bienestar con la creación de la pensión para la vejez en 1908, seguida del seguro obligatorio contra la enfermedad y el desempleo en 1911. Su papel durante el conflicto en distintos cargos (ministro de las Municiones y luego del Ejército) lo había convertido en el verdadero coordinador de las fuerzas con vistas a la victoria, unos esfuerzos recompensados con su nombramiento para ocupar Downing Street. En las elecciones de diciembre de 1918, Lloyd George se alza con un gran triunfo al obtener cuatrocientos setenta y siete escaños frente a doscientos veintinueve. Ahora sólo le falta obtener otra paz, la de Irlanda. Lo consigue aprobando el tratado firmado en Londres en diciembre de 1921 por el que se crea el Estado Libre de Irlanda. El Eire recibe entonces el estatus de dominio, como Canadá. El Ulster, compuesto por los seis condados del Nordeste, está dotado de un Parlamento con sede en Belfast, pero sigue perteneciendo al Reino Unido. Lloyd George espera cerrar así una herida abierta desde hace cuarenta años.

LA POPULARIDAD CRECIENTE DEL REY CONSOLIDA Y UNIFICA LA MONARQUÍA

El otro héroe de la guerra es el monarca, que es la encarnación del Estado visceralmente británico, que él ha transformado y mantenido con mano firme hasta la victoria. Pero los años 1919 y 1920 son críticos, agitados por unas reivindicaciones obreras que Lloyd George logra calmar. De manera concienzuda Jorge V y María retoman y prosiguen las obras que Eduardo VII había iniciado en el castillo de Windsor. Afectaban al aspecto artístico: Guy Laking, el inspector de las obras de arte del monarca, volvió a colocar las armaduras y los trofeos en la gran escalera, retapizó las principales salas con seda adamascada y procedió a la urgente restauración de los cuadros. Pero también se tuvo en cuenta la vida cotidiana: se renovó la instalación eléctrica, la calefacción central y los cuartos de baño tanto en los apartamentos reservados a los huéspedes ilustres como en los que habitaba la familia real, por tradición inaccesibles al público. La reina María despliega grandes esfuerzos para preservar las colecciones, sin duda porque se siente orgullosa de la historia de la familia y es consciente de la importancia simbólica que ha adquirido el castillo durante esos cuatro años de guerra. Y tal vez también porque es de origen alemán y de alguna forma debe hacérselo perdonar.

Se produce una divergencia entre los sentimientos del soberano y la política de su primer ministro, al frente de una coalición con los conservadores. En efecto, apoyándose en el deseo de paz de la población británica, Lloyd George ha puesto fin a la intervención de Londres en la guerra civil rusa. Pero el rey tenía mala conciencia por no haber socorrido a los Romanov, que habían sido ejecutados sin duda por orden de Lenin. Todo el mundo, tanto la familia real —es decir los primos del zar depuesto— como el gobierno se habían estado pasando la pelota, pero sin aportar soluciones. ¿Dónde podrían vivir? ¿En qué condiciones? ¿Con qué medios? De hecho se abandonó a la familia imperial en manos de los soviets a causa del cansancio de la opinión pública británica, ya abrumada por sus propios problemas en 1917. La influencia de la Revolución bolchevique en Petrogrado había sido vista como peligrosa, por supuesto, pero muchos británicos, apegados al principio de la monarquía parlamentaria, no eran favorables a acoger a un soberano considerado autoritario y pequeñoburgués, sobrepasado por su misión y por la propia situación. Sir George Buchanan, que había sido embajador de Jorge V en San Petersburgo, se mostró muy severo con Nicolás II: «Su desgracia fue haber nacido autócrata cuando su naturaleza no le predisponía para ese papel. El sistema entero se tambaleaba y él, pobre emperador, no era en verdad capaz de poner remedio»[5]. Pero la tragedia de Ekaterimburgo había conmovido al rey y a la reina. Claro que Nicolás II había cometido muchos errores, incluido el error fatal de querer ser comandante en jefe de sus ejércitos, como Napoleón III en 1870... pero vivieron como un reproche aquel baño de sangre en los sótanos de la siniestra casa Ipatiev[6].

Jorge V siente remordimientos. Tal vez piensa en esa reflexión de su padre Eduardo VII en 1903, cuando Reino Unido rompió sus relaciones diplomáticas con Serbia para protestar contra el asesinato del rey Alejandro y de la reina Draga. Las presiones de Berlín y Roma para restablecer el intercambio de embajadores entre Londres y Belgrado habían fracaso. Eduardo VII seguía oponiéndose. Estimaba que la opinión pública inglesa estaba demasiado impresionada por aquellos crímenes brutales, pero añadió una opinión personal bastante cáustica, pronunciada en parte en francés y en parte en inglés: «Mi oficio es ser rey. El oficio del rey Alejandro también era ser rey. No puedo ser indiferente al asesinato de un miembro de mi profesión... Estaríamos obligados a abandonar nuestras actividades si nosotros, los reyes, empezáramos a pensar que el asesinato de reyes no tiene en absoluto consecuencia alguna...».[7]

Sin duda Eduardo VII era un gran profesional. Aunque Nicolás II y los suyos hayan sido asesinados y aunque otros parientes Romanov hayan sufrido la misma suerte, a principios de 1919 la viuda de Alejandro III y madre de Nicolás II, la anciana emperatriz de Rusia, sigue estando viva. Nacida princesa Dagmar de Dinamarca y hermana de Alejandra de Dinamarca, madre de Jorge V, la emperatriz, que había adoptado el nombre de María Feodorovna, es por lo tanto la tía del rey. Tras muchas vicisitudes, ahora se encuentra en Crimea entre una multitud de refugiados que huyen de la guerra civil y de los alemanes que se baten en retirada. En esa primavera en que el resultado de la guerra entre los blancos y los rojos aún es imprevisible, Crimea es un concentrado del caos ruso.

EL REY LOGRA SALVAR A SU TÍA SUPERVIVIENTE, MADRE DE NICOLÁS II

A pesar de la opinión contraria de su primer ministro, Jorge V, sintiéndose culpable por no haber podido salvar a sus primos un año antes, quiere intentarlo todo para repatriar a la madre del zar. Envía un telegrama a través de las retransmisoras de su querida Royal Navy en la que fue capitán de fragata. El 17 de abril, el comandante de las fuerzas navales británicas en el Mar Negro, que pasa por delante de Crimea, se presenta ante la vieja emperatriz con un mensaje del rey Jorge V: considerando que está en peligro, éste ha dado la orden de organizar su partida inmediata. Un pequeño barco de escolta, el *Marlborough*, será el encargado de evacuarla. María Feodorovna primero se niega a partir, pero luego acepta e invita a todos los suyos a seguirla. La noticia se extiende y son miles las personas que se agolpan suplicando que las evacuen también. Entre los refugiados están los príncipes Yusupov, sobre todo Félix Yusupov, principal instigador del asesinato de Rasputín en diciembre de 1916, y su esposa Irina, sobrina de Nicolás II. La tripulación del *Marlborough* informa a la viuda de Alejandro III que no se ha previsto nada para toda esa gente. La emperatriz, magnánima, anuncia que no se irá si los que también quieren irse no son acogidos a bordo. Tras un intercambio de telegramas cifrados con Londres, el Almirantazgo británico se pone en marcha, y empiezan a llegar varios barcos de la Royal Navy al puerto de Yalta. Al día siguiente, los Yusupov también van a bordo del *Marlborough*. Se cruzan con otro navío que transporta a oficiales monárquicos de Crimea que van a reunirse con los ejércitos blancos, para el que habrá de ser el último intento de vencer al ejército rojo. De pie en la proa del navío británico, la viuda de Alejandro III los ve pasar, con los ojos llenos de lágrimas. Para miles de personas de toda condición, aristócratas, burgueses o comerciantes que huyen del horror, empieza el exilio, y la Crimea desgarrada es la última visión que se llevan de una Rusia en ruinas. En total, diecinueve miembros de la familia imperial y sus criados han embarcado en el *Marlborough*, con quince baúles, joyas, servicios de mesa de oro macizo de cincuenta y cuatro piezas, perros y un canario. Su éxodo los conduce a Constantinopla y luego a Malta, colonia británica. El 9 de mayo, por orden de Jorge V, son recibidos con honores en la base naval de Portsmouth. Alejandra, la viu-

da de Eduardo VII, se reencuentra con su hermana y la emoción
que la embarga es fácil de imaginar. El tren real los conduce
luego hasta la estación de Victoria, donde el rey y la reina María los reciben con un protocolo conmovedor. Una parte de los
refugiados se instala de manera provisional en Buckingham
Palace, según la *Court Circular* del 10 de mayo. Sus baúles, que
habían sido registrados en secreto y vaciados por los bolche-
viques, son abiertos con gran ceremonia en la sala del trono.
Decepción: sólo contienen objetos sin valor: palas, arneses
y viejos indicadores de ferrocarril rusos. ¡Una broma de los
partidarios de Lenin!

El rey asignará una pensión anual de 10 000 libras a la
viuda de Alejandro III, y otra de 2 400 libras a la archiduquesa
Xenia, hermana de Nicolás II. Jorge V autoriza a su tía a ocupar Frogmore House, en el parque de Windsor, una casa cons-
truida en 1684, en tiempos de los Estuardo y del rey Carlos II.
La reina María ha acumulado allí un mobiliario original, de
papel maché negro con flores de seda y cera. Finalmente, por
decisión real, también se conceden ingresos a los criados que
han seguido el camino del exilio. Jorge V no podía hacer menos,
aunque la tragedia de Ekaterimburgo, que la cobardía de la
Corona y del gobierno en cierto modo permitieron, mancilló
por mucho tiempo el honor británico.[8]

En la Conferencia de Paz, que desemboca en el tratado
de Versalles, Lloyd George se distingue de los demás plenipotenciarios al pedir que las condiciones impuestas a la Alemania
vencida no sean tan duras. El primer ministro lamenta por otra
parte la ausencia de los representantes de Berlín, que no han
sido invitados a la mesa de negociaciones. Es un error, y la historia le dará la razón a Lloyd George: se puede derrotar a un
enemigo, pero jamás se le debe humillar. Mejor diplomático
que algunos de sus colegas del Foreign Office, Lloyd George
preconiza la organización de referéndums para determinar las
fronteras de Prusia. Le niega a Clemenceau, al que apoda «Napoleón», unas vejaciones inútiles. Por haber intentado enmendar el texto inicial —durísimo— del tratado, podemos antici-

parnos y lamentar que Lloyd George haya acabado pasando por ser un admirador de Hitler. Simplemente presintió que el *diktat* de Versalles contenía el fermento de una nueva guerra mundial y que la paz y sus condiciones insoportables, impuestas por Clemenceau y el idealista —por no decir ingenuo— presidente Wilson, no serían más que ilusiones.

La implacable lady Astor tiene, como siempre, la última palabra. Unos años más tarde, durante una cena en su residencia de Saint James Square, a uno de sus invitados que le pregunta ingenuamente: «Ese Hitler, que no habla más que de Alemania, ¿dicen que ha nacido en Austria? ¡No entiendo nada! ¿Usted sabe dónde ha nacido?», ella contesta: «¿Hitler? Pero ¡si nació en Versalles!».

En 1924 se construyó en Windsor una curiosidad, «la casa de muñecas de la reina María», que aún hoy se puede visitar. Al contrario de lo que sugiere esa denominación, no se trata de un juguete. La idea era antigua y fue realizada por el arquitecto sir Edwin Luytens (1869-1944), que quiso reproducir lo más fielmente posible una residencia aristocrática del elegante barrio londinense de Mayfair de la época victoriana. La casa, que consta de tres pisos, es increíble, pues dispone de agua corriente y de electricidad. En el interior miles de objetos, la mayoría a una escala reducida de 1/12, fueron confeccionados por grandes artistas. Hay muebles, pero también libros impresos y encuadernados en piel, cuadros y ¡hasta coches de época en el garaje! Es un conjunto fascinante de precisión y minuciosidad. Presentada al público durante la Exposición del Imperio británico en Wembley, esta asombrosa maqueta fue descrita como «un monumento de una perfección meticulosa que reúne lo mejor de la artesanía británica». En cuanto al jardín, diseñado por Gertrude Jekyll (1843-1932), constituye otra sorpresa: está guardado de forma ingeniosa en el cajón del sótano y así puede desplegarse con toda facilidad. Al año siguiente, en 1925, fue prestada para el salón de la casa ideal. Más de un millón y medio de personas hicieron cola para verla y pagaron un chelín, que fue a parar al Fondo de beneficencia de la reina María.[9]

JORGE V, UN REY VALIENTE FRENTE A TODAS LAS CRISIS

Lejos de esas niñerías, el soberano se enfrenta a varias dificultades internas, que tienen que ver sobre todo con el pago de las deudas de guerra de Reino Unido. En mayo de 1923, Jorge V nombra primer ministro al conservador Stanley Baldwin, un personaje de gran peso político puesto que será de nuevo inquilino del 10 de Downing Street de 1924 a 1929, y luego de 1935 a 1937, y jefe de la oposición en el intervalo. Al año siguiente, el monarca debe aceptar la disolución del Parlamento reclamada por Ramsay MacDonald. Por primera vez, el rey se ve obligado a nombrar a un jefe de gobierno laborista, el partido del cual MacDonald había sido el dirigente más dinámico cuando se creó antes de la guerra. MacDonald, un ex periodista escocés, también ostenta la cartera del Foreign Office, mientras que el partido liberal tiende a desaparecer.

Ante los efectos devastadores de la crisis económica de 1929, Jorge V demuestra su patriotismo tranquilo aunque discreto, su sentido de la familia, su dignidad imperturbable y su buen criterio: acostumbrado a llevar el timón en todas las tormentas desde hace veinte años, encarna la estabilidad del Estado. Son cartas valiosas en un momento en que la huelga general de 1926 ha marcado el fin de la primacía industrial de Gran Bretaña, humillada por haber dejado de ser «la fábrica del mundo» y ahora superada por unos competidores más jóvenes y más dinámicos. Con lucidez, el soberano acepta, por el estatuto de Westminster (1931), sustituir el Imperio británico por la British Commonwealth of Nations (todavía vigente), una operación compensada por los acuerdos de Ottawa (capital de Canadá) a través de los cuales Reino Unido concede privilegios arancelarios a las importaciones de la Commonwealth y los dominios se comprometen a hacer lo mismo con los productos británicos. La supremacía imperial de Londres ha caído, pero el honor está a salvo. Y sobre todo, el prestigio personal del soberano sale curiosamente reforzado: él es el vínculo personal entre todos estos estados tan diversos, en nombre de una fidelidad que nunca se verá quebrantada.

Aquel mismo año de 1931, Jorge V demuestra una vez más sus cualidades de mediador en la defensa del interés general. Después de tres audiencias difíciles con el líder laborista Ramsay MacDonald, logra convencerle para que no dimita el 24 de agosto. El primer ministro abandona Buckingham Palace con la promesa de constituir un gobierno de coalición. Es urgente, en efecto, restaurar la confianza en la libra esterlina, cuyo curso está amenazado y que será preciso devaluar. Ello implica medidas draconianas, que incluyen un aumento de los impuestos y severos recortes en el empleo. Y eso no es todo. De manera muy acertada —y cumpliendo a la perfección con su papel de monarca constitucional—, el rey recibe también al líder conservador Baldwin y a sir Herbert Samuel, representante de los liberales, con el fin de obtener la colaboración de ambos frente a una situación crítica. No obstante, sin duda por ideología o por temor a comprometerse, muchos laboristas se niegan a entrar en la coalición. Aunque al final todo acaba en un relativo fracaso político, el rey da muestras de una sangre fría y una determinación ejemplares. Se deberían haber seguido sus consejos. La prensa lo celebrará en términos deportivos, pues ese tipo de metáforas son frecuentes al otro lado del canal: Jorge V «ha marcado con ello un magnífico *innings*», lo cual en el críquet, un juego totalmente abstruso para los no británicos, significaría «un magnífico turno al bate».[10]

Magnífico y heroico, pues en realidad desde hace casi tres años, desde noviembre de 1928, la salud del rey se ha deteriorado mucho. Sufre una congestión pulmonar que ha debilitado su corazón y hace temer una septicemia. En diciembre de ese mismo año han temido por su vida. Luego parece que ha recuperado fuerzas y en febrero de 1929 ha viajado a Bognor, a un balneario del sur cerca de Chichester, al oeste de Sussex. Allí ha descansado en una casa del siglo XVIII de hermosa arquitectura georgiana. Desde entonces, la estancia real le vale al lugar la apelación de Bognor Regis (Bognor Real), un nombre gratificante para el orgullo de sus habitantes. En mayo volvía a su querido Windsor y de manera oficial reanudaba todas sus actividades, bajo constante vigilancia médica. Alternando las crisis con las remisiones, Jorge V sigue siendo el rey. La autoridad del Estado está asegurada. ¿Hasta qué punto? Muy frágil, aparentando más de los 64 años que tiene, el monarca ya no es el mismo hombre que aquel de quien el pueblo alaba —y llora ya— las cualidades.

JORGE V, ENFERMO, ESTÁ MUY PREOCUPADO POR EL FUTURO DEL REINO

La enfermedad progresa, y lo que podría parecer una lenta agonía aún lo seguirá minando durante cinco años. Es cierto que se guardan las apariencias, pues en las monarquías como en las repúblicas, la salud del jefe de Estado es un tema delicado. A los rumores se oponen constataciones que pretenden ser tranquilizadoras. Por ejemplo, el 24 de marzo de 1932, jueves santo, el rey, un poco encorvado, con la barba gris que contrasta con el negro sedoso de su chistera, y la reina María, con uno de sus innumerables gorros, caminan detrás del clero a la salida de la abadía de Westminster. Los soberanos llevan un ramo cada uno. El acontecimiento es doble, porque por una parte el rey aparece en público —y esto tranquiliza— y, por otra, es la primera vez desde hace dos siglos que un rey de Inglaterra distribuye limosnas en persona —y esto sorprende—. Otra vez, en 1934, los londinenses madrugadores pueden cruzarse con el rey en Hyde Park, durante uno de sus paseos a caballo, acompañado sólo por su caballerizo. Ambos van de paisano, el rey con traje claro, su escolta con traje oscuro, y con los sombreros hongos haciendo juego. Por su parte la reina impresiona por su porte; a pesar de la época y las nuevas modas, lleva faldas y vestidos tan largos que parecen haber sido modelados sobre su cuerpo. «Se diría que son de hierro», se atreve a sugerir un personaje grosero que pretende haber bailado con la reina... Su calma es legendaria: una vez, cuando se encontraba en un mercado de antigüedades en Norfolk, un toro se escapó de una finca cercana y galopó hacia ella; su entorno se asustó. Pero la reina, de quien nadie podía sospechar las dotes de matador, levantó el paraguas (aquel día no llevaba su sombrilla) como una espada de caballería y calmó al furioso animal. La escolta, avergonzada, reapareció mientras la reina ya había reanudado su atenta inspección de los puestos de porcelana...

Las veladas son apacibles. En Windsor y si los invitados lo merecen, los soberanos los llevan a descubrir los tesoros contenidos en sus colecciones reales. La reina María, a la cual le habría gustado ser conservadora en un museo, pasa por ser una experta. Jorge V la escucha paciente y atentamente, pues ella se interesa más por los recuerdos de familia, en especial por los muebles, que por las obras maestras que cuelgan de las paredes. La cara del rey se sonroja de pronto cuando su esposa confunde obras que pertenecen al Estado, y por lo tanto a la nación, con las adquisiciones personales.

Por la mañana, sobre todo si no hay invitados o sólo amigos íntimos, Jorge V se levanta temprano, repasa los despachos y los informes que han llegado por la noche, copias de los documentos que posee el primer ministro y que le han traído al soberano en cajas de cuero rojas marcadas con su monograma, una tradición que aún se mantiene hoy día. Son secretos de Estado, con todo lo que ello implica en la vida nacional e internacional. Después del desayuno de trabajo, el rey aparece a las 9 en punto, con su inseparable loro Charlotte agarrado a su dedo medio derecho; luego lee *The Times* de la primera a la última página, sale a ver qué tiempo hace, con un perro siguiendo alegre sus pasos, y fumando un cigarrillo sacado de una preciosa caja trabajada de Fabergé. Tiene varias y a menudo regala alguna a sus amigos. Una vida relajada y campestre, a la inglesa; salvo que ese apacible residente, que continuará clasificando su colección de sellos, comprobando que estén limpios los cañones de sus dos Purdey, los fusiles de caza más distinguidos que existen, no es un lord ocioso, sino el rey, y debe poder, a cada instante, ser informado y consultado o, a la inversa, consultar e informar.

Por la tarde escucha la radio —un medio que domina a la perfección cuando se dirige a la nación—, se distrae con una novela policiaca o una película en la sala de cine que se ha hecho instalar. Una noche de 1934, mientras programan las aventuras de *Los cuatro lanceros de Bengala*, un clásico de la epopeya imperial, uno de los invitados, sir Frederick Ponsonby, a quien el soberano le ha explicado que ha reducido el número de sus sirvientes, cuenta hasta cuarenta y cinco espectadores además de la familia real. Es la servidumbre del castillo, a la cual Su Majestad ha invitado para que se distraiga.[11] La sesión tiene lugar a las seis de la tarde, y se bebe té.

Las ostras previstas no se sirven porque su frescura resulta dudosa...

La enfermedad del rey ya no es un secreto. La angustia popular y las inquietudes políticas, que oscilan entre la esperanza y la pena, no impiden la celebración del Silver Jubilee en mayo de 1935. Se confirma que la popularidad del soberano está en su apogeo y se aclama la conducta de la reina María, irreprochable y ejemplar en su sencillez.

Y —un hecho excepcional del que son testigos centenares de miles de personas— el rey rinde homenaje a su mujer: «No me equivoco al decir todo lo que le debo». Una dama de honor de la reina, lady Airlie, comenta que si bien María controla siempre sus emociones en público, en privado sabe divertirse leyendo los periódicos satíricos y se ríe escuchando *La vie parisienne* o los cuplés considerados estúpidos de la famosa *Revue nègre*, que fue la revelación de Josephine Baker. Al propio rey le encanta bromear, pero de una manera menos ruidosa que la de su padre, cuya risa, decían, se oía a través de los muros de la Torre de Londres.

La ciudad, ennegrecida por todos los carbones posibles —la calefacción, las locomotoras y las fábricas—, se limpia y se llena de flores, y toda la buena sociedad está sobreexcitada.

Las ceremonias del Silver Jubilee son agotadoras. El banquete de Estado es amenizado por veinticuatro gaiteros que —tradición obliga— dan dos veces la vuelta a la inmensa mesa.

El embajador de Estados Unidos, Walter Hines Page, poco familiarizado con el mundo de la monarquía, se queda estupefacto de que «el rey pueda hablar como un ser humano». Seguramente Jorge V se habría asombrado del asombro de ese diplomático... Luego, dirigiéndose a los primeros ministros de los dominios, el monarca, conmovido por el afecto, la estima y el respeto que éstos le han demostrado en sus respuestas, habla con la voz rota. Corren lágrimas de agradecimiento por sus mejillas cubiertas por una barba que cada vez hace parecer más viejo a aquel hombre que jamás se queja de su enfermedad. El jubileo es un triunfo y una prueba. Para la mayoría de la gente es una inmensa «fiesta de familia», según escribirá un futuro primer ministro conservador de la década de 1960, Harold Macmillan, entonces joven diputado por la circunscripción industrial de Stockton-on-Tees, punto de partida de la primera línea de ferrocarril de Inglaterra, inaugurada en 1825. El testimonio de este parlamentario es explícito: «En ningún sitio fueron más notables esas celebraciones que en los barrios pobres de todas las ciudades. [...] Pusieron banderas cruzando las calles. Hombres y mujeres de toda condición y de todas las opiniones coincidían en una alegría común».

Pero la fatiga de Jorge V ya no se puede disimular. Si su voz todavía es firme, su cuerpo parece ausente. Su médico, lord Dawson, debe apilar tres almohadas contra el respaldo del sillón del rey para que éste pueda estar en posición de firmar la convocatoria de un Consejo de Estado. Pero ¡ay!, la mano del soberano ya no responde a su voluntad. En presencia del primer ministro Ramsay MacDonald, el médico le pone la pluma en la mano izquierda. ¿Puede el médico aguantar la pluma de un rey que debe, teóricamente, firmar él solo un acta tan importante, un acta que compromete el futuro del país?

—Firmaré yo mismo —dice Jorge V, mayestático a pesar de su agotamiento.

La primera vez su nombre es ilegible. Se hace un segundo intento con ayuda del médico y el asentimiento del primer ministro, acostumbrado a transigir, puesto que dirige un gobierno de coalición en el que los conservadores ostentan, desde hace cuatro años, la mayoría.

Cuando los dos hombres se disponen a abandonar la habitación del rey, éste, después del terrible combate que acaba de librar consigo mismo, aún tiene fuerzas para sonreírles afectuosamente.

LA SEÑORA WALLIS SIMPSON, LA ESCANDALOSA AMANTE DEL PRÍNCIPE HEREDERO

Pero hay otra preocupación que mina el espíritu del soberano de una forma muy distinta. Desde hace tiempo, su hijo y sucesor designado al trono, el príncipe de Gales, lleva una vida disipada, entre las brumas del alcohol, y no muestra ningún interés por los deberes de su futuro cargo. Mientras sus súbditos se preparan para la celebración del jubileo encendiendo hogueras, Jorge V recibe numerosos informes de la policía, a cual más abrumador. Que el príncipe Eduardo tenga una aventura no plantea ningún problema especial en el reino de su abuelo, el difunto rey Eduardo VII. Pero que se trate de una norteamericana excéntrica, divorciada, que se ha vuelto a casar y cuyo primer marido aún está vivo es muy recriminable. Que esa misteriosa Wallis Simpson, que parece ha vivido en China, tenga muchos amantes, según un informe de la policía metropolitana del 3 de julio de 1935, es mucho más grave. Que el heredero al trono llegue a plantearse renunciar a él para casarse con esa aventurera que lo hace «supremamente feliz» es totalmente inaceptable.[12] De ese romance que se convertirá, como sabemos, en un gigantesco escándalo, especialmente inoportuno en los años inquietantes que preceden a la Segunda Guerra Mundial, se ha dicho, escrito, insinuado, contado y a veces demostrado todo. Todo y lo contrario. Todavía hoy, el tema apasiona y las opiniones acerca de él son contradictorias.

En el momento en que se prepara el jubileo —a principios de mayo de 1935—, el rey convoca a su hijo para decirle que la presencia de «Wallis [es] indeseable en el baile del jubileo; su estado de divorciada le prohíbe también el acceso al recinto real de Ascot y la aparta de todos los privilegios de la familia real».[13] Según unas fuentes, el príncipe de Gales jura a su padre que Wallis no es su amante, sino sólo «una persona de élite». Debilitado e incapaz de poner en duda la palabra de su hijo, Jorge V acaba aceptando la presencia de la señora Simpson en el baile del jubileo. La mentira del príncipe horroriza a varias personas del entorno real, entre ellas a lord Wigram, secretario privado del monarca.

El 14 de mayo, según la costumbre, el príncipe abre el baile con su madre, pero a partir de la segunda pieza, ante la estupefacción general, invita a Wallis. Una sensación de disgusto se apodera del rey y de la reina, escandalizados por esa falta de educación. Ante el comportamiento tan escandaloso como irresponsable de su hijo, ahora inseparable de la americana, que parece haberlo embrujado, Jorge V sufre, además de su enfermedad, las graves preocupaciones de un monarca al borde de la muerte: ¿qué clase de hombre es su sucesor? ¿Un irresponsable? ¿Un mujeriego que olvida que será rey? Cuando se entera de que Eduardo ha osado presentarse en Buckingham Palace con la extravagante Wallis a pesar de que él le había prohibido el acceso, Jorge V recupera fuerzas, unas fuerzas de rabia y de vergüenza, para exclamar delante de su viejo amigo el conde Mensdorff, ex embajador de Austria en la corte de Saint James:

—¡Esa mujer! ¡En mi casa! La anterior amante de mi hijo, lady Furness, también era imposible. La primera, la señora Dudley Ward, tenía mucha más clase, pertenecía a la buena sociedad. Mi hijo no tiene un solo amigo decente y no se relaciona con nadie que lo sea.

El diplomático trata de tranquilizar al soberano:

—Señor, el príncipe tiene muchas cualidades; es seductor y muy inteligente.

—Sin duda —responde Jorge V— y justamente por eso es una lástima. Si fuera un imbécil, no tendríamos nada que decir. Apenas lo veo y no sé nada de lo que hace.[14]

En realidad, eso no es exacto. El rey está abrumado por la montaña de informaciones desastrosas que le llegan acerca de su hijo, unos documentos de los cuales algunos serán discutidos, y hasta presentados como falsos en lo que llamaríamos una desinformación. En medio de ese desastre permanente, el rey, cada vez más débil, sufre el dolor de perder a su hermana favorita, la princesa Victoria, tres años más joven que él. Este drama lo destroza. Para colmo de mal gusto, ¡recibe un telegrama de condolencias firmado por Adolf Hitler!

Enero de 1936. Todo el país está cubierto de nieve. En Sandringham, Jorge V, muy enflaquecido, padece una nueva bronquitis que agrava sus trastornos cardiacos. Envuelto en su viejo batín exótico, el rey tiembla a pesar del fuego que arde en la chimenea de su habitación. Apenas reconoce a su hijo. El día 17, el viejo monarca está a las puertas de la muerte. El día 19, antes de entrar en coma, todavía puede interrogar a su secretario, lord Wigram:

—¿Cómo va el Imperio?

Un Imperio que no existía desde hacía casi cinco años, pero esta pregunta, patética, demuestra que hasta el final el soberano no piensa más que en el Estado y en su futuro.

—Todo va muy bien, Señor, en cuanto al Imperio...

Pero la catástrofe es inminente. Y en el entorno del primer ministro circula un comentario: «Si el príncipe quiere convertir a la señora Simpson, una puta, en su mujer, es asunto suyo. Si quiere convertirla en reina, ya es otro cantar».

A las 23 horas, tras un breve pero penoso debate de deontología médica, se decide abreviar los sufrimientos del moribundo. Por la radio se lee un comunicado de Buckingham Palace: «Su Majestad el rey termina apaciblemente su vida». Un cuarto de hora más tarde expira el primero de los Windsor. A las doce y diez, *The Times* ya prepara una edición especial con reborde negro. El príncipe de Gales rompe a llorar y pronuncia una frase que, en otras circunstancias, habría sido normal.

—Espero hacerlo tan bien como él.

Todo el mundo lo duda. Nieva sobre Sandringham, esa residencia donde nació Jorge V, el rey que, para la opinión pública, siempre será ese hombre justo y prudente, que defendió los más altos valores del Estado y evitó todo escándalo en su reino. Y también, el rey de Inglaterra que se enfrentó a la Primera Guerra Mundial.

Capítulo 3

Un extraño príncipe de Gales

Londres, 20 de enero de 1936, abadía de Westminster. Ante el catafalco en el que reposa Jorge V, la multitud desfila durante horas bajo las bóvedas góticas del edificio religioso más notable de la capital, desde el punto de vista tanto arquitectónico —aunque haya sufrido varias reformas y añadidos— como histórico. Desde 1066, todos los soberanos de Inglaterra han sido coronados aquí, excepto Eduardo V, de la casa de York, muerto a los 13 años en 1483. Westminster es una impresionante necrópolis donde han sido enterrados numerosos reyes —no todos—, y en particular la gran Isabel I llamada «la reina virgen» en el mismo panteón que su hermanastra y enemiga, la católica María Tudor, llamada «María la sangrienta». Pero Westminster también ofrece la particularidad de albergar para su último descanso a personalidades ilustres, hombres de Estado, sabios, soldados, escritores (Dickens), músicos (Haendel) e incluso poetas, que tienen en la abadía su «rincón», como Chaucer y Milton. La catedral es, pues, una síntesis de lo que son de forma separada para los franceses Saint-Denis y el Panteón. Algunos aficionados a los enigmas históricos pretenden que el propio Napoleón reposa allí en una tumba anónima.

El silencio. El dolor nacional, compartido por cuarenta millones de súbditos. El pueblo está triste y respeta la memoria del soberano difunto, ese hombre valiente caracterizado por un admirable sentido del deber. Su último retrato, realizado por sir Oswald Birley el año anterior, representa a Jorge V con el uniforme de los Windsor, un traje de gala con bocamangas y puños escarlatas. El monarca está de pie, con la mano derecha sobre una mesa de plata creada para Guillermo III, un rey de finales del siglo XVII.[1]

Un incidente conmovió a los que estaban cerca del féretro. En el momento en que éste, envuelto en el escudo real, iba a ser depositado sobre los caballetes, la gran cruz de la orden de Malta que se hallaba junto a la corona resbaló y cayó. «Un terrible presagio», dijo sir Harold Nicolson, lívido. Se oyó al nuevo rey, que había tomado el nombre de Eduardo VIII, decir: «¡Señor! ¿Qué pasará ahora?». Un miembro del Parlamento, Walter Elliot, predijo a su colega Robert Boothby: «Ésta será la constante del nuevo reinado».[2]

Al día siguiente, el nuevo rey vuela en su avión personal de Sandringham a Londres. Va a asistir al Consejo de la Corona, en el palacio de Saint James, donde debe ser consignada la declaración solemne de su acceso al trono. Tiene 41 años. Los testigos quedan impresionados porque parece «nervioso e incómodo».

El rey empieza a leer el texto oficial sosteniendo con mano temblorosa una hoja de papel, y luego la coloca sobre la mesa delante de él.

¿Una emoción muy natural ante la abrumadora responsabilidad que se le viene encima? Se comprendería. Pero en realidad el príncipe heredero, que la víspera se ha convertido en el trigésimo noveno monarca de Inglaterra, es presa de una angustia que se remonta a su infancia. La verdad es dramática: nunca ha querido ser rey. No quiere serlo y siempre ha huido de esa condición a la que estaba destinado. Así empieza uno de los episodios más inesperados y más catastróficos de la historia del reino fundado por Guillermo el Conquistador. A la vez por desinterés y so pretexto de un amor tan irresistible como escandaloso, un rey, perdiendo toda conciencia de su deber, asumirá el riesgo de hacer que se tambalee la monarquía respetadísima que le ha legado su padre y de provocar, con una crisis política colosal, el hundimiento del régimen.

¿Quién es, pues, Eduardo VIII? No lo reduzcamos de entrada a la reputación desastrosa que ha dejado en la historia. Como príncipe heredero fue durante mucho tiempo extraordinariamente popular, amado y apreciado. Nació en 1894, era elegante, espontáneo, deseaba gustar y ser amado y era divertido. Ese nieto de Eduardo VII tiene 20 años cuando estalla la Primera Guerra Mundial. Tiene el don de atraer con una sonrisa encantadora. Toda la familia lo llama David.[3] Aunque no ha sido educado como convenía y no es un intelectual, su extraordinaria memoria le permite reconocer de inmediato las caras de las personas con las que se ha cruzado aunque sea una sola vez y no olvidar sus nombres, una atención halagüeña para ellas y digna de los políticos que mejor dominan el contacto con el pueblo. Eduardo consigue que su padre lo envíe como oficial de Estado Mayor a los diferentes teatros de operaciones durante la guerra. El gobierno no está muy de acuerdo, pues el príncipe heredero es naturalmente un blanco muy codiciado. El primer ministro Stanley Baldwin le avisa. El príncipe de Gales hace valer que tiene cuatro hermanos y que su desaparición no sería, por tanto, una tragedia para el porvenir de la Corona. A esa explicación a la vez mórbida y provocadora, Baldwin replica con firmeza: «Monseñor, lo peor no sería vuestra muerte. Me preocuparía mucho más que os hicieran prisionero...».

LA OBSESIÓN DEL PRÍNCIPE DE GALES: ¡SOBRE TODO NO SER REY!

El príncipe heredero parte, pues, para cumplir con su deber. Sirve en Francia y en Italia. Da un ejemplo que es una mezcla de valor y de inconsciencia. Se expone inútilmente, a lo que parece con un placer malsano, como si intentara desafiar a la muerte. Lord Lee, un contemporáneo al que no se le escapa detalle, observa que cuando le piden a Eduardo que sea más prudente, el príncipe de Gales siempre responde: «Pero ¿para qué? A mi hermano le encantaría ocupar mi puesto y sería mucho mejor rey que yo».

La idea fija de rechazar el destino que le ha sido impuesto, el temor a no ser digno de su misión o simplemente el aburrimiento e incluso el miedo al pensar en el futuro que le espera definen a ese príncipe encantador. En resumen: el temor al deber de Estado. Cuando vuelve la paz, Eduardo, como si estuviera decepcionado por no haber muerto por una bala o un obús alemán, continúa arriesgándose al montar demasiado a caballo, sufriendo multitud de caídas y accidentes. Pero al comienzo de esa posguerra que quiere ser optimista, el príncipe se convierte en un personaje muy querido, cautivando a las masas con su encanto. Es difícil resistirse a él. No es muy alto, pero tiene unos rasgos muy finos y su expresión pasa de la tristeza a la alegría con gran rapidez. Este brusco cambio de actitud desconcierta con frecuencia a sus interlocutores, pero se puede atribuir a la inexperiencia y a una alegría de vivir mal asumida tras cuatro años de guerra. Durante la década de 1920, mediante numerosos viajes oficiales a Canadá, Australia, la India, Nueva Zelanda y Sudáfrica, el príncipe de Gales refuerza la unidad del Imperio británico. Representando a su padre con el acuerdo del gobierno en sus diversos periplos, muestra una viva imagen de la monarquía, encargada de reunir a pueblos muy diversos. Su madre habría preferido que siguiera la política de cerca en Gran Bretaña, pero el rey y el primer ministro han optado por confiarle ese papel —clásico— de enviado especial de la Corona, investido de una misión de diplomático real que anula las fronteras para consolidar el Imperio. Cabe señalar que el príncipe no se hizo rogar para dar esa vuelta al mundo imperial. ¿Acaso no era una forma, también, de alejarse de las realidades? Eduardo parece depresivo, aunque festejado por doquier se muestre

entusiasta y juvenil casi en exceso. A veces escribe que está
harto de ese oficio de príncipe de Gales. Una obligación agotadora de la cual el primer ministro Lloyd George es el principal responsable, pues no cesa de organizarle viajes jalonados
por discursos en los cuales el príncipe no puede decir lo que
piensa. Esa vida pública, que ha comenzado en 1919, con su
horario agotador, le pesa. La escolta del príncipe no siempre
logra disimular su carácter inmaduro, inestable, a veces infantil, a menudo indiscreto, pero capaz de una asombrosa generosidad hacia quienes le han hecho un favor. Ha recompensa-
do a menudo personalmente, por ejemplo, a su primo Louis
Mountbatten, que lo acompaña en su vuelta al mundo, al no
querer que este brillante oficial de marina tenga que echar
mano de su soldada para pagar algunos gastos imprevistos. El
gesto es cortés. Tal vez también quería comprar el silencio de
su entorno, que con total seguridad fue testigo de algunos
juegos peligrosos del príncipe, de algunos disfraces cuya revelación habría resultado incómoda.

En el transcurso de la década de 1920 la monarquía se
encuentra en una situación preocupante. Si bien la vida privada del príncipe de Gales ya es objeto de numerosos comentarios —en general maliciosos o burlones—, lo que de
veras preocupa a la opinión es que el príncipe sigue soltero.
Su hermano menor, el duque de York, se casa en 1923 con
lady Isabel Bowes-Lyon, una joven apasionada por las historias de fantasmas de Escocia. De ese matrimonio, muy
feliz, nacerán la princesa Isabel en 1926 y su hermana Margarita-Rosa[4] en 1930. Su cuñada apoya a Eduardo, considerando que su padre Jorge V había sido un «autócrata estrecho
de miras», una opinión un poco descortés. Más tarde corre-
girá su juicio y expresará toda su admiración por su suegro,
que pasó por tantas vicisitudes.

Una constatación se impone: el príncipe es muy emotivo,
demasiado sensible, y en realidad su obstinación revela un carácter débil, titubeante, poco seguro de sí mismo, influible
y a veces caprichoso como un niño. Esa falta de confianza se

transforma con frecuencia en torpeza; así, en las Bermudas, que visita en 1931, se niega a saludar a la multitud que se agolpa al paso de su coche y se contenta con mirar a derecha e izquierda, según la costumbre, con la cara crispada e inexpresiva como si estuviera pasmado. Un enfurruñamiento infantil para no intentar ser popular.

Otra vez, Eduardo se permitió felicitar a su padre por haber sabido hacer una «buena propaganda». La expresión provocó la cólera de Jorge V, que consideró que ese vocabulario estaba fuera de lugar. Le hizo un vigoroso sermón a su hijo y le recordó que lo que él hacía en su vida no tenía nada que ver con ninguna «propaganda», sino que era sólo su deber. ¿El deber? Una palabra que horrorizaba al príncipe de Gales, que aguantó el chaparrón con la mirada fija y la expresión absorta en no se sabe qué pensamientos.

Esa personalidad compleja y en realidad poco fiable no había dejado de atormentar a su padre enfermo durante los cinco últimos años de su vida. En noviembre de 1935, dos meses antes de su muerte, Jorge V le confió sus sentimientos a lady Gordon-Lennox: «Ruego a Dios que mi primogénito no se case nunca ni tenga hijos y que nada se oponga a que Bertie [el futuro Jorge VI] y luego Lilibet [la actual Isabel II] ocupen el trono».[5] Jorge V era lúcido y veía lejos, como si presintiera que la conducta reprobable del príncipe de Gales iba a provocar unos torbellinos que tardarían mucho tiempo —más de una generación— en disiparse. Y pocos días antes de su muerte, a su primer ministro Baldwin que fue a recoger una de sus últimas recomendaciones, Jorge V, debilitado pero conservando su espíritu visionario, le anunció: «Después de mi muerte, este chico no tardará ni un año en perderse...».[6]

Raras veces una predicción política se habrá cumplido con tanta exactitud. Cabe añadir que, ya en 1903 —Eduardo tenía 9 años—, un íntimo de la familia, al observar al niño, declaró que el futuro soberano no estaría mucho tiempo en el trono. La verdad es que todas estas coincidencias premonitorias no dejan de sorprender.

EDUARDO ENCUENTRA SU PRIMER AMOR EN UN REFUGIO DURANTE LA GUERRA

De hecho, este hombre sigue siendo un enigma con tres caras que corresponden a tres épocas: está el príncipe de Gales, está el rey y al final está el duque de Windsor. Tres reputaciones que se sucederán: un príncipe popular, pero demasiado inconstante; el monarca escandaloso y controvertido; el aristócrata exiliado que incomoda. «El primero será el mejor de los tres, aunque este juicio deba matizarse».[7] Tratemos de comprender esta secuencia.

Nacido al final del reinado de su bisabuela Victoria, tuvo una niñez desdichada. Sabemos que incluso cuando Eduardo se había portado bien, su niñera tenía la mala costumbre de pellizcarlo antes de llevarlo ante sus padres; el niño llegaba por lo tanto llorando, cosa que estos últimos recibían con contrariedad e irritación. Jorge y María tardaron cuatro años en darse cuenta de que habían confiado su hijo a una niñera perversa y malvada. Pero los daños que ésta había causado ya eran irreparables: el niño había perdido toda confianza en sí mismo.

A Eduardo le cuesta concentrarse, analizar los acontecimientos. No es estudioso y no tiene ganas de aprender. Algunos de sus preceptores quizás no fueron muy hábiles o apasionantes. Será una lástima que de sus numerosos viajes ulteriores no traiga nunca otra cosa más que anécdotas sin interés. Uno se pregunta qué puede retener su atención y despertar su curiosidad. Y es difícil responder a esta pregunta esencial: ¿qué le interesa al príncipe? Pocas cosas, a lo que parece. Quiere mucho a su abuelo Eduardo VII, ese rey tan gracioso que se divierte adelantando todos los relojes media hora para provocar la incomodidad de sus huéspedes, y su abuela Alejandra es tierna y cómplice con él. En sus abuelos encuentra el afecto que no halla en sus padres.

Su primera amiga de verdad es Freda Dudley Ward, de la misma edad que él, con la cual se refugia contra los ataques aéreos en el barrio de Belgravia, hacia el final de la guerra. Ese escondite en un sótano, que parecería un juego infantil de no ser por las circunstancias, es el origen de una pasión. Freda es como una hermana, dulce y femenina; su ternura inunda de alegría al príncipe, traumatizado por su adolescencia triste y rígida. El 26 de marzo de 1918 le escribe una carta en la cual la llama «ángel mío». Buena, casi maternal, será su primera amante.

En cierta forma, el príncipe heredero de los años 1925 es un rebelde de reacciones imprevisibles. Si la política del gobierno le atrae poco, se siente en cambio muy interesado por el mundo obrero y las familias modestas, que son las que más han sufrido la guerra. El príncipe demuestra una sincera preocupación social, que nunca podrá ser puesta en duda en medio de una existencia jalonada de sombras. Cuando la huelga general de 1926, que paraliza, entre otras cosas, el tránsito ferroviario, a pesar de la oposición de su padre, Eduardo da la orden a su chofer de llenar el coche de periódicos favorables al gabinete y transportarlos al país de Gales, una astucia que recuerda que es su título y su feudo. Pero también una forma de protestar más personal que política y, quizás, una manera de existir frente a su padre. Otro medio de provocar a Jorge V y a toda la Casa Real es la manía del príncipe de no cortejar más que a mujeres casadas, incluso para las aventuras de una sola noche. Tiene muchas, lo cual suscita diversos rumores —¡ya!— sobre la razón de que se canse de todas. ¿Quién rompe primero, él o ellas? Con tesoros de ingenio, el secretario particular de Eduardo, Alan Lascelles, logra evitar las filtraciones a los periódicos y sofocar los escándalos, cuando no los chantajes. Hay que reconocer que a algunas de esas esposas no les desagrada ser cortejadas por el futuro rey. Y no es raro que sus maridos esperen una compensación. Llamar la atención del príncipe, retener su mirada excitada, obtener un asiento a su lado y luego una cita, ¿no es acaso halagador para ellas? Claro que sí. Hasta el momento en que la mirada del príncipe ya se posa en otra. Entonces la amargura y la vejación se transforman en rumores que pueden convertirse en revelaciones, ciertas o inventadas, un dilema que será muy frecuente en el estudio de esta página de la historia. Llegados a este punto, según un procedimiento que se ha demostrado eficaz, el secretario del príncipe veleidoso realiza milagros de silencio y discreción. En efecto, aunque la época es la de los «años locos», aunque las mujeres se han liberado de su corsé, de sus faldas largas y sus cabelleras en cascada y aunque, en 1928, en Reino Unido se haya concedido el derecho de voto a las mujeres de más de 21 años —un triunfo de las sufragistas—, la sociedad inglesa sigue estando dominada por el sentido del pudor de la época victoriana, y el hecho de que los modales de antes de la guerra sean sustituidos por unas libertades a menudo venidas de Norteamérica la escandaliza. Ciertas hipocresías resisten, como lo demostrará el escritor D. H. Lawrence en su célebre novela (¿o relato largo?) *El amante de lady Chatterley,* uno de los más famosos escándalos literarios y uno de los libros más bellos de entreguerras. Pero, enemiga de ese libertinaje, la familia real debería estar por encima de toda sospecha. Ser un modelo para el reino.

El secretario privado del príncipe acaba deseando que éste no sea rey

Alan Lascelles, un testigo directo de la vida desordenada del príncipe, exasperado por un comportamiento que él es el encargado de enmendar aunque no lo consigue, está furioso por partida doble contra su señor, que corteja por sistema a todas las esposas con las que se encuentra en un coctel o en una cena y no tiene ninguna consideración para con su padre enfermo. Inconsciente y egoísta, acumulando los caprichos y las fantasías, Eduardo se niega a acortar su viaje a Kenia en 1928 a pesar de las alarmantes noticias sobre la salud de Jorge V. Escandalizado, indignado, el secretario del príncipe desde 1920, paciente y abnegado, le describe a su mujer la escena que al final estalla entre los dos hombres: «Cuando, por primera y única vez desde que nos conocemos, me enfadé: "Príncipe, le dije, el rey de

Inglaterra se está muriendo y si eso no representa nada para vos, para nosotros representa mucho". Me miró sin decir palabra y se pasó el resto de la velada seduciendo con éxito a una tal señora Barnes, esposa del comisario local».[8] Las relaciones entre el príncipe de Gales y su abnegado colaborador, que lo sabe todo y oculta lo que puede, se volverán tan tensas que Alan Lascelles, asqueado, acabará por escribir que lo mejor que podría ocurrirle al reino sería que Eduardo no llegase a ser rey.

En 1929 empieza el romance de Eduardo con la vizcondesa Thelma Furness, desgraciada en su matrimonio y madre de un niño. Este *affair,* como se dice en inglés, no se libra del exotismo elegante de la época. Durante un safari africano, el príncipe conoce a la vizcondesa cuyo marido tiene el detalle de encontrarse ausente. A la vuelta, para todo Londres es evidente que Thelma es la amante del príncipe. No se podía ignorar que ella, con una alegría provocadora, le encendía los cigarros al príncipe. Una señal que no engaña. Por una vez, aquella aventura no se resume en una sola noche, sino que dura. Es más: se convierte en oficial, ya que Eduardo instala a su nueva conquista en una de sus residencias junto al gran parque del castillo de Windsor.

Este refugio, cerca de Sunningdale, se llama Fort Belvedere. El fuerte, dominado por una torre estrecha, tiene un falso aire medieval. Esta casa peculiar, encaramada en lo alto de una colina y rodeada de jardines hasta perderse de vista, es el retiro favorito del príncipe. Rápidamente, Thelma deja en ella su impronta decorando una habitación de invitados que considera ahora como suya. La nueva decoración es de una vulgaridad asombrosa: todo es rosa *shocking* (¡la palabra es muy apropiada!) y el colmo del mal gusto son las plumas de avestruz colocadas en los cuatro montantes de la cama, ¡ya que estas plumas representan las armas del príncipe de Gales! Por lo tanto, la vizcondesa se mueve allí como Pedro por su casa y Eduardo se divierte con sus groserías infantiles. «Se compraron osos de peluche en Harrods que se regalaban el uno al otro después de sus peleas como prueba de reconciliación».[9] Cabe preguntarse por la naturaleza exacta de aquellos «juegos» a los que se entregan en esa extraña *nursery*. Más tarde, la interesada dirá que se siente decepcionada, en confidencias salaces a sus amigas, sobre la modesta sexualidad de su amante. Un hombre no muy alto, recordaba ella, segura del efecto que causaba.

Enero de 1931. El príncipe de Gales es el invitado de honor de una cacería en la propiedad de la vizcondesa Thelma Furness. Ella también ha invitado a una amiga íntima, una tal Wallis Simpson, una norteamericana de 35 años, divorciada en 1927 de Win Spencer y que se volvió a casar un año más tarde con Ernest Simpson, norteamericano de origen inglés de 36 años. La estadounidense está muy excitada con la idea de conocer al futuro soberano. Wallis pasa por ser una arribista dispuesta a todo para ser recibida en la mejor sociedad: hete aquí una ocasión inmejorable. Posee una perspectiva simple y por naturaleza «nerviosa e impresionada de conocer al príncipe de Gales», según su tía Bessie. Cuida su aspecto y se pasa casi todo el día en la peluquería, lo cual no es muy bueno para el catarro que sufre y del que no acaba de deshacerse. ¡Estar acatarrada, toser y sorberse los mocos cuando a una la van a presentar al príncipe de Gales es pura y simplemente catastrófico! Y además ella se informa: ¿debe esperar en realidad que él le dirija la palabra? ¿Cómo debe llamarlo? ¿Qué debe decirle que no sea banal a propósito del tiempo que hace, del campo, de los caballos, de la caza que ella detesta y de otros temas inevitables, según dicen, en ese tipo de fines de semana en los que uno se aburre distinguidamente? ¿Y esa maldita reverencia de la que ella lo ignora todo, cómo no ser ridícula? No es en Baltimore, su ciudad natal, donde se aprenden estas cosas.

Con un instinto de conquistadora, en el tren que los conduce a Burrough Court, Wallis, entre estornudos, risas e innumerables saltos del tren de esa línea secundaria, repite delante de otros invitados reverencias aceptables hasta la llegada del tren carreta, al final de esa tarde invernal en que la niebla lo difumina todo. La norteamericana todavía está preocupada cuando se entera de que el hermano pequeño de Eduardo, George, también estará presente. ¡Dos reverencias! ¡Un futuro rey y una Alteza Real! ¡Qué forma de empezar! En aquella residencia Tudor renovada de manera visible con grandes medios se sirve un té suculento a los recién llegados, ateridos, y el mayordomo les informa que la cena no se servirá antes de las nueve. Wallis y su marido Ernest tienen dos horas para cambiarse por primera vez. Dos horas de angustia para Wallis, que nunca ha vivido esta situación.

Durante una cacería la señora Simpson, acatarrada, conoce al príncipe de Gales

Aquella velada del sábado 10 de enero de 1931 debe considerarse con perspectiva histórica. Empieza en el gran salón de lady Furness donde sirven otro té para ocupar la espera. En efecto, los príncipes llegan con retraso, porque la niebla ha obligado a su coche a ir más despacio. Por fin se anuncia su llegada. El príncipe, que tiene tres años más que la señora Simpson, le dice buenas noches estrechándole la mano. Ella logra hacer su reverencia. ¡Uf! Le sorprende comprobar que no es mucho más alto que ella, pero observa que se mantiene muy derecho. Va vestido de *tweed* a cuadros, un verdadero atuendo campestre, pero de buen corte. La elegancia del príncipe ya es legendaria. Eduardo se parece a todas las fotografías y a todas las secuencias de los noticiarios que ella ha visto, con su nariz respingona de la que muchos se burlan, su bronceado perpetuo y su actitud pensativa. ¡Es tan juvenil! Luego todo el mundo desaparece: es la hora de vestirse para la cena. Sería imposible que los hombres no se pusieran su *dinner jacket*, que los norteamericanos y los franceses llaman de forma coloquial esmoquin. Wallis cambia su traje de chaqueta de *tweed* azul por un modoso traje de noche. ¿Se imaginaba que le darían un buen sitio? Es posible, pero la sientan lejos del príncipe. La conversación es convencional, mortalmente aburrida pero normal: los caballos, la caza, los perros... Hablar de otra cosa sería meter la pata.

Durante el almuerzo del día siguiente, a pesar de su catarro que la obliga a tener todo el rato el pañuelo delante de la nariz, Wallis da las primeras muestras de audacia. Pasa al ataque. Al no ver ningún plano de la mesa se atreve a sentarse al lado del príncipe. Galante, viendo hasta qué punto está incómoda a causa del catarro, él quiere relajar el ambiente:

—¿Echa usted de menos la calefacción central, señora Simpson?

Es una alusión a una broma que circula por Londres, donde las casas están tradicionalmente poco caldeadas; un estadounidense telefoneaba a su padre a Nueva York para decirle que la calefacción *made in England* se llamaba... ¡refrigerador! Pero Wallis también sabía que en Fort Belvedere, el amante de Thelma había hecho instalar una calefacción, un signo lujoso de un amor estable.

Wallis no se corta y contesta:

—Lo siento, monseñor, pero usted me decepciona.

—¿Y eso por qué? —responde el príncipe, asombrado ante tamaña insolencia mientras los invitados, incluido el marido de Wallis, guardan un silencio reprobatorio.

Wallis replica, cáustica:

—A todas las norteamericanas que llegan a Inglaterra les hacen la misma pregunta. Esperaba más originalidad por parte del príncipe de Gales.[10]

Si el Big Ben hubiese dado doce campanadas a la una, la asistencia no habría quedado más petrificada.

Primera constatación: Wallis Simpson tiene un desparpajo y una agilidad mental inverosímiles; es muy desenvuelta y muy maleducada, como si fuera una periodista dirigiéndose a una estrella de cine norteamericana.

Segunda constatación: su insolencia y su provocación son una falta de buen gusto, pero no un error psicológico. El príncipe no detesta los modales provocadores de una mujer bonita. Ser maltratado de vez en cuando no le desagrada, y así se lo había confiado a su primer amor, Freda.

Parece gustarle que lo agredan y lo dominen.

Tercera constatación: su mirada azul se ha posado en la increíble Wallis y no ha contestado nada, como fascinado por esa flecha inesperada. El comentario tirado a la cara del príncipe no ha suscitado ninguna respuesta. Sin duda, la frase era sorprendente y representaba un cambio respecto a los caballos y la caza. Pero la ausencia de reacción, digamos de ingenio, del príncipe interpelado resulta asombrosa. ¿Será masoquista?

Eduardo no ha manifestado ningún mal humor, no se ha reído, no ha abandonado la mesa, ningún edecán o secretario ha rogado al señor y a la señora Simpson que desaparezcan y se alejen a la mayor brevedad de Burrough Court, la residencia de lady Furness, que, recordémoslo, es a la sazón la amante oficial de Eduardo, mientras su marido el vizconde está resistiendo con valentía la quiebra bursátil de Wall Street en brazos de encantadoras consolatrices en algún lugar de la Costa Azul.

Los convencionalismos vuelven a imponerse. Una partida de póquer hace perder ocho libras a Wallis. Ella no se inmuta, sabiendo sin embargo que acaba de derrochar su presupuesto de la semana, ya bastante escuálido. La conversación transcurre por los cauces normales y nadie hace la menor alusión política, como debe ser. Un miembro de la familia real nunca habla de política. Al romper con el decoro, la estadounidense ha demostrado su fuerza: la ambición de existir, de hacerse notar. Aquel domingo 11 de enero de 1931, le parece que ha logrado el resultado apetecido. El príncipe de Gales está estupefacto, es cierto, como paralizado, pero sobre todo intrigado por esa mujer que no tiene ningún complejo. Ni siquiera se lo ha tomado a mal. Sólo es un primer encuentro. El azar los ha puesto en presencia uno de otro. Todavía no se sabe que aquel fin de semana el diablo estaba invitado para mover los hilos del destino. En cambio, la preocupación más urgente de Wallis es su necesidad de dinero, pues los negocios de su marido Ernest, corredor marítimo, declinan desde el famoso «jueves negro». Para millones de personas, el porvenir es sombrío. Pero sería indecente hablar de ello.

La señora Simpson está ofendida: ¡el príncipe no se acuerda de ella!

La verdadera pregunta que se hacen algunos invitados de aquel fin de semana es muy simple: ¿quién es esa norteamericana que se ha permitido un comentario tan mordaz sobre el futuro rey de Inglaterra? Algunos ya la habían visto, otros sólo habían oído hablar de ella. Tratemos de hacer su retrato físico, psicológico y social.

Y, en primer lugar, ¿es seductora?, ¿es bonita?, ¿tiene encanto? Sobre este tema las glosas pueden ser infinitas, pues las consideraciones son subjetivas y evolucionan con el tiempo. Además hay que saber quién es el testigo que da su opinión. ¿Un(a) amigo(a)? ¿Un(a) rival? ¿Qué relación tiene con ella? ¿Es un personaje privado o político? Cecil Beaton, el célebre fotógrafo mundano y ultrasnob que se convertirá en fotógrafo de la corte y será ennoblecido, conoció a Wallis en un baile que dieron unos norteamericanos unos años antes, en 1930. En esa época la consideró «más bien musculosa, atlética, con un acento gangoso», lo cual no es muy halagador que digamos. Es más: «Tiene el aspecto de una vaca gorda de color marrón vestida de terciopelo azul». Y a esas amabilidades añade: «Bastaba oírla hablar. Su voz era ronca. Me pareció espantosa, adocenada, vulgar, gritona, una norteamericana corriente sin encanto alguno». Sólo las manos de Wallis se salvaron de la mirada despiadada de aquel esteta. Pero al cabo de cinco años —¡y qué años!— ¿es el mismo Cecil Beaton quien de repente se declara seducido y defensor incondicional de la mujer que va a sufrir auténticas avalanchas de críticas? Cecil Beaton tiene muchos talentos, entre ellos el de no pelearse con la gente que puede serle útil.[11] Ahora la juzga «perfecta, cuidada, fresca como una jovencita; su piel brillante es lisa como el interior de una concha; su pelo tan lacio que podría ser china. Hablaba de una forma divertida, con frases rápidas puntuadas por unas carcajadas que iluminaban su rostro y hacían que su mirada fuese muy atractiva». ¡Qué cambio! Saludemos las dotes del retratista. La alusión al exotismo tendrá su importancia. Otro testigo masculino, Henry Channon, la considera como «un ratón bondadoso, encantador y apacible, con grandes ojos asombrados».

Conquistado, se opone al voluble Beaton al asegurar que «con su voz zalamera podía embrujar a cualquiera».

Escuchemos ahora a una mujer, una rival, la menos indulgente puesto que se trata de lady Furness, la amante oficial del príncipe. Su juicio es ulterior y comparativo; describe la evolución de quien le ha robado a su amante... o aquella a la cual ella se lo ha dejado: «Entonces no tenía el estilo que supo cultivar después. No era guapa, de hecho ni siquiera era bonita, pero tenía un encanto especial y mucho sentido del humor... Sus ojos, vivos y elocuentes, eran su mejor carta. No era tan delgada como estos últimos años, aunque tampoco se podía decir que fuese gorda. Pero era menos angulosa. Tenía las manos grandes; carecían de gracia cuando las movía y creo que hacía demasiados gestos cuando quería expresar algo».

En resumen, en esa época que va de 1931 a 1935, Wallis Simpson se casa con un hombre resignado a sus enfados, pero que no le proporciona la seguridad material que ella necesita, es una mujer de mediana edad que, aunque no es guapa, seduce por su «alegría de vivir».[12] Según el criterio de lo que debería ser la sacrosanta buena educación de las *ladies* y los *gentlemen* —que comporta serios desgarrones—, Wallis exhibe una cierta vulgaridad, dice lo que piensa sin miramientos, se divierte ruidosamente, no sabe nada de las costumbres de la buena sociedad, le importan un pito la política y la historia de Reino Unido, lo cual se le puede perdonar ya que es estadounidense. Pero tiene encanto. Es un arma definitiva. La señora Simpson seduce a mucha gente, exaspera a otros. Todavía no ha conquistado el corazón del príncipe de Gales; sólo lo ha sorprendido, pero él sin duda ya la ha olvidado. No se vuelven a ver hasta el mes de mayo siguiente, cuando el príncipe y su hermano George vuelven de un viaje agotador a América del Sur donde, a petición del gobierno de MacDonald, Sus Altezas Reales se han transformado en viajantes de comercio para los intereses industriales y comerciales británicos. Hay que reconquistar mercados, sobre todo en un momento en que el Imperio ha sido sustituido por la Commonwealth. Han cosechado un triunfo, por no decir una histeria, como a veces ocurre al sur del ecuador. Y, según observa Alain Decaux, el paso del príncipe de Gales por el Perú es inolvidable: «En Lima, se baten todos los récords de elegancia diplomática aplazando en su honor la revolución que estaban preparando». En casa de Thelma Furness, durante un té en honor del príncipe, los Simpson figuran de nuevo entre los invitados. La dirección no es anodina: lady Furness reside en Grosvenor Square, en el corazón de Mayfair, y por tanto en el corazón de la *society*. Que la inviten allí es uno de los sueños de Wallis, el primer paso hacia la «tierra prometida», la corte. Además, Wallis se siente como en su casa pues, detrás de las fachadas georgianas del siglo XVIII con sus puertas barnizadas, en Grosvenor Square viven muchos norteamericanos. Se habla incluso de una *Little America*, como de una *Little Italy* en Nueva York.[13]

No puede decirse que este segundo encuentro, el 15 de mayo de 1931, fuese muy cálido. Al ver a la señora Simpson, el príncipe, fatigado a causa de su periplo sudamericano, parece tener de ella un recuerdo vago. Peor aún: Wallis oye que Eduardo murmura al oído de su anfitriona estas palabras de una banalidad lamentable: «¿No he visto a esta señora en alguna parte?».

La pregunta es tanto más ofensiva para Wallis cuanto que el príncipe de Gales tiene, como hemos dicho, fama de recordar a la perfección a todas las personas que ha conocido. ¿Acaso no le ha causado ninguna impresión? La verdad es que fue hace cuatro meses y entretanto el príncipe viajero ha saludado a miles de personas.

Thelma refresca la memoria de su invitado. Éste se acerca a la pareja, Wallis no olvida su reverencia. Eduardo corrige su distracción asegurándole a Ernest y a su esposa que no ha olvidado aquella cena y saluda a otros comensales. Eso es todo. Podemos imaginar que lady Furness, despampanante en su traje de lamé plateado y todavía públicamente la amante del príncipe, se divierte con la contrariedad de su amiga.

Eso no impedirá que la señora Simpson introduzca algunos pequeños retoques a la verdad al atreverse a escribir más tarde: «Aquella muestra de atención nos halagó a los dos». En nombre de la buena educación, los dos mintieron y se mintieron mutuamente.

El sueño de la señora Simpson se hace realidad: la presentan en la corte

A pesar de este tropiezo, Wallis obtiene del lord chambelán, maestro de ceremonias de la corte, ser presentada en ella oficialmente. ¿Cómo lo ha conseguido? Gracias a otra estadounidense casada con un inglés, Mildred Andersen. Cuando recibe el precioso y suntuoso bristol, Wallis está exultante. El asunto se desarrolla en dos tiempos. Primero viene el derbi de Epsom, en Surrey, el 3 de junio. Esta carrera de caballos, una de las más famosas, se celebra desde 1780 en un hipódromo trazado en una pradera inmensa. El mundo ecuestre se reúne allí cada año y hasta han abierto un restaurante con nombre francés, Le Cheval d'or. Por gentileza del embajador norteamericano William Galbraith, Wallis y su esposo se sientan en uno de los célebres autobuses rojos de dos pisos que forman parte del paisaje británico. Su Excelencia hace bien las cosas: las cestas del picnic están llenas de pollo frío, de caviar y de champán. La señora Simpson va por buen camino, pero eso tan sólo es un ensayo.

Llega la presentación en Buckingham Palace, fijada para el miércoles 10 de junio. Wallis se supera. No duda en pedirle prestadas a Thelma las tres plumas de avestruz obligatorias en sus cabellos, un vestido de satén a una amiga, una cola de satén blanco también a Thelma. Un broche de aguamarinas y cristal para sostener las plumas, acompañado de una gran cruz también con aguamarinas al cuello. ¿Tiene medios para comprarse semejantes joyas? No. A su tía Bessie con la cual mantiene una correspondencia regular, Wallis le cuenta: «No necesito añadir que son imitaciones, pero hacen efecto». Queda el problema del coche, puesto que no se plantea en ningún caso llegar a pie. Otro estadounidense generoso presta a los Simpson su coche y su chofer. Wallis está nerviosa, pero dispuesta para lo que ella llama «la gran noche». La colonia norteamericana la ha ayudado mucho, en muchos sentidos. Esta divorciada ha tenido que presentar —ahora ya podían ser recibidas— las pruebas judiciales de que el culpable había sido su ex marido.

Siempre es impresionante ser recibido en Buckingham Palace, donde la austeridad de la fachada contrasta con la solemnidad del interior. En cuanto bajan del coche prestado, los Simpson son conducidos al guardarropa. Unos lacayos con librea les quitan los abrigos y las capas, luego suben lentamente, como en un ensueño, la gran escalinata, entre dos filas de *Yeomen of the Guard*, también encargados de la seguridad de las joyas de la Corona en la Torre de Londres. Llevan el uniforme Tudor rojo con el monograma del soberano reinante y se les apoda *beefeaters*, literalmente «comedores de buey», o guardianes del *buffet* real. Son requeridos en todas las grandes ceremonias en las que el monarca está presente.

Los Simpson son conducidos a sus puestos, «buenos, en las primeras filas», como tendrá interés en precisar Wallis, a la vez aliviada y angustiada por la reverencia, doblemente real esta vez, que tendrá que hacerles a Jorge V y a María en la sala del trono. Sentados, el rey viste uniforme de gala, la reina un traje de satén blanco bordado con perlas y un collar de diamantes. El príncipe de Gales, también de uniforme, se halla detrás de su padre; está de pie, al lado de su tío abuelo, el duque de Connaught.[14]

Comienza el solemne e impecable desfile de los presentados, acompañado por la orquesta. El anuncio de los nombres y los títulos antecede a la reverencia de las jóvenes y las señoras. Cuando todo el mundo vuelve a reunirse luego en los grandes salones, la señora Simpson se halla cerca del príncipe que, junto con sus padres, pronuncia algunas palabras dirigidas a cada uno de los invitados. Wallis tiene el oído fino. Oye a Eduardo decirle al duque de Connaught: «Querido tío Arthur, ¿no cree que habría que modificar estas luces? ¡Son crueles para las mujeres y las hacen a todas feísimas!».

Este comentario, justificado según varios testigos, es el origen de un nuevo intercambio insólito entre la norteamericana y el futuro rey durante una copa que ofrece después de la ceremonia lady Furness en su casa. El príncipe, con una copa de champán en la mano, se acerca a Wallis, que debía de estar mucho más relajada que en palacio. Le alaba el vestido. La señora Simpson no ha cambiado. Sigue dispuesta a atacar. Le contesta a Eduardo:

—Monseñor, ¡he creído entender que nos encontrabais a todas feísimas!

Él sonríe:

—¡Señora, me sorprende que mi voz llegue tan lejos!

A LAS TRES DE LA MAÑANA, EL PRÍNCIPE DE GALES ACOMPAÑA A LOS SIMPSON A SU CASA

¡Decididamente Wallis es incorregible! Pero —y eso no lo sabremos hasta más tarde porque lo confesará el propio príncipe— dirá que quedó «impresionado por la gracia de su porte y la dignidad natural de sus movimientos».

Ahora ya no cabe duda: el príncipe heredero no olvidará a esa mujer. Su aplomo le ha de interesar por fuerza. Y seguro que no es casual que Eduardo, divertido por la vivacidad de la estadounidense, se quede más rato en aquel coctel. Ahora son las tres de la mañana. El grupo abandona Grosvenor Square. El chofer puesto a disposición de los Simpson sigue allí, con el coche de su dueño. Pero el príncipe propone a la pareja acompañarlos a casa. Wallis, con un gesto de gran señora, despide al cochero como si fuera el suyo. Aprovecha la ocasión.

Y ya tenemos al señor y la señora Simpson en la limusina del príncipe de Gales. Wallis ha marcado un punto. Durante el trayecto, el primogénito de Jorge V habla de su querido Fort Belvedere al que ahora se dirige. Cuando los Simpson llegan a su casa en semejante compañía, el portero se queda petrificado. ¡El príncipe de Gales aquí! ¡A esta hora! ¡Con los Simpson! Un príncipe tan querido y tan popular... El buen hombre no sale de su asombro. Wallis propone una «última copa», pero el heredero la rechaza sonriendo. ¿Por guardar las formas? No: «Debo madrugar. Pero si quiere renovar su invitación, volveré encantado».

Una promesa. La primera. La limusina principesca desaparece en un Londres dormido. Seguro que a Wallis le costó conciliar el sueño. ¿Soñó? No. En su cabeza ya está urdiendo un plan, como demuestra el relato de esa noche excepcional que Wallis le escribe a su tía Bessie, dos días después: «Espero recibir al príncipe una tarde de éstas, pero hay que dejar que las cosas se vayan haciendo poco a poco y de forma natural, a través de Thelma».

¡Querida lady Furness! De no ser por ella, nada habría ocurrido.

Presentada en la corte, la señora Simpson ya existe de forma oficial. ¡Por fin! El 19 de junio celebra su 35 cumpleaños. Pero el más inestimable de los regalos lo ha recibido ocho días antes: al acompañarla a su casa, el príncipe ha prometido ir a verla... pero no ha ido. Aún no.

Tal vez porque está decepcionada y porque la vida con Ernest le pesa cada vez más, y también porque los problemas financieros de la pareja se agravan, Wallis se va al sur de Francia. Esta estancia entre mujeres suscitará diversos comentarios. Los maridos no están invitados: ya no tienen los medios y quizás tampoco las ganas de soportar a un enjambre itinerante dispuesto a divertirse. La señora Simpson y sus amigas pasan por París, hacen algunas compras ruinosas pero indispensables —porque no se puede vivir sin medias de seda y sin perfume—, y luego se suben al rápido de lujo que, desde 1929 y con el ya mítico nombre de *Train bleu*, transporta en una noche a menudo agitada a muchos ingleses y norteamericanos a la Costa

Azul. El gineceo se instala en Cannes, donde Wallis encuentra a sus queridos amigos Rogers, que sin duda son el origen de la invitación. En ese verano de 1931, el programa no está mal: almuerzo todos los días en el Eden Roc, baño, paseo hasta las islas de Hyères en el barco de los Rogers y picnic.

Hay dos elementos dignos de ser recordados. El primero es el ambiente exclusivamente femenino de ese viaje. Que Wallis comparta habitación con una amiga no es nada sospechoso. Pero, según el rumor, una camarera entra de improviso en el cuarto de Gloria Vanderbilt y se la encuentra besando con pasión a su amiga. Que Wallis le escriba a su tía Bessie el domingo 9 de agosto: «Los hombres eran pocos y nadie se quejaba de ello» no constituye necesariamente una confesión de tendencias sáficas, que entonces están muy de moda. Pero, según escribe Charles Higham en su estudio reciente sobre la vida secreta y escandalosa de la futura duquesa de Windsor, «Wallis, años más tarde, colgó en su habitación de las sucesivas casas en las que vivió en París un cuadro que representaba a dos mujeres desnudas haciendo el amor».[15] ¿Simple gusto de esteta? ¿Preferencia sexual? ¿Reacción oportunista? Wallis será acusada de todo, y en especial de lo peor. Para perjudicarla se podrá añadir sin pruebas que también era lesbiana. Vuelve a Londres de forma precipitada para no perderse la invitación de lord Sackville, el cuarto que lleva el título, un hombre de 61 años cuya esposa, Anne, otra estadounidense, es una aliada, una de las compatriotas que Wallis necesita.

Un invierno siniestro, sin dinero y sin noticias del príncipe...

La escapada de su esposa al sur no ha aliviado las finanzas de Ernest Simpson. El tren de vida de la pareja cada vez es más austero, es imposible seguir el ritmo de los que aún tienen los medios para salir, dar cenas o viajar. Ernest Simpson debe renunciar al chofer y al coche. Sus trayectos matutinos en el

Underground, el metro de Londres, lo tienen extenuado. Pálido y aturdido, espera que su padre le envíe algún dinero para poder descansar un poco, mientras los modestos ahorros que Wallis ha recibido de un tío suyo ya se han esfumado. El otoño de 1931 es frío, lluvioso, y Londres es una ciudad invisible bajo el *fog*, esa niebla legendaria. La señora Simpson está enferma, se pasa semanas en la cama. Oficialmente le duele la garganta. Psicológica y sociológicamente está humillada por sus apuros económicos. Ser presentada en la corte y acompañada a casa por el príncipe de Gales, de quien sigue sin noticias, no asegura la subsistencia. Una amiga la ayuda para que un especialista, uno de esos médicos que residen en Harley Street, la calle de los médicos, la opere de las amígdalas. La Navidad es pobre, siniestra, sin esperanzas. Wallis se pregunta: ¿qué será de ella? ¿Qué será de Ernest, también él divorciado, al que se siente unida, aunque no lo ame? ¿Qué pasa con su matrimonio? Las dificultades del día a día para sobrevivir actúan como un revelador. El desempleo es masivo y la libra esterlina está devaluada.

Wallis ni siquiera se interesa —y es una lástima— por un asombroso encuentro que tiene lugar en octubre en Buckingham Palace. El rey recibe en audiencia a un personaje al que Churchill calificará de «fakir semidesnudo», el Mahatma Gandhi. Increíble: ¡Gandhi acude a tomar el té con Su Majestad!

Envuelto en una tela blanca, descalzo, con sus lentes con montura de oro, el héroe de la célebre «marcha hacia el mar», que ya ha desafiado dos veces a la autoridad británica en la India —y ha sido encarcelado— no es muy bienvenido. Pero el gabinete de Ramsay MacDonald ha pensado, a decir verdad sin mucha convicción, que una audiencia real podría influir en esa «gran alma» que amenaza con ayunar hasta que haya entendimiento entre hindúes y musulmanes. Jorge V ha accedido porque Gandhi, que había estudiado en Londres, apoyó a Gran Bretaña en 1914. El rey finge olvidar que ese apoyo lo prestó con la esperanza de obtener la independencia política de la India.

Gandhi le declara a Jorge V que acepta la ciudadanía en el seno de la Commonwealth, pero no en el seno del Imperio británico.

A Jorge V no le gusta. Le dice a su exótico visitante:

—Recuerde, señor Gandhi, que no quiero ninguna manifestación más contra el Imperio.

El asceta que propugna la fuerza del alma responde con malicia:

—No quiero verme arrastrado a una discusión política en el palacio de Vuestra Majestad después de haber recibido la hospitalidad de Vuestra Majestad.

Semejante visita representa para Jorge V un cambio respecto a la monótona presentación de las debutantes en la corte... la señora Simpson no se interesa por la política, al menos en apariencia. Y hace mal: la política —¡y la peor!— se interesará por ella.

Para Wallis a finales de enero de 1932 se produce por fin un milagro en forma de una invitación del príncipe a visitarlo en Fort Belvedere. ¡Por fin! Pero Eduardo no envía su coche; hay que pedir uno prestado para llegar, bajo la nieve, a Berkshire, que dista unos cincuenta kilómetros de Londres. ¿Una fortaleza? Wallis está asombrada. Parece un gran juguete o un pequeño decorado. Lady Diana Cooper, que vivió allí varias veces, describió esa construcción del siglo XVIII como «la idea que puede hacerse un niño de un castillo fortificado».[16] Pero no importa: Wallis, transformada, ha recuperado las ganas de vivir. Y la esperanza.

Mientras un criado con librea se lleva las maletas y dos perros siguen ladrando, el príncipe, con kilt, recibe él mismo a los Simpson en la puerta. El ambiente es confortable y —milagro suplementario— la calefacción central funciona sin problemas y completa el fuego que arde en la chimenea. Wallis olvida sus dolores de estómago, sin duda provocados por una úlcera. Thelma también está presente, por supuesto. ¿Acaso no es ésta su casa? Además de una pareja de amigos, también está el edecán del príncipe, el brigadier general Trotter, un hombre mayor que Eduardo y un héroe de la guerra. Muy amable, el heredero conduce a los Simpson a su habitación. Sólo hay cinco. La de ellos es azul, con camas gemelas y por suerte con cuarto de baño. Ahora es la hora de vestirse para la cena. Al bajar, los invitados admiran un Canaletto y tienen la sorpresa de ver al príncipe ocupado en bordar un tapete para la mesa de backgammon. Está muy concentrado en esa tarea a priori femenina, bajo la atenta mirada de Thelma, nada sorprendida. Para justificar su minucioso trabajo de *petit point*, Eduardo explica con voz tímida: «Es mi vicio secreto. El único, en todo caso, que me molesto en ocultar. Prefiero esto a las novelas policiacas, pero ¡les ruego que no lo vayan contando por ahí!».

En la personalidad complejísima de este hombre hay quien ha sospechado una homosexualidad más o menos reprimida. Diana Cooper rechazará con vigor esta hipótesis: «¡Es ridículo! ¡Eduardo se ha pasado la vida entre las piernas de las mujeres!».

LA ALEGRÍA DE LA SEÑORA SIMPSON: ¡POR FIN EL PRÍNCIPE LA SACA A BAILAR!

Después de cenar algunos juegan a las cartas o intentan terminar un enorme puzle, un pasatiempo elegante y silencioso. Luego ponen en marcha un fonógrafo. Los discos de foxtrot y de rumbas se suceden, encadenando los últimos éxitos. Y para Wallis llega el momento tan esperado: ¡el príncipe de Gales la saca a bailar! Después que a Thelma, por supuesto. Años más tarde, Wallis, todavía deslumbrada, escribirá que su compañero de baile era muy buen bailarín. «Era ágil, ligero, tenía ritmo». A medianoche, el príncipe se retira. La señora Simpson, como de costumbre, no disimula su contrariedad: «¿Dónde está el príncipe de Gales del que los periódicos hablan todos los días? ¿Dónde está ese soltero disoluto que no se acuesta jamás antes del alba?».

Se siente decepcionada. ¿Qué esperaba, pues? Sabía que a él le gustaban los ejercicios físicos violentos, las cacerías interminables, las cabalgatas locas, todo lo que hace sudar durante el esfuerzo; pero cuando, a la mañana siguiente, aparece con pantalón de golf, silbando alegremente, armado con una azada y un hacha pequeña y ordenando a todo el mundo que le ayude a desbrozar un bosque, no sale de su asombro. Los invitados fingen seguir al príncipe en su capricho... ¿Es el mismo personaje que, la tarde anterior, bordaba como le había enseñado su madre, según él, el que esta mañana se había transformado en un enérgico leñador tras haber mostrado sus talentos como bailarín mundano? A Wallis le habían dicho que el rey Jorge V y la reina María hablaban de Fort Belvedere como de «un viejo caserón sin interés» (sólo habían estado dos veces allí y durante una hora nada más), pero ¿qué habrían pensado de este deporte matutino casi siempre reservado a los guardas forestales y a los jardineros en aquellos dominios de la Corona? Los soberanos sabían muchas más cosas... y estaban preocupados por los comportamientos a menudo irracionales de su primogénito.

A modo de carta de agradecimiento el matrimonio Simpson, después de pensárselo, envía un poema a Eduardo, un texto elaborado a cuatro manos en el que Ernest ha contribuido con su pluma más enfática. He aquí la traducción:

Monseñor,
sed prudente y no maldigáis
este mísero ensayo de gratitud en verso.
Nuestro fin de semana en Fort Belvedere
nos ha dejado en compañía de caros recuerdos
de lo que debe ser la hospitalidad principesca
en todos los sentidos de la palabra.
Las horas volaron demasiado veloces
y habríamos deseado detenerlas.
Lamentando la malignidad con la cual desaparecieron
queremos dar cordialmente las gracias a Vuestra
[Alteza Real.

Pero estoy abusando de vuestro tiempo
y tengo el honor, monseñor, de ser
(antes de que mi lápiz poético empiece a cojear)
vuestra obediente servidora

Wallis Simpson[17]

Una evidencia: no es el matrimonio invitado el que da las gracias, sino sólo la esposa quien firma el agradecimiento. La apropiación es atrevida, digna de las audacias de Wallis. ¿Qué piensa Ernest? ¿Qué piensa el destinatario? Sólo sabemos que aquel invierno de 1932 la señora Simpson sube otro peldaño en la escalera de la intimidad. Asume su deseo de conocer mejor al príncipe. Se pone a su «servicio» para «obedecerle». Son palabras cargadas de sentido. Ella cree estar cerca del estatus de favorita. Lo que Wallis no sabe es que el príncipe, al abandonar a Thelma, tiene otras conquistas en perspectiva, facilitadas por sus desplazamientos oficiales o semioficiales. Le atribuyen diversas aventuras: una con la aviadora Amelia Earhart, que ocupa los titulares de los periódicos por ser la primera mujer que ha cruzado sola el Atlántico, otra en el mes de agosto en Montecarlo con una estadounidense; la señora Barbara Warrick, con la que baila mucho rato *cheek to cheek*, y otra más con la muy bonita princesa Ingrid de Suecia, una ocasión que la prensa sueca no desaprovecha. ¿Son relaciones consumadas? ¿Flirteos imprudentes? ¿Simples cotilleos? ¿Operaciones de propaganda real y de distracción cuando no ha ocurrido nada? Es difícil responder, salvo que el príncipe de Gales es fiel a su reputación de mujeriego poco discreto y que enseguida se cansa de sus supuestas amantes, como un donjuán insatisfecho para siempre. Su popularidad pública no hace sino aumentar, inversamente proporcional al disgusto del rey, cuya salud se tambalea. El público se divierte con esa vida amorosa que excita la imaginación; el rey y el gabinete se preocupan. La corte de Saint James no es Hollywood.

DOCE MESES DE SOLEDAD Y DESESPERACIÓN. WALLIS SE SIENTE
OLVIDADA...

Wallis se angustia en su casa de Bryanston Court. La lectura
de los periódicos la hiere, sus ardores de estómago la hacen
sufrir y se venga despidiendo uno tras otro a los criados que
todavía puede contratar, todos unos inútiles. Pasa un año espantoso. Un fracaso completo, el final de un sueño. Pero tras
incesantes viajes del príncipe, más o menos al servicio de la
Corona, hete aquí que le llega una nueva invitación a Fort Belvedere. No sólo Eduardo ha vuelto, sino que invita a los Simpson a reunirse con él en su refugio de la infancia, ese mundo
donde puede seguir siendo un adolescente. Hasta los perros
son felices de volver a ver a esos invitados cuando bajan del
coche: Cora y Jaggs ya no ladran al verlos llegar. Los Simpson
ya no son unos extraños. Por desgracia, Thelma ha recuperado
el favor del príncipe y esta constatación no hace sino agravar el
dolor de estómago de Wallis. Se irrita por todo y los negocios
de Ernest van de mal en peor, y obligan a la pareja a hacer ma-
labarismos que le impidan precipitarse al vacío. Pero se produce un gran acontecimiento: Ernest debe ir a Italia por negocios. El príncipe se entera e invita a su esposa a Fort Belvedere.
El marido se va, complaciente o distraído y absorbido por sus
preocupaciones. ¿Wallis será la única mujer casada invitada sin
su esposo?

Eso sería no contar con Thelma, la inevitable gobernanta sentimental que lo sabe todo y que aún conserva el control
afectivo sobre un ser tan poco adulto como el príncipe Eduardo. Wallis, que ha llegado sola el viernes por la tarde y no ha
podido evitar ser recibida por Thelma, juzga su situación con
sentido del humor: «¡Me he convertido en "la viuda alegre"!».

La alusión a la célebre opereta de Franz Lehár es incon-
gruente. El invierno es crudo, todo está helado. El domingo el
príncipe sugiere ir a patinar a los estanques helados. Wallis se
lanza con el duque y la duquesa de York[18] sobre unos patines
que Eduardo le ha regalado. «Una hora exquisita...», bien ale-

jada de la opereta. ¡Claro que le ha regalado los mismos a Thelma! Por otra parte, la proximidad entre Wallis y Thelma es tan evidente que a menudo la gente las invita a las dos juntas «esperando que les traerán al príncipe». Un trío mundano.

Sin embargo, a partir de principios de 1933, aunque las reuniones los fines de semana en Fort Belvedere continúan, siempre hay una multitud de invitados encorsetados por el protocolo, entre ellos el hermano de Eduardo, George, y los fugitivos de la Revolución rusa, el gran duque Dimitri y su esposa. Wallis dice que hay demasiada gente y que el ambiente no es lo bastante relajado. Una reverencia por aquí, un «monseñor» por allá, «era divertido pero demasiado palaciego».

A juzgar por este comentario, Wallis se siente prisionera de la rigidez de las costumbres monárquicas. Sin duda está contenta de ver al príncipe, pero nunca están solos. Y a priori no parece más interesado que antes por esa estadounidense que va hacia su perdición en todos los sentidos. Justamente un viaje a Estados Unidos, por diversas razones familiares, resulta oportuno. En marzo, cuando el matrimonio Simpson, a bordo del *Mauretania*, está viendo desaparecer la costa inglesa, un camarero jadeante les trae un radiograma. ¿Quién puede enviarles un mensaje tan urgente? ¿Más problemas de dinero? El texto, sobrio, les desea un buen viaje y un pronto regreso a Inglaterra. La firma ha causado estupor entre los oficiales de radio y en el comandante del buque: «Edward P.». Es breve, pero es mucho. El príncipe se ha enterado de la partida de los Simpson y espera que Wallis regrese. Al menos eso es lo que ella piensa.

Wallis está feliz de reencontrarse con su verdadero mundo, Estados Unidos y su querida tía Bessie, su confidente epistolar a quien le cuenta sus alegrías y sus penas. Wallis se siente rejuvenecida, libre, aturdida al contacto con los suyos en Baltimore y luego con la sociedad de Washington, donde, según los testigos, encadena un flirteo con otro. Incluso su salud parece mejorar, lo cual demostraría que en Londres, en su papel de parásito semimundano vigilado por Thelma, Wallis, cansada de no lograr nada de un príncipe demasiado mimado, estaba deprimida. Prolonga su estancia en América. Ernest, como de costumbre, es muy indulgente y acepta volver solo.

Cuando se reúne con él a principios de junio, Ernest le confirma que la baja del dólar todavía pone las cosas más difíciles a los norteamericanos que viven en el Reino Unido. ¿Hay que hacerle caso a Roosevelt, el nuevo presidente de Estados Unidos y a su nueva iniciativa económica, el *New Deal*? ¿Hay que abandonar definitivamente Londres, que se ha puesto carísimo? Wallis se agarra a un clavo ardiendo. No. Hará más sacrificios, hará milagros, asegura que se conforma con poco, con tal de que su estrella no palidezca en la memoria del príncipe. Hay que reconocerle una gran tenacidad y un gran coraje. Resistir. Parecer a falta de ser. Un análisis grafológico objetivo, es decir sin ninguna posibilidad de identificar al autor de la letra, concluirá, dos años más tarde, con esta opinión de un experto: «Mujer que manifiesta una tendencia masculina en sus actividades. Tiene que hacer notar su autoridad. Si no percibe plenamente su poder, puede ser desagradable. En la persecución de sus propósitos puede ser atolondrada y brutal, pero en conjunto no está exenta de nobleza ni de generosidad. La gobiernan impulsos contradictorios. Su letra de contrastes violentos es señal de que las satisfacciones que persigue no son lo bastante fuertes como para armonizar su vida. Es ambiciosa y pide sobre todo que sus empresas llamen la atención y sean apreciadas».

Este dictamen nos informa en un doble sentido. Por una parte, la señora Simpson es dominadora y oportunista, teme pasar por insignificante y ser ignorada. Está por consiguiente dispuesta a todo para imponerse, incluso afectiva y socialmente. Por otra parte, el experto grafólogo autor de este informe entregado en plena tempestad política y dinástica (1936) es afín al gabinete del primer ministro Stanley Baldwin, por tercera y última vez inquilino del 10 de Downing Street. Decir que el gobierno se informa sobre la personalidad de la señora Simpson es decir poco.

PARA EL CUMPLEAÑOS DE LA SEÑORA SIMPSON EL PRÍNCIPE LE REGALA UNA ORQUÍDEA

El matrimonio Simpson ya sólo recibe una vez al mes, anula las citas elegantes a las que es obligado asistir, entre ellas las carreras de Ascot, un jueves de mediados de junio. Y es una lástima pues, en principio, asiste la familia real completa. Pero Wallis obtiene algo mucho mejor: ¡el príncipe irá a cenar a su casa! Le gusta su vestido blanco. Los Simpson ahora son asiduos al Fort Belvedere, los perros los conocen, y esto no engaña. ¿La subida del fascismo en Italia? ¿La toma del poder por Hitler en Alemania? Wallis está demasiado ocupada en conquistar al príncipe, del cual ha adivinado las debilidades. Por su parte, fiel a sus inclinaciones sociales, el príncipe recorre su futuro reino, conversa con los obreros en huelga, sintiendo vergüenza por hallarse inmunizado de la miseria cuando vuelve a montar en su coche. Muchas veces le aplauden. Eduardo dice que admira el éxito de Alemania, que ha sabido reabsorber la crisis económica desencadenada por la caída de la República de Weimar y su inflación demencial; aprueba el combate de Hitler contra el cáncer del comunismo. Sus declaraciones a favor de un acercamiento angloalemán provocan la cólera de su padre. Jorge V está furioso. ¿Ha olvidado su hijo el valiente y significativo cambio de nombre que él ha impuesto a la dinastía al proclamarse Windsor? ¿No sabe Eduardo que esta iniciativa ha sido ampliamente aprobada por el pueblo británico? La respuesta del príncipe al monarca es una bomba: trata a Francia y a Reino Unido de «democracias de pacotilla», una declaración que resquebraja el estatuto constitucional de la monarquía.[19]

El 19 de junio de 1933 la señora Simpson cumple 37 años. Su marido Ernest no tiene la idea ni los medios de hacerle un regalo a su mujer, y el príncipe se encarga gustoso. Primero organiza una velada en uno de esos famosos restaurantes-night-clubes italianos de Londres, Quaglino. Luego le ofrece un regalo delicado, una orquídea en una maceta. Preciosa. Eduardo le asegura —es el príncipe jardinero quien habla— que cuidándola bien la orquídea volverá a florecer al año siguiente. Wallis esperará un año, dubitativa, pero la naturaleza mantendrá su promesa al cabo de doce meses.

Interviene el azar: el aniversario de Eduardo es cuatro días después del de la señora Simpson. Ambos son Géminis, su personalidad es doble y están hechos para entenderse. El regalo de Wallis es modesto, pero íntimo: una bolsita para guardar sus cajas de cerillas en Fort Belvedere y una cucharita perteneciente a Eduardo que ella había «pedido prestada» al *maître* Osborne, a quien no le gusta que nadie intervenga en sus dominios, y la plata forma parte de los mismos. Devuelve la cucharilla a Eduardo, que se muestra un poco sorprendido, grabada y acompañada por una carta de felicitación.

18 de noviembre de 1933. La situación financiera de los Simpson se vuelve crítica. La prensa inglesa acusa a Roosevelt de haber ido demasiado lejos, el dólar no cesa de devaluarse. «De todas formas, es alarmante», escribe Wallis a su tía Jessie. El 10 de diciembre, el príncipe le regala a la señora Simpson su foto en un marco de piel. Los regalos son cada vez más personales. Como sus relaciones. El siguiente es una mesa destinada al salón de Wallis para Navidad. «¡La he elegido yo!», dice ella con orgullo. Entre 1931 y principios de 1934, la amistad un poco escandalosa entre Wallis y Eduardo se intensifica. Interviene el diablo otra vez con el viaje de Thelma a Estados Unidos el 25 de enero. Antes de embarcar a bordo de su transatlántico, ésta come con Wallis. ¿Dos amigas? Dos rivales. Según las memorias de Thelma, fue en el Ritz —¡naturalmente!— donde todo cambió.

Wallis:

—¡Oh, Thelma, el hombrecito se sentirá tan solo!

Thelma:

—Está bien, querida, ocúpate de él durante mi ausencia...[20]

Aquel 25 de enero de 1934 suena la hora del destino.

El príncipe, en efecto, no está mucho tiempo solo. Invita a Wallis a cenar con unos amigos al Dorchester, un palacete que es una institución londinense. En aquel marco refinado, la conversación es surrealista. La señora Simpson se muestra inquieta por el cansancio del príncipe, que acaba de volver de una nueva gira por las fábricas paradas y los almacenes vacíos ante las colas de desempleados abandonados a su suerte. ¿Cansado, Eduardo? En absoluto. Está preocupado por las condiciones de vida del proletariado industrial en las empresas devastadas por la crisis. Habla de sus proyectos de mejora, de los barrios que hay que construir con urgencia para acabar con los cuchitriles. Su ansiedad es visible. Ella le pregunta por sus responsabilidades, sus poderes, y él deplora sus límites. Es esa noche probablemente, y delante de terceros, cuando Wallis aborda por primera vez la situación política del futuro rey. Él parece aislado, perdido, habla de Thelma y dice que la echa de menos. Luego, a partir de febrero, empieza a presentarse de improviso en casa de los Simpson. Pero ¿dónde ha sido educado ese príncipe heredero?

El príncipe de Gales se presenta sin avisar en casa de los Simpson

Groseramente se presenta en Bryanston Court y se queda unos minutos o toda la tarde. Luego no da señales de vida durante quince días. Al principio, Wallis se angustia: ¿le habrá disgustado algo? Cuando vuelve, siempre después de las seis de la tarde, habla mucho, de todo y de nada, pasando de un tema serio, como el preocupante déficit del comercio británico, a futilidades, nuevas plantaciones en Fort Belvedere o el último disco de jazz llegado de América, ideal para bailarlo con Wallis. En Fort Belvedere, por supuesto... Llega la hora de la cena, modesta, en casa de los Simpson. El príncipe se da cuenta de lo tarde que es y se pone en pie de un salto. Dice que lo siente mucho. Wallis, como una perfecta ama de casa, lo tranquiliza: «Monseñor, ya sé que el *boeuf en daube* no es ninguna maravilla, pero nos haría muy felices compartirlo con vos».

El visitante asiduo está encantado. Wallis también. Se queda. Por el buey y por la señora Simpson.

El marido primero se muestra cortés y escucha al príncipe hasta las cuatro de la madrugada. Luego el cansancio y las preocupaciones le autorizan a retirarse a trabajar en su despacho, según dice educadamente. De hecho, agotado, Ernest se acuesta, no sabiendo ya si debe sentirse honrado o maldecir esos modales de un príncipe heredero ocioso. Por primera vez Eduardo y Wallis se quedan solos, a veces hasta el amanecer.

La fecha del 12 de febrero de 1934 es esencial, a juzgar por lo que Wallis le dice a su tía Bessie en una carta: «He heredado al príncipe, al hombrecito de Thelma Furness», la cual ha anunciado su regreso, pero sin indicar fecha. No podemos decir qué sentido cabe darle a este anuncio, pero «la heredera» se halla muy pronto en el centro de todos los rumores. Para defenderse escribe una semana más tarde a su tía: «No es mi estilo quitarles los pretendientes a mis amigas. Nos hemos visto mucho, y es natural que la gente lo comente. Creo que esto le divierte. Yo lo distraigo y a los dos nos gusta bailar. Siempre tengo a Ernest a mi lado. Por lo tanto, no hay peligro».

La explicación de que al final Thelma no vuelva hasta la primavera, en marzo de 1934, es su romance muy mediático con el príncipe Ali Khan, el hijo del Aga Khan, un *play boy* notorio. Ese señor indio, que es un amante de gran reputación, lo sabe todo acerca del placer femenino y parece que domina los métodos orientales más eficaces. La consecuencia es un recibimiento más bien frío del príncipe en Fort Belvedere. Y lo que es peor, Eduardo y Wallis intercambian bromas y sobreentendidos. La señora Simpson mira a su amiga desafiándola. No cabe duda, Wallis se ha ocupado muy bien del «hombrecito». ¡Misión cumplida! Tras una explicación penosa, y sobre todo inútil, con Eduardo, Thelma abandona el fuerte en el que durante mucho tiempo se creyó «princesa de Gales». Intentará hablar con Eduardo por teléfono, pero el telefonista de Buckingham Palace lamenta mucho responderle que Su Alteza Real no desea ser molestado. Es el fin. El 15 de abril, Wallis relata el acontecimiento a su tía y le dice que ella tiene muchísimo cuidado, pues el príncipe es un hombre del que la opinión pública está muy pendiente y ella evita encontrarse a solas con él; pero añade deleitándose: «Por ahora es muy considerado, y yo naturalmente me siento halagada». Una victoria que Wallis saborea. Hasta ahora, en el papel del marido arruinado, útil y que no estorba, Ernest ha sido paciente, incluso complaciente. Ante la situación claramente favorable de Wallis y desfavorable de sus finanzas, el esposo se embarca para Japón con «una amiguita, dejándonos llenos de deudas y sin ninguna ayuda. ¡Qué mal bicho!». Pero ¿se le puede reprochar?

Wallis planta cara, ¡sin cocinera y sin *boeuf en daube!* Su casa ya no es más que una pensión en la que no pasa ningún fin de semana. Ya no tiene vida propia, pasa las tardes y cena con el príncipe. Es casi una habitante fija de Fort Belvedere. Naturalmente empiezan a invitarla a todas partes, hay desconocidos que declaran que están encantados de recibirla. ¿Eduardo se da cuenta de los apuros materiales de la que todavía es la señora Simpson? Es poco probable en ese momento. Ella se debate con los acreedores de su marido para poder vestirse, ser seductora, no dar lástima, sobre todo delante de los ricos. Como duerme mal y come poco, adelgaza. Además, como empieza a conocer bien las fantasías del príncipe, siempre tiene miedo de que regrese Thelma —por ahora emigrada a París— o de que Eduardo se deje seducir por los encantos de otra mujer. Con un sentido del humor lúcido, le confiesa a su amiga Gloria Vanderbilt: «Creo que soy la mujer más pobre que jamás ha tratado». Pero su revancha contra una vida llena de dificultades, de vergüenza, de vicio, de asuntos poco edificantes y rumores increíbles que empiezan a circular por las altas esferas de la corte y del gobierno se llama estrategia. En dos meses Wallis se ha convertido en otra mujer, o más bien ha vuelto a ser una mujer. A su tía Bessie le hace creer en el origen de esa metamorfosis: está viviendo «un nuevo romance a los 40 años», a una edad que ella consideraba devastadora. A esa edad, una heroína de Balzac ya era una vieja y no tenía derecho a amar ni a ser amada. La señora Simpson se rejuvenecerá. Pero ¿se trata en verdad de amor?

LA AMIGA DEL PRÍNCIPE ES EL TEMA DE TODOS LOS CHISMORREOS

A finales de mayo, Wallis recibe una entrada regalada por el príncipe para las carreras de Ascot. Ya no se atrevía a esperarla. ¡Una verdadera búsqueda del Grial! ¿Ascot? La cita hípica y sobre todo mundana del año en la que hay que presentarse, al lado de los *royals*, de tiros largos. Ascot es *el* espectáculo del año, el de la sociedad británica en lo que tiene de más tradicional. El acontecimiento dura una semana en el mes de junio, y el punto culminante es el jueves. Eduardo está muy elegante con su chaqué gris claro. Levanta con ligereza su *tube* a juego a cada besamanos. Wallis sobrevive a una acumulación de reverencias. Y luego, el campo de carreras está casi al alcance de los gemelos desde el castillo de Windsor, apenas a diez kilómetros. Pero ante la excitación de su sobrina, que va aumentando en cada carta, la tía Bessie, que le manda cheques «urgentes», se permite enviarle también, graciosamente, algunos consejos igualmente urgentes, pues se asusta del cariz que están tomando los acontecimientos. Wallis está en plena confusión.

La señora Simpson responde al «sermón» de su tía. Primer argumento: si Ernest no está contento, «dejaré al príncipe inmediatamente». De donde deducimos que Ernest ha vuelto de Japón, pero que su mujer y él apenas se hablan. Motivos para hablarse tendrían, sobre todo cuando Wallis escribe, con un increíble candor: «Por ahora, las cosas van de maravilla y siempre estamos juntos los tres, en el poco tiempo libre del que dispone el príncipe de Gales en esta época del año. No hagas caso de los chismorreos. [...] Me siento muy bien y por fin he engordado. Creo que el hecho de haber jugado al golf y de haber estado aquí en el campo ha influido mucho. He cobrado el cheque, lo cual me permite pagarme el masaje». No, Wallis se lo asegura a su tía, no está «en la luna del todo». Está en Fort

Belvedere, donde «redecora una parte de las dos casas del príncipe, lo cual ocupa gran parte de su tiempo». Pero Wallis comete varios errores de tipo doméstico: dispone los menús, desplaza los muebles, interviene en el servicio del personal. Las respuestas corteses pero glaciales que obtiene deberían servirle de advertencia. No es la primera mujer que se ha creído el ama de casa en Fort Belvedere. Lady Furness ha dejado allí su huella. El personal, por su parte, es estable, del cocinero a los criados. La señora Simpson podría estar de paso. Osborne, el *maître,* es de mármol; ha visto a otras queriendo hacerse indispensables... y desapareciendo del paisaje principesco. ¿Otra «princesa de Gales» provisional?

En el verano de 1934 el príncipe alquila una villa en Biarritz y propone a los Simpson reunirse allí con él. Ernest debe volver a Estados Unidos. Como es imposible que Eduardo esté solo con Wallis, solicitan la presencia de la famosa tía Bessie. Carabina de su sobrina e invitada del futuro rey: este programa es un cambio respecto a Baltimore. Entre Biarritz y Cannes con escalas en las Baleares, la señora Simpson y el príncipe corren por la playa. ¿Como enamorados o como amantes? Es imposible decirlo porque sus maneras —sobre todo las del príncipe— son a veces pueriles, unas bromas infantiles embarazosas. Pero aquel año de 1934, y en especial aquel verano, es el momento en que Wallis empieza a ejercer en realidad un poder tangible sobre Eduardo. Lo tranquiliza, lo acompaña con sus fantasmas, lo valora y no transforma jamás sus juegos lamentables en humillación pública. En privado, sus relaciones de dominadora y dominado son con toda probabilidad menos pacíficas, pero eso forma parte de los enigmas, verdaderos o falsos, que jalonan esa novela que entrará a formar parte de la historia. Es en Cannes donde una noche el príncipe le regala un estuche de terciopelo a Wallis. Ella lo abre y descubre un dije de esmeralda y brillantes. Al cabo de un instante cuelga de su pulsera.

Pero después de un rodeo por el irresistible encanto de los lagos italianos, aquellas vacaciones parecen muy largas para un príncipe de Gales. Y así se lo hacen saber. Debe respetar unos compromisos, como la botadura del transatlántico *Queen Mary*, bautizado en honor de su madre la reina, el primero de una serie de buques míticos, los *Queen*, de los cuales una nueva generación lleva el nombre.[21] El príncipe acude a los astilleros de Clyde mientras Wallis y su tía van de tiendas por París, porque en Londres «definitivamente», según ellas, sólo se pueden vestir los hombres. Al quedarse a solas, la tía y la sobrina abordan el tema. La que abre el fuego es Bessie:

—Wallis, ¿está el príncipe enamorado de ti?

Naturalmente ya conoce la respuesta, pero Wallis soslaya la dificultad:

—Nada me haría tan feliz como saber que en realidad me tiene afecto.

Por más que su sobrina le asegure que todo va bien, la tía Bessie teme lo peor; Wallis está en un sueño o en una película cuyo guion no vale ni diez dólares. Y, lo que es peor, se cree única y en un cuento de hadas.

—Haz lo que quieras. Pero mujeres más experimentadas que tú no han podido evitar verse arrastradas. En mi opinión, de esta situación no puede salir nada bueno.

Es obvio que la tía Bessie tiene razón, pero no lo sabe todo. La situación en cuestión se complica con las tentativas conmovedoras de Ernest para reconquistar a su esposa. Ernest se siente sin duda celoso y desdichado, pero también está inquieto por diversas razones, que pronto se descubrirán. El príncipe de Gales no es cualquiera, y el rey Jorge V está enfermo. ¿No es preocupante que Wallis haya atravesado el espejo descrito por Lewis Carroll y se haya transformado en «Alicia en el país de las maravillas»? La reina de picas es peligrosa... Al otro lado del espejo hay peligros tanto más terribles cuanto que la señora Simpson no conoce las reglas de ese mundo.

Wallis no responde a las objeciones, pero se da cuenta de lo sólido que es ese hombre, que está dispuesto a ayudarla y a salvar su matrimonio, que tanto para él como para ella es el segundo. En realidad, parece una competencia para ver quién es más pueril, porque en ese mismo momento (el verano de 1934), Ernest, al borde de las lágrimas, llama a Wallis «mi bebé» y al príncipe lo apoda «Peter Pan». Por desgracia, Reino Unido no es «el país de Nunca Jamás» concebido por sir J. M. Barrie. Estamos lejos de una de esas pantomimas de Navidad tan populares que dramatizan los cuentos de hadas. Al comienzo del invierno Wallis se esfuerza, de nuevo, por tranquilizar a su tía de Norteamérica, asustada por lo que lee en los periódicos, sobre todo entre líneas: «No hagas caso de los rumores ridículos. Ernest y yo estamos a cien leguas de querer divorciarnos y hemos tenido una larga conversación sobre mis relaciones con el príncipe de Gales. También hemos hablado con él y todo continuará como antes, es decir que los tres seguimos siendo buenos amigos. Lo que seguramente fastidiará a mucha gente que supongo querría ver cómo se rompía mi hogar».

Wallis Simpson está cada vez más presente en la vida del príncipe

Detrás de estas protestas, la señora Simpson juega un doble juego. Lo ha hecho a menudo. Confiesa que no puede escoger: ¿miedo al escándalo? ¿Miedo más bien a perderlo todo? ¿Indecisión, inconsciencia, frivolidad, una manera de aturdirse para no ver realidades sórdidas? Sería comprensible. Pero la prueba de su decisión figura al final de esta carta del 5 de noviembre: «Voy a tratar de ser lo bastante hábil para conservarlos a los dos». Y Wallis es muy hábil, hasta en la provocación, lo cual siempre le hace gracia al príncipe. Cabe añadir otro comentario travieso de la interesada: como el príncipe está de viaje, es su hermano George quien la acompaña al teatro, y ella escribe entonces esta frase fantástica e insensata: «¡Hay que ver el éxito que tengo con esos Windsor!».

La historia le responderá que los Windsor no han tenido suerte con ella.

La señora Simpson es cada vez más visible en la vida turbulenta, a veces demasiado organizada y a veces vacía, del príncipe. Sabe ser muy útil cuando le encargan «hacer compras y paquetes para los doscientos cincuenta criados del príncipe» en Navidad. Las salidas de tres continúan, los chismorreos también; las primeras son cansadas, los segundos repetitivos. Después del 28 de diciembre de 1934 se sabrá que el príncipe le ha dirigido su primera carta de amor conservada en sus archivos. Está escrita desde Sandringham, Norfolk, donde la familia real pasa tradicionalmente las fiestas de Navidad, con el pavo y el pudin. La dinastía es su propietaria desde 1862. El rey Jorge V siempre se emociona al volver —allí nació en 1865— y, cada vez que regresa a esa casa de campo victoriana y cruza las hermosísimas cancelas de hierro forjado regaladas a su padre, el futuro Eduardo VII, declara: «Querido viejo Sandringham, el lugar que más amo en el mundo». Sí, en esa carta, ya no se habla de amistad, de juegos, de niñerías y de separación. El tono es el del amor, un poco torpe, ciertamente, pero entusiasta y nuevo:

> Mi querida Wallis,
> ¡Qué larga ha sido esta semana y qué adorables serán el lunes y el martes, y todos los días que pasaremos juntos! ¡Oh, querida mía, cuánto te quiero, y más y más! ¡Es tan maravilloso pensar en el lunes y en todas las cosas que haremos para estar juntos! Debo echar esta carta al correo ahora mismo y vestirme para otra cena más, pomposa y estúpida, pero quiero que leas (lo que tú sabes) que tu David te ama y que te echa de menos.

El príncipe es sincero. Pero ¿qué sabemos de una eventual relación física entre ellos dos en esa época? Poca cosa, indicios, nada más. Será, por cierto, uno de los enigmas de su vida.

Un regalo de Wallis —no sabemos cuál— llega acompañado de una nota: «Con todo mi amor y todos mis sueños infantiles que se han hecho realidad gracias a ti, y me atrevo a esperar que tal vez sea lo mejor de este año nuevo».[22]

Un año en efecto nuevo, ya que entre fiestas de gala y vacaciones en estaciones de esquí, la señora Simpson pasa por ser la amante oficial del príncipe de Gales. Algunos lo dudan, a causa de las «prestaciones decepcionantes» del interesado con las mujeres. Pero ¿quién puede realmente conocer la intimidad más delicada de una pareja? Aunque el príncipe le haya jurado al rey Jorge V que jamás se había acostado con ella —lo cual quizás no era cierto—, Wallis ocupa los titulares de la prensa, hasta en Estados Unidos, donde su tía Bessie está desesperada por haber tenido razón. Cuando muere Jorge V, Cecil Beaton, que escribe un diario muy cáustico pero muy perspicaz, entre dos retratos de personalidades a las que fotografía, anota su «impresión de que Wallis ama al rey pero no está enamorada de él». La frase puede sorprender. De ella se deducirá que Eduardo VIII está entregado por completo a esa mujer y que cuenta totalmente con ella. En todos los aspectos. A partir de la segunda mitad del mes de enero de 1936 Wallis Simpson es el símbolo para algunos de una escandalosa novela de amor, la más bella del siglo XX para otros.

Se piense hoy lo que se piense, lo cierto es que esa mujer hará caer una corona que resistió a Napoleón, una corona de la que Hitler quiere dominar el símbolo. Una mujer que tiene un ingenio notable, vulgar pero siempre despierto y que nunca pierde de vista sus intereses. El día de los funerales del rey Jorge V —que la odiaba—, la intrigante Wallis, presentada como la hermana menor de Mesalina y de Mata Hari, declara mientras se viste según el luto de la corte: «¡La última vez que llevé medias negras fue para bailar el *french cancan!*».

Capítulo 4

Del 20 de enero
al 10 de diciembre de 1936
Los trescientos veinticinco días
de Eduardo VIII

Es una situación inédita y patética. No sólo el príncipe de Gales está desesperado por haberse convertido en el nuevo soberano británico —el trigésimo noveno y el segundo de la casa de Windsor—, sino que confiesa que habría querido huir con Wallis antes incluso del anuncio de la muerte de su padre. El día de año nuevo de 1936, cuando el final de Jorge V era ineluctable, Eduardo, casi deshecho en lágrimas, deseaba casarse con la que aún era la señora Simpson y renunciar a todos sus derechos sucesorios sobre la Corona. Pero reaccionó demasiado tarde, como tantas veces. Príncipe de Gales durante veinticinco años, se había convertido en Eduardo VIII tras constatar los médicos la muerte de su padre a las 23.55 del 19 de de enero, pero la BBC no lo anunció hasta las 0.15 del día 20. Su hermano Albert (el futuro Jorge VI) vio cómo su madre la reina María besaba la mano de su primogénito en signo de acatamiento y vasallaje: su nuevo reinado acaba de empezar. En Sandringham, el pabellón personal de Jorge V ondeaba a media asta, como todas las *Union Jack* en los mástiles de los edificios públicos, y la BBC emitía música fúnebre. Eduardo maldecía, una vez más, los relojes que su abuelo se divertía adelantando media hora, una broma mantenida con malicia por Jorge V. Lleno de rabia, Eduardo chilló, histérico: «¡Voy a poner esos relojes infernales en hora!», lo cual resumía todos los resentimientos que alimentaba contra su difunto padre. El nuevo rey reaccionaba como un niño lloricón que no ha hecho los deberes y busca todos los pretextos para no hacerlos. Era pueril. Se sentía atrapado por sus obligaciones, una pesadilla que desde hacía años lo obsesionaba.

Eduardo siempre había detestado Buckingham Palace, «sus salones de Estado, sus estancias y sus corredores sin fin. Nunca fue feliz allí». Por eso optó por instalarse en el palacio de Saint James, su domicilio oficial desde 1919. Cuando el heraldo de armas hace oficial su acceso al trono, la familia se sorprende al ver detrás de una ventana a una mujer vestida de negro con un elegante sombrero y un abrigo de pieles. Está sentada en el puesto de honor enfrente del rey. La fotografía, publicada por la prensa al día siguiente, no menciona su nombre, pero se trata evidentemente de Wallis Simpson. Ésta, poco familiarizada con los números romanos, escribirá a su tía Bessie que el nuevo monarca se llama... ¡Eduardo XVIII! Al escándalo se añade el ridículo.

Al día siguiente, el 22 de enero, sir Renard Bircham, notario de Jorge V, da lectura a su testamento. Eduardo se comporta muy mal, furioso al enterarse de que su padre, que ya le había dejado las suculentas rentas del ducado de Cornualles, le legaba una renta vitalicia sobre Sandringham y el castillo de Balmoral, en Escocia, pero nada en efectivo, cuando sus hermanos percibirían cada uno un millón de libras. Claro que el rey gozaría de la lista civil y de una cuenta familiar privada, pero Eduardo hace una escena por completo fuera de lugar obsesionado con la idea de quedarse sin dinero. Le recuerdan que su abuelo Eduardo VII no le dejó ninguna suma a su primogénito. Eduardo VIII se siente humillado por no disponer de una cantidad de efectivo considerable. Sus proyectos podrían verse afectados.

Rumor en Londres: «El rey es esclavo total de Wallis»

La señora Simpson pretende haber leído a Balzac. Pero su interpretación de ese prodigioso observador social es curiosa, puesto que habla del rey denominándolo «Majestad divina», una expresión que dice haber tomado del novelista. ¿Es un error de traducción? Una lady, muy balzaciana ella, observa el dominio total que la norteamericana ejerce sobre Eduardo VIII: «El rey es esclavo total de la señora Simpson y no irá a ningún sitio si no la invitan a ella. Y ella, mujer inteligente, con su voz de pito, sus vestidos elegantes y su sentido del humor, se comporta adecuadamente. Anima al rey a tratar con gente importante y a ser amable. Y sobre todo hace feliz al rey. El Imperio debería estarle agradecido».[1] Esta señora, con lady Cunard (la esposa del magnate de los transatlánticos) y Sybil Colefax, es una de las tres anfitrionas de todo Londres que no han puesto a Wallis en una lista negra. Y tienen razón: en la práctica la señora Simpson no tiene otra culpa más que la de existir, estar casada y arrastrar una mala reputación que necesariamente perjudica al rey. Wallis tendría mucho que perder si no aprovechara la autoridad que posee sobre Eduardo VIII, sin duda por razones sexuales. Corren rumores de lo más fantasioso sobre este tema. Para muchos antiguos colaboradores de quien fue príncipe de Gales, «la corte ha muerto». Ésta es la opinión de su secretario particular, el capitán Alan Lascelles. Inteligente, fiel, pero al final asqueado por lo que está viendo, ese hombre de aire anticuado dimite y se convierte en asistente del gobernador general de Canadá. Es cierto que Eduardo VIII desconcierta y choca por su comportamiento. Le falta carácter, no tiene método, interrumpe a los miembros de su Estado Mayor sin motivo cuando están sentados a la mesa, los persigue hasta el baño o hasta la cama para hablarles de algo insignificante. Se produce un incidente que es ilustrativo: lord Wigram, ex secretario particular de Jorge V, al acudir a una audiencia con su sucesor en Buckingham Palace, tiene la desagradable sorpresa de encontrarse ante la señora Simpson y enterarse de que el rey, asustado por la cita, ha huido por una ventana de palacio y ha desaparecido en los jardines. ¡Un amante cobarde de María Estuardo no se habría comportado peor! Lord Wigram, estupefacto, no por ello se muestra extrañado: ya había advertido al primer ministro Baldwin que el rey —y en el 10 de Downing Street habían tomado buena nota— pensaba casarse con la señora Simpson.

Esta última ya cree encontrarse en los peldaños del trono y se implica en todas las decisiones de su real amante. Una reina en la sombra. ¿Acaso no ha recibido de Eduardo muchas joyas de la monarquía, entre ellas unas esmeraldas que valen 100 000 libras y que la reina Alejandra, la viuda de Eduardo VII, destinaba a la futura reina de Inglaterra?[2] Con todo, sus incoherencias y sus afrentas todavía no superan el círculo de los colaboradores más próximos. Sólo ellos y los íntimos son testigos o están informados. Se habla con disimulo de la demencia del rey Jorge III a finales del siglo XVIII, de las amantes de Eduardo VII y otros posibles antecedentes. Pero los tiempos han cambiado. Reino Unido sufre una crisis económica y social muy grave. Algunos de sus vecinos y aliados, como Francia, están muy mal, sacudidos por huelgas y reivindicaciones sociales. Y los súbditos de Su Majestad británica necesitan un ejemplo, una autoridad de la que puedan sentirse orgullosos en la cual, prescindiendo de la distancia social, puedan reconocerse. Cuando Jorge V habló por primera vez a través de la BBC, millones de personas descubrieron a su monarca, pero sobre todo a «un hombre bueno».

Su hijo sigue siendo popular. Encarna la esperanza de nuevas ideas; para muchos, sus extravagancias, que no son nada o poco conocidas, tal vez no sean un ejemplo a seguir, pero prueban que también es un ser humano y que la felicidad es más rara en las altas esferas de la sociedad que en otras partes. Al principio, el rey es concienzudo, lee con atención los documentos que le presentan y si es necesario los firma. Los anota página por página, con la seriedad de un estudiante al que le cuesta, pero que quiere aprobar. De hecho, el hándicap de

Eduardo VIII es su incapacidad para concentrarse durante mucho rato. Al cabo de tres semanas considera que ese «trabajo de despacho» es pesado e inútil.

EL REY ACTÚA DESORDENADAMENTE; SUS COLABORADORES SE DESANIMAN

El soberano, que se acuesta al alba, no aparece nunca antes de las doce, ya cansado, ante un secretario silencioso pero consternado, que se limita a enumerar las citas anuladas, en ocasiones varias veces, con personas que empiezan a preguntarse si en realidad hay un rey en las centenares de estancias del palacio. El rey está ausente, huye, no quiere que lo molesten en la felicidad que está edificando con la señora Simpson. El trono está vacío. ¿Dónde queda la época en que el primer ministro Gladstone, cuya capacidad de trabajo se aliaba con la energía tranquila de la reina Victoria, llegaba puntual a ver a la reina, que nunca fallaba, y se permitía decirle: «Los círculos poderosos en los cuales Vuestra Majestad tiene influencia y contactos personales sólo representan a poca gente que comprenda el punto de vista mayoritario del electorado»? El rey no ve sino a cortesanos, parásitos y paniaguados que ensalzan las cualidades de Wallis. Eduardo VIII pierde muy pronto el contacto con la opinión pública, que curiosamente sigue siéndole favorable.

La situación que muchos deploran es el resultado del encuentro entre un temperamento lamentable, perezoso, tímido, veleidoso e infantil con un carácter fuerte, directivo, obstinado y bastante astuto para transformar el menor detalle en un acontecimiento. El error cometido por la señora Simpson, ascendida a gobernanta de los placeres más íntimos, es no utilizar su influencia de alcahueta al servicio de la Corona. Al contrario, lo que hace es aislar al rey y debilitarlo, mientras su propio poder aumenta, siendo así que no tiene ningún título ni está investida de ninguna función o misión oficial. Se ha convertido en la responsable del corazón y el cuerpo del monarca, pero

—y eso es lo más grave— también de su inteligencia. Escuchemos la opinión de Charles Hardinge. Su padre era el intenden-
te de Eduardo VII y él mismo había sido secretario particular
adjunto de Jorge V en 1920. Ex soldado condecorado en 1918,
con unos bigotes muy *british* y excelentes modales, es un hombre reservado, con un juicio muy certero. A los 49 años tenía
una gran experiencia, había eliminado a gente mal educada,
había hostigado a muchos malvados, confundido a fulleros del
protocolo y desenmascarado a falsarios de la alta sociedad. Pero
nunca había imaginado que una mujer, una amante del rey, que
no era nada en la corte, divorciada y casada por segunda vez
y que ni siquiera era británica, tuviese tanto descaro y tanto
poder secreto. Escribe lo siguiente: «Cada día que pasaba era
más evidente que cualquier decisión grande o pequeña estaba
subordinada a su voluntad... Era ella la que ocupaba sus pensamientos de manera continua, ella sola la que se ocupaba del
rey. Ante ella los asuntos de Estado caían en la insignificancia».
En pocas palabras, cada intervención de la señora Simpson le
confiere una importancia extrema. Podemos sacar la conclusión
de que son la debilidad de Eduardo VIII y su dependencia de
los encantos íntimos de Wallis los que explican esa increíble
situación.

EL REY IMPONE AHORROS, PERO COMPRA JOYAS CARAS PARA WALLIS...

La estadounidense juega hábil con el presunto horario del
soberano, quien se halla en principio en su despacho de Buckingham Palace, pero en realidad está—¡qué raro!— en Fort
Belvedere, donde los invitados no lo ven y donde, cosa impensable, se les deja durante horas sin servirles nada para beber ni para comer. La razón: Su Majestad no almuerza. En
cambio, señala Helen Hardinge en su diario, marzo de 1936,
¡qué paradoja entre los ahorros que el rey impone a la corte
y los ruinosos regalos que hace a su amante, por ejemplo un

collar de rubíes y diamantes de Van Cleef & Arpels valorado
en 16 000 libras![3]

Y luego ¿qué pensar de esas cenas en medio de las cuales, sin motivo, Eduardo decide de pronto trabajar y se pasa
horas al teléfono, con gran desazón por parte de sus invitados
a los que deja plantados? En primavera, el rey ya no respeta
ningún horario y se escapa a Fort Belvedere a veces durante
cuatro días. Las buenas intenciones han durado poco. Para
desesperación de sus secretarios políticos, ahora lee los documentos de Estado a medias —cuando los lee— y no los
devuelve anotados en los plazos necesarios a los diversos ministerios. Lo más revelador de ese caos y esa frivolidad respecto a los asuntos públicos es que devuelve los expedientes
con la marca de las copas de coctel. Quien los ha leído también
ha bebido. ¿Y quién es? Esas informaciones sólo deben co-
nocerlas el soberano y el primer ministro. El descuido del rey,
en especial en lo relativo a las famosas «cajas rojas», que ahora llevan su monograma, enseguida se convierte en motivo de
preocupación para el Foreign Office, convencido de que hay
ojos indiscretos y no autorizados que se han enterado del
contenido de esos despachos confidenciales. El ministerio
toma en adelante la precaución de fotografiarlo todo para
tener un ejemplar de seguridad antes de entregar los telegramas, sobre todo los de la noche, al rey insomne que nunca
está solo. ¿Es posible que Eduardo VIII y la señora Simpson
estén en relación con gente que intenta desestabilizar el Reino Unido y Europa en un periodo en que se imponen las
dictaduras? Ciertas simpatías y declaraciones progermánicas
del príncipe de Gales antes de 1936 habían recibido distintas
interpretaciones y la actualidad les confería un alcance mayor
y más escandaloso. Por su parte y hasta ahora, la señora Simpson no había figurado ante la sociedad como una mujer im-
plicada en redes político-diplomáticas. Se contentaba con ser
una cortesana, haber tenido dos maridos y varios amantes, no
tener un céntimo y hacerse cubrir de joyas, lo cual era banal.
Pero puesto que ahora se trataba del monarca reinante y de

la mujer con la que pensaba casarse, la cosa era muy distinta. Un asunto de Estado e incluso de estados...

Ya en 1934 el comandante Freddy Winterbotham, director de la Información Aérea del Secret Intelligence Service británico, se interesaba mucho por lo que ocurría en Alemania. Su misión lo llevaba a conocer a personalidades del régimen nacionalsocialista que, oficialmente, querían salvar al mundo del comunismo. En el Reino Unido, este punto de vista tenía numerosos simpatizantes, algunos de los cuales dominaban resortes del poder. Por ejemplo, según Martin Allen, el gobernador del Banco de Inglaterra, Montagu Norman, concedió importantes préstamos al régimen de Hitler, «y hoy sabemos que hizo cuanto pudo para ayudar a los nazis a hacerse con el poder y a conservarlo».[4] Se desarrolla un clima de comprensión angloalemán, a pesar de preocupaciones económicas y sociales.

Ese mismo año de 1934 Winterbotham se encuentra con Hitler, que le habla de su idea muy personal del próximo reparto del mundo, y pronuncia estas palabras tranquilizadoras: «Todo lo que pedimos es que Gran Bretaña se conforme con velar por su Imperio y que no intervenga en los planes de expansión de Alemania».

David, cuando era príncipe de Gales, había sido informado de que a pesar del cambio de nombre impuesto por su padre, se habían mantenido ciertas simpatías y ciertos contactos familiares, antes y después de la guerra. Y se congratulaba de ello. A los 13 años conoció a su primo Karl, duque de Sajonia-Coburgo-Gotha y nieto de la reina Victoria por parte de padre. Luego habían servido a sus países en guerra el uno contra el otro. Que ese primo alemán se hubiese convertido más tarde en un oficial superior de las SS no le impedía venir a menudo a Londres; residía incluso en la casa de su hermana Alice, en Kensington Palace.[5] Ahora bien, en el mismo momento de la muerte de Jorge V, ese primo que se encontraba en Londres fue de inmediato a Fort Belvedere y no se separó de quien ya se había convertido en Eduardo VIII. Sus conversaciones, de las que Hitler tuvo puntual información, tenían un solo objetivo: el acercamiento entre Inglaterra y Alemania, de la cual Eduardo, cuando era príncipe heredero, no había cesado de alabar la recuperación económica y la vitalidad industrial. ¿Qué pensaría el primer ministro de un encuentro con el canciller del Reich? Cuando el duque alemán le hace la pregunta a Eduardo VIII y propone que Baldwin tome la iniciativa, Eduardo VIII le contesta irritado: «¿Quién es el rey aquí? ¿Baldwin o yo? Tengo la intención de hablar con Hitler y lo haré aquí o en Alemania».

A causa de la actitud real, que ya no era ambigua y sí contraria a su obligatoria neutralidad constitucional, el monarca fue vigilado a partir de entonces. Pero ¡no sólo él! Los mismos servicios sospechaban que la señora Simpson era una agente de la influencia nazi, aunque no tenían pruebas. Después de 1945, lo único que se pudo probar es que la intrépida Wallis estaba en realidad —por razones financieras— pagada por los diarios del grupo Hearst, «enemigo jurado del Imperio británico».

EL REY Y WALLIS SON VIGILADOS POR LOS SERVICIOS DE INFORMACIÓN

Pero en 1936 sólo se trata de sospechas, basadas, entre otras cosas —aunque también sin pruebas— en la costumbre, cortés pero insistente, adquirida por el muy seductor embajador de Alemania von Ribbentrop de enviar cada día diecisiete rosas rojas a Wallis.[6] El contexto histórico autoriza todas las calumnias y amalgamas, puesto que el 7 de marzo de 1936 Hitler, rompiendo el pacto de Locarno, da orden a sus tropas de ocupar la orilla izquierda del Rin, una zona desmilitarizada y ocupada por Francia desde 1920. El rey se atreve a celebrarlo. Los tratados de paz ya no son más que papel mojado y el *diktat* de Versalles es obsoleto. Es el primer paso de Hitler hacia la guerra. Como se ha dicho, la *Court Circular*, el diario oficial de la corte, anuncia cada día los compromisos, audiencias y manifestaciones de la familia real. Los principales periódicos, como los conservadores *The Times* y *Daily Telegraph*, no dejan de informar de ello a sus lectores. El 28 de mayo éstos se enteran de que la víspera, una gran cena —la primera cena oficial ofrecida por el rey— ha reunido a altas personalidades civiles y militares, entre ellas a los Mountbatten y al aviador norteamericano Charles Lindbergh, acompañado de su esposa. La finalidad de esa cena —Wallis, radiante, lo confirmaría— era, según el deseo del rey, presentar al primer ministro y a la señora Baldwin... a su futura esposa, la cual estaba invitada... ¡con su marido, Ernest Simpson! Fue un primer choque. El segundo fue peor: el plano del banquete publicado muestra que la señora Simpson estaba sentada en uno de los extremos de la gran mesa, un lugar reservado a los miembros de la familia real. La reina María, sacudida por espasmos de rabia, declaró que temía que su hijo le pidiera que recibiese a Wallis. Para evitar toda objeción, el texto de la *Court Circular*, de forma nada habitual, había sido enviado en el último momento, para que no apareciese en la prensa hasta el día siguiente.

Eduardo VIII fuerza la mano de su familia y de la opinión. Esa escalada en la provocación incita a los servicios de información a estudiar con más detalle el pasado de aquella estadounidense que se comporta como si fuese la futura reina.

Entonces su historia se vuelve especialmente novelesca, con todas las revelaciones escandalosas y los detalles escabrosos del caso. ¿Verdaderos o falsos? Ésa es la cuestión. En realidad, desde la muerte de Jorge V, el primer ministro había ordenado una investigación sobre la enigmática Wallis, ya que su intimidad con el nuevo rey era tal que no había más remedio que interesarse por los dos; eran inseparables. Aquello podía ser peligroso. Del misterioso «expediente chino», que algunos han puesto en duda considerándolo un montaje, ¿qué podemos retener? Se descubre, dicen, que contrariamente a lo que afirmaba Wallis, que de soltera se apellidaba Walfield antes de que sus padres se casaran, y que por lo tanto era hija ilegítima, no había sido bautizada. Un detalle. Luego, en colaboración con los servicios norteamericanos, se averiguó que en la década de 1920 Wallis había vivido en China. Era cierto: se había reunido allí con su marido, el primero, el aviador norteamericano Win Spencer, enviado en misión a China por la US Navy en un periodo particularmente difícil. Aunque su esposo le juró que no volvería a beber, ella descubrió botellas de ginebra vacías en su apartamento de Kowloon. El matrimonio es pronto una pura fachada. Win Spencer le da a Wallis suficiente dinero para que pueda irse a Shanghai. Tras unos años difíciles, un diplomático inglés, relacionado con Washington, la ayuda a trasladarse a Pekín en 1923. Se encontraron sus órdenes de misión, frecuentes para las esposas de militares en esa época. La estancia en Pekín sólo tenía que durar dos semanas, pero por suerte se encuentra allí con una amiga, una viuda que se ha vuelto a casar con Herman Rogers, un banquero influyente de Wall Street. Herman y Katherine Rogers acogen a Wallis durante casi un año y seguirán siendo para ella valiosos aliados y un gran apoyo.

Si esa época de su existencia es fácil de reconstruir, la siguiente lo es mucho menos. El «expediente chino» está lleno de rumores, chismes, afirmaciones e hipótesis. Ese expediente ha desaparecido o es inaccesible, admitiendo que haya existido alguna vez. Entre las personalidades que habrían podido conocerlo figura la reina María, horrorizada, pero que debía ser informada sobre la mujer con la que su hijo pretendía casarse. Hay un informe que viene a colmar el «vacío» de varios meses de la estancia de Wallis en China durante los cuales se le pierde la pista; en dicho informe figura que estuvo interna en varias supuestas «casas de canto», que de hecho eran burdeles de lujo. Allí se habría iniciado en «prácticas sexuales perversas» que permiten a los hombres más o menos impotentes experimentar placer. Luego habría mezclado la galantería de pago con un primer trabajo de espionaje bastante oscuro. El lecho y la información a menudo van de la mano. ¿Para quién espiaba? ¡Misterio! Más grave, o más fácil de reconstruir: en 1923, antes de reunirse con su marido en China, parece ser que Wallis se quedó en Washington y se echó en brazos del príncipe Caetani, embajador de la Italia fascista. Pronto lo sustituyó por el flamante primer secretario de la embajada de Argentina, Felipe

Espril. La señora Spencer, que llamó la atención de los servicios de Washington por sus dotes en la diplomacia horizontal, fue contratada al parecer en calidad de agente.

Se reúne con su marido. El oficial Spencer ha caído en el alcoholismo, el opio y la mala vida. Parece ser que le insistió a su mujer, visiblemente muy dotada en los asuntos del amor, para que animase partidas de juego trucadas y perfeccionase su dominio de una práctica tan vieja como la China, el *fang chung*, que permite a la parte masculina, sobre todo si ha perdido en la ruleta, obtener, como compensación, «un estado de serenidad absoluta». Desdichado en el juego...

LONDRES Y WASHINGTON RECONSTRUYEN EL PASADO ESCABROSO DE WALLIS...

La fiebre del falso exotismo acaba rompiendo a esa pareja a la deriva. En el expediente de la señora Spencer también figura algo de tráfico de drogas. Después se le pierde la pista, pero la volvemos a encontrar en la cama de algunos filántropos. Su ficha mencionaría, según los británicos, que en esa época es «una mujer mantenida». ¿Por quién? ¡Por diplomáticos, naturalmente! El agregado naval italiano en Pekín, Alberto Da Zara, no puede olvidarla: «No es exactamente una belleza, pero es muy seductora y tiene gustos refinados». Luego parece que fue la amante del conde Ciano, el futuro yerno y ministro de Asuntos Exteriores de Mussolini, una situación que confirmará más tarde la esposa del *Duce*. Embarazada de Ciano, habría abortado. Parece ser que entonces supo que ya no podría tener hijos o, en todo caso, que un nuevo embarazo pondría en peligro su vida.

Volvió a Estados Unidos en septiembre de 1926 y allí estuvo hospitalizada durante varias semanas; luego pasó la convalecencia en casa de su madre. En Navidad, en casa de unos amigos neoyorquinos, conoce a un compatriota, Ernest Simpson. Parece un *gentleman*, lo cual nada tiene de extraño, pues su familia, naturalizada, es de origen británico. Vive en Londres, donde dirige un negocio familiar de correduría marítima. Rasgos particulares: es rico y está casado. Ese estado no es ningún obstáculo para Wallis, que inicia los trámites de divorcio (declarando culpable a su marido; esa mujer se las sabe todas) y exhorta a su nuevo amante a hacer otro tanto. Una mujer de carácter... Dorothy Simpson se entera de su infortunio en una cama del hospital estadounidense de Neuilly. Pronuncia una frase muy bonita: «Wallis ha demostrado mucha nobleza. Me ha robado a mi marido mientras yo estaba enferma...».

Es el 21 de julio de 1928, en Londres, cuando la norteamericana se convierte en la nueva señora Simpson. Se muda a una casa cerca de Hyde Park. Gran tren de vida, estilo *gentry*, con mayordomo, cocinera, camarera y chofer. Y en ese momento Wallis descubre, asombrada, la pasión de los británicos por la familia real y la existencia del príncipe de Gales, un seductor y elegante soltero. Toma nota, relamiéndose, de su afición permanente por las mujeres casadas... Y empieza a escrutar sus salidas, horarios, amigos y relaciones.

¿Qué pensar de esa novela sobre fondo de exotismo, presentada como indiscutible y abrumadora? Una parte, banal, está demostrada. Algunos episodios chinos son más vagos, pero no imposibles, como también pueden haber sido inventados para desacreditar a la intrigante. La única verdad es que Wallis es una ambiciosa que ha tenido una vida difícil y sabe aprovechar las circunstancias, lo cual no es ningún crimen. Es una amante experta y Eduardo, de quien sus conquistas decían que no estaba muy bien dotado por la naturaleza, sin duda no había encontrado nunca una mujer que con su saber hacer y con manipulaciones sofisticadas fuese capaz de llevarlo hasta el cenit del placer. Para hacerlo feliz por completo. Como un hombre. Todo eso es edificante, suscita fantasías, remite a Mata Hari y a sus danzas lascivas, pero plantea una pregunta esencial: ¿merece esa mujer convertirse en reina? Pregunta complementaria: ¿pueden revelarse estas «informaciones» en la primavera de 1936 cuando pese a sus incoherencias y sus tomas de posiciones políticas Eduardo VIII sigue siendo muy popular? ¿El remedio (la eliminación de Wallis) no sería peor que la enfermedad (una rabieta del rey que lo llevase a abdicar)? ¿Y cuáles serían las consecuencias para la monarquía, en un momento en que varios tronos europeos se están tambaleando? En medio de las convulsiones políticas, la Corona es la institución que une a los británicos y les da seguridad.

WINSTON CHURCHILL ENTRA EN ESCENA... CON BROMAS DE DUDOSO GUSTO

El 9 de junio, en la segunda cena oficial ofrecida por el rey, Wallis por supuesto está presente, pero sin su marido, lo cual es muy comentado por los fanáticos de la *Court Circular*. La duquesa de York (esposa del futuro Jorge VI y cuñada de Eduardo) ocupa el lugar de honor, es decir, a la derecha del rey. Wallis se halla de nuevo en un extremo de la mesa. Uno de los comensales, encontrando que las joyas de Cartier que luce Wallis son tan «resplandecientes» (!) como ruidosa es su conversación, la considera «muy norteamericana, con poca o ninguna noción de lo que es la vida inglesa».

Pero esa cena entra a formar parte de la crónica de la monarquía británica a causa de la conversación entre la duquesa de York, futura reina Isabel (esposa de Jorge VI), y un personaje político importante, muy famoso por su franqueza provocadora, la agilidad de sus réplicas y sus mordaces referencias históricas: Winston Churchill. Ya tiene 62 años y su reputación de orador brillante en la Cámara de los Comunes, su paso por diferentes ministerios y sus trabajos literarios lo convierten en una leyenda inaugurada ya en el siglo anterior, cuando se evadió de una cárcel sudafricana durante la guerra de los bóers. En 1936, «monárquico incondicional, amigo personal de Eduardo VIII desde su más tierna infancia y siempre al acecho de una noble causa que defender, estima que su deber es acudir al rescate del monarca».[7]

Churchill ya sabe que el gobierno está presionando al rey para que escoja entre la Corona y la señora Simpson. Al mismo tiempo, no oculta su preocupación ante el rearme alemán y el retraso inglés.

Durante esa cena de gala, Churchill habla, con su voz nasal, de las vicisitudes, en el siglo XVIII, del rey Jorge IV y su esposa secreta. Una metedura de pata, según la duquesa de York, que encuentra que el tema es de muy mal gusto y que dice, tajante: «Eso fue hace mucho tiempo».

Churchill no renuncia jamás a enzarzarse en una conversación inoportuna. Le gusta provocar. Aprovecha para recordarle a la duquesa de York la guerra civil que, en el siglo XV, enfrentó a las casas reales de York y de Lancaster —cuando Eduardo VIII se dispone a emprender un crucero por el Mediterráneo con Wallis bajo su título hereditario de... ¡duque de Lancaster! ¿El temible Winston lo hace adrede bajo los efectos de un buen vino de Burdeos?—. Imperturbable, la duquesa de York responde a esa nueva alusión inconveniente: «¡Fue hace muchísimo tiempo!». El político es demasiado hábil: no se ha resistido a esos paralelismos chocantes, una forma de recordar que la historia se puede repetir, pero sus comparaciones hieren el honor de los York. La consecuencia es cierta frialdad entre los dos hermanos, Eduardo y Alberto, pues la señora Simpson tiene manifiestamente la intención de entrar en la historia de la monarquía británica, aunque sea a costa de un escándalo permanente.

La relación del rey con la estadounidense, que sigue estando casada pero cuyo esposo engañado parece menos resignado que antes a su infortunio —está dispuesto a divorciarse—, empieza a ser demasiado molesta. A comienzos del verano se dan instrucciones discretas pero firmes a los periódicos para que hablen lo menos posible de los amantes y eviten publicar fotos donde aparezcan juntos. La prensa consiente en proteger la imagen del rey. El hecho de que en las carreras de Ascot el monarca hubiese enviado su coche personal a Wallis había sido motivo de escándalo. La norteamericana desaparece de las páginas del *Daily Mail* y del *Daily Express*, que tiran varios millones de ejemplares. Paralelamente, por orden del jefe del Foreign Office, Anthony Eden, titular de la cartera desde diciembre de 1935, los documentos confidenciales, en especial sobre la invasión de Etiopía por Mussolini, ya no se le transmiten al rey. De nuevo se sospecha —es una obsesión— que la señora Simpson puede ser una agente nazi. Eden y Eduardo están casi siempre en desacuerdo en cuanto a política exterior.

El 16 de julio, el soberano preside un gran desfile militar en Hyde Park en honor de los *Horse Guards*. La ceremonia, en presencia de toda la corte —incluidas las princesas Isabel y Margarita— sólo se celebra cada quince años. El rey pronuncia un discurso rindiendo homenaje a esos valerosos combatientes, añadiendo que el reino espera no sufrir una nueva guerra, pues «la humanidad aspira a la paz», cosa que la guerra de España, por citar sólo un ejemplo, desmentirá pronto de manera trágica.

Cuando el rey regresa a caballo hacia Buckingham Palace, a la altura de Wellington Arch, un hombre lo apunta con su revólver. Un policía a caballo se interpone y con un golpe abate el arma que cae bajo los cascos del caballo real. «¡Imbécil!», exclama Eduardo VIII.

El agresor, un irlandés alcohólico e inestable, ya encarcelado por chantaje, es reducido. Sus intenciones son confusas. Será condenado a doce meses de prisión. El rey, lívido, no ha perdido el control y regresa, tranquilamente, a palacio. Más tarde dirá que al principio creyó que le tiraban una bomba. De haber sido este el caso, su hermano Alberto y su escolta habrían quedado pulverizados y el futuro de Reino Unido habría sido muy diferente. Pero, como señala Sarah Bradford, la emoción de la opinión pública es considerable. «De pronto, la familia real parecía muy vulnerable».[8]

El crucero divierte a todo el mundo... excepto a Reino Unido

Luego, pese a las crisis políticas y a los conflictos armados en Europa, el rey y Wallis confirman su crucero por el Mediterráneo a bordo de un suntuoso yate, el *Nachlin*, que han alquilado y han hecho pintar de blanco. El itinerario es de ensueño: el Oriente Express, la costa dálmata, Grecia, Turquía, luego de nuevo un tren especial para llegar a Bulgaria, con un maquinista también muy especial, puesto que se trata del rey Boris, que pretende, como de costumbre, conducir la locomotora, pero no tiene ninguna experiencia. ¡Las sacudidas que sufren los pasajeros y los coches son impresionantes! En Viena, a principios de septiembre, en el Hotel Bristol, el recepcionista registra sus identidades: «duque de Lancaster y señora Simpson». La pareja sigue un verdadero programa vienés de lujo, con dos óperas wagnerianas —el rey no cesa de fumar un cigarrillo tras otro en su palco— y una cena en los Tres Húsares, un restaurante famoso.

Aunque esas vacaciones no desemboquen en ningún resultado político ni diplomático, el balance mediático es explosivo. En efecto, durante el periplo, el rey y Wallis han sido perseguidos continuamente por jaurías de periodistas, fotógrafos y cámaras. La prensa británica, fiel al *statu quo* que se ha decidido, no publica nada. En cambio Europa y sobre todo Estados Unidos se ven inundados por millones de ejemplares que narran las espectaculares escapadas del rey y de su amante. El efecto es paradójico: el mundo entero está al corriente, mientras que en el Reino Unido, sólo el gobierno, la familia real y la alta sociedad están informados de esa larga ausencia en el corazón de las convulsiones europeas. Llegan algunos ecos: la embriaguez del rey en el momento de subir a un tren en Yugoslavia, la acogida muchas veces fría reservada a Wallis, la pareja en traje de baño retozando en una playa bajo la mirada de los agentes de Scotland Yard...

A finales de septiembre, siguiendo una tradición inaugurada por la reina Victoria y su esposo, el príncipe Alberto, la familia real se instala en Escocia, en el castillo de Balmoral, construido de 1835 a 1855 en el estilo llamado «baronial escocés» del siglo XVII. Al duque de York y a los suyos les parece un escándalo que apenas seis meses después de la muerte de Jorge V y para su primera estancia en Balmoral, el rey se atreva a invitar a su amante. En cambio, en la lista de los invitados oficiales, por primera vez en un cuarto de siglo, se ha omitido un nombre. Y es comprensible: el del arzobispo de Canterbury, que no ve con buenos ojos la vida privada del soberano y así lo ha manifestado. Eduardo VIII, aunque es el jefe de la Iglesia anglicana, nunca se había ocupado de las cuestiones religiosas. A fin de compensar la afrenta, el duque y la duquesa de York, que residen en la vecina Birkhall, invitan al prelado a pasar una noche en su casa y le aseguran que desean restablecer con él y con la Iglesia los lazos tradicionales que los unen a Balmoral.

A WALLIS SE LE PRODIGAN DEMASIADOS HONORES. EL ESCÁNDALO ESTALLA EN ESCOCIA...

Los invitados llevan nombres de alcurnia; no todos son contrarios a Wallis. Es el caso de los Kent y los Mountbatten. Entre los huéspedes del castillo, sólo se espera a tres extranjeros: la señora Simpson y sus amigos los Rogers, a los que conoce desde la época de Pekín y por los que siente un gran aprecio. La estancia acaba en desastre. El miércoles 23 de septiembre, el duque de York y su esposa Isabel deben sustituir en el último momento al rey en la inauguración de la nueva enfermería de Aberdeen, principal centro comercial del noreste de Escocia, que fue varias veces devastado por las tropas inglesas durante las guerras que las enfrentaron con los reyes escoceses. El motivo de la ausencia de Eduardo VIII es, según dicen, que en el césped de ese centro le entró una crisis de llanto durante el duelo que siguió a la muerte de su padre. Ahora bien, ese duelo de la corte acabó el 20 de julio. Extraña sensiblería... En realidad, mientras su hermano y su cuñada cumplen con el deber que a él le compete, el rey, al volante de su coche, ¡va a buscar a Wallis y a los Rogers a la estación de Aberdeen! Y lo que es peor: dos días antes, el duque de Kent y su esposa, encinta, han sido vistos en el andén de la misma estación, esperando pacientemente la correspondencia para Ballater, una aldea de los montes Grampian a 65 kilómetros de Aberdeen, que es la estación más próxima a Balmoral. Así pues, el tren carreta local es suficiente para el duque y la duquesa de Kent, mientras la señora Simpson merece una limusina conducida por el propio rey. El escándalo es tal que la prensa regional se salta las instrucciones respetadas desde hace tres meses en todo el reino. Escocia no ha tenido el honor de una estancia real desde hace mucho tiempo, y por lo tanto va a hablar de ella. El asunto viene en la portada del *Evening Express*. El título es sibilino: «En Aberdeen, visita sorpresa de Su Majestad en coche para reunirse con amigos». El artículo está ilustrado con dos fotos yuxtapuestas, que ponen en evidencia la diferencia de trato reservado a una determinada invitada, mientras el duque y la duquesa de York cumplen con su deber oficial. Y el jefe de la estación cuenta cómo los Kent esperaron su tren ordinario, igual que todos los demás viajeros.

Escocia se siente humillada por esa grave torpeza y se comprende, conociendo la hospitalidad escocesa y sus bellas tradiciones. La falta es enorme. Los York, por su parte, aún se sienten más abrumados cuando se enteran de que en Balmoral la señora Simpson ocupa los aposentos que habían sido los de la reina María durante sus veinticinco años de reinado. Ella sí fue una verdadera soberana... La pesadilla continúa cuando Wallis ordena al rey que vaya a buscar champán y éste va, «extasiado», ante los ojos de los criados, que no dan crédito, y cuando le tiende con toda naturalidad, delante de todos los invitados, unos documentos oficiales para que ella los lea públicamente.

El hermano del rey y su mujer están invitados a cenar en Balmoral. ¡Horror! Es la señora Simpson quien los recibe, lo cual es contrario a la etiqueta: los miembros de la familia real sólo pueden ser recibidos por el dueño de la casa, en este caso el rey. Isabel, que precede a su marido el duque de York, ignora a la señora Simpson y se dirige hacia su cuñado. La señora Simpson se queda con dos palmos de narices. Y al pasar ante la intrusa la duquesa de York le lanza una advertencia que también es una lección de protocolo:

—He venido a cenar con el rey.[9]

Al terminar la cena la duquesa de York, en guerra abierta contra la norteamericana, da la señal para que las damas presentes abandonen la mesa. La señora Simpson está sobrepasada por completo e Isabel definitivamente enojada. Su marido se siente bastante ofendido por ese ambiente, que nada tiene que ver con los días felices pasados en Escocia, y culpa a su hermano. La señora Simpson envenena la vida familiar y pública pretendiendo hacer feliz al rey. Ya no es tolerable. Al volver de Escocia, el conflicto familiar, que pronto será gubernamental, con la insoportable Wallis está abierto.

Durante todo el verano el mayor Hardinge, que es el secretario privado del rey, ha estado advirtiendo con insistencia al primer ministro acerca de los peligros que el comportamiento del rey respecto a la señora Simpson representa para la monarquía. También ha dicho que la censura de la prensa británica era ilusoria, que el planeta entero estaba al corriente de ese romance de desagradables implicaciones políticas. Stanley Baldwin, por una vez tolerante, tuvo primero la esperanza de que esa relación fuera sustituida por otra menos llamativa. Luego el jefe del gobierno hizo observar que no había ninguna crisis constitucional que temer mientras la señora Simpson siguiera oficialmente casada. Pero el escándalo escocés había revelado la total irresponsabilidad del rey, que apremiaba a Wallis para que iniciara los trámites de divorcio. Eso ya era demasiado...

EL PRIMER MINISTRO ADVIERTE AL REY QUE LA MONARQUÍA ESTÁ EN PELIGRO

A mediados de octubre Eduardo VIII acepta recibir a su primer ministro para hablar de lo que ya se está convirtiendo en un asunto de Estado.

Stanley Baldwin tiene 69 años; su carrera política, que comenzó en 1908, está tocando a su fin, al constatar que la

Sociedad de Naciones, que tantas esperanzas había despertado, es por completo ineficaz y Hitler hará todo lo que pueda para que estalle una nueva guerra mundial. Además debe resolver los problemas personales y políticos de Su Majestad, como el encargado de la disciplina de un colegio que tiene que llamar al orden a un alumno revoltoso.

La audiencia, que el primer ministro ha solicitado con urgencia, tiene lugar al día siguiente, a las 10 de la mañana en Fort Belvedere. Los dos hombres pasean por el jardín y luego vuelven a la biblioteca. El primer ministro parece agotado; pide un whisky con soda. Cuando un criado se lo trae, levanta el vaso y pronuncia estas extrañas palabras:

—Pues bien, señor, pase lo que pase, mi esposa y yo le deseamos mucha felicidad, de todo corazón.

Al oír estas palabras, el rey rompe a llorar, y —¡lo que todavía es más insólito!— el primer ministro también. Los dos hombres saben, cada uno dentro de sus funciones, que el reino está al borde del abismo. Según el biógrafo británico Christopher Hibbert,[10] Olivier Baldwin, el hijo del primer ministro, y sir Harold Nicolson serán informados de que el rey y su visitante continúan la conversación en un sofá. El jefe del gobierno recupera la serenidad y se esfuerza por explicar a Eduardo VIII cuáles son los riegos de la situación:

—La monarquía británica es una institución única. En este país la Corona, a través de los siglos, se ha visto privada de muchas de sus prerrogativas. Sin embargo, nunca ha tenido tanta importancia como hoy. Pero este sentimiento depende mucho del respeto que se ha intensificado con las tres últimas generaciones de la monarquía[11] y quizás no haría falta mucho tiempo para que, ante las críticas actualmente formuladas, se perdiera el poder más deprisa de lo que se ha ganado. Y una vez perdido, dudo que nadie lo pueda restaurar.

El momento es grave. Baldwin abre su cartera y extiende sobre la mesa una selección de cartas que ha recibido, así como extractos de la prensa norteamericana. Los comenta e insiste en el efecto catastrófico que ha tenido la presencia de la señora

Simpson en Balmoral, de la que se han divulgado todos los detalles.

El rey contesta que la interesada es su amiga y que no está dispuesto a dejarla en la sombra, y asegura que ha asumido sus obligaciones con dignidad, lo cual es falso en lo que a su estancia en Escocia se refiere. El señor Baldwin admite que esas obligaciones no son la ocupación favorita del rey y pasa al tema más candente: el divorcio de la señora Simpson.

—Señor, es inaceptable que usted lo pida...

—¡Señor Baldwin! Se trata de la vida privada de esta mujer. Yo no tengo ningún derecho a intervenir, sobre todo no porque sea una amiga del rey.

El primer ministro anuncia entonces que todo lo que no se ha sabido o no se ha dicho será divulgado por la prensa, que habrá facciones que se enfrentarán... ¿No se podría pedir a la señora Simpson que abandonara el país durante seis meses?

Sería una sabia decisión, hasta que se calmaran los ánimos. La respuesta de Eduardo VIII pertenece a uno de esos momentos en que la historia toma un camino que nunca habría debido tomar. Si el rey fuese un aristócrata del deber, realista, dotado de un carácter fuerte y pensara sólo en su país, si no fuese un hombre desesperado ante la idea de que puede perder a la mujer que le ha permitido superar sus deficiencias sexuales, el romance se habría acabado después de esa conversación.

Pero la respuesta del rey es inapelable:

—La señora Simpson, para mí, es la única mujer que existe en el mundo y no puedo vivir sin ella. Usted y yo debemos arreglar juntos este asunto. No permitiré que intervenga nadie más.

LOS SINDICATOS Y LA PRENSA EXIGEN QUE LA SEÑORA SIMPSON SE VAYA

El primer ministro ha fracasado. El soberano se casará con la señora Simpson cuando esté de nuevo divorciada, y es evidente que tendrá que abdicar. Al cabo de unos días Geoffrey Dawson, el director de *The Times*, va a ver al secretario privado del monarca en Buckingham Palace. Le muestra el correo enviado por un inglés que vive en Estados Unidos quejándose de «la publicidad envenenada que se hace de la amistad del rey con la señora Simpson». Mientras tanto el primer ministro, como es costumbre en este sistema político, informa de la crisis al líder de la oposición. También él rechaza la idea del matrimonio. Más sorprendente —para los no británicos— parece la reacción del secretario general de la Unión Sindical, un organismo poderosísimo. El tal Ernest Bevin es categórico. Con su acento cockney, anuncia:

—Nuestra gente jamás permitirá que la señora Simpson, aunque se divorcie, sea nuestra reina.

Y añade un comentario esencial, particularmente importante en una monarquía:

—Al pueblo no le gusta que no haya vida de familia en la corte. Apuesto a que todas las mujeres pequeñoburguesas de los barrios le dirán lo mismo.

Y al cabo de poco tiempo empiezan a circular peticiones entre los funcionarios, sobre todo entre los de la Secretaría del Tesoro, el ministerio de Finanzas, que persigue los gastos inútiles. Una de estas protestas apoya al primer ministro e insta literalmente al rey a romper toda relación con la señora Simpson. El pueblo británico está en contra de ella. Neville Chamberlain, ex plantador en las Bahamas y varias veces ministro, a la sazón canciller del Exchequer (ministro de Finanzas), presiente que si el rey no pone fin a su relación habrá que aplicar los principios de la monarquía constitucional, es decir pedir la dimisión del gabinete. Añade que no haría falta si la señora Simpson abandonara de inmediato el territorio británico. La cosa es urgente. El director del *Morning Post* advierte de que su periódico no seguirá guardando silencio sobre el tema. El gobernador general de Canadá, que es el representante del rey en aquel vasto dominio, escribe que la opinión, receptiva a los reportajes de la prensa norteamericana, está «inquieta». Idéntica reacción, el 13 de noviembre, del alto comisario en Australia, quien avisa que nadie quiere a la señora Simpson como reina. El secretario del rey, Alexander Hardinge, hijo y sucesor de Charles Hardinge, se decide a escribir a Eduardo VIII una carta, que antes muestra al jefe de *The Times*, quien la considera «admirable, respetuosa, valiente y definitiva». En tres párrafos este colaborador describe, según él, los acontecimientos que se preparan. La prensa británica se abalanzará sobre el escándalo y el efecto será catastrófico. La dimisión del gobierno no permitirá la formación de un nuevo gabinete; habrá que organizar elecciones generales cuyo tema principal será la vida privada del rey, una consecuencia que no podrá sino desprestigiar a la Corona. Por último, es urgente que la señora Simpson se vaya: «... Suplico a Vuestra Majestad que considere esta solución antes de que sea demasiado tarde».

Una hermosa carta, en efecto. ¿Cuál es la reacción de su destinatario? Se siente ofendido por su brutalidad y su frialdad. No comprende cuál es la razón y estima injustos los reproches que se le formulan. Eduardo VIII protesta: ha cumplido con sus obligaciones de monarca. ¿Acaso no inauguró, diez días antes, la sesión del Parlamento en Westminster, según la tradición? Claro que a causa de la lluvia la procesión de Estado fue anulada y el rey acudió a la Cámara de los Lores en automóvil. Y allí ¿no renovó acaso, según la costumbre, la declaración de fidelidad de la Corona a la fe protestante? Puesto que aún no había sido coronado, llevaba su uniforme de almirante de la flota, con su casco de plumas. Harold Nicolson recordará dos particularidades: a los 49 años, el rey parecía «un muchacho de 18 años», y durante el discurso su voz tenía un acento norteamericano cada vez más pronunciado. La explicación es obvia...

EL REY CREE QUE EL GOBIERNO Y LA IGLESIA ESTÁN TRAMANDO UN COMPLOT

Pese al perfume de escándalo que lo envuelve, el monarca sigue siendo popular. Confunde el éxito de sus apariciones públicas con los efectos nefastos de su romance, estimando que las primeras suplantan a los segundos y los anulan. Un error catastrófico. Cuando visita la Royal Navy en Southampton, a pesar de la tromba de agua que está cayendo, se niega a ponerse un impermeable y muestra su talento para «entusiasmar a las masas». Los marineros lo aclaman. Es «su rey».

En ese momento Eduardo VIII cree que el primer ministro ha fomentado un complot contra él con la complicidad, necesariamente perversa, del arzobispo de Canterbury. Cuando antiguos miembros de la casa de Jorge V que han permanecido al servicio de su hijo insisten, por escrito, en las consecuencias de su eventual abdicación, no les contesta. Y exige sus dimisiones. ¿Le ha mostrado el rey a su amante la carta de su secretario Hardinge? Sí. Y ella, indignada, dice que está dispuesta a irse. Pero Eduardo VIII no modifica un ápice su proyecto. El gabinete de Baldwin continúa con sus advertencias: la boda del soberano debe recibir la aprobación del gobierno. El primer ministro recuerda que «la esposa del rey se convierte en la reina del país. Por consiguiente, en la elección de una reina, la voz del pueblo debe ser escuchada». Y el pueblo no quiere a la señora Simpson.

Estamos a finales de noviembre. Una nueva audiencia, decisiva, tiene lugar entre el rey y su primer ministro.

—Señor Baldwin, quiero que usted sea el primero en saberlo. He tomado mi decisión y nada me hará cambiar de opinión. He examinado el problema en todos sus aspectos. Tengo la intención de abdicar para casarme con la señora Simpson.

—Señor, ésta es una decisión gravísima y me siento profundamente afectado.

Stanley Baldwin dirá que el rey «parecía un joven caballero que hubiese acabado de descubrir el Santo Grial» y que afirmaba que con esta mujer como reina «habría sido el mejor de los reyes».

Los dos hombres se estrechan largamente la mano. Se separan casi llorando.

Una tragedia sin precedentes —incluso en el país de Shakespeare— acaba de empezar.

Capítulo 5

10 de diciembre de 1936
La abdicación, una tragedia
y un trauma

Todavía hoy la conmoción es difícil de imaginar. En la larga y compleja historia británica, a través del destino de diez dinastías y treinta y seis soberanos hasta llegar a Jorge V, entre rivalidades mortíferas, asesinatos, guerras de sucesión, de religión y crímenes de todo tipo, jamás un soberano había decidido renunciar al trono por el amor de una mujer. Las abdicaciones por razones de edad o de salud son inexistentes y —Victoria es el mejor ejemplo— el monarca se mantenía en su cargo supremo hasta el último suspiro. Era consciente de sus deberes y la popularidad era su apoyo. Los gobiernos se sucedían, el Estado permanecía, sólido e indiscutido. Que un rey en la flor de la edad, en apariencia sano física e intelectualmente, abdique al cabo de nueve meses de reinado para casarse y vivir con la mujer a la que ama desde que se conocieron hace aproximadamente cinco años es increíble. Que el depositario de la monarquía occidental más prestigiosa —y una de las más fascinantes del mundo— abandone la Corona (que aún no había llevado) y su país, que tiene la dimensión de un imperio cuando Europa parece incapaz de preservar la paz, es inaudito. Y cuando la opinión toma conciencia de que la mujer responsable de ese caos titánico es una aventurera, casi una profesional del amor, y que está a punto de divorciarse por segunda vez, se produce un verdadero trauma. Si añadimos que la causa de esa pasión es una estadounidense, algunos ven en ello una venganza que se remonta a la guerra de Independencia de las colonias de América. ¡Una norteamericana! Ésa es una de las cosas que se le reprochan a la que aún es la señora Simpson. Si hubiera sido galesa, irlandesa o escocesa, la afrenta habría parecido menos dolorosa. Pero su estatus de extranjera agrava el caso. Y su habla gritona, considerada vulgar, siempre la ha caracterizado y la hace menos respetable aún. La historia a veces había aceptado que un rey cortejase a una plebeya. Pero en un país donde los acentos, muy identificables, sitúan de inmediato los orígenes de las personas y el ambiente en que se mueven, el suyo desentonaba. Que el rey quisiera convertirla en reina se vivía como un insulto. Su reputación había empeorado aún más por su forma de imponerse en contra de las reglas de urbanidad, aunque lo cierto es que no era aceptaba en ninguna parte, salvo por amigos y relaciones demasiado exuberantes. Desde que había entrado en el lecho del rey, excitaba sus fantasías y las convertía en realidades, todo en ella sonaba a falso. Intrigante, aventurera, cortesana, mancillaba la monarquía. Para muchos aparecía como una maldición; era la verdadera culpable, antes de que salieran a la luz la dependencia física y la sumisión psicológica del monarca, su desprecio del sentido de Estado y de sus obligaciones. Ese drama es el encuentro de una fuerza y una debilidad. Wallis domina a Eduardo.

LOS HERMANOS DEL REY ESTÁN PETRIFICADOS, SU MADRE LE REPROCHA SU EGOÍSMO

Al día siguiente de anunciar su decisión al primer ministro y cuando el rumor ya circula por Londres, desde Westminster hasta los muelles del Támesis, Eduardo VIII reúne a sus tres hermanos. El mayor, el duque de York, llamado a sucederle, está tan atónito que no logra articular una sola palabra. Se sabe —y la reciente y soberbia película *El discurso del rey* lo ha recordado— que padece de tartamudez y que está tratando de remediarlo desde hace años, con la ayuda de un logopeda y de su esposa Isabel. El segundo, el duque de Gloucester, está preocupado por su propio futuro, aunque en el nuevo orden sucesorio tan sólo sea el tercero, después de sus dos sobrinas, Isabel y Margarita. El tercer hermano, el duque de Kent, el más próximo a Eduardo, no critica al primogénito, aunque Wallis no le gusta; la acusa de haberlo alejado de su hermano mayor. ¿Y su madre, la reina María? Está avergonzada, no disimula su enfado y no le perdona a su hijo haberse mostrado tan egoísta. ¿Ha pensado siquiera en el país, en el pueblo, en la desesperación de millones de personas? Ella sabía que al oponerse a su primogénito no haría sino agravar su obstinación. Pero le reprochará siempre no haber hecho el esfuerzo de luchar contra sus inclinaciones y haber cedido a la facilidad. Dos años más tarde, señala Cristopher Hibbert, ella le escribirá: «No habéis pensado más que en vos. No creo que hayáis sido consciente del golpe que vuestra actitud ha representado para vuestra familia y para toda la nación. Quienes habían realizado tantos sacrificios durante la guerra no podían concebir que vos, su rey, os negarais a hacer un sacrificio menor [...] Mis sentimientos por vos como madre siguen siendo los mismos [...] Al fin y al cabo, durante toda mi vida he puesto a mi país por delante de todas las cosas y ahora, sencillamente, no puedo cambiar».[1] Sin duda alguna y por desgracia para la soberana, en el verano de 1936 las cosas ya habían entrado en una fase decisiva de la cual cabe pensar que sólo los servicios de información, y por lo tanto el primer ministro, estaban informados. Se trata, en efecto, de la verdadera razón por la cual los acontecimientos se aceleran. Baldwin piensa que si la señora Simpson obtiene el divorcio antes de que el rey sea coronado, éste se apresurará a casarse con Wallis para elevarla al rango de reina. Un desastre.

En efecto, el 21 de julio anterior, mientras el rey y su amante estaban de crucero, Ernest Simpson había sido sorprendido en flagrante delito de adulterio a orillas del Támesis, en el Hotel de París, con una desconocida, una tal Mary Raffray. En realidad se trataba de un montaje elaborado entre Ernest y Wallis. La amante circunstancial y el marido debían ser sorprendidos a una hora previamente acordada. La encantadora cómplice de Ernest se convertirá en su tercera esposa... con una indemnización de la señora Simpson, que también se hará cargo de los gastos del divorcio. Con ese doble juego pérfido, Wallis ya podía pretender en el juicio que no era ella la responsable de la separación, añadiendo este comentario falsamente angelical: «Ernest me ha decepcionado. Lo que está ocurriendo no es culpa mía». ¡Un cúmulo de hipocresía y mentiras! Todos y todas debían salir beneficiados, excepto la Corona.

El caso se dirime ante el tribunal de Ipswich, famosa localidad de Suffolk donde nacieron dos admirables pintores, el retratista Gainsborough y el paisajista Constable. La señora Simpson es la demandante. Se muestra como una ofendida muy digna. Y habría habido motivos para reírse cuando el personal del Hotel de París declaró que habían servido el té al señor Simpson en una cama grande con una señora que no era la demandante. Nadie preguntó si el té era de la India, de Ceilán o de China. Wallis no se rio, aunque lo sabía todo de esa comedia porque ella misma la había organizado.

Wallis se divorciará sin ser culpable de adulterio

El viernes 27 de octubre al tribunal le bastan dieciocho minutos para pronunciar una sentencia provisional de divorcio. La decisión final se hará pública al cabo de seis meses. Ahora bien, justamente dentro de seis meses, en principio, debe ser coronado Eduardo VIII. ¿Quién ganará, la historia o el falso adulterio?

Al abandonar el que había sido su domicilio de Bryanston Court, Ernest, «el marido culpable», escribe a su mujer que no derrama ninguna lágrima. «Sé que en alguna parte de tu corazón sigue ardiendo una llamita por mí».[2] Es posible, pero la verdad

—nadie lo sabe aún y la propia Wallis lo reconocerá— es terrible: no ama al rey y no lo amará jamás. Por lo tanto, este asunto no es por su parte «la más hermosa novela de amor del siglo XX», como tantas veces se ha dicho. La ex señora Simpson utiliza su ascendiente sobre el rey, lo tiene agarrado porque él no puede prescindir de ella. Se trata por consiguiente de una sumisión total. Un drama personal de consecuencias políticas gigantescas a causa del arribismo de Wallis.

En su vida social londinense la señora Simpson, siempre con su famoso peinado en bandós, continúa interpretando el papel de la ofendida y se atreve a repetir que el divorcio, en realidad, lo ha pedido su marido. En el país de Shakespeare se representa un viejo clásico del repertorio, pero adaptado a la actualidad y que podría titularse *La comedia de las imposturas*. Wallis tiene la audacia de afirmar, incluso ante sus amigas íntimas, como Sibyl Colefax y Diana Cooper, que jamás se casará con el rey. Dice ser víctima de los chismes de la prensa norteamericana que, de hecho, lo que hace es celebrar las hazañas de su compatriota. Algunas personalidades no se dejan engañar, como lady Londonderry, cuya influencia en la sociedad londinense es considerable. La noche del 6 de noviembre, no tiene inconveniente en avisar a Wallis que si el rey tuviera la intención de casarse con ella, perdería enseguida sus ilusiones, porque el pueblo británico no toleraría jamás a una reina dos veces divorciada y cuyos ex maridos aún están vivos. Y si a alguien se le ocurriese recordar la afición del rey Enrique VIII por el divorcio cuatrocientos años atrás, le harían observar que se trataba de un Tudor y no de un Windsor.

UNA NOVEDAD ABSOLUTA EN WESTMINSTER: SE CITA EL NOMBRE DE LA INTRIGANTE

En la Cámara de los Comunes, por primera vez, se pronuncia el nombre de la señora Simpson en un animado debate, pues la interesada es culpable de haber rebajado la monarquía a un nivel terrorífico. El asunto adquiere, pues, una dimensión política, lo cual es grave porque podría abrir una crisis constitucional. No obstante, durante la segunda quincena de noviembre el rey hace su oficio; emprende una gira por el país de Gales —su antiguo feudo de príncipe heredero—, de la que los medios dan puntual noticia, donde se muestra muy preocupado por el desempleo y declara:

—Hay que hacer algo. Podéis estar seguros de que haré cuanto esté en mi mano.

Es el monarca que se expresa en público, el rey fuera de su vida privada; ante el pueblo el hombre sigue dando esperanzas e inspirando confianza. Tiene partidarios. Ese comportamiento es percibido como una pulla al gobierno, y muchos parlamentarios y sindicalistas critican esa interferencia del rey en la vida política. El *Daily Mirror* titula «Nuestro rey bienamado» (todavía lo es en los ambientes modestos en los que se piensa que es desdichado) y reconoce que es «un rey no convencional». En cuanto al *Daily Mail*, más cálido, subraya que «el rey Eduardo se muestra solícito», lo cual denigra la acción de los ministros. Se hacen intentos desesperados por evitar el desastre. Así, el hijo del propietario del *Daily Mail* invita a la señora Simpson a almorzar en el elegantísimo Claridge. Le sugiere la solución de un matrimonio morganático que la convertiría en una esposa fuera de la familia real, sin ningún rango ni poder en la cuestión sucesoria. Permanecería en la sombra. Ella parece aprobar esta solución, pero ¿es sincera? El rey parece consentir tibiamente. Pero el primer ministro objeta enseguida que habría que someter una ley especial al Parlamento y que no tendría ninguna posibilidad de ser aprobada. Baldwin va más lejos: tras consultar con sus homólogos de los dominios, dice que estos últimos sospechan que se trata de la primera fase de una maniobra destinada a transformar a la esposa morganática en reina de pleno derecho y que eso sería inadmisible. La ley sería rechazada. El 1 de diciembre, después de un sermón muy reprobador del obispo de Bradford, en el Yorkshire —una vigorosa lección de moral pública que hace el efecto de una bomba—, los periódicos de provincias aparecen con este gran titular: «¡No la quieren!».

Wallis intentará calmar la irritación popular, pero cabe pensar que, en el fondo, tiene miedo. ¿Quién sabe si su vida no está amenazada? Han tirado piedras contra las ventanas de su residencia y cada día la prensa la abruma con insinuaciones y la acusa de ejercer una mala influencia. Ha habido un atentado contra el rey. ¿Por qué un desequilibrado o un fanático de las instituciones, o un antinorteamericano, no pueden intentar matarla? Pero, como ignora el funcionamiento de la monarquía constitucional, Wallis cree que si se aleja, el rey podrá torcer la voluntad de su primer ministro. Se va para poder volver triunfante. Elige a unos amigos seguros, los Rogers, instalados cerca de Cannes, en una casa llamada «Lou Viei». Éstos seguían la evolución del asunto por los periódicos y habían propuesto a Wallis, ya en el mes de noviembre, ir a darle su apoyo o bien recibirla en su casa del sur de Francia.

Antes de irse ella le sugirió al rey que hiciera una declaración en la BBC a fin de hacer público su punto de vista. El rey se muestra entusiasmado porque al fin y al cabo nunca ha opinado sobre el tema. Churchill, entre otros, habla como Casandra; evoca los riesgos de semejante intervención, pero da la impresión de mantenerse relativamente apartado del asunto, aunque en realidad esté a favor del rey, lo cual le será vivamente reprochado y lo mantendrá al margen de los asuntos públicos hasta que estalle la guerra. Baldwin, quien sabe que nada detendrá a Eduardo VIII en su decisión de abdicar, advierte de nuevo al rey y le recomienda que salvaguarde su dignidad, que evite partir el país en dos y deje la situación lo mejor posible para su sucesor. Porque es un hecho: la sucesión ahora ya es inevitable.

«Le diréis a millones de hombres y mujeres que estáis decidido a casaros con una mujer cuyo marido sigue vivo. Querrán saberlo todo de ella y la prensa se hará eco de todos los rumores, cosa que Vuestra Majestad quiere evitar. Corréis el riesgo de dividir a la opinión pública». Después de consultar con los directores de los periódicos, considera que sólo hay tres diarios que lo apoyarían: *The News Chronicle*, *Daily Mail* y *Daily Express*. La prensa, por consiguiente, también estaría dividida. El riesgo es enorme. Además, la intervención pública del soberano sería inconstitucional, puesto que no puede expresarse si no es de acuerdo con la línea política del gobierno. En ningún caso el rey puede hablar en su nombre personal. Eduardo VIII lo admite y renuncia.

INQUIETA, LA SEÑORA SIMPSON SE REFUGIA EN CASA DE UNOS AMIGOS EN FRANCIA

El viaje de Wallis, que empieza el 3 de diciembre, es rocambolesco. Acompañada por el detective personal de Su Majestad, lord Brownlaw, y por dos policías de Scotland Yard, la estadounidense tratará en vano de huir de los periodistas que la acosan. El episodio más chusco se sitúa en el famoso restaurante La Pyramide, en Viena, donde se detiene para degustar la célebre cocina de la familia Point, y sobre todo para descansar en ese famoso restaurante donde conocen a Wallis desde hace tiempo. Un solo periodista, Jean Bouvard, del diario de gran tirada *Paris-Soir*, más rápido que sus colegas, logra obtener una breve entrevista con la norteamericana, elegante con su abrigo tres cuartos de marta cebellina, cuando dice, en cuanto baja del Buick: «Ustedes los franceses son muy simpáticos, pero demasiado indiscretos.[3] No he dormido ni un minuto desde hace dos días. Anoche, en el hotel donde me hospedo, había veinticuatro periodistas. Quisiera poder descansar, descansar mucho... Y no puedo hacer ninguna declaración. El único juez es el rey. Yo no tengo nada que decir; sólo desearía que me dejaran tranquila».

Lo que viene después parece una mala película. Con la complicidad de la señora Point, Wallis huye por una ventana que hay encima del fregadero de la cocina. Los policías le han hecho estribo con la mano y el poderoso coche arranca. El cuarteto llega a Cannes en plena noche. La huida de la amante del rey ha necesitado un dispositivo policial especial ante la residencia de los Rogers, pues la multitud estaba bien decidida —al igual que la prensa— a ver a la mujer que podía hacer tambalearse al Imperio británico. Cuando el Buick consigue por fin avanzar despacio y cruzar la verja de «Lou Viei», la fugitiva es invisible, está acostada en el suelo del coche y tapada con una manta. La lluvia y la noche no recompensan la obstinación de los curiosos. Wallis, a la que Eduardo VIII llama todos los días por teléfono, le asegura que «el rey es popular [lo cual es cierto] y que su popularidad le permitiría vencer las críticas [lo cual es ilusorio]».

La decisión del rey es definitiva: abdicará... por su felicidad

A principios de diciembre Eduardo VIII aún no ha informado a su hermano el duque de York de que el anuncio de su decisión es inminente. Incómodo, obstinado y sin duda muy desdichado, llama a su madre, a la que no ha visto desde hace quince días, y le repite que lo único que le importa es su felicidad, que no puede ser un rey soltero y que debe casarse con el amor de su vida. El hombre ya no es el mismo, como si se hubiese liberado de una insoportable carga. Está en otra parte, en su sueño a punto de realizarse, barriendo de su mente las consecuencias desastrosas de su obsesión. Todo el día 9 de diciembre lo dedica a organizar el desarrollo y las modalidades de la abdicación.

El duque de York pasa varias horas en Fort Belvedere discutiendo el destino de los bienes de familia, como los castillos de Sandringham y de Balmoral, propiedades personales del soberano, de las rentas y de toda una serie de cuestiones materiales. Esa misma noche, durante la cena en Fort Belvedere a la que están invitados sus hermanos y el primer ministro, Stanley Baldwin, «sombrío y casi sin vida», según observa el rey, éste parece estar pensando sólo en su viaje de novios. El tema crucial ni siquiera se aborda ya, el monarca es inflexible. Baldwin está consternado...[4]

Si el rey parece tranquilo, su hermano, el duque de York, llamado a sucederle, está destrozado, llorando en casa de su madre al día siguiente, y preocupado además por el estado de su esposa, encamada con gripe.

¡Qué contraste entre el futuro rey, tan triste, y su hermano, tan feliz, encantador y satisfecho de su decisión!

Al día siguiente, 10 de diciembre, a las 10 de la mañana, el duque de York y sus dos hermanos son convocados a Fort Belvedere para ser testigos de la firma por parte del rey de su acta de abdicación. Como tiene por costumbre, el duque de Kent llega tarde y a Eduardo VIII le hace gracia.

La ceremonia ha tenido lugar en el despacho octogonal, en presencia de otros tres testigos, uno de los cuales describirá ese momento terrible y por desgracia inolvidable para quienes lo vivieron directamente. El texto es breve, comparado con las consecuencias que provocará: «Yo, Eduardo Octavo de Gran Bretaña, de Irlanda y de los dominios británicos de ultramar, rey emperador de la India, anuncio mi determinación irrevocable de renunciar al trono para mí mismo y para mis descendientes y mi deseo de que esta abdicación tenga efectos inmediatos».

El primer ministro acude a la Cámara de los Comunes, donde el ambiente está cargado y hay mucho ruido. Emocionado, Baldwin tarda en encontrar la llave que abre su caja roja con el monograma real de Eduardo VIII. Se le caen los papeles, los recoge con torpeza y se da un golpe en la cabeza contra la mesa. Luego avanza hasta el *speaker* (presidente) de la Asamblea y le entrega los documentos. Anuncia:

—Un mensaje del rey, firmado de su puño y letra.

Según Harold Nicolson, testigo de aquella sesión histórica, el *speaker* estaba tan conmovido que parecía a punto de desmayarse y su emoción se había contagiado a todos los presentes. «Jamás he visto tal acumulación de compasión y terror». El primer ministro, de chaqué, se pone de pie. Se emociona al contar toda la historia, confunde las fechas, titubea, retoma el hilo. El silencio sólo es perturbado por los periodistas que, desde la galería reservada a la prensa, dictan párrafo tras párrafo por teléfono su crónica a las distintas redacciones. Cuando termina la lectura, el silencio vuelve a ser total. Nicolson añade que, pese al estupor general y a la confusión del orador, nunca hasta entonces se había escuchado en Westminster un discurso tan brillante. «No era cuestión de aplaudir. Era el silencio de Gettysburg».[5]

EL REY EDUARDO VIII SE CONVIERTE EN SAR EL DUQUE DE WINDSOR

En ese mismo momento, al final de la tarde, el duque de York está de nuevo en Fort Belvedere, rodeado de sus consejeros. Se trata de resolver el problema planteado por la situación financiera del ex rey. Eduardo se muestra tan exigente para no perder ninguno de sus privilegios que el ex secretario privado del rey Jorge V se permite decir que su padre, el difunto Jorge V, se revolvería en su tumba si supiese que su primogénito no aceptaba conformarse con sus últimas voluntades. Resumiendo, al ex monarca se le propone recibir 25 000 libras al año a condición de no volver a poner el pie en Inglaterra sin consultar antes con el rey y con el gobierno. Eduardo no está contento con estas disposiciones, lo cual dará lugar a un eterno contencioso entre su hermano y él. Bertie, dominando su dificultad de elocución, le pregunta:

—¿Has pensado en cómo te llamarás ahora?

—En realidad, no.

Su hermano sí lo ha pensado, lo mismo que varios ministros, pues no es un tema anodino. Incluso es urgente, ya que al día siguiente por la tarde, el ex monarca se dirigirá a la nación a través de la BBC. Sir John Reith, su director general, no sabe cómo anunciar al orador.

—¿El señor Eduardo Windsor? —propone con su acento escocés.

—No —responde el inminente Jorge VI—. Es hijo de duque y se convierte en lord Windsor de todas formas. Y si volviese a este país, podría sentarse en la Cámara de los Comunes.

Un jurista especializado, el señor Schuster, replica:

—No.

—¿Y en la Cámara de los Lores?

—Tampoco.[6]

Mientras Eduardo da señales de impaciencia, algo frecuente en personas inmaduras y tímidas, su hermano zanja la cuestión:

—No está privado de ninguno de sus grados en la Royal Navy, en la Royal Air Force ni en ningún ejército terrestre. Sugiero, pues, para él el título de Su Alteza Real el duque de Windsor.

¡Pobre Jorge V! El difunto rey no habría podido imaginar que ese nombre de Windsor que él impuso para renovar la dinastía sería, menos de veinte años más tarde, sinónimo de escándalo y de rechazo a causa de su primogénito y sucesor. El gabinete da su conformidad a ese título, pero precisando la posición jerárquica del nuevo duque: será considerado como el hermano mayor del rey, tendrá prelación sobre sus hermanos Gloucester y Kent, pero por protocolo estará por detrás de sus sobrinas, Isabel y Margarita.

¿Y la nueva duquesa? El rey Jorge VI ya ha acordado la cuestión con el gobierno: en ningún caso ostentará el título de Alteza Real, ni ella ni su eventual descendencia. Será simplemente la duquesa de Windsor. Los primeros ministros de los dominios, furiosos contra ella —en particular el de Nueva Zelanda—, consideran que ese título ya es excesivo y que simboliza un estropicio inverosímil. En la historia de la monarquía británica esa diferencia de trato entre el marido, que tiene rango de Alteza Real, y su futura esposa, privada de ese honor, no tiene precedentes. Eduardo y Wallis la vivirán como una humillación, tal vez la peor sanción de su unión y la marca de un desequilibrio social erigido en distancia protocolaria. Wallis seguirá siendo, si así puede decirse, una simple duquesa, rebajada, ya que por su causa un hombre ha renunciado a ser rey y ha provocado un cataclismo.

Detengámonos un momento en la actitud de esa mujer poco tiempo antes del anuncio de la abdicación, cuando todavía está refugiada en casa de sus amigos Rogers, acechada por una prensa insaciable. ¿No es ella la causa de la crisis? ¡Una foto suya es primera página! ¿Ha intentado apagar el incendio retirándose de ese universo que le era hostil? Hoy, después de estudiar diversos documentos, se admite que Wallis intentó hacer reflexionar al rey. Llamadas telefónicas —laboriosa y manifiestamente vigiladas, de ahí el uso de un código que lo complica todo— y cartas confiadas a manos seguras demuestran que se puso nerviosa al ver la amplitud del drama y sin duda sus consecuencias desde todos los puntos de vista: «Debo salir definitivamente de la vida de David». O con esta fórmula tan bonita: «Puesto que él no quiere renunciar a mí, soy yo la que tiene que renunciar a él, y de una forma que no le deje otra opción más que aceptar lo que yo decida». Por desgracia, Wallis jamás expresó ella misma su resignación en público. No hay ninguna carta de su puño y letra ni ninguna declaración personal que prueben que estaba dispuesta a renunciar a su prodigiosa carrera y al papel conquistado en el escenario mundial. ¡No se habla más que de ella! La señora Simpson sólo hizo saber indirectamente, hablando de ella en tercera persona que, «en el transcurso de las últimas semanas, [ella] siempre ha tenido el deseo de evitar cualquier acción o cualquier proyecto cuya naturaleza pudiera perjudicar al rey o al trono. Hoy su actitud no ha cambiado, y está dispuesta, si esta decisión puede resolver el problema, a retirarse de una situación que se ha vuelto desgraciada e insostenible». Este texto, fechado el lunes 7 de diciembre, se publica en la prensa de forma más o menos destacada y tiene más o menos resonancia. «La crisis ha pasado» es evidentemente un título menos llamativo que «El rey abdica».

La señora Simpson sigue, pues, bajo sospecha de ser mentirosa y manipuladora, aunque en su fuero interno esté destrozada por la abdicación. Puesto que no será reina, ¿qué porvenir le espera? De todas formas, pese a haber fingido estar dispuesta a retirarse, es demasiado tarde: desde que se han iniciado los trámites de divorcio, el gobierno y la opinión la han desenmascarado. Envenena la vida pública. Y Churchill, a priori favorable al rey, ha fracasado en el Parlamento con una intervención considerada lamentable y hasta vergonzosa, la más patética de su carrera de orador. Aunque Wallis cambiara su decisión, Eduardo VIII no cambiaría la suya.

El ex rey toma la palabra desde el castillo de Windsor

La noche del 10 al 11 de diciembre de 1936, el príncipe Alberto firma el acta oficial que lo convierte en el sucesor de su hermano. A la 1.52 de ese viernes el duque de York se convierte en el rey Jorge VI. Una vez más, la fortaleza está en el corazón del destino británico. La noche del día 11 se celebra en el Royal Lodge de Windsor la cena de despedida de Eduardo en presencia de sus hermanos, de su hermana la princesa real María (que lleva el mismo nombre que su madre la reina) y de esta última. A las 21.30 llega el momento para Eduardo de dirigirse a la nación. ¿No es una paradoja sorprendente que el ex rey, que llevaría en adelante el título de duque de Windsor creado para él, tomase la palabra a título personal, por primera y última vez, desde ese castillo que es el origen de su nueva identidad? Es un detalle a menudo olvidado de ese momento patético. El nuevo rey, su hermano, ha exigido que en el anuncio que se haga en la BBC, el ex monarca sólo sea presentado con el título de «Su Alteza Real el príncipe Eduardo». Jorge VI demuestra una vez más una firmeza inesperada. Esa noche, al dirigirse a la nación británica, su hermano no es más que un miembro de la familia real, pero, en realidad, un Windsor proscrito y todavía no duque de Windsor. Una transición breve pero significativa. La casa de Windsor sufre una alteración, la monarquía no se interrumpe.

En un salón lleno de cables, el viejo castillo se ha transformado en estudio. Se enciende una bombilla roja. Es la hora del desenlace. Con una voz solemne, profunda, Reith, el director de la BBC, anuncia: «Aquí el castillo de Windsor. Van ustedes a escuchar a Su Alteza Real el príncipe Eduardo».

Con las manos cruzadas, la voz opaca, «tranquila y emotiva», según Wallis, el príncipe fija el micrófono, que casi tiene la forma de un obús, y luego lee su declaración. El Imperio lo escucha o lo escuchará en función del desfase horario; las redacciones de los periódicos se movilizan en silencio, pues cada palabra es importante. En el sur de Francia, el antiguo monasterio del siglo XII restaurado por los Rogers parece haberse vuelto a convertir en un oasis espiritual. Van a escuchar una confesión pública en el salón, alrededor de un radio. Incluso la servidumbre está reunida en la habitación. Wallis está echada en un sofá, destrozada y abatida, «con las manos sobre los ojos, tratando de ocultar mis lágrimas», dirá, escuchando el mensaje de despedida del hombre que prefiere el amor a la gloria y escoge el exilio. A causa de ella.

«Por fin estoy en disposición de dirigirme a ustedes personalmente. Nunca he intentado disimular nada, pero hasta ahora no me ha sido constitucionalmente posible hablar. Hace unas horas he cumplido con mi último deber de rey y emperador, y ahora que mi hermano, el duque de York, me sucede, mis primeras palabras son para ofrecerle mi lealtad. Y lo hago de todo corazón.

»Todos ustedes conocen las razones que me han llevado a renunciar al trono. Pero quiero que comprendan que al tomar mi decisión no he olvidado el país ni el Imperio a los que durante veinticinco años he tratado de servir, primero como príncipe de Gales y luego, recientemente, como rey. Pero deben creerme cuando les digo que me ha parecido imposible soportar la pesada carga de las responsabilidades y cumplir con las obligaciones que me incumben como rey, cosa que me habría gustado hacer, sin la ayuda y el respaldo de la mujer a la que amo.

»Los ministros de la Corona y en particular el señor Baldwin, el primer ministro, me han tratado siempre con gran consideración. Nunca ha habido ninguna divergencia constitucional entre ellos y yo, ni tampoco entre yo y el Parlamento. Educado en la tradición constitucional por mi padre, jamás habría permitido que surgiera un enfrentamiento de este tipo.

»Abandono los asuntos públicos y me libero de mi carga. Tal vez pasará algún tiempo antes de que vuelva a mi país natal, pero seguiré con profundo interés el destino del pueblo británico y del Imperio. Y si en algún momento en el futuro puedo ser requerido para servir a Su Majestad a título privado, no dejaré de hacerlo.

»Y ahora, todos tenemos un nuevo rey. De todo corazón, le deseo a él y a ustedes felicidad y prosperidad. Que Dios les bendiga a todos. *God save the King*».

Las reacciones inmediatas varían, como ha señalado lady Hardinge en su diario, entre las lágrimas de unos y el desprecio de otros, que han considerado ese discurso vulgar. Preferir el amor —¡y qué amor!— a la razón de Estado es patético. Y sin embargo habría podido ser peor. En efecto, según G. M. Young, un biógrafo de Baldwin, el primer ministro habría revelado al director de *The Times* que Eduardo había escrito él mismo[7] una primera versión de su discurso. Era catastrófica puesto que empezaba con esta frase: «Ahora soy libre de decirles cómo me han echado del trono». Horrorizado, Churchill, que nunca le había fallado al rey durante ese turbio periodo, habría echado esa versión al fuego y reescrito el discurso tal y como sería pronunciado. Hay muchas razones para creer en esa revelación, pues cuadra exactamente con las «instrucciones» enviadas por Wallis a Eduardo en su correo del 6 de diciembre. La señora Simpson ordenaba al rey que «no se callara», asegurándole que «la forma del texto de la abdicación importa poco, ya que todo el mundo sabe que el gabinete te ha echado pura y simplemente». ¡Imagínense el clamor de protesta que habría provocado la difusión del texto inicial!

El príncipe Eduardo, que parece muy satisfecho de su alocución, se reúne con sus hermanos. Lord Louis Mountbatten, biznieto de la reina Victoria, también está presente. Al nuevo rey Jorge VI, que dice que está muy nervioso por la tarea que le espera y recuerda que sólo es un oficial de marina y que jamás ha visto un documento de Estado, «Dickie» Mountbatten, que es un Windsor y ha sido edecán de Eduardo cuando éste era príncipe de Gales, le dice estas palabras para tranquilizarlo:

—George, estás equivocado. No hay mejor preparación para el oficio de rey que haber servido en la Royal Navy. ¡Para enfrentarse a las tempestades!

Pero el que ya es Jorge VI, tercer rey Windsor y cuadragésimo monarca desde Guillermo el Conquistador, no está muy convencido. Y su hermano menor, el duque de Kent, repite:

—¡Es imposible! ¡No me lo puedo creer!

Eduardo hace un único comentario, como si el acontecimiento no fuera con él:

—Ya está.

«Aquella noche, escribe Wallis, bebí la copa amarga de mi fracaso y mi derrota [...] Cuando terminó, los otros abandonaron la estancia y me dejaron sola. Permanecí tumbada durante largo rato antes de poderme controlar lo bastante como para cruzar la casa y subir a mi habitación».[8] Pero si la señora Simpson está tan afectada, es sin duda porque el principio de la alocución de Eduardo no era lo que ella había preconizado. Y no debió de gustarle el homenaje explícito al primer ministro y al gabinete. ¡Bravo por Churchill! En cuanto a la reina María, que siempre se había opuesto a ese discurso de despedida, tal vez no supo nunca hasta qué punto tenía razón de temerlo.

Al día siguiente la opinión muestra hostilidad, por no decir desprecio hacia el príncipe Eduardo. Ya no siente el temor de verle abdicar; la gente aprueba y soporta esa situación, pero la siente como una cobardía imborrable por parte del ex monarca. Harold Nicolson observa que ya no es la señora Simpson la que es impopular y considerada culpable, sino el ex rey.

Si ha podido traicionar a su país, podría traicionar a la mujer que ama. Incluso en la Cámara de los Comunes, los parlamentarios tienen palabras muy severas para con él. ¡Suerte que ha abdicado! Y se preguntan por su sucesor, un rey por defecto cuya situación no provoca grandes entusiasmos.

Pero ya el duque de Windsor —por fin lo es— ha sido discretamente, casi de forma vergonzante, conducido a bordo de un destructor de la Royal Navy, el *HMS Fury* (un nombre muy indicado) y ha abandonado Portsmouth en dirección a Boulogne. Para quien, durante nueve meses, ha llevado el prestigioso título de almirante de la flota, esa travesía nocturna parece una huida.

Comienza un extraño exilio.

Capítulo 6

1937-1939
Windsor contra Windsor
o los desafíos de Jorge VI

La noche en que Jorge VI sucedió a su hermano mayor Eduardo VIII, convertido en duque de Windsor, el nuevo soberano advirtió a sus otros dos hermanos, los duques de Gloucester y de Kent, que debían observar una conducta intachable. Por todos los medios, la familia real debía consolidar su credibilidad y hacer olvidar, en la medida de lo posible, la vergüenza de la abdicación.

¿Quién es Jorge VI? Nacido en 1895 en Sandringham, Alberto, apodado «Bertie», segundo hijo de Jorge V, ha sido educado por un preceptor privado y ha tenido una infancia austera. El rey y la reina aman a sus hijos, pero son poco cariñosos con ellos y no los ven más que media hora al día. ¿Unos padres? Casi unos iconos. La reina María tiende su mano enguantada a sus hijos. Éstos se inclinan. La calidez de un Eduardo VII está muy lejos. Son confiados a la terrible señora Green, una gobernanta perversa que los deja sin cenar por cualquier tontería o los alimenta de *porridge* compacto y de frijoles fríos. Alberto es más propenso que su hermano mayor a las enfermedades. Ha acumulado las dificultades, entre las reprimendas de su padre que lo riñe a la menor ocasión, su extremada timidez y sobre todo una tartamudez penosa que lo acompleja profundamente y le hace preferir el mutismo a la humillación de una elocución ridícula.

Alberto se siente mal querido. Incluso las niñeras lo tratan peor que a un perro y se ríen de sus rodillas patizambas. Cabe recordar que de niño su padre también padecía de unas rodillas torcidas hacia adentro y que todos sus hijos, excepto Eduardo, han «heredado» esa deformidad. De muy joven, Bertie es obligado a llevar férulas varias horas al día y hasta a veces por la noche para enderezar sus piernas. Un viejo criado se apiada de él: a riesgo de perder su puesto, afloja las correas para que el niño sufra menos. Y siendo zurdo, obligan a Alberto a escribir con la mano derecha, lo cual agrava sus complejos; debe sentarse en un sillón para discapacitados, ideal para la lectura, pero muy incómodo para escribir. Esta situación lo hace sufrir tanto moral como físicamente. Con todo, nunca se queja, aplicando una de las famosas máximas de su bisabuela la reina Victoria: *Never complain, never explain* («Nunca te quejes, nunca expliques»).

La adolescencia de Bertie casi parece un suplicio, pero poca gente es consciente de ello. Mide casi 1.70 metros, es flaco y demacrado y tiene facciones finas. Si pasa por ser un hombre introvertido es porque se ha educado en la escuela del coraje y de la voluntad para dominar sus miedos, el miedo a su forma insegura de caminar y a su tartamudez, en silencio y con pudor, y porque continuamente lo comparan con su hermano... Su escolaridad es poco brillante: en 1911, en el colegio Naval de Darmouth, obtiene el número sesenta y uno de sesenta y siete en su promoción. En un barco escuela da la vuelta al mundo. ¡Sus camaradas lo llaman «la Sardina»! Participa como alumno oficial de marina en la batalla de Jutlandia en 1916, luego es piloto en el Royal Navy Air Service hasta 1918 y recibe de su padre el título de duque de York el 3 de junio de 1920, tras un año pasado en Cambridge. Se dedica muy concienzudamente a obras sociales y a sus numerosas obligaciones oficiales.

El 10 de junio de 1920, acompañado por su madre y su hermana, el príncipe Alberto acude a una cena en casa de lady Farquhar cuyo marido es amigo personal del rey. Entre los aproximadamente sesenta invitados se encuentra lady Isabel Bowes-Lyon, de 19 años, a la que quizás había conocido ya cuando eran mucho más jóvenes. Esta aristócrata escocesa no se siente de inmediato seducida por Bertie, porque como es muy popular son muchos los pretendientes que la cortejan. No es muy bonita, pero sí seductora, alegre y con sentido del humor. Alberto se rinde a sus encantos. La hija del decimocuarto conde de Strathmore ha pasado su infancia en el castillo de Glamis, uno de los más hermosos de Escocia, donde Shakespeare situó la acción de *Macbeth*.[1] Muy aficionada a las historias de fantasmas, Isabel escribirá, con seudónimo, una crónica en una revista mundana sobre los espectros y los crímenes misteriosos que se ocultan detrás de los viejos muros. Lady Isabel es realmente deliciosa y el príncipe Alberto se enamora enseguida de ella. Pero el 5 de enero de 1923, una indiscreción del *Daily News* anuncia el noviazgo de la exquisita Isabel con... el príncipe de Gales, el heredero al trono y hermano mayor del príncipe... Alberto. Pero todo el mundo sabe que Eduardo —que aún no ha conocido a la señora Simpson— bebe los vientos por Freda Dudley. De hecho, el eco del periódico se equivoca de príncipe: es Bertie quien llama la atención de Isabel. Lo encuentra guapo, elegante, dotado como ella de sentido del humor. Comenta que si es frágil y sensible, de una reserva casi enfermiza, al menos se conduce como un perfecto *gentleman*, al contrario de su hermano mayor, que arrastra una fama de calavera tan espantosa como justificada. Con todo, la joven de 22 años, a quien no faltan los homenajes masculinos, rechaza dos veces la petición de matrimonio de Alberto, cuya úlcera de estómago, debida a la mala alimentación de su infancia, se recrudece. Las cartas y los pequeños regalos no hacen ningún efecto. Bertie, que no se desanima, ha hablado de Isabel con su padre. El rey Jorge V, encantado, replica: «¡Si ella te acepta, serás un hombre feliz!».

El sábado 13 de enero, el príncipe Alberto pide por tercera vez la mano de Isabel. Ella acepta por fin, y el lunes siguiente el rey, muy contento, da su aprobación. Tal vez por primera vez en su vida, Bertie ha logrado vencer él solo, y como transformado por la felicidad, su timidez. Una victoria sobre uno de sus defectos que resume todos los demás. La boda del duque de York y lady Isabel Bowes-Lyon se celebra el 26 de abril de 1923. La unión es un acontecimiento histórico, ya que es la primera boda de un príncipe real que se celebra en Westminster desde hace cinco siglos.

Pero en esa época Reino Unido todavía no se ha recuperado de las consecuencias de la guerra. El desempleo es tan elevado y la izquierda tan virulenta contra el gobierno que los festejos son relativamente discretos. En efecto, el año anterior (1922), la unión de la princesa María, hija de Jorge V, con el vizconde Lascelles, un rico heredero, había causado escándalo porque fue demasiado fastuosa. La discreción impuesta por el rey a la boda de Bertie no impide que el conde de Strathmore le regale a su hija una tiara delicada, adornada con margaritas de diamantes. En cuanto al soberano, ha elegido para su futura nuera un aderezo de turquesas y diamantes y una diadema acorde.[2] Primero en un segundo plano, la joven duquesa ocupará pronto un lugar destacado; ya no lo abandonará. La víspera de su boda, una recepción reúne a ochocientas personas —¡a pesar de todo!— en Buckingham Palace. Superando sus vacilaciones, el duque de York presenta a su futura esposa a un líder laborista que, en una gaceta, había hecho comentarios poco amables sobre la novia a la que rebajaba al nivel de «una muchachita escocesa». El novio, con un tono que logra ser gracioso, responde a esa grosería del parlamentario:

—¡Aquí tiene usted a una buena chica escocesa!

ALBERTO E ISABEL PREFIEREN LA VIDA DE FAMILIA A LAS FUTILIDADES MUNDANAS

Una edición especial de *The Times* se hace eco de la satisfacción patriótica porque el duque haya elegido a una mujer «británica hasta la raíz de sus cabellos». Isabel es más que «buena». Desde que son novios, la escocesa que no teme a los fantasmas ha ayudado a Bertie a afirmar su personalidad. Lo apoya de manera incondicional y enseguida se hace muy popular. Es tan bien aceptada por la familia que cuando llega ligeramente tarde a una comida y ruega, sonrojándose, al rey que la disculpe, Jorge V responde:

—Me temo que nos hemos sentado con dos minutos de adelanto...

¡Por fin los relojes marcan la hora exacta!

Está previsto que un millón de personas se agolpen en las calles de Londres para ver pasar el cortejo nupcial, y como consuelo para los que no puedan ver ni oír nada se sugiere que la ceremonia religiosa sea retransmitida por radio. Pero el decano de la abadía de Westminster, invocando la decencia, se opone: ¡una ceremonia sagrada no puede ser escuchada en los pubs y otros lugares públicos por borrachos!

En el banquete de gala, el menú aprobado por Jorge V honra a las dos familias: consomé a la Windsor, suprema de salmón reina María, costillitas de lechal príncipe Alberto, capones a la Strathmore y fresas a la duquesa Isabel. Una atención que subraya la entrada de la joven en la dinastía. Sólo Jorge V, siempre modesto, no ha querido que ningún plato llevase su nombre. Hábilmente concede a su hijo la Orden escocesa del Cardo y confiere a su nuera el título de Alteza Real. Luego los comensales no pueden escapar de la inevitable tarta de varios pisos sostenida por un ejército de criados. Un monumento y una tradición, también escocesa, de McVities.

Al mismo tiempo, el soberano manda distribuir en Londres y en las ciudades manufactureras muy golpeadas por la miseria montañas de pasteles idénticos, que celebran sobre todo los niños.

La irrupción de Isabel, cuya sonrisa permanente parece una divisa, rejuvenece la imagen femenina de la realeza. Victoria, de apariencia muy digna, era un icono de luto; Alejandra, una reina viuda un poco fugaz y aislada por su sordera; María es un modelo de conformismo estirado. Con Isabel el buen humor entra en la casa de los Windsor. Por otra parte, Eduardo, que a ella no le gusta, se verá obligado a reconocerle a su cuñada esta cualidad: «Ha hecho que la vida de familia sea divertida». Con él, ésta se convertirá en un infierno.

La pareja estará muy unida, muy pendiente de sus dos hijas, Isabel, nacida en 1926, y Margarita, en 1930. El duque de York es un padre modelo, que le da a su prole la infancia afectuosa que él no ha tenido. La vida de familia es casera, llena de alegrías sencillas, crucigramas, pesca con caña, caza de la becada y a veces del tiburón, picnic con sándwiches de pepino, excursiones por la fascinante Escocia. Viven al margen de la sociedad londinense desenfrenada de los «años locos», que los mira con condescendencia, como si fueran rústicos. Ellos prefieren un estilo de vida británico y campestre en el cual el rito del té en familia es sagrado, mientras el hermano mayor del duque, Eduardo, frecuenta las *boîtes*, se acuesta de madrugada y descuida ostensiblemente sus obligaciones. Bertie es lo contrario, riguroso en sus deberes de representación, por ejemplo en la Exposición dedicada al Imperio en 1924, en Wembley.

Tras una preparación política y diplomática, el duque de York, acompañado por su esposa, ha realizado con mucho éxito un viaje oficial a Nueva Zelanda y Australia, donde ha inaugurado la nueva capital de los territorios australianos, Canberra. Éstos pasaron a ser la Commonwealth de Australia el 1 de enero de 1901, siempre bajo soberanía británica. El periplo es un éxito, sobre todo para la joven esposa, amable, sencilla y muy alegre, que pronto se hace popular y es conocida como «la duquesa sonrisa», pero también es una victoria del duque sobre sí mismo, gracias a los originales métodos de un logopeda australiano, Lionel Logue.

COSTÁNDOLE ESFUERZOS INAUDITOS, EL DUQUE DE YORK LUCHA CONTRA SU TARTAMUDEZ

El príncipe consulta al terapeuta primero de incógnito, bajo un nombre falso. Luego, cuando le revelan la identidad de su cliente, el logopeda trata al duque de igual a igual, burlándose del protocolo.

Mark Logue, el nieto de Lionel, ha encontrado por azar en un desván el diario íntimo de su abuelo. En una entrevista al *Wall Street Journal* de principios de enero de 2011, cuenta: «Mi abuelo se hizo muy amigo del duque, y luego rey. Consignó todos sus encuentros con él en sus cuadernos y el *verbatim* de sus sesiones». Pero todo sigue siendo confidencial: sólo Isabel está al corriente, actuando como mediadora terapéutica al lado de su esposo, sin alterarse nunca cuando, desanimado, éste llega a... ¡decir tacos! ¡Qué progreso![3] La originalidad de Lionel Logue, que se presenta como un actor fracasado, es que ha ayudado a ex combatientes australianos, traumatizados e incapaces de emitir ni un sonido, a recuperar el uso de la palabra. Con el duque de York, Logue se permite groserías, bromas de humor grueso; ha comprendido hasta qué punto el príncipe sentía pánico ante la idea de tener que tomar la palabra en público y se sentía aislado del mundo. Entre progreso y desesperación, las lecciones de Lionel Logue duran meses. Al final de la década de 1920, el duque de York ha hecho progresos espectaculares, pero aún no está seguro de sí mismo. Todavía tropieza en algunas palabras, en algunos sintagmas. Hay que perseverar.

El duque y la duquesa son muy queridos. El 27 de junio de 1927, cuando vuelven de Australia tras hacer una última escala en Egipto, llegan a la bahía de Plymouth a bordo del acorazado *Renow*. Les espera una recepción entusiasta, pues han abandonado Inglaterra hace casi seis meses. Luego un tren especial de coches Pullman, pintado de marrón y crema, los conduce hasta Londres. En el andén de la estación Victoria, el príncipe de Gales, la reina María, el rey Jorge V y lady Bowes-Lyon esperan a los York. La joven duquesa abraza a su madre. Los tres hombres llevan el uniforme de gala de la marina, con bicornio, charreteras y sable, un atuendo que parece más propio del siglo anterior.

Esta familia oficialmente unida sufrirá un trauma con la abdicación. El duque de York, irreprochable, no quería ser rey, pero lo será a su pesar el 10 de diciembre de 1936 en las condiciones que ya hemos comentado. La monarquía ha estado a punto de hundirse, él deberá levantarla para que sea de nuevo respetable. «Una tarea ardua», le dice a su primo Mountbatten, que lo apoya en esas horas dramáticas. Pero las circunstancias demostrarán su coraje de monarca, reflejo de su discreta tenacidad de hombre. Pasados los primeros momentos de duda y angustia, se pone a trabajar.

El 17 de febrero de 1937 Jorge VI e Isabel se instalan en Buckingham Palace. Isabel había hecho su primera aparición en el célebre balcón a las 13.15 el día de su boda, sonriente. Entonces ocupaba el cuarto puesto en el orden protocolario, después de la reina Alejandra, viuda de Eduardo VII, la reina María, su suegra, y la princesa María, su cuñada. Trece años más tarde, Isabel es la reina, pero no ha perdido ni un ápice de su sentido del humor ni de sus cualidades afectivas, que nunca interferirán con su sentido del deber. En Buckingham se sirve a menudo, en las grandes ocasiones, el famoso consomé a la Windsor. Antes de esa maldita abdicación, el nombre era ejemplar. Ahora había sido arrastrado por el fango. Jorge VI e Isabel eran los únicos que podían devolverle el honor, y por unanimidad se reconoce que Isabel es una reina ideal.

1937. LA CORONACIÓN DE JORGE VI RECONCILIA A LA OPINIÓN PÚBLICA CON LA MONARQUÍA

La forma más brillante de lavar esa mancha es la coronación del rey, una ceremonia de la cual el pueblo se había visto privado cuando accedió al trono Eduardo VIII; y fue una suerte, pues de lo contrario Wallis, a la que el embajador de Estados Unidos Joseph Kennedy[4] tildaba de «furcia», habría podido convertirse en reina y hundir a la monarquía en la revolución. Precisemos que antes de la crisis y la abdicación, la coronación de Eduardo estaba prevista para mayo de 1937.

Esta entronización debe ser una consagración, puesto que el soberano es protector de la Iglesia anglicana, una consagración popular y hasta una reconciliación con todos los usos que los escándalos han socavado.

Pero la ceremonia también es un reto particular para Jorge VI; sabiendo que se verá obligado a pronunciar un discurso la tarde de esa agotadora jornada, debe perfeccionar su dicción todavía vacilante. Cuando está solo o con Isabel no cesa de abrir y cerrar la mandíbula. Un ejercicio eficaz, aconsejado por Lionel Logue, que también le hace repetir estos movimientos para pronunciar palabras y luego frases. La confianza del rey en aquel terapeuta de métodos tan poco convencionales como divertidos es tal, que todos empiezan a encarar con más optimismo la prueba del discurso real que será difundido en directo por la BBC. El espectro de la epilepsia, que ciertos medios y la prensa habían insinuado, se aleja. Pero la fatiga y la tensión nerviosa pueden bloquear de pronto el verbo del rey. En directo sería un desastre o, para ser exactos, un nuevo desastre. Pues la comparación con la dignidad concienzuda de Jorge V seguida de la futilidad inconveniente y de la defección patética de Eduardo VIII imponen a Jorge VI una especie de último examen tras su boda —un éxito— y su existencia —ejemplar—. Un test crucial. Para evitar fatigarse, el rey renuncia a un viaje a la India. La prestigiosa colonia se siente decepcionada, pero lo comprende, ya que Jorge VI, además de la ceremonia, sigue temiendo la prueba de su primer discurso por la radio, que será difundido desde Buckingham Palace. Además, por primera vez, la televisión, todavía en pañales, podría retransmitir la coronación; sólo la verían unas cuantas personas que disponen de unos aparatos rudimentarios en un perímetro que no supera los 50 kilómetros alrededor de Londres. Se trataría de una experiencia llena de imprevistos y de condicionantes técnicos, con cámaras —enormes— ocultas en falsas ornamentaciones góticas colocadas en Westminster. El clero se opone. Al final, como los riesgos son inmensos, se renuncia a la televisión, en especial porque podría mostrar en directo y en primer plano al rey masticando, inconscientemente, para entrenar sus músculos antes de la alocución que pronunciará por la tarde. Y si el rey sufriera un desmayo, sería imposible censurar la emisión: interrumpirla sería aún más grave. Causaría un efecto deplorable, que podría ridiculizar o debilitar a la monarquía, la cual no necesita ser de nuevo denigrada. Para las imágenes bastará con un reportaje filmado y será, de hecho, la primera coronación de un rey de Inglaterra archivada en cine. Además Eduardo VIII tenía un talento de orador que casi nadie ha olvidado; si el fondo de su discurso de despedida no gustó, la forma en cambio fue perfecta. Es preciso, pues, que su hermano pueda sostener e incluso superar la comparación. Un obstáculo suplementario y una rivalidad imprevista entre el monarca del rechazo y el del deber...

El rey se aísla en Sandringham para trabajar su discurso con calma. Como único extraño admitido al lado del rey, Lionel Logue se dedica a tranquilizarlo y a liberarlo de su terrible angustia. Es preciso que, excepto su mujer, no intervenga nadie. Jorge VI tropieza con las letras *c* y *s*. Se modifica el texto, se escuchan dos grabaciones de ensayos, se analizan, y diríamos que se descifran. En su habitación de Buckingham Palace, el rey desconfía de sí mismo: repite su discurso dos veces seguidas. Se tienen en cuenta los consejos de John Reith, el director de la BBC que había «anunciado» el discurso del «príncipe Eduardo», porque hay que preparar el sitio (¿qué estancia?), la posición exacta del rey para que no se sienta incómodo y el lugar del micrófono. Jamás en la historia de la monarquía un discurso real se ha diseñado y preparado con tanta meticulosidad, y durante unas semanas agotadoras. Y luego están los ensayos en Westminster: ensayos de los gestos, de los movimientos, de las posiciones, incluso con los vestidos que llevará el rey, suntuosos pero pesados, por no hablar del peso de las coronas. Jorge VI, a quien los detalles históricos apasionan, estudia el pasado de sus predecesores y sus coronaciones, porque en este país es impresionante pensar que una determinada costumbre se remonta al siglo XIV o que un determinado personaje simboliza, por su indumentaria, una función secular. Todas las épocas están representadas, aunque sólo sea por los uniformes. La coronación de un rey de Inglaterra, testigo de una historia tan compleja, obedece a un ritual que se inició hace diez siglos en Westminster, cuando Eduardo el Confesor mandó construir la abadía. Un espectáculo dinástico, nacional y religioso, puesto que consagra el matrimonio místico del soberano con lo sagrado.

Se fija el gran día para el 12 de mayo de 1937. El deán de Westminster toma del altar la sagrada ampolla, vierte el óleo consagrado en la cuchara de plata dorada y se la entrega al arzobispo de Canterbury, que se acerca al soberano sentado en el trono de Eduardo el Confesor. El instante es solemne. A los sonidos del himno de Haendel, el coro entona *God save the King*. Todo Westminster vibra de esperanza. Después de las duras pruebas sufridas por la familia real, es fácil imaginarse los sentimientos del monarca y de la multitud de los creyentes de quienes se ha convertido en protector. Según Harold Nicolson, «no cabe ninguna duda de que el rey y la reina cumplieron su deber con un gran sentido religioso».[5]

La importancia del acontecimiento se ve acrecentada por el hecho de que por primera vez el pueblo británico es admitido dentro de la abadía, representando a todas las condiciones sociales del reino. Cabe añadir que Jorge VI también ha impuesto algunos invitados personales de los medios obreros más diversos, minas, fábricas y talleres. Un mundo ennegrecido por el carbón, pero que se ha puesto sus mejores galas. Ha habido algunas protestas por parte de los embajadores, que consideran que están demasiado estrechos, pero la voluntad real se ha impuesto como la de un árbitro equitativo. Gracias a la radio, unos altavoces de un modelo muy perfeccionado permiten a centenares de miles de personas seguir el desarrollo de la ceremonia. En Londres y hasta los confines del Imperio, son millones los testigos de esos momentos inolvidables en que el jefe de Estado también se convierte en el jefe de la Iglesia. Uno de los instantes más emotivos es aquel en que Isabel, muy emocionada, recibe una corona de diseño especial montada en platino y cuya diadema es la que llevaba la reina

Victoria en la corte; en el centro lleva engastado el famoso diamante Koh-i-Noor.[6]

POR FIN, LA TARDE DE LA CORONACIÓN, LLEGA EL MOMENTO DEL DISCURSO DEL REY

Dicen que nadie en Londres había visto jamás tanta gente en la ciudad. En trenes especiales han llegado a miles de las más lejanas provincias y han invadido la metrópolis a pesar de los récords de lluvia, viento y humedad. Muchos han dormido en bancos empapados. Aunque esas gentes anónimas no hayan podido entrar en la abadía, los comentaristas radiofónicos les describen los dos tronos rojos, el del rey elevado sobre cinco escalones y el de la reina sobre tres, en los que los soberanos se sientan después de ser ungidos y tras la coronación propiamente dicha. Los invitados han llegado a partir de las siete de la mañana y se les ha ido acomodando cada cuarto de hora, con disciplina, hasta la llegada de los soberanos a las once.

Con la coronación, Jorge VI e Isabel entran en una nueva vida; ahora están al servicio de todos sus súbditos, de quienes la Providencia les ha confiado la dirección moral y espiritual. Es la reina, adelantándose al rey, la que abandona primero la abadía, con su cola de armiño sostenida por seis damas de honor y acompañada por los obispos de Saint-Albans y de Blackburn. Luego, como una princesa de cuento de hadas, Margarita (7 años) sale a su vez, llevando su cola sobre el brazo derecho. Sube a la carroza en la cual ya la han precedido su abuela la reina María y su hermana mayor, la princesa heredera Isabel. Las trompetas de plata rivalizan con los carillones y los cañonazos. El cortejo, con sus carrozas y sus caballos suntuosos, se dirige hacia Buckingham Palace. Por primera vez, toda la familia real aparece en el famoso balcón, cada uno con su corona. Se produce una ovación larga e inmensa, que asciende desde una marea humana. Por fin es la hora del último reto del día, el reto para el cual el rey tartamudo ha trabajado desde hace meses: el discurso. El monarca espera a su esposa en una habitación contigua al estudio. Se había decidido que el soberano iría hasta allí en el momento en que tocaran el *God save the King*, lo cual le daría tiempo de llegar sin apresurarse hasta el micrófono. Por una razón misteriosa, el himno nacional, que sin embargo había sido cronometrado con sumo cuidado, es más corto de lo previsto. Se palpa la angustia. ¿Podrá hablar el rey? ¡Sí! Finalmente el rey habla, con una voz «cálida y fuerte». Sin vacilaciones, pronuncia el primer discurso de coronación jamás difundido por la radio. Extracto: «[...] Esta noche les hablo de todo corazón. Nunca antes un rey que acababa de ser coronado había tenido la posibilidad de hablar a todos sus pueblos en sus casas, el día mismo de la coronación. [...] La reina y yo conservaremos siempre en nuestros corazones la inspiración de este día. Ojalá podamos ser siempre dignos de la buena voluntad que con orgullo pienso que nos rodea en el inicio de mi reinado...».

Es un triunfo. La victoria del hombre apoyado inteligentemente —y a veces con brutalidad— por Lionel Logue y por la reina Isabel. La revancha de un príncipe que —como le confesó a la esposa del primer ministro Baldwin el 11 de enero de 1937— siempre se había sentido inferior a su hermano Eduardo, tan brillante, tan frívolo y seductor que sabía llevar el uniforme, multiplicaba las conquistas femeninas y enviaba la era victoriana al museo; ese hermano que era un dandi y un oportunista provocador. Al lado de aquel meteoro carbonizado por el escándalo, Jorge VI es una roca, modesto y abnegado, pero ante todo sólido. A los castillos y a la vida sencilla, Eduardo prefería las playas y los campos de golf, un deporte en el cual brillaba especialmente, y los clubes nocturnos. Pero esa noche, el hermano menor es el rey, reconocido, aclamado, «escuchado y oído» en todos los sentidos de esas palabras, en Piccadilly como al otro lado del mundo. El rey ha restablecido ese delicado equilibrio entre la proximidad y la distancia del soberano, un consejo que emanaba de un ex tesorero de su padre y que Eduardo había barrido de un manotazo con desprecio. Al contrario, el nuevo rey ha recordado «que la monarquía debe conservar siempre un elemento de misterio. Un príncipe y un rey no deben mostrarse con demasiada frecuencia y deben elegir bien las circunstancias». Jorge VI acababa de vivir el día más largo de su vida. No lo olvidaría jamás, como no olvidaría jamás a los hombres y mujeres a quienes debía esa apertura al mundo. A la cena de Navidad del año siguiente, en Sandringham según la tradición, el chambelán de Buckingham Palace invita a Lionel Logue «por orden de Su Majestad». Será otro recuerdo imborrable para el logopeda que lo anota en su diario íntimo publicado recientemente por su nieto: «Yo estaba sentado frente al rey. Fue maravilloso».

Eduardo VIII pertenecía al pasado y todos intentaban olvidarlo. Pero ¿cuál podía ser el futuro del duque de Windsor que, de adulto, jamás había pasado una sola noche en ese castillo del cual ahora llevaba el nombre?

¿QUÉ HARÁ EL DUQUE DE WINDSOR, UN EX REY EXILIADO POR SU CULPA?

Al abandonar Reino Unido al ex monarca le preocupaba menos el futuro de su país que el estado de sus finanzas. Durante su breve reinado no había dejado de reclamar aumentos presupuestarios de su lista civil, quejándose sin cesar, incitado en sus reivindicaciones por la interesada Wallis. Y sin embargo «posee una de las mayores fortunas de la época, valorada en un millón de libras, es decir unos 60 millones de libras actuales».[7] El duque se ha exiliado. Pero ¿adónde va a ir? De momento, le desaconsejan que se reúna con su amante, porque si viviera con ella, el divorcio que la señora Simpson ha solicitado podría no pronunciarse. Deben permanecer alejados el uno del otro hasta que se celebre el juicio. Por lo demás, Wallis está furiosa contra Eduardo. Según su amiga Katherine Rogers, la señora Simpson, después del discurso de Eduardo, chilló: «¡Qué idiota! Pero ¡qué idiota!». Y de la rabia parece que rompió varios *bibelots* antes de subir, siempre vociferando, a su habitación del tercer piso de la villa «Lou Viei». ¡Una invitada encantadora!

Al amanecer del 12 de diciembre, en París, el duque subió al romántico Oriente Express con destino a Austria. Iba a instalarse en casa del barón Rothschild, en un impresionante castillo cerca de Viena. No era su amado Fort Belvedere, donde su vida se había reducido a un juego, pero tampoco era Windsor, que nunca le había gustado. Debía quedarse tres meses, hasta marzo de 1937. Al enterarse, su antiguo y leal secretario Alan Lascelles, que había dimitido profundamente disgustado por el comportamiento de Eduardo, dijo lo que pensaba a un amigo íntimo, declarando furioso y severo: «[El ex rey] carece de alma y esto lo ha vuelto un poco loco. Probablemente será muy feliz en Austria. Se comprará un pequeño *Schloss* [castillo]; jugará al golf en el parque; irá a las *boîtes* en Viena... No hace falta compadecerlo: estará encantado de llevar esos ridículos trajes típicos tiroleses. Nunca le han gustado Inglaterra ni los ingleses. Todo era una burla. De hecho, odiaba este país».[8]

¿Por qué el duque ha elegido Austria? Tal vez porque Alemania reconoce la soberanía territorial austriaca (una ilusión, como se verá) y porque, desde el asesinato del canciller Dollfus por los nacionalsocialistas hace dos años su sucesor Schuschnigg trata de evitar un conflicto con Hitler. Y entre sus obsesiones, el ex rey siempre ha tenido la de la paz y los lazos reforzados con Alemania. El duque está acompañado, pero en el fondo está solo. Algunos amigos y edecanes lo han seguido o se han reunido con él. Pero Wallis no está. Sólo está al teléfono, varias veces al día, con cortes, interferencias en la línea, más cortes porque la conexión pasa por los Alpes y ha nevado mucho... El hilo del teléfono se convierte en una especie de cordón umbilical, frágil y frustrante. La voz de Wallis la dominante, aún más vulgar que de costumbre porque se ve obligada a chillar, es un alivio, una esperanza. Eduardo piensa que no se ha equivocado, que ella lo espera. Pero nunca tienen tiempo de terminar la conversación. Sin preaviso, cortan la comunicación, tanto por razones técnicas como por la voluntad de la operadora: en Austria, que el duque considera libre, no se puede decir todo. Y esas confidencias truncadas, de por sí laboriosas, se vuelven penosas y frías cuando sabes que la operadora te escucha. La intimidad se rompe: la identidad del duque y de su interlocutora que sólo habla inglés se descubre muy pronto.

Afortunadamente, el correo sigue siendo un medio seguro, aunque lento. Al día siguiente del discurso, la señora Simpson, cuya rabia ya se ha calmado, escribió una carta que el duque suponemos encontró a su llegada a Enzesfeld, ya que había puesto a su amante al corriente de su destino. Ella le aporta su amor, maldiciendo la distancia que los separa, pues «[...] el martirio de no poder verte después de todo lo que has pasado es intolerable. En este momento tenemos al mundo entero contra nosotros». Habla de unos amigos seguros, unos norteamericanos, que tienen una casa en Francia, cerca de Tours. Mientras esperan el divorcio, considera que no deben verse. Ella todavía ignora que esa espera forzada durará semanas, veinte para ser exactos. ¡Cinco meses!

WALLIS SE SIENTE AMENAZADA, EDUARDO PARECE LIBERADO Y OPTIMISTA

Pero si bien poco a poco Eduardo, magníficamente acogido en casa del barón Eugène y la baronesa Kitty de Rothschild, parece recuperar una cierta serenidad, Wallis, por su parte, confiesa que tiene miedo: «Dicen que hay una organización que ha jurado matarme [...] No debemos arriesgarnos. Tener un accidente ahora sería demasiado duro. Por eso te ruego que seas una "gallina" en materia de protección, como lo soy yo misma [...]».

Extraña situación: cuando era rey, Eduardo tenía miedo al poder y huía de sus responsabilidades, ahogando sus fobias en champán y cigarrillos. Ahora es rehén de su pasión y de su propia decisión. En Cannes los periodistas («la horda», como escribe Wallis exasperada el 16 de diciembre) se han dispersado. Pero el correo que le llega a la villa de sus amigos protectores no sólo contiene las cartas del duque. Llegan a millares misivas con insultos para torturarla. Ella las lee, destrozada, y más tarde dirá: «[...] Puedo decir sin exageración que cada mañana, en una bandeja, encontraba mi vida hecha jirones. Condenaban en bloque todo lo que yo representaba. Me acusaban de haber adquirido demasiada influencia sobre un rey adorado por sus súbditos. El vocabulario del que dispone la gente para insultarte y lastimarte es infinitamente más extenso de lo que creía. Pienso que existen pocos calificativos aplicables a mi sexo que me faltasen a la hora del desayuno».[9] Se comprende que la acusada pierda el apetito... Y no es ni la frialdad de los británicos de la Costa Azul —que le niegan la menor compasión, excepto el novelista Somerset Maugham, sensible a los tormentos del alma— ni los comentarios negativos de la prensa los que pueden devolverle la confianza. La señora Simpson sabe que se ha visto arrastrada a un desastre —ella se lo temía— del cual se siente responsable. Su fracaso es completo. ¿Cuál puede ser la suerte de esa mujer divorciada, blanco de todos los odios, envidias y rumores que ya están poniendo en duda su amor por el duque, pues, según dicen, cuando se llamaba Eduardo VIII ella ya tenía otros amantes...?

Por otro lado, lo que nos sorprende es la inconsciencia del duque. ¿Qué hace? Sucumbe al irresistible encanto vienés, se pasea por la antigua capital imperial de un país reducido a la novena parte de su superficie anterior a 1918, visita sus museos y los vestigios de su glorioso pasado. Un ambiente a lo Stefan Zweig, el ambiente de un imperio difunto convertido en una república cada vez más codiciada por Hitler, obsesionado por anexionar su país natal al Reich. Y cuando vuelve al castillo donde está magníficamente instalado, el refinamiento de la decoración, el admirable mobiliario y la exquisita cortesía de sus anfitriones confortan al duque en su situación. Ésta es provisional y todo es sencillo, ya que Wallis está en su vida y será pronto su mujer. «Dios nos bendice, repite. Reza en las iglesias de Austria por nosotros dos». Un éxtasis sorprendente. En realidad, Eduardo no tiene en ningún momento la sensación de un estropicio mayúsculo. Se siente liberado, feliz «por primera vez en su vida». Una mentalidad de adolescente libre de cortapisas. Se comporta como si tampoco tuviera conciencia de las amenazas alemanas.

Por su parte, Wallis, al tiempo que asegura que todo lo que dicen de ella no es más que un amasijo de mentiras y calumnias, agradece a Kitty de Rothschild sus atenciones para con Eduardo: «[...] Querida Kitty, sé buena con él. Es recto y generoso y por completo digno de afecto. No han sabido comprenderlo». Son palabras más propias de una niñera que de una mujer enamorada. Con todo, termina su carta del 12 de diciembre con dos frases que resumen su actitud: «[...] Te quiero, David, y te tengo abrazado con fuerza».

Si se ha podido dudar de la sinceridad de su amor —aún hoy día es un tema que se discute—, el hecho de que tenga a su amante «abrazado con fuerza» puede interpretarse de diversas maneras, incluida la alusión a una habilidad erótica atribuida a Wallis. Para los exiliados separados, la Navidad se anuncia triste. El 22 de diciembre, el duque se interroga sobre esa larga espera del divorcio, que en principio será pronunciado el 27 de abril siguiente; da gracias a Dios por haber inventado el teléfono que le permite soportar la interminable prueba y, cada vez más místico, escribe: «[...] Iré a la iglesia de Viena, el viernes, para el oficio de las once, y rogaré a Dios tan fuerte que nos bendecirá para el resto de nuestra vida». Y a su vez subraya ese lazo que los une: «[...] Te amo, te amo, Wallis, más y más, y te tengo abrazada contra mí». Un entendimiento perfecto... Pero, según la opinión de una mujer como la señora Simpson, el mundo está contra ella y contra ella nada más.

La sorpresa de Navidad: Ernest Simpson piensa en su mujer

El complot, según ella, ha sido tramado por la reina María, que nunca ha conocido a la norteamericana y no la aceptará jamás. Y Wallis se siente herida en su notoria ambición cuando escribe: «Es evidente que York[10], azuzado por ella, no tendrá la grandeza de convertirme en Alteza Real —lo único que podría rehabilitarme a los ojos del mundo—. Estoy desesperada por haber sido tan mal tratada». La llaga está abierta y es sin duda de esa humillación de lo que más sufre Wallis. Ha sufrido —y provocado— un cataclismo y no será Alteza Real. Una mezquindad sórdida, según ella. Le niegan el título, ella tenía derecho, lo echa de menos, está desmejorada: «[...] Parece que tenga 100 años y peso 55 kilos. Ya no me amarás cuando veas lo que Inglaterra ha hecho de mí». ¡Pérfida Albión!

De pronto, a finales de diciembre, el vodevil sucede al melodrama. En efecto llega a Cannes la carta de un fantasma... ¡Ernest Simpson! No faltaba más que el marido en ese romance contrariado, un esposo tan útil antaño, tan servicial y comprensivo. Un hombre, recordémoslo, por el cual hace apenas tres meses su esposa todavía sentía cierto cariño. ¿Qué dice en este correo totalmente inesperado?

«No he tenido el valor de escribirte antes. Los acontecimientos que acaban de suceder me han golpeado de una forma terrible y casi me han puesto enfermo. Sin embargo, no hablaré de ellos. Quiero creer —creo en realidad— que has hecho todo lo que has podido para evitar la catástrofe final.

»Mis pensamientos no te han abandonado durante lo que has pasado y te aseguro que nadie lo ha sentido más profundamente que yo. Por pocos centavos, me mantengo diariamente al corriente de todas tus hazañas».

Dividida entre la emoción, la estupefacción y la ternura, su mujer tiene el valor de seguir leyendo la última pregunta que le hace Ernest:

«[...] ¿Y tu vida habría vuelto a ser la misma si hubieses vuelto atrás? Quiero decir con esto ¿habrías podido retomar tu vida de antes y olvidar el país de cuento de hadas en el que te habías metido? Hijita mía, no lo creo».

Ernest Simpson es perfectamente lúcido. Ha sufrido, también él, y tal vez sufra porque los trámites del divorcio tardan mucho en liberarlo de aquella con quien tanto había compartido. El señor Simpson, como un gentleman, desaparece para siempre de la vida de la señora Simpson.

El 1 de enero de 1937, Eduardo escribe a Wallis subrayando cuatro veces el año que debe ser el de su felicidad.

«[...] Es bueno pensar que 1936 ya ha pasado y que por delante tenemos este año y otros muchos años felices. ¡Oh, WE!,[11] lo conseguiremos; pero, caramba, qué dura y terrible prueba es esta separación. Si no fuera por el teléfono, aunque funcione mal, creo que me volvería loco».

Por mediación de un amigo seguro le envía «dos plumas» (en realidad joyas) y «algunos monogramas para elegir el papel de carta», una forma de anticipar su próxima vida en común. También habla de una horquilla de Wallis que el duque ha perdido y dice que espera otra para sustituirla. Le manda los besos del perro llamado *Loo* y un trébol de cuatro hojas. De hecho, ha encontrado dos en el bosque que hay alrededor del castillo y él se queda con el otro.

«[...] ¡Dios mío! Cómo te amo, te amo Wallis mía, corazón adorado, más y más y más. Espero con impaciencia este día precioso, querido y adorable. Oh, Dios, haz que llegue pronto y bendice a WE este año y para siempre. Tu David».

Se telefonean para el Año Nuevo. Los buenos deseos del duque están ahogados en lágrimas. Wallis le responderá que ella no ha podido soportar oírlo llorar y le asegura: «Bebé mío, es porque tengo tantas ansias de estar contigo por lo que todo adquiere unas proporciones enormes. Querido, te amo. Ven pronto».

LOS TRÁMITES DEL DIVORCIO SE VEN ENTORPECIDOS POR UN CHANTAJISTA

¿Venir? ¿Adónde? ¿Cuándo? Todos estos proyectos están sometidos al juicio de divorcio. Pero hete aquí que surgen ciertas complicaciones procesales que impiden que el caso se resuelva. Posteriormente se sabrá que estas dificultades han sido la maniobra de un chantajista, sin duda para obtener de dinero. Wallis está furiosa, y acusa de intrigantes tanto al primer ministro como a la familia real. ¿No les basta, a esos ingleses, que el duque ya no pueda presentarse en la corte? ¿Y que, según un rumor, la lista civil ya no le abone pensión alguna? ¿Y que ningún miembro de esa banda haya dicho todavía si asistirá a la boda? ¿Y que su mujer no vaya a tener jamás rango de Alteza Real? ¿Y que él, pobre Eduardo, no pueda volver nunca a su país sin pedir antes permiso a su hermano y al gobierno? Wallis se siente ultrajada. Se aburre terriblemente en Cannes. Pero «[...] es saludable, después de dos años de estar de pie hasta las tres de la mañana». En efecto, el tiempo de las noches blancas en los clubes nocturnos de Londres y otros lugares ha pasado. Durante el mes de enero, la señora Simpson se entera de que está en marcha una minuciosa investigación judicial para establecer la naturaleza exacta de sus relaciones con Eduardo (¡ya era hora!). Los miembros de la tripulación del yate *Nachlin*, el de su crucero, así como todo el personal de a bordo son interrogados para saber si la señora Simpson ha sido o no culpable de adulterio. Wallis se considera perseguida, puesto que ha sido ella la que ha pedido el divorcio, en las condiciones ficticias que hemos visto. Pero no pierde las esperanzas y empieza a pensar en un sitio donde encontrarse por fin con el duque y casarse. Se plantea varias posibilidades, sobre todo en Antibes y en Austria.

A finales de enero, el duque quiere aprovechar una cita con su barbero vienés para encontrarse con el embajador británico. Es la primera vez, desde su llegada a Austria, que el ex monarca se interesa por la política europea, «a falta de poder acceder a los telegramas, los despachos del ministerio de Asuntos Exteriores y las rendiciones de cuentas del gabinete». Es de suponer que el representante de Su Majestad Jorge VI fue prudente durante aquella conversación, pues al duque de Windsor le está prohibida, entre otras cosas, toda actividad de carácter diplomático y público. ¡Curiosamente —y con la inconsciencia de siempre— le escribe a Wallis que tiene la sensación de estar «en misión en Viena»! Si esto se supiera, ¡en Buckingham Palace, en Downing Street y en el Foreign Office se pondrían furiosos! Efectivamente hay motivos para estar preocupado, entre la guerra de España y las primeras deportaciones en Alemania de individuos «contrarios a las buenas costumbres». Pero el duque está tranquilo: la policía francesa le asegura una protección discreta a la señora Simpson después de las amenazas confusas que dice haber recibido. Dos inspectores de la *Sûreté* están presentes. A través de un amigo, Eduardo da las gracias a las autoridades del ministerio del Interior y también, cosa insólita, pide que le hagan llegar algunas cosas por valija diplomática «o cualquier otro procedimiento *por mediación* del embajador de Francia» en Austria.

Es asombrosa la inconsciencia casi permanente del ex rey y su grosería cuando escribe, también a finales de enero, que su anfitriona se ausentará dentro de una semana sin su marido: «[...] Gracias a Dios. Naturalmente habría podido pensar en llevarse a Eugène de haber tenido algún tacto y si no fuese tan estúpida. A pesar de eso, este sitio está todo lo bien que puede estar en las circunstancias actuales». ¡Vaya agradecimiento para una mujer que lo tiene en su casa desde hace un mes, por no hablar de la «telefonitis aguda» que padece el duque! Aunque él pague unas facturas himalayanas, toda la casa está perturbada por las llamadas, los cortes, las rellamadas y las interminables conferencias.

Pero el duque se calma cuando le llega la noticia de que su hermana, la princesa María, y su esposo van a ir a verlo. De ello deduce que no está completamente apestado... Una vez más, se equivoca.

ESTÁ DECIDIDO: SE CASARÁN EN EL CASTILLO DE CANDÉ, EN TURENA

En cambio la señora Simpson tiene dos preocupaciones urgentes. La primera es saber más del procedimiento que no avanza y de los artificios interpuestos por el procurador del rey. ¿Acaso ha recibido órdenes de ese desvergonzado York, que ha ocupado el puesto de Eduardo? La segunda es encontrar un lugar elegante y seguro para celebrar la boda. A principios de febrero, tras múltiples pesquisas, los amantes separados se ponen de acuerdo en una residencia en Francia, el castillo de Candé, en el departamento de Indre-et-Loire, un edificio del siglo XVI, cerca de Monts. Será en Turena donde por fin se hará oficial su felicidad. El duque acosa a su hermano por teléfono, pero el rey acaba, según el procedimiento usual de Buckingham Palace, por mandarle decir que «no está disponible». Las relaciones entre los dos hermanos se deterioran. Aunque el duque de Kent, su hermano preferido, viene a verlo, Eduardo está muy afectado por su aislamiento. Lee y relee la carta que Isabel, su cuñada, le envió el mismo día de su abdicación: «[...] Estamos todos tristísimos, y sólo podemos rezar para que encuentres la felicidad en tu nueva vida». Desde el principio de la crisis, Isabel, todavía duquesa de York, había escrito a la reina María, su suegra: «[...] Toda la dificultad viene de una determinada persona. No me siento capaz de tratarla y de invitarla a nuestra casa, como imagino que les gustaría, y eso hará un poco difíciles nuestras relaciones».[12]

Un eufemismo... Wallis era la culpable de todo y él, Eduardo, su compañero subyugado, sin voluntad y dominado. Las únicas informaciones oficiales que recibe el duque de Windsor son la confirmación de que no percibirá ninguna pensión de la lista civil y que su familia no asistirá a la boda. Cabe precisar, con todo, que antes de negarse a hablar con Eduardo por teléfono, Jorge VI le ha dejado elegir el lugar donde se celebraría la ceremonia. A Su Majestad le ha parecido que el castillo de Candé era el lugar más digno posible.

¿Por qué Candé? Su propietario Charles Bedaux, nacido en Francia, había emigrado a principios de siglo a Estados Unidos. Era ingeniero y había trabajado en explotaciones mineras. Tras su boda con una mujer de origen alemán, en 1914, fue declarado no apto para el servicio militar. Los servicios de información estadounidenses tuvieron fundadas sospechas de que fuese un agente al servicio del Imperio alemán. Divorciado en enero de 1917, volvió a casarse al cabo de un mes con una joven muy elegante y encantadora de la buena sociedad de Grand Rapìds (Michigan), Fern Lombard. Convertido en ingeniero asesor, ideó un sistema para hacer rentable el trabajo de los obreros, yendo de una fábrica a otra y permitiéndoles obtener primas de productividad. En la década de 1920, tras hacer fortuna con sus muy solicitados métodos, se convirtió en consejero de Henry Ford, y sus clientes eran los magnates de la industria norteamericana. En esa época conoció al hermano de Hermann Rogers, ese mismo Hermann Rogers que, más tarde con su esposa, recogería a Wallis en Cannes, en su villa «Lou Viei». En 1926 Charles Bedaux había creado sociedades en toda Europa y adquirido residencias en Escocia, España y Hungría. Pero la joya de la corona era el castillo de Candé, muy restaurado en el siglo XIX, que compró en 1927. Él mismo hace grandes obras, «gastando seis millones de francos en instalar 800 metros de canalizaciones, añadiendo cuartos de baño, garajes, una piscina, canchas de tenis e incluso un campo de golf».[13] Sus negocios más importantes se situaban en Alemania y, en 1935, había adquirido un chalet en Berchtesgaden. El estadounidense era recibido por los más altos dignatarios del régimen nacionalsocialista: Hitler, Ley, Goebbels, Ribbentrop, Hess y Göring. Parece que los servicios británicos no habían alertado ni al gobierno de Baldwin ni al rey de los contactos de Bedaux, un hombre de negocios cuyas actividades no provocaban, hasta entonces, reticencias, si bien estaba siendo más o menos vigilado a causa del volumen de sus empresas.[14]

En 1937 el dueño del castillo de Candé juzga sin duda que conocer y recibir en su casa al duque de Windsor y a la que va a ser su esposa puede ser interesante. Así tendrán algo que agradecerle. Detrás de su cortesía de anfitrión, su gesto es un cálculo: conoce los sentimientos progermánicos del ex soberano. ¿Y el divorcio? Se suceden interminables peripecias judiciales, lentitudes y rumores: «La señora Simpson está embarazada», anuncian algunos periódicos, lo cual no sólo es falso, sino imposible.

Todas las vicisitudes, insultos y rumores han engendrado en Wallis y Eduardo enormes deseos y delirios de venganza: acarician el fantasma de volver triunfalmente a Inglaterra «para convertirla en república» ¡y tomarse la revancha contra «todos esos cerdos»! No cesan de repetir esta doble acusación: a Eduardo le han robado el trono; a Wallis la han despreciado. El estudio de su correspondencia muestra que en cuatro meses el tono ha cambiado. Las palabras se han vuelto agresivas, amenazadoras, vindicativas. Wallis, al igual que Eduardo, está a punto de hundirse. La norteamericana —que le ha tomado tirria a «Lou Viei» y a sus dueños— está al borde del ataque de nervios cuando, el 6 de marzo, descarga su bilis contra los ingleses: «Me lo atribuyen todo a mí. ¿Me acusan de todos los males? ¿Soy su chivo expiatorio? Es una actitud zafia, pero [Inglaterra] es una nación de zafios en lo que a las mujeres se refiere».

UNA VEZ DIVORCIADA, WALLIS SE CASARÁ CON EL DUQUE DE WINDSOR. ¿LA FELICIDAD?

Por fin, el 27 de abril de 1937, el soñoliento expediente parece despertar: llega la sentencia de divorcio, y el 3 de mayo el abogado del duque le da por teléfono la buena noticia a Eduardo, que al final ha abandonado el castillo de los Rothschild —¿era un huésped demasiado molesto? ¿Se hartó él?— para instalarse en un hotel a orillas del lago de San Wolfgang, agradable lugar de veraneo donde los dos amantes habían estado y que se hará famoso por la opereta *El albergue del caballo blanco*. Wallis ya es libre, pero está ya lejos de Cannes. Algunas informaciones sobre su expediente le han dado confianza. El reencuentro sólo es cuestión de días. Y ella ya se ha instalado en Candé desde el 9 de marzo, es decir desde hace seis semanas, tras once horas de carretera, acosada por «la horda» de los periodistas. ¡Por fin ocurre algo!

En Candé vuelve a empezar la comedia del teléfono. Regularmente, un criado anuncia que «Su Alteza Real llama desde Austria». La señora Bedaux ha echado cuentas: algunos días el teléfono suena tres veces, otros días cada hora. La dueña del castillo es realmente amable, porque el duque no se priva de llamar... ¡a media noche! La invitada se comporta algo mejor. Cuando le anunciaron el final de la larga espera, Wallis, a la vez aplacada y excitada, le escribió a la señora Bedaux dándole las gracias por acogerlos: «[...] Es terriblemente difícil para mí hacerle comprender una décima parte de lo que me inspiran la bondad y la generosidad de las cuales usted y el señor Bedaux han dado pruebas respecto al duque de Windsor y a mí misma.

»Tal vez, cuando nos encontremos, podré demostrárselo. Estoy muy impaciente por llegar a Candé el día 9 y espero que no tenga un *shock* al ver el tamaño de la caravana...».[15]

Evidentemente su presencia en Turena es un maná para los periodistas. Con la aquiescencia de los propietarios —más bien divertidos y acostumbrados a las conferencias de prensa, tan frecuentes en Estados Unidos—, Wallis recibe a los enviados especiales y a los corresponsales locales. Le preguntan por la guerra de España en la que los dos bandos luchan a muerte mientras algunos intelectuales franceses adoptan posturas opuestas, como André Malraux y Georges Bernanos. La víspera del día en que Wallis fue informada de que su divorcio era definitivo, una escuadrilla de la legión alemana Condor bombardeó la pequeña ciudad de Guernica, en el País Vasco español. En sus respuestas, la entrevistada está lejos de ser torpe: «Estoy consternada por los dos bandos. Esta guerra es la ruina para España». Curiosamente los periódicos hablarán sobre todo del zafiro que lleva en la mano izquierda. Es tan grande que habría sido un error profesional no verlo. Y ese zafiro responde a preguntas que no le han formulado, puesto que la sentencia de divorcio aún no se ha pronunciado. Por eso el duque de Windsor sigue en Austria, impaciente, desordenado, inútil, pero desbordado entre futilidades y algunas observaciones sobre los acontecimientos; así, por ejemplo, se entera de que la encíclica del papa Pío XI condenando la ideología del nacionalsocialismo, las persecuciones de los católicos alemanes y las violaciones repetidas del Concordato no ha podido difundirse en Alemania, ya que la Gestapo ha confiscado todos sus ejemplares. Wallis es pragmática, ha llegado a Candé sabiendo ya las formalidades que hay que cumplir para casarse en Francia. El duque no pierde ni un momento. Antes de abandonar Austria resuelve un asunto urgente, es decir el envío a Wallis del... perrito *Loo,* alias *Slipper,* un carlino, con su peine, su cepillo, sus galletas y su alfombra, confiado al cuidado de un inspector. El policía también va provisto del peine de Wallis, de su polvera, su lápiz de labios y uno de sus cinturones —galletas, no—, todo ello exhibido desde hace semanas en la habitación del duque, como si fuesen reliquias. ¡Nos imaginamos al detective procurando no confundir el peine del perro con el de su ama![16]

POR FIN SE REÚNEN. DECIDEN QUE LA BODA EN CANDÉ SERÁ EL 3 DE JUNIO DE 1937

El duque se ocupa de sus baúles —¡tiene... diecisiete!—, que son rápidamente llenados y cerrados, luego se hace llevar a Salzburgo, sube al Arlberg-Orient-Express con destino a Francia, llevando la mayor parte de su equipaje en el furgón. Su séquito se compone de un caballerizo —es nuevo—, de un secretario particular y de un inspector principal de policía, un británico. ¡Partida hacia la felicidad! Cuenta la leyenda que el duque consiguió que el tren de lujo hiciese una parada especial por la mañana, para tardar menos en reunirse con Wallis. Charles Bedaux envió su Rolls-Royce y una escolta de policías en coches y motocicletas. Casi un cortejo real...

Wallis es quien recibe al ex rey y emperador en el castillo de Candé. Eduardo sube de cuatro en cuatro las escaleras como un mozalbete apresurado. Ha adelgazado y está cansado. Ella también ha adelgazado, pero ha tenido tiempo de descansar en esa residencia donde el servicio es perfecto. Ahora Wallis tiene un solo objetivo: la boda. Pero asegura que prefiere esperar a que haya pasado la coronación de Jorge VI; si no, todo Reino

Unido sólo estará preocupado por la ceremonia y su nuevo destino podría ser tratado con excesiva discreción. Sería una nueva humillación. Ella quiere volver a ser protagonista. También es verosímil que Jorge VI le haya hecho saber a su hermano que la boda antes de la coronación sería mal interpretada y le perjudicaría. Por una vez, el ex rey está de acuerdo con su sucesor, tal vez porque aún espera la presencia de la familia real en Candé. Más vale, pues, no indisponerse con Buckingham Palace. El 12 de mayo, el duque de Windsor y Wallis —ésta casi sin respirar— oyen más que escuchan por la radio la retransmisión de la ceremonia. Cuando el silencio se adueña otra vez del salón, Wallis parece nostálgica. Esta coronación habría podido, habría debido ser la de Eduardo y la suya. El duque de Windsor, por su parte, no alberga ninguna amargura. Su única felicidad es estar con la mujer que ama. Se lo confiesa a los redactores del *Petit Journal*, cuya edición ilustrada del domingo 28 de mayo relata cómo «el duque de Windsor y la señora Warfield [Wallis ha recuperado, provisionalmente, su apellido de soltera] viven en el castillo de Candé sus últimos días de noviazgo». Han posado en el jardín, procurando sonreírse.

Charles Bedaux ha regresado de Nueva York como un perfecto multimillonario norteamericano: energía, seducción, organización. Cuenta que su amigo Henry Ford instaurará, a principios de junio, la semana de treinta y dos horas en sus fábricas. Stalin, por su parte, también «reorganiza» el trabajo: depura los cuadros del Ejército Rojo, incluidos los generales, que son deportados o fusilados. Y puesto que *time is money*, no perdamos más tiempo, dicen los propietarios de Candé a sus invitados. La boda se celebrará el jueves 3 de junio, una fecha que escandaliza en Londres cuando se hace pública, pues es la del aniversario del nacimiento de Jorge V. ¿Se trata, por parte del hijo, de una venganza inconsciente y freudiana contra la memoria de su padre? En todo caso, para su familia es una falta más de tacto.

Sin embargo, Eduardo y Wallis se preguntan de nuevo: ¿qué miembro de la familia real asistirá a su felicidad? El duque ha solicitado la presencia de sus hermanos, en particular del duque de Kent. No hay respuesta. Presintiendo lo peor, Eduardo, furioso, pide a Dickie Mountbatten que sea su testigo. Pero Dickie se niega, cosa que el duque no le perdonará jamás. Entonces llega a Candé un paquetito postal, enviado desde Londres por un edecán de Jorge VI. Un regalo inesperado... Con ocasión de una coronación, es costumbre acuñar la medalla con la efigie del soberano. Jorge VI hace enviar un ejemplar a su hermano, el cual rabioso devuelve la medalla al remitente el mismo día, con estas amargas palabras, fechadas el 14 de mayo: «[...] Tengan la bondad de decirle al rey que, conmovido por la intención que ha manifestado hacia mí, no deseo sin embargo aceptar la medalla, porque no ha enviado ninguna a la señora Warfield, que al fin y al cabo es su futura cuñada. Sinceramente. Eduardo».

LA FAMILIA REAL SE NIEGA A ASISTIR A LA BODA DEL DUQUE CON WALLIS

El envío de esa medalla por parte de Jorge VI no era una señal de que quisiera hacer las paces con su hermano, sino todo lo contrario. En efecto, al cabo de cuatro días, Buckingham Palace publica un comunicado glacial que podría haber sido inspirado por el primer ministro. Dice lo siguiente: «Como le han aconsejado a Su Majestad el rey que no delegue a ningún miembro de la familia real para representarlo, no asistirá ningún pariente de Su Alteza Real». Como una cuchilla. De forma insensata, teniendo en cuenta lo anterior, Eduardo aún espera que su futura esposa tenga derecho al tratamiento de Alteza Real. Es el propio Jorge VI quien le contesta a su hermano que dicho título no puede concederse a la duquesa pues no figura en la «sucesión al trono», según las cartas patentes de la reina Victoria. Bertie asegura que lo siente, pero debe respetar la Constitución. Una segunda cuchilla...

La verdad es cruda: la familia, el gobierno y la opinión pública están en contra de esa boda porque le reprochan al rey

Eduardo VIII haber abdicado por una razón pasional, un caso único en la historia de la monarquía inglesa. Pero podemos avanzar una hipótesis complementaria en cuanto a este rechazo: si Eduardo se divorciase y Wallis volviese a casarse, sería capaz de transmitir su condición de Alteza Real a su nuevo esposo. ¿Altezas Reales a granel, sin control ni rigor? Eso constituiría un nuevo desastre y la Corona peligraría. Stanley Baldwin puede muy bien haber utilizado este argumento. Las protestas de Eduardo no servirán de nada. Y el primer ministro será nombrado conde por el rey el 29 de mayo... ¿Casualidad?

A los amantes, mortificados, no les queda más que construir por fin esa felicidad que les disputan. El 3 de junio hace buen tiempo en la Turena. Wallis, que ha querido dejar muy claro que su habitación estaba en el ala opuesta a la de Eduardo, anuncia un día «magnífico, cálido y soleado».

La víspera Eduardo se ha acostado furioso, con las mandíbulas apretadas, como las de su hermano antes de librarse de su minusvalía.

Si la corte de Inglaterra ignora la boda, los periodistas en cambio se pelean por ser admitidos para «cubrir» el acontecimiento. Un rey de Inglaterra que abdica, una estadounidense escandalosa, su boda boicoteada en un castillo de Turena, pero de hecho observada por millones de personas, ¡qué novela para contarla! Y tiene su gracia si pensamos en los reyes de Inglaterra que antaño amaron el valle del Loira. Con la prensa hubo que transigir, pues el escándalo se vendería bien. Sólo cinco enviados especiales y un único francés, un reportero de 27 años de la agencia Havas, Maurice Schumann, futuro portavoz de la Francia Libre en la BBC y futuro ministro. Va de chaqué, como sus colegas; es la costumbre. Hay centenares de corresponsales detrás de la verja a los que no se les ha permitido entrar. Están al acecho de los invitados que han confirmado su asistencia. Son fáciles de contar, menos de veinte personas, de las cuales sólo siete son británicas. Muchos amigos íntimos han preferido no contrariar a la corte. Lo más difícil ha sido encontrar un pastor para celebrar religiosamente la unión, ya que la

Iglesia de Inglaterra se negaba entonces a autorizar la boda de una mujer dos veces divorciada, lo cual no mejora la reputación de Wallis. El pintoresco reverendo Jardine, un ex agnóstico, tendrá posteriormente nuevas dificultades con su jerarquía.

Los guardaespaldas del duque (el mayor Metcalfe y su caballerizo Forwood, entre otros) sirven para llenar unas habitaciones de pronto demasiado vacías. Los Rogers han venido, claro está, y es Hermann quien llevará a Wallis al altar. La querida tía Bessie ha cruzado el Atlántico, feliz y sin duda aliviada por vivir el final de un romance increíble.

11.20. Los periodistas a los que han instalado en el salón grande —demasiado grande— comentan discretamente la hazaña del transatlántico *Normandie*, rival en velocidad del *Queen Mary* desde hace un año. El *Normandie* acaba de reconquistar el *ruban bleu* (la *cinta azul*).

11.30. Hace su aparición el duque. Su aspecto es el que la historia conservará, gracias a las fotografías. Naturalmente Eduardo va de chaqué, pantalón rayado como es prescriptivo, un clavel blanco en el ojal y un chaleco gris claro. El nudo de la corbata gris perla —un nudo doble— se hará famoso, como su autor. Se hablará —y todavía se usa la expresión— del «nudo Windsor». El alcalde del pueblo del cual depende Candé, un médico, se ha desplazado para que, en nombre de la República francesa, se unan un ex rey de Inglaterra y una norteamericana. En la apacible región ¡se hablará de ello durante mucho tiempo!

UNA BODA INVOLUNTARIAMENTE ÍNTIMA: SÓLO ASISTEN VEINTE INVITADOS

Pero como se trata, jurídicamente, de ciudadanos británicos, el cónsul general de Su Majestad en Nantes, el señor Graham, ha venido para registrar todas las actas consulares que le competen. El duque reconoce al funcionario: lo conoció en Ecuador cinco años atrás. El «oscuro diplomático», según Eduardo, se queda impresionado por la asombrosa memoria del novio.

El señor Graham es el único representante oficial de Reino Unido y sólo por una cuestión de registro civil. Es poco.

11.43. En el marco de la gran puerta destaca una silueta azul pálido: vestido largo «con un corpiño muy ajustado», sombrero y zapatos, he aquí a la señora Warfield, la futura duquesa. Lleva un sombrero de paja con tul, plumas y unas flores blancas. Wallis mide con la mirada el salón, ridículo para una ceremonia íntima. Una nueva herida a su ambición, más patética aún considerando que la víspera los amantes han «ensayado» la boda. Un ensayo, como en Westminster... Se comprende su amargura: siete años de esperanzas y una boda en el exilio sin la asistencia de una sola personalidad. Maurice Schumann señala el malhumor de Wallis, bella, elegante, pero conteniendo a duras penas su rabia: «No se esfuerza en sonreír». La esposa del mayor Metcalfe constata que Eduardo se ha liberado del desprecio con el cual estima haber sido tratado: «Jamás he visto a Su Alteza Real tan feliz ni menos nervioso, pero al mirarla a ella [...], cuesta creer que sea la causa de toda esta increíble historia».[17] Del gran salón y de la ceremonia civil, la escuálida asistencia pasa al saloncito verde para celebrar el equivalente religioso; no es un oficio, sino una simple bendición. Desde la primera estancia, se oye el órgano a cargo del maestro Marcel Dupré, un virtuoso y prodigioso improvisador. El año anterior ha sido nombrado organista titular de la iglesia de Saint Sulpice. Ahora, a primera hora de la tarde, el Bach nupcial sucede al grave Saint-Saëns. La plática del reverendo sobre el matrimonio es severa, todo va muy rápido y es Eduardo el que parece tener más prisa por desposar a Wallis ante Dios después de la formalidad laica. Y pensar que con el reverendo, la víspera, también habían ensayado... El misal que lleva Eduardo es el que le había dado su madre, la reina María. Al abrirlo Eduardo rompe a llorar.

15.00. El gotha cuenta a partir de ahora con una duquesa de Windsor, un título sin precedentes en el armorial británico. Su marido la ama hasta el punto de haber renunciado a la corona; tampoco esto tiene precedentes. Un testigo de esas tristes y modestas formalidades, lady Alexandra Metcalfe, se acordará de lo incómoda que se sintió en el momento de despedirse de los novios: «Les estrechamos la mano en el salón. Me di cuenta de que hubiera debido besarla, pero sencillamente no pude... Si al menos le manifestara de vez en cuando una brizna de cariño, si lo tomara del brazo mirándolo como si lo adorase, uno podría sentir simpatía por ella. [...] Daba la impresión de una mujer indiferente a las atenciones de un hombre más joven que ha enloquecido por ella. Esperemos que en privado no sea tan gélida con él, de lo contrario debe de ser siniestro».[18] Visiblemente el amor sólo está en una de las partes, la de Eduardo.

Tan implacable en sus juicios como en su manera de fotografiar el mundo, Cecil Beaton considera que, ese día, Wallis ha perdido su esplendor, que no hay ningún romanticismo en esa mujer, que es dura y calculadora. Sin duda está inquieta, pero no siente ninguna emoción. En realidad está horriblemente contrariada y ofendida por esa boda mezquina y pobre, por decirlo así. Otro confidente que asistió, sir Walter Monckton, se lleva a la duquesa aparte para avisarle que ese matrimonio no puede, en ningún caso, salir mal. «Le dije que la mayoría de la gente en Inglaterra no la quería porque el duque se había casado con ella y había abandonado el trono por ella, pero que si lo hacía feliz y sabía hacerlo siempre feliz, todo cambiaría. Pero que si eran desdichados, a ella le desearían lo peor. Recibió este consejo con mucha amabilidad y simplicidad, contentándose con responderme: "Walter, ¿no cree que ya he pensado en todo esto? Creo que puedo hacerlo feliz"».[19]

Entre los regalos que reciben el duque y la duquesa hay una cajita de oro grabada. Es el regalo de Adolf Hitler. El duque de Windsor, ex rey Eduardo VIII, no lo devuelve. ¿Qué destino ha elegido la pareja como viaje de novios? Austria, pasando por Venecia. El Simplon-Orient-Express lleva un cortejo en el cual la prensa norteamericana, implacable, cuenta... doscientos veintiséis baúles y maletas, siete criados y dos perros. Este alarde es chocante, pero Wallis no tiene la intención de desplazarse como una duquesa arruinada. Aunque apenas pasan cuatro horas en Venecia, la Serenísima los recordará: delante de una multitud de curiosos, el duque, con el brazo en alto, hace el saludo fascista. Mussolini les ha reservado unas góndolas para trasladarlos al famoso Hotel Excélsior del Lido, a fin de que puedan refrescarse, cambiarse y tomar el té. Cuando vuelven a la estación, el *Duce* manda entregar a la duquesa un ramo con cien claveles. ¿Sabe Mussolini que estas flores tienen fama de traer mala suerte? Nuevo saludo fascista y aclamaciones, todo transmitido por telegrama diplomático a Londres. Eduardo parece feliz, vuelve a existir, lo reciben fastuosamente.

Al *Duce* le encanta escandalizar al Reino Unido. Y Wallis está deslumbrada por el recibimiento. ¡Por fin! Y sin darse cuenta de lo que está pasando...

Un viaje de novios muy poco discreto por Europa central

Otro tren y luego, en la frontera austriaca, una limusina de marca alemana conduce a la pareja, en plena noche, hasta el castillo de Carintia, Wasserleonburg, una propiedad neogótica prestada por el conde Munster. Estamos en plena falsa Edad Media, pero con todo lo necesario para distraerse, desde los establos hasta la piscina de agua caliente pasando por las canchas de tenis, y en la región hay caza abundante. ¿Están satisfechos los recién casados? Detrás de ese lujo de fachada y de las atenciones espectaculares que les brindan, la nostalgia de Inglaterra los tiene obsesionados. Por mucho que la duquesa diga: «¡Austria nos encantó! ¡Qué felices fuimos allí! Podíamos pasear sin ser molestados [...]», su estancia y su periplo están plagados de confusas ideas de revancha. La evolución de la situación política parece excitar al duque, que no tiene ningún estatus oficial en ningún sitio al que vaya ni es portador de ninguna misión. En ningún caso puede alojarse en una embajada o un consulado británico. Sólo puede acudir un funcionario de esos servicios a saludarlos a una estación, y los almuerzos, las cenas y otros compromisos de este tipo deben tener un carácter estrictamente privado. Podría haber una ambigüedad si se considerase que Su Alteza Real está de vacaciones y tiene derecho al tratamiento habitual. Londres no cesa de inundar sus servicios diplomáticos con instrucciones precisas. Frente a esas prohibiciones, Eduardo intenta informarse, interpretar una conversación imprudente o provocadora mantenida en su presencia, en suma, desempeñar un papel.

Los Windsor siguen en Austria cuando salta la noticia de que el 28 de julio, durante la visita a Irlanda de la pareja real británica, se han producido una serie de atentados terroristas. A su manera, el IRA protesta contra la negativa del Ulster, que es protestante, a integrarse en el Estado libre de Irlanda, que es católico. Cuando llega Jorge VI a Belfast es cuando se produce el incidente más grave: el rey se salva, por los pelos, de una bomba que explota a menos de 300 metros detrás de su coche. Eduardo se informa, Buckingham Palace responde amablemente que Sus Majestades están sanas y salvas.

Más próximo es el problema planteado por la presencia del duque y la duquesa de Kent en Yugoslavia en el mes de agosto, no lejos de los Windsor. En un primer momento, Eduardo se siente ofendido al saber que únicamente su hermano los visitará. Ante el riesgo de que puedan darse interpretaciones sesgadas, los Kent anulan su visita. Cansados de su luna de miel protocolariamente caótica, el duque y la duquesa deciden irse a París y buscar allí una residencia; de momento se instalan en el Meurice.

Desde su viaje de novios, los recién casados más observados del momento son objeto de informes favorables enviados a Berlín. Varias veces, sobre todo en Viena, el duque dice lo orgulloso que se siente de su sangre alemana y lamenta la decisión de su padre de haber renegado públicamente de ella. El desarrollo del Reich le interesa, de forma especial «las condiciones de trabajo y de vivienda». Pero hay algo más preocupante: según un informe personal de Rudolf Hess, a quien Hitler, cuando estuvo en la cárcel, dictó el *Mein Kampf* y que había sido su secretario particular, «el duque y su inteligente esposa cumplirán sus promesas».[20] En otras palabras, el duque y la duquesa de Windsor son amigos de Alemania. Podríamos suponer que se trata de una de esas calumnias, uno de esos fantasmas a veces del todo infundados que persiguen a la pareja. Pero en este caso concreto, lo ocurrido inmediatamente después de esa afirmación demuestra que la condición obrera alemana no es el principal tema de interés del ex monarca, aunque está demostrado que Eduardo es un pacifista. Pero ¿a qué precio? En efecto, Hitler invita oficialmente al duque y a la duquesa a Alemania, lo cual provoca estupor y preocupación en Buckingham Palace, en Downing Street (donde, en el mes de mayo, Chamberlain ha sucedido a Baldwin) y en el Parlamento. En esas esferas creen que Eduardo ha encontrado en Wallis un apoyo para sus ideas oficialmente generosas que, en realidad, disimulan una voluntad de provocar una crisis política en esa maldita Inglaterra. Y, por qué no, el retorno del duque y la duquesa a «su» reino...

Estupor en Londres: Hitler invita a los Windsor a Alemania

Los viajes, las gestiones y las intervenciones en París con los Windsor no sirven de nada. Peor aún: anuncian que después de Alemania irán a Estados Unidos. ¿Qué pasaría si llegasen a Canadá, un dominio esencial para la Commonwealth? El 7 de octubre, en Balmoral, Jorge VI reúne un consejo extraordinario para hablar «de los Windsor», pero sobre todo del viaje a Estados Unidos previsto por la pareja y que se anuncia delicado en cuanto a su alojamiento y a las instrucciones que hay que dar al embajador de Su Majestad en Washington.

Esta reunión es tal vez la primera desde la abdicación en que la reina Isabel, a quien el rey ha pedido que esté presente, habla con lástima de su cuñado: «¡Ha cambiado tanto, era tan agradable con nosotros!». En cambio, Wallis no se libra de la cuchilla de Isabel. Según la reina, la duquesa es en gran parte responsable de los desafíos que el duque le lanza a su hermano: ella los respalda. Desde que están proscritos, «los Windsor» no han dejado de crearle problemas a la Corona. ¿Se acuerda Eduardo de que ha sido rey? Aunque fuese por poco tiempo y con torpeza...

En su edición del 9 de octubre, *The New York Times* anuncia que probablemente se celebrará una entrevista entre el canciller Hitler y el que hipócritamente denominan «el invitado inglés». Se hablará del proletariado, un tema que interesa mucho al duque, y el programa prevé la visita de nueve ciudades alemanas. La tarde del 10 de octubre, en París, en la estación del Norte, la policía y un diplomático británico observan que trescientas personas acompañan al duque y a la duquesa hasta la salida del Nord-Express con destino a Berlín. Este viaje tan controvertido —y que será el origen de la potente imagen de un ex rey de Inglaterra desleal— empieza el 11 de octubre de 1937. Oficialmente se trata de una visita privada. Pero es revelador que la célebre estación berlinesa de la Friedrichstrasse se llene de centenares de simpatizantes. Entre ellos, algunos amigos de Charles Bedaux, el propietario del castillo de Candé. Para recibir a los Windsor ha acudido, entre otras personalidades, Joachim von Ribbentrop, ex embajador en Londres y que ahora es ministro de Asuntos Exteriores del Reich. Wallis parece muy contenta de volver a verlo. Lo más asombroso es oír gritar «¡*Heil* Windsor!» y «¡*Heil* Edward!» cuando el duque y la duquesa bajan de su *sleeping*. Por lo visto, la pareja era muy esperada. Y apreciada. Luego, cuando los Windsor son conducidos a su hotel —la suite que ocupan da a la cancillería—, imagínense la violencia para el diplomático británico sir George Ogilvie-Forbes que, desafiando las instrucciones del Foreign Office, ha acudido «en ausencia del embajador» a presentar sus respetos a Su Alteza Real.

El programa está muy cargado, con visitas a fábricas, donde los obreros manifiestan su satisfacción por las condiciones de trabajo, hasta por las comidas servidas en las cantinas. Según André-François Poncet, embajador de Francia en Berlín, Ribbentrop cree que el duque quedará muy impresionado por las prestaciones del trabajador alemán y que podría influir sobre su homólogo británico. En cuanto al concierto ofrecido aquella misma tarde por la orquesta del Frente del Trabajo del doctor Ley (un hombre cerril y vulgar, pero muy tenaz y poderoso) a miles de obreros, si bien en el repertorio figura, evidentemente, Wagner (pero también Liszt), es significativo que después del *Deutschland über Alles*, el público escuche, de pie, el... *God save the King*. ¡En honor de los Windsor! Hitler revelará más tarde que soñaba con instalarse en el castillo de este nombre en cuanto llegase al Reino Unido.

Le muestran al duque todas las realizaciones del nacionalsocialismo y éste no se priva de hacer el saludo ritual cuando pasa revista a destacamentos de las SS y de dar entrevistas a la prensa alabando los éxitos alemanes. La duquesa se aburre un poco visitando fábricas de textiles artificiales. Cenas con todos los dignatarios del régimen, declaraciones del duque en alemán, tratamiento real en todas partes y masas entusiastas durante varios días. Cabe destacar una reunión familiar con el duque de Sajonia-Coburgo-Gotha, que había estado muy cerca de Eduardo cuando murió Jorge V. La cena ofrecida por Carlos de Sajonia-Coburgo-Gotha presenta una particularidad: conociendo la obsesión de Eduardo por que su mujer sea reconocida como Alteza Real, la tarjeta delante del sitio que la duquesa ocupa en la mesa lleva las iniciales IKH, el equivalente alemán de HRH (*Her Royal Highness*). Y la duquesa, con toda seguridad muy orgullosa, tiene derecho a que todas las damas le hagan la reverencia... ¡Por fin! Londres y las mezquindades de su corte parecen algo lejano. Aunque Wallis es provisionalmente adulada y más tarde será considerada como pronazi, su comportamiento tiene más que ver con una revancha contra la sociedad británica que la ha rechazado que con un compromiso político. Lo que puede un complejo...

Según Hitler, la duquesa «habría sido una buena reina»

Desde todos los puntos de vista la culminación de esa gira de propaganda es la reunión en el «nido de águila» de Berchtesgaden entre Hitler y los Windsor el 22 de octubre. La amante del Führer, Eva Braun, está furiosa de que no la presenten a la duquesa. Los invitados permanecerán casi dos horas delante de aquella vista excepcional, que Mussolini había admirado un mes antes. ¡Austria está tan cerca! Mundano, vestido de uniforme, Hitler se inclina sobre la mano de Wallis y manda servir té inglés. Un anfitrión muy atento. La conversación se complica por la presencia de traductores con la consiguiente irritación del duque, que habla un alemán perfecto y que no aprueba la interpretación de sus palabras en inglés, que considera poco fiel. De esa entrevista, a la vez histórica y fútil, lo que hay que destacar sobre todo es la opinión compartida entre los dos hombres: el enemigo es la URSS y el comunismo es una plaga. ¡Qué pena que Alemania y Reino Unido no hayan podido entenderse «para preservar la paz en Europa»! Como Göring se lo explicó a su mujer, intrigada por la idea fija de Wallis de que Eduardo se casara con ella, lo importante era el duque. Con él, Berlín y Londres podían entenderse. Al cabo de una hora y media de conversación, el duque está convencido del pacifismo sincero de Hitler. La duquesa está enojada porque no ha sido admitida en esa conversación. El canciller se hace perdonar la larga reunión de la que se ha visto excluida. Con su mirada ora magnética ora encantadora, Hitler se muestra incluso afectuoso con Wallis tomándole las manos para decirle adiós antes de cuadrarse con el saludo nazi. Parece que, cuando se fueron, el canciller se volvió hacia el intérprete designado por el Foreign Office que acompañaba al duque y le dijo: «Habría sido una buena reina».

Además de reunirse con Goebbels, Göring y otros dignatarios o industriales importantes, los Windsor fueron mimados, celebrados y reconocidos. «Durante catorce días, los escoltan por guarderías, campos de juventud, viviendas modelo y fábricas de aviación [...]. Se comprende por qué el Führer declarará que la abdicación de Eduardo VIII ha sido "una grave pérdida para nosotros; con él, todo habría sido distinto"».[21]

Hagámonos la pregunta: ¿Eduardo y Wallis son conscientes de haber sido utilizados de forma espectacular para promocionar el Reich y las virtudes del nacionalsocialismo? Seguramente no, pero esas dos semanas han satisfecho su ego. Así, volvemos a la misma contradicción funesta de Eduardo: siempre quiso desempeñar un papel; tuvo uno, el más prestigioso, y lo hizo saltar por los aires. Aceptaba los honores, los placeres (Wallis), las ventajas, pero rechazaba las obligaciones, los deberes y el verdadero trabajo de un monarca constitucional. Eso fue lo que lo perdió. Ahora —y su título de duque de Windsor le parecía como un jirón de autoridad que debía hacer valer—, no hacía caso de las prohibiciones que le habían impuesto su hermano menor y el gobierno.

De su viaje, Eduardo sacó la impresión de que el Reino Unido estaba retrasado en muchos sectores. En Alemania había recuperado el prestigio personal: era considerado oficialmente como un hombre que deseaba la paz y el progreso social, pero al que unos políticos sórdidos habían torpedeado poniendo los focos sobre una historia romántica de amor. Desde el punto de vista de Hitler, el duque de Windsor debía ser mantenido en reserva y mimado como tal, por si acaso... En cuanto a la duquesa, con tal de ser tratada con todos los miramientos a los que creía tener derecho, sería dócil.

En París la pareja descansa en el Hotel Meurice después de ese maratón de dos semanas. No sospechan el huracán que ha levantado este viaje, que se ha desarrollado en tres tiempos: la aceptación de la invitación de Hitler, los fastos, atenciones y largos ecos que ha provocado esa gira, y el encadenamiento con el viaje siguiente programado a Estados Unidos, del que el principal promotor es Charles Bedaux. El ciclón se está abatiendo sobre el Reino Unido, donde Alemania tiene muchos partidarios, como sir Oswald Mosley, más o menos discretos; algunos de esos elementos favorables al acercamiento angloalemán actúan en importantes sectores. Es natural que el primer ministro y el rey estén preocupados por esas redes en que el espionaje dispone de un terreno abonado. Al mismo tiempo, Jorge VI no puede asumir el riesgo de dar a entender en público que condena el proceder de su hermano que, oficialmente, ha renunciado a todo... salvo a quejarse. Ignorar las pretensiones de la duquesa es una cosa, dar a la opinión la sensación de que el duque es un mártir sería catastrófico. Porque tiene partidarios, entre ellos Churchill, que le escribe el 28 de octubre: «He seguido vuestro viaje a Alemania con gran interés. Me dicen que en los noticiarios, las imágenes de Vuestra Alteza Real son siempre muy aplaudidas en los cines. Antes de vuestro viaje a Alemania temía que escandalizara a los antinazis de este país, entre los cuales tenéis muchos amigos y admiradores; pero debo reconocer que no parece haber tenido este efecto. Y me alegro de que lo hayáis realizado con tanta distinción como éxito».[22] El Churchill de esa época, retirado de la acción política para escribir la vida de su antepasado Marlborough, el famoso «Mambrú se fue a la guerra» de la canción, ya ha protestado contra toda concesión al régimen hitleriano y defiende un entendimiento con la URSS.

LOS WINDSOR NO DEJAN DE MORTIFICAR AL REY JORGE VI

Discreto, preocupado por apagar las disensiones familiares, el hermano reinante de Eduardo tampoco quiere que se envenenen las cuestiones monetarias con el duque, que como ya hemos visto siempre se queja de falta de dinero. Es falso, pero el tren de vida que exige la duquesa hace que las exigencias financieras de Eduardo sean cada vez más apremiantes. Y naturalmente el duque estaría dispuesto a informar a sus admiradores de que el rey es un avaro. Ahora bien, para desactivar estos lamentos, Jorge VI ha mandado abonar a su hermano la «renta anual del ducado de Lancaster (unas 20000 libras, es decir 5 millones de dólares de hoy);[23] y además no le ha reclamado los impuestos, sino que los ha pagado él mismo». Es un gesto elegante y generoso pero, de nuevo exasperado por el desparpajo financiero de su hermano, el rey hace que le telefonee un intermediario para pedirle que pague esta contribución. La duquesa está escuchando a través del otro teléfono. Se niega, respondiendo por su marido un «¡No cederemos!» muy elocuente: el dominio de Wallis se ejerce continuamente sobre Eduardo, feliz de someterse. Una abdicación permanente. Las amenazas de filtraciones a la prensa que revelarían la falta de civismo fiscal del duque no sirven de nada. Y, como subraya Charles Higham, toda la familia real está exasperada, incluidas las cuñadas de Jorge VI. Admitiendo —una hipótesis muy teórica— que hubiera podido replantearse la cuestión del título de Alteza Real para la duquesa desde el punto de vista constitucional, «este incidente ponía fin a cualquier eventualidad de este tipo». Durante toda la vida, los Windsor no cesarán de reclamar dinero y de vivir en condiciones lujosas, lamentándose siempre... Por todos los medios, el duque y la duquesa procuran llamar la atención, hacer que se hable de ellos, mostrarse en todas partes, lo cual contrasta con la discreción de Jorge VI. Puesto que Eduardo está liberado de toda obligación oficial, no se priva de dar su opinión, jugando siempre con la confusión a la que su título puede inducir respecto a una eventual misión más o menos oficial. Su sola existencia molesta. La familia real se siente mortificada por las declaraciones políticas del ex rey, así como por su comportamiento en los asuntos más íntimos.

El duque y la duquesa son totalmente inconscientes del contexto europeo en plena mutación y sus repercusiones mundiales. Así, en el momento en que la pareja va a partir para Estados Unidos, sólo piensan en ser invitados a cenas y a recepciones diplomáticas, siendo los actos mundanos su terreno predilecto, por no decir lo único que en realidad les interesa. Así, por ejemplo, durante una recepción en París en honor de S. E. William Bullitt, embajador de Estados Unidos, se encuentran con Léon Blum, ex presidente del gobierno francés, el gobierno del primer Frente Popular, que ha caído seis meses antes. Que una comida, privada, sea ofrecida por el embajador de Jorge VI en París no apacigua al duque, puesto que la duquesa no es tratada como Alteza Real. La cortesía germánica sólo había sido una maniobra. En cambio, ¿se da cuenta el ex rey de que en aplicación del eje Roma-Berlín creado un año antes, Italia abandona la Sociedad de Naciones el 11 de diciembre y se alinea con Alemania? O lo que todavía es peor, Mussolini anuncia que en adelante se desinteresa de la suerte que pueda correr Austria. Así queda levantado el que podía considerarse como principal obstáculo al *Anschluss.*

Eduardo también acumula las ambigüedades y las provocaciones, pero no siempre se equivoca. Así, en Cherburgo, su embarque previsto a bordo del transatlántico alemán *Bremen* con destino a Nueva York levanta ampollas en la prensa norteamericana. Ésta ya es muy crítica respecto al viaje de los Windsor a América y sus relaciones con Charles Bedaux; en efecto, el propietario de Candé es atacado por los poderosos sindicatos estadounidenses que lo acusan de explotar al mundo obrero bajo pretexto de generosidad. Eduardo responde —¡y con razón!— que no pudiendo pisar territorio británico salvo autorización especial, no podía subir a bordo de un transatlántico que hiciese escala en Southampton. El *Bremen* hacía una travesía directa, y por lo tanto Eduardo respetaba las instrucciones... Sí, pero ¡el soberbio transatlántico era alemán!

No obstante, el viaje es anulado por múltiples razones. Con la degradación del ambiente entre Bedaux y sus adversarios, el equipaje de los Windsor corre el riesgo de no ser descargado a la llegada del *Bremen*... Baltimore, la ciudad natal de Wallis, ya no está tan orgullosa de su conciudadana, cuyo comportamiento de mujer que se hace mantener por el gotha es declarado incompatible con un sincero interés por el mundo del trabajo. El viento gira peligrosamente en contra de Bedaux, de quien se sabe que está muy implicado en el rearme de Alemania. El ingeniero y señor del castillo de Candé tan triunfador es ahora atacado por todos lados y, para culminar su caída, debe ceder casi todas las acciones de sus negocios, huye a Canadá con un nombre falso y vuelve a Baviera, donde es tratado por una depresión. El verdadero mal que padece es su odio a los norteamericanos, que lo han humillado y acabado con su carrera. Los Windsor pierden un apoyo importante, de repente incómodo, y pronto desaparecido. Esta conmoción viene a añadirse a un error cronológico: el proyecto del viaje a Estados Unidos es un fracaso porque ha sido programado después de la estancia en Alemania y sus consecuencias.

A continuación la principal actividad de los Windsor es encontrar un lugar agradable y digno de ellos para pasar la Navidad y celebrar el fin de ese año 1937, que debía ser el de su felicidad. Que ese viaje fuese ocioso o inoportuno no parecía tener mucha importancia para el ex rey. Hacía un año que había renunciado al trono. Se había convertido en un príncipe errante. Con una esposa falta de reconocimiento, a la búsqueda obsesiva de un título. En realidad, ni él ni ella asumen las consecuencias de sus actos. No piensan más que en su estatus. Que el físico Otto Hahn publicase en Berlín los resultados de sus investigaciones sobre las posibilidades de la fisión atómica —descubrimiento confirmado por los franceses Joliot-Curie— no era preocupante. En cambio, ¿podrían los Rogers, entonces en Estados Unidos, prestar su villa «Lou Viei» al duque y a la duquesa de Windsor? Éste era el tema que centraba todo su interés. ¿Acaso no era una costumbre muy británica empezar el año en la Costa Azul?

DESDE SU CORONACIÓN EL REY Y LA REINA PRESTIGIAN LA MONARQUÍA

Jorge VI e Isabel viven el fin del año 1937 con el recuerdo, muy gratificante, del éxito que ha sido la ceremonia de Westminster. Y entre millones de súbditos gozan de una popularidad hasta entonces inconcebible, ya que la película de la coronación ha sido proyectada en toda la Commonwealth. Los miembros del gabinete son sensibles a la autoridad, la seguridad y el buen juicio del soberano. Anthony Eden, de 40 años, titular del Foreign Office (pero cuya actitud se opone cada vez más a la del primer ministro Chamberlain a causa de Alemania y de Italia), está impresionado por los progresos del rey. Recibido en Windsor para hablar de los múltiples problemas planteados por... los Windsor en el extranjero, el ministro comprueba que Jorge VI, a pesar de su contrariedad, se expresa improvisando, prácticamente sin dificultades y hasta con vigor. Al describir al monarca, sir Robert Lindsay añadirá: «[...] Yo diría que era casi la réplica exacta de su padre en cuanto a sus modales y a su espíritu, pero no en cuanto a la apariencia. Y me causó una excelente impresión, mucho mejor de lo que esperaba».[24] Estos cumplidos se dirigen también a la reina Isabel, cuya aparente dulzura envuelve un carácter fuerte, un indudable buen sentido y hace que apoye con eficacia a su marido, sobre todo en cuanto a la conducta a observar respecto a Eduardo y Wallis que contaminan y enturbian inútilmente la vida británica con ridículas pero molestas susceptibilidades. ¿Voluntad de perjudicar? Es probable.

A principios del nuevo año, la situación en Europa se agrava. El 12 de febrero de 1938, en Berchtesgaden, Hitler recibe al canciller austriaco Schuschnigg y le entrega un ultimátum que prevé el nombramiento en Viena de un ministro del Interior partidario del nacionalsocialismo. Este último acepta, pero anuncia rápidamente un plebiscito sobre la cuestión austriaca. Hitler replica con la fuerza y con una serie de medidas inmediatas; el 12 de marzo, las tropas alemanas cruzan la frontera austriaca. Un plebiscito ratifica la anexión con el 99 por ciento de los votos en los dos países. No se ha disparado un solo tiro. El *Anschluss* es una realidad y la comunidad internacional ni se ha inmutado.[25] En total desacuerdo con la política «conciliadora» de Chamberlain, Anthony Eden había entregado su dimisión al primer ministro el domingo 20 de febrero. Encontrándose en Windsor, Jorge VI se enteró con estupefacción de esa dimisión por los periódicos del domingo. Furioso, el rey exigió que en adelante le avisaran de este tipo de incidentes al mismo tiempo que al primer ministro. El silencio aprobador de Mussolini ante la anexión de Austria por Alemania hacía presentir que el siguiente objetivo de Hitler sería Checoslovaquia, uno de esos «estados artificiales» creados por el tratado de Versalles y una de sus convenciones anexas del 3 de septiembre de 1919.

Los Windsor se hallan entonces en la región parisina, en un castillo cerca de Versalles, alquilado por seis meses, pero del que se cansan enseguida, como siempre. Durante una cena en casa de una amiga, el duque escandaliza a los presentes al declarar, con énfasis, que «[...] Checoslovaquia no es una nación, sino un invento de Woodrow Wilson». Literalmente.

Pero cuando añade: «¿Cómo se puede hacer una guerra por un país como ése?», el ex rey demuestra su ceguera total sobre las intenciones, sin embargo evidentes, de Hitler. Tal vez Checoslovaquia era «un país ridículo», según el duque, pero existía. El 1 de octubre Hitler iba a ocupar el territorio de los Sudetes (población alemana mayoritaria de Checoslovaquia) y, seis meses más tarde, los alemanes entrarían en su capital, Praga.

1938. LA VISITA DE JORGE VI A PARÍS REFUERZA LA *ENTENTE CORDIALE*

De acuerdo con el gabinete, el rey, muy al corriente de los apetitos hitlerianos, decide ir a París. Su padre, Jorge V, fue allí en vísperas de la Gran Guerra, el 21 de abril de 1914. Un nuevo viaje debería estrechar los lazos francobritánicos. El 19 de julio de 1938, a las 6.45, se oyen los tradicionales cien cañonazos lanzados desde un cañón del Mont Valérien para saludar la llegada del tren real a la estación de la avenida Foch, fastuosamente decorada por el arquitecto Pierre Sardou. El acontecimiento es, entre otras cosas, el primer viaje oficial organizado por la novísima SNCF (fundada el 1 de enero) en colaboración con la Compañía Internacional de Coches-Camas Wagons-

Lits. La locomotora, una 231 azul y oro, de perfil aerodinámico y engalanada, arrastra un convoy de unos 160 metros, compuesto por un furgón, un coche Pullman con cocina, un coche restaurante, un coche salón y un segundo furgón. A causa de las diversas amenazas y del asesinato del rey Nicolás de Yugoslavia en Marsella cuatro años atrás, se ha reforzado la seguridad. El ejército francés ha vigilado especialmente el itinerario, colocando un soldado cada 50 metros a lo largo de la vía, y ningún otro convoy circula ese día entre Boulogne y París. Un complot, fomentado por falangistas españoles, es desactivado a tiempo.

En el almuerzo servido entre Etaples y Amiens, el rey y la reina degustan, entre otros platos, una suprema de lenguado a la inglesa y una ensalada Trianon. ¡La *entente cordiale* en la mesa! Sus Majestades son recibidos por Albert Lebrun, presidente de la República, acompañado de su esposa, y por Jules Jeanneney, presidente del Senado; Herriot, presidente de la Cámara de diputados, y Daladier, presidente del Consejo. El rey lleva el uniforme de almirante de la Flota, todavía con bicornio, y la reina un vestido y un sombrero de color claro. La reina está de luto, pues acaba de perder a su madre. Salvo el negro, el único color admitido era el blanco, y el modisto Norman Hartnell rehizo todo el vestuario de Isabel en ocho días. La reina tiene la habilidad de crearse una imagen definitiva, sin ceder nunca a las tendencias de la moda. En ninguna circunstancia sus sombreros le ocultarán la cara.

Tras los besamanos presidencial y real, un destacamento de las tripulaciones de la Flota en uniforme de verano, con gorras blancas y polainas grises, presenta armas, y se escuchan los himnos nacionales. La víspera, un convoy ya ha entregado setenta equipajes, de los cuales cinco son para la embajada británica, junto al Elíseo. Los discursos no brillan por su originalidad, pero el presidente Lebrun habla con insistencia de «los augustos soberanos de la nación amiga». El entusiasmo de la multitud es una síntesis de orgullo real y fervor republicano. Incluso el diario comunista *L'Humanité* publica un reportaje de calurosa bienvenida que, de todas formas, establece la diferencia entre «la verdadera Inglaterra» (que se supone está representada por Sus Majestades) y «la administración conservadora del señor Chamberlain». *L'Illustration* dedica un número especial a la reina Isabel, recordando que desciende de los reyes de Escocia que dieron a Francia la «encantadora» María Estuardo (más vale no recordar que ésta fue ejecutada por orden de su prima Isabel I, reina de Inglaterra). El rey es calificado de hombre campechano, franco, enérgico y espontáneo, que sabe hacer que su interlocutor se sienta cómodo, cualquiera que sea su rango social. Se menciona un pasado reciente: la llegada de las primeras tropas británicas en 1914 y la tumba del soldado desconocido sobre la cual el rey deposita una corona. Guerra e historia se dan cita en Versalles durante el almuerzo de doscientos sesenta cubiertos ofrecido en la Galería de los Espejos, que no había conocido nada igual desde la Conferencia de Paz, casi veinte años antes.

A la vuelta, el rey desea honrar la memoria de los australianos víctimas de la guerra. Puesto que el memorial de Villers-Bretonneux se considera territorio británico, es Jorge VI quien recibe allí al presidente Lebrun. Después de un desfile de cincuenta mil hombres ante Jorge VI, Churchill, invitado especial del gobierno francés, recordará que aquel día de verano de 1938 pensó que el ejército francés era «el valladar de la libertad en Europa». Todos sabemos lo que pasó al cabo de dos años...

Para la multitud el apogeo de esa visita de Estado se sitúa en la última noche, cuando los soberanos aparecen en el balcón de su residencia, en el Quai d'Orsay, al finalizar un banquete. Son aclamados. Pero políticamente en el discurso del monarca en el Elíseo, la primera noche, se puede destacar una frase que evoca la *entente cordiale* y asegura que «nuestra amistad no está dirigida contra ninguna potencia». Tras ese viaje triunfal, Jorge VI y su familia hacen un crucero a bordo del yate *Victoria and Albert* en dirección a Escocia, adonde llegan para la tradicional estancia en Balmoral.

Pero Hitler iba a interrumpir las vacaciones europeas, como ya era de temer.

LOS VIAJES, MUY DIFERENTES, DEL DUQUE Y LA DUQUESA DE WINDSOR

Durante la visita de Jorge VI se prescribió a la pareja ducal que permaneciese en el sur de Francia y evitase todo contacto con la familia real durante su estancia. Los Windsor van de un castillo en la Costa Azul a su nueva residencia parisina, que han alquilado en el bulevar Suchet y decorado con un lujo desmedido y un ambiente de imitación, como si fuese una residencia real. Una patética reconstrucción de la vida en Buckingham Palace, aunque esa existencia no haya sido nunca la suya. A pesar de que los dos Buick son confortables, el duque considera que sus viajes son agotadores. Pide a la compañía Wagons-Lits que ponga a su disposición un coche cama especial. Éste, el número 3538, de 1929, es uno de los más suntuosos de la compañía. Construido en Aytré, cerca de La Rochelle, el coche, inicialmente previsto para diez viajeros, había sido ya transformado en un verdadero apartamento con un salón y un cuarto de baño, si bien el resto de las cabinas no se había modificado. Según los deseos de la pareja, ese coche se engancha a los más célebres trenes de noche, especialmente al Calais-Méditerranée-Express, rebautizado Tren Azul a causa del color índigo de los coches metálicos, impuesto por el director de la compañía, que había lucido el uniforme de los cazadores alpinos.[26]

Los viajes los conducen sobre todo de París a la Riviera, para mostrarse en público. ¿A quién ven? A amigos fieles, naturalmente, pero otros se han ido cansando de tener que escuchar recriminaciones continuas contra el desprecio o, por lo menos, contra la indiferencia y la desconfianza que la familia real y el gobierno le infligen a la pareja, privada de estatus oficial y de toda función monárquica, hasta de la más simbólica. Eduardo y Wallis, manifiestamente inmaduros, no quieren admitir que su encuentro con Hitler ha consolidado aún más su reputación de provocadores inconscientes, en el momento justo en que se van precisando las amenazas contra Checoslovaquia.

Así, el duque y la duquesa de Windsor son en apariencia unos exiliados ricos que viajan a bordo de su coche cama alquilado a precio de oro, de mayo de 1938 a septiembre de 1939. Un falso tren real, rodando por una vida superficial. Pero la realidad es muy distinta. La existencia dispendiosa de los Windsor, en particular el vestuario sobre medida de Wallis a la que visten los más famosos modistos, por ejemplo Chanel y Schiaparelli, la compra de antigüedades de un gusto tan variable como sus precios, las nuevas joyas de las cuales la duquesa es ávida, la servidumbre y las recepciones que intentan rivalizar con el estilo de vida de las personas más ricas consumen las rentas asignadas al duque —25 000 libras al año, el equivalente de 100 000 dólares de 1938. Como de costumbre, el duque va medido de dinero. «El duque sacó a subasta, por 10 000 dólares, la totalidad del rebaño de bovinos de su rancho canadiense de High River, en Alberta, según cuenta Charles Higham. Esto tapó algunos agujeros, pero las capacidades financieras de Eugène Rothschild le sirvieron más. Extrañamente, una gran parte de los capitales del duque estaban invertidos en los Lyon's Corner House, una cadena de restaurantes populares instalados en Inglaterra, y los beneficios que sacaron los Windsor no hicieron sino aumentar con el tiempo».[27]

¿Cuál es la reacción del hermano de Jorge VI tras la Conferencia de Múnich de los días 29 y 30 de septiembre, capitulación de las democracias, pero esperanza de paz entre gran parte de la opinión pública francesa y británica? Manda publicar en el *Sunday Dispatch* del 2 de octubre una declaración —lo cual le está prohibido— que se puede tildar de «muniquesa»: «Su Alteza Real no ha perdido jamás la esperanza [de una solución a la crisis], habiendo creído siempre en las cualidades del primer ministro, por pequeñas que parecieran las probabilidades de éxito. Su Alteza Real estaba convencida de que la personalidad del señor Chamberlain se impondría y su política de paz saldría airosa». Ahora bien, no sólo esa opinión ingenua y bienintencionada está muy extendida, sino que Jorge VI, por una vez, está de acuerdo con su hermano. A su regreso de Múnich, el primer ministro es recibido en Buckingham Palace por el rey, que le expresa en persona sus «más calurosas felicitaciones por el éxito de su visita a Múnich; su paciencia y su determinación le valían la gratitud eterna de los pueblos del Imperio».[28] Cegado, como lo estaban las masas que aplaudieron el regreso de los señores Chamberlain y Daladier, Jorge VI se siente confiado. Había que ceder en algunas exigencias consideradas «justas» que formulaba la Alemania nazi y conceder a Hitler la región checoslovaca de los Sudetes. No podía tratarse de un abandono del país, ya que Hitler había recibido a esos señores de chaqué. Señal de que podía vestirse como un *gentleman*.[29] Churchill ya había comprendido la situación y lanzó una de las fórmulas que contribuirían a edificar su leyenda: «Inglaterra y Francia han aceptado el deshonor para evitar la guerra. Han tenido el deshonor y tendrán la guerra». El 9 de noviembre, la terrorífica y siniestra noche de los cristales rotos demuestra que Hitler no respeta el reglamento de un club, el club de las autoridades que practican el *apeasement*.

SE LE NIEGA AL DUQUE DE WINDSOR EL DERECHO A CITAR SU CONTRIBUCIÓN AL RECUERDO DE JORGE V

Mientras las buenas voluntades son ridiculizadas y muchos rechazan la sola idea de una guerra contra Alemania, a principios de 1939, el duque de Windsor, testarudo —y ocioso—, le pide a su fiel Monckton —que ha asistido a la boda en Candé— que hable con el primer ministro y le gestione una breve visita a Londres para sacar algunas cosas de Windsor. El primer ministro, como es de suponer, tiene otras cuestiones de que ocuparse que no son precisamente las eternas reclamaciones del ex rey. Pero Arthur Neville Chamberlain, tan recto como su chistera y su corbata en su cuello de pajarita (Mussolini encontraba que tenía el aspecto de un habitante de otro planeta), promete estudiar esta enésima petición. En un momento en que Checoslovaquia ya no es más que un protectorado germánico, la petición del duque de Windsor está especialmente fuera de lugar. A menos que los acontecimientos lo inciten a acercarse a su familia y a su país.

Hay un conjunto de razones que explican esta nueva demanda. Eduardo había propuesto pagar la mitad de la escultura que representaba a su padre Jorge V y debía erigirse sobre la tumba en el castillo de Windsor. Eso representaba una suma de 4 000 libras. El duque se entera de que no será invitado a la inauguración del monumento. Monta en cólera. Con razón exige que su contribución financiera sea mencionada en la prensa, pero ningún periódico hará alusión a ella. Así, el engranaje de las mezquindades, los rencores y las lecciones de moral no deja de triturar las débiles oportunidades de reconciliación. La reina María no ha perdonado a su hijo. Como represalia, decide no felicitar a la reina viuda por su cumpleaños, el 26 de mayo. El duque castiga a su madre, una actitud pueril, pero se ha perdido una ocasión de poner un bálsamo sobre su orgullo herido.

El 5 de mayo, en Southampton, Jorge VI e Isabel embarcan a bordo del *Empress of Australia* para un viaje de Estado, el primero a Canadá y Estados Unidos. Para la pareja real es la ocasión de mostrarse en la escena internacional y también de reanudar los lazos con el dominio y con su poderoso vecino norteamericano. Esto podría ser útil. Chamberlain acababa de renunciar a su paciencia obstinada y ha decidido rearmar al reino e instituir el servicio militar obligatorio. Con todo, la visita canadiense también tiene como objetivo, menos conocido, consolidar la unidad de los anglófonos que dicen estar amenazados por los francófonos. Cabe añadir, sin embargo, que los canadienses, en esa época, conocen bien al duque de Windsor —incluso le han querido mucho cuando era príncipe de

Gales—, y no les gusta su esposa, pero tienen simpatía por la pareja que ha elegido el amor. Al rey y a la reina no los conocen. Sólo los han visto en las imágenes de la película de la coronación. ¡Ya era hora, pues, de presentarle a la población a los... Windsor «de verdad»!

En Estados Unidos, el presidente Roosevelt, que había conocido a Jorge V y apreciaba su malicioso humor de marinero, tiene curiosidad por conocer a su hijo. Roosevelt dice estar fascinado por la pompa real y por unos personajes que representan siglos de historia. El acontecimiento es importante: Jorge VI es el primer soberano reinante de Inglaterra que visita las antiguas colonias que se rebelaron contra su tatarabuelo Jorge III.

En vista de que su hermano está lejos, y sólo cuatro días después de que Jorge VI se haya embarcado para Norteamérica, el duque de Windsor va al campo de batalla de Verdún y quiere grabar en un estudio de radio un llamamiento en favor de la paz mundial. Teniendo en cuenta el momento elegido para esa iniciativa, es evidente que Eduardo intenta atraer la atención en ausencia del rey. Su mensaje está destinado a la opinión pública norteamericana. La BBC se niega a difundir la intervención ducal, que acaba en un fiasco. Y Jorge VI amonesta a su hermano haciéndole observar que ese llamamiento habría tenido verdadero eco al final del viaje de los soberanos a Canadá. Una manera de recordarle a su hermano mayor que él ya no es el rey. Y por lo tanto en ningún caso su igual.

Los estadounidenses y los canadienses consideran que el rey y la reina son «extraordinarios»

¿Era una idea del duque o se la sugirió alguien esperando atraer la atención sobre él? El interesado se explicará mucho más tarde, en 1967, justificando las informaciones diplomáticas de que disponía en la primavera de 1939: «A partir de esas informaciones y de otras fuentes, me convencí de que Europa no podría impedir la guerra. Sólo los norteamericanos tenían la capacidad de detener aquella tendencia fatal. Por eso me dirigí a ellos».[30]

La intervención del duque de Windsor demuestra que le hace sufrir que lo mantengan apartado y que le «desaconsejen» tener ideas, proyectos e intenciones más allá de su vida privada. Eduardo olvida que ha abdicado y sin duda considera que su vida está un poco vacía en momentos tan graves. En resumen, intenta ser útil, con todas las torpezas, provocaciones y errores de juicio de los que es capaz. Su hermano impresiona a los norteamericanos por su visión política. El viaje triunfal de Jorge VI e Isabel a Canadá no puede sino aumentar la amargura de Eduardo. Oír y leer por parte de los canadienses: «Nuestros monarcas son personas absolutamente extraordinarias» ¿hace que se arrepienta de haber abdicado? No: únicamente siente el deseo de ser útil y aparecer como una persona informada y fiable; y sin duda, también, unos celos inevitables.

Cuando el rey y la reina desembarcan en Southampton, sus dos hijas, Isabel y Margarita, han ido a recibirlos. El público está entusiasmado. Por la noche, en Buckingham Palace, cuando aparecen en el balcón, más de cincuenta mil personas aclaman a los soberanos, e incluso cantan, después del himno nacional, la cancioncilla, inesperada en este caso, de las universidades: *For He's a Jolly Good Fellow*.

A su regreso, Jorge VI y su esposa pueden sentirse aliviados: en menos de tres años la familia real ha conseguido hacer olvidar el escándalo de la abdicación y consolidar su credibilidad.

París, 23 de junio de 1939. El duque de Windsor cumple 45 años. Wallis le organiza una recepción en el refinado restaurante del primer piso de la torre Eiffel. Si consultan el libro de oro del monumento, sabrán que fue inaugurado el 10 de junio de 1889 por el príncipe de Gales, futuro Eduardo VII, abuelo del duque. El ambiente es alegre, la mesa suntuosa y la vista sobre París prodigiosa como siempre. De pronto, los invitados y el personal oyen un grito procedente del segundo piso y un cuerpo humano cae pasando a pocos centímetros de la mesa en la que se encuentran Eduardo y Wallis. Emoción y miedo. La duquesa chilla. ¿Será uno de esos suicidas de la torre Eiffel que, pese a todas las protecciones, pueden tirarse al vacío y caer sobre transeúntes inocentes? La policía examina el cadáver que se ha estrellado en el Campo de Marte. Rápidamente la tesis del suicido es descartada; en efecto, un *maître* y un cocinero se habían fijado en un hombre encaramado a una pasarela instalada bajo el segundo piso y cuyo acceso está vedado al público. El desconocido había perdido el equilibrio, había intentado agarrarse a una alfarda, pero se había soltado. El hombre no se había lanzado al vacío, sino que había caído. Su identidad intriga: se trata del agregado militar del gobierno checoslovaco en el exilio. Entonces circula una tesis: el pobre hombre quizás ha intentado asesinar al duque de Windsor, que había apoyado a Hitler en sus exigencias en favor de los Sudetes y permitido la desaparición de Checoslovaquia, diluida en el «protectorado de Bohemia y Moravia». ¿Qué hacía aquel hombre allí? ¿Había fracasado por casualidad un atentado contra el duque de Windsor? ¿El hombre había resbalado? No era el primer incidente extraño alrededor del duque, al que la *Sûreté* ya había avisado de complots más o menos serios.

Después de muchas conjeturas, el asunto del accidentado cumpleaños de Eduardo no se llegó a aclarar, pero sus ecos recordaron las simpatías del ex rey por Hitler. El dictador prepara una sorpresa que habrá de asombrar al mundo bajo el nombre de Pacto germano-soviético, firmado en Moscú el 23 de agosto por Ribbentrop y Molotov, en presencia de Stalin. La alianza del nacionalsocialismo y el comunismo es espeluznante y provoca, entre otras reacciones, el estupor y, entre los antifascistas que se sienten engañados, una cólera impotente. El anuncio de semejante no agresión sólo significa una cosa: la guerra es inminente y la primera víctima será Polonia, dividida y desgarrada desde el siglo XVIII. ¿Quién tendrá el valor de «morir por Danzig»?

¡Es la guerra! Los Windsor son repatriados a Reino Unido

El 3 de septiembre de 1939, el día en que Francia y Reino Unido declaran la guerra a Alemania, los Windsor están en el cabo de Antibes, en la preciosa villa de La Croë que alquilan desde el año anterior a un magnate de la prensa inglesa. Esta residencia, que data de 1927, se extiende sobre 3 000 metros cuadrados, con un parque de siete hectáreas. En su época de esplendor ¡empleaba hasta treinta y tres criados! El duque hace ondear en ella el estandarte del ducado de Cornualles y se divierte exhibiéndose con el kilt y tocando la gaita. Pero hoy los duques están prácticamente solos, ya que la invasión de Polonia a las 4.45 de la madrugada ha incitado a la mayoría de sus amigos a tomar disposiciones. Las noticias que transmite la radio son confusas. ¿Es realmente la guerra? Sí. La resistencia polaca ha sido barrida, y el duque empieza otra batalla con las indispensables «señoritas del teléfono» para comunicarse con Londres, con Buckingham Palace y con el rey. Pero todas las líneas con Londres están ocupadas. Eduardo debe esperar. Tiene confianza: «En cuanto hayan tomado una decisión, estoy seguro que tendré noticias de mi hermano».

Mientras tanto, Wallis propone que vayan a relajarse a la piscina. Tan pronto llegan, un criado avisa a Eduardo que el embajador británico en Francia, sir Ronald Campbell, está al teléfono. Después de la conversación el duque, muy tranquilo, se tira a la piscina. Si bien está seguro de que lo van a reclamar en su país, también teme que la guerra «abra la vía al comunismo mundial». Por una vez su aprensión estará justificada.

Por la tarde, cuando las líneas telefónicas están menos saturadas, Eduardo consigue hablar con Monckton, que le propone enviarle un avión para llevarlo a Gran Bretaña. El duque plantea entonces una serie de dificultades protocolarias, exigiendo que su hermano lo invite personalmente (¡cabe pensar que aquella noche terrible Jorge VI tiene otras cosas más urgentes en que pensar!) y pueda residir en... Windsor (ese castillo que no le gusta). Su amigo Metcalfe está asombrado de esta crisis de orgullo en un momento como aquél. Eduardo debería estar «agradecidísimo» en vez de poner palos en las ruedas. La discusión, surrealista, dura hasta las tres de la mañana. El duque, que desde su abdicación está intentando por todos los medios desempeñar algún papel, no puede desperdiciar una ocasión histórica. La respuesta real llega por fin: ni hablar de instalarse en Windsor, ni hablar de recibir a Wallis. Se le proponen dos destinos, uno en el país de Gales y el otro en París, como agente de enlace de la misión militar. Lo tomas o lo dejas. Si dejan pasar esta oportunidad, los Windsor correrán un gran peligro y no podrán contar con nadie. No hay vacilación posible. Finalmente meten las maletas y los perros en dos coches. El tiempo apremia. La pareja llega a Cherburgo con los Metcalfe. ¿Quién los espera? Gracias a Churchill, que es el nuevo primer lord del Almirantazgo, Louis Mountbatten, el primo del duque que se había abstenido de acudir a Candé, ha cruzado el canal para repatriar a los Windsor. Mountbatten es el capitán de navío más joven de la Royal Navy y manda el destructor *HMS Kelly*. Por fin, después de dos años y medio de ostracismo, el ex rey regresará a su país.

Pero en Portsmouth —el puerto donde embarcó camino del exilio— el duque se lleva una desilusión. Todo está oscuro por el toque de queda. Aunque Eduardo pasa revista a una guardia de honor británica y tocan el *God save the King*, lo hacen en una versión corta, como para un simple miembro de la familia real. Justamente ningún miembro de dicha familia ha venido a recibirlo, y a él y a su mujer no los espera ningún coche oficial. ¡Ya empiezan las mezquindades! Además los tres perros están retenidos en la perrera de la aduana. ¡Otro incordio! Un regreso sin gloria, triste, pero regreso al fin. ¿Qué podía esperar el antiguo monarca? Gracias a Churchill pasan la noche en el Almirantazgo. Las miradas dirigidas a esos dos aparecidos son de una cortesía glacial y suspicaz. Al día siguiente los Metcalfe alojan a los Windsor en su casa de Londres, en el número 16 de Wilton Place. Toman sándwiches y té y Wallis se lava el pelo. Lúcida, su mujer dirá al hablar de Eduardo: «Jamás habrá un sitio para él en este país y no sé por qué ha vuelto». Y ella sabe que la reina no la recibirá jamás.

Al cabo de unos días, Jorge VI concede por fin una audiencia a su hermano, el 14 de septiembre. Naturalmente, esto no incluye a la duquesa.

¿Qué función se le puede atribuir al incómodo y susceptible duque de Windsor?

No se habían vuelto a ver desde la abdicación. Para el rey el dilema es el siguiente: si su hermano permanece en territorio británico, será llamativo, incómodo, inútil y quizás atraiga a algún agente enemigo. Y si a su cuñada Wallis se le ocurriese, por ejemplo, ir a Escocia, ¡habría un motín! Y si Alemania lograse invadir el país, Eduardo haría valer su calidad de primogénito y reivindicaría el trono con el apoyo de Hitler, que ya ha previsto esa mascarada de un soberano fantoche. Por lo tanto, el duque de Windsor debe salir lo más pronto posible, pero con un cargo oficial, compatible con su situación y con la guerra. Hay que tenerlo ocupado, pero también controlado. Jorge VI está agobiado por tener que ocuparse de su insoportable hermano. Se inician conversaciones con el Estado Mayor francés, no precisamente entusiasmado con la idea de enrolar, a título honorífico, a un simpatizante notorio del nazismo para inspeccionar las líneas republicanas. Pero el generalísimo Gamelin da su aprobación, para gran alivio de las autoridades británicas. ¡Un anexo imprevisible a la *entente cordiale*! Eduardo tiene el grado de mayor general, honorífico y sin sueldo, según el uso observado por los miembros de la familia real en el ejército. Debe actuar como oficial de enlace del Estado Mayor imperial con el alto mando del ejército francés. Pero como Londres teme que el duque, sobre todo si se ha tomado un par de copas, se vaya de la lengua, no estará en contacto con las tropas y no tendrá acceso a ninguna cuestión «sensible». Cabe recordar que el duque y la duquesa siempre han animado sus cenas contando toda clase de chismes. Y Eduardo era incapaz de guardarse informaciones confidenciales. Wallis lo acosaba «para saberlo todo». Por lo tanto estarán vigilados. Los dos. ¿El duque se deja engañar por esta puesta en escena? Tal vez, pero lo esencial para él es que está destinado a París, una ciudad llena de placeres y que él conoce muy bien... Antes de partir, ve a Churchill, que confía en que Su Alteza Real cumplirá con su deber «como cada uno de nosotros», y a Chamberlain, que aún es primer ministro y está de acuerdo con el rey sobre la necesidad urgente de desembarazarse del duque.

El mar está agitado cuando el modesto torpedero *Express* arriba a Cherburgo a finales de septiembre. El duque está acompañado por Metcalfe, que ha sido ascendido a caballerizo, y por un capitán intérprete. La duquesa, evidentemente, no tiene ninguna dama de honor. París se apresta a proteger sus tesoros; van a desmontar los vitrales de Notre Dame, a camuflar las estatuas; han enrollado cuadros y los han enviado a provincias.

¿Volver a abrir la casa del bulevar Suchet? Demasiado complicado. Los Windsor se instalan en el Trianon Palace, en Versalles, un sitio muy conveniente. Eduardo, el general duque, se ha presentado en la misión militar, que se halla en Nogent-sur-Marne, y ha recibido órdenes. Evaluará las fuerzas de las líneas francesas y también sus debilidades. No hace falta decir que esta misión ya ha sido confiada a verdaderos especialistas. «Por lo demás —recuerda François Kersaudy—, el enlace entre los Estados Mayores francés y británico es a su vez totalmente simbólico, lo cual explica en parte el desastre de mayo de 1940».[31]

Wallis no quiere permanecer inactiva. Ofrece sus servicios a diversos organismos británicos «en los que no es bienvenida», mientras que sus homólogos franceses, «educados y encantadores», sí la aceptan. En el Colis de Trianon, la duquesa embala paquetes de jerséis, calcetines, guantes y jaboncillos para enviarlos a los soldados. Luego va al servicio de ambulancias de la Cruz Roja, realiza entregas en los hospitales e incluso regala una ambulancia.[32] Transmitidas a Londres, estas informaciones sobre la duquesa son consideradas sin interés.

A los tres días los Windsor cometen su primer error. No son de los que rechazan una cena en el Ritz. El problema es que allí se encuentran con sus anfitriones de Candé, los Bedaux, a quienes no han visto desde hace dos años, cuando fracasó el viaje a Norteamérica. Charles está restablecido y parece muy activo; viaja a todas partes y está muy comprometido en favor de Alemania. Y además no lo oculta. El duque le cuenta, sin duda con orgullo, su misión en Francia. Esta noticia interesa mucho a Charles Bedaux, al acecho de cualquier información. Eduardo sin duda exagera y adorna lo que le han pedido que haga. Al fin y al cabo, ¡lo han llamado! Aunque ignoramos los detalles de la conversación —la cena se sirve en un salón privado—, más tarde se sabrá que los dos hombres hablaron de los estragos causados por la guerra, de la necesidad de una paz rápida con Inglaterra y Francia para oponer resistencia a la propagación del comunismo y, de forma más general, de las ventajas del pacifismo... Y, sin alterarse, Charles Bedaux anuncia que al día siguiente parte para Berlín.

EL DUQUE DE WINDSOR MANDA ENTREGAR SECRETOS MILITARES A HITLER

Durante la *drôle de guerre*, el duque comete algunos graves errores protocolarios llevando, por distracción, zapatos de ante con el uniforme (¡la falta de costumbre, sin duda!), saludando en lugar de su hermano al duque de Gloucester que acude a inspeccionar oficialmente las tropas inglesas y tratando de salirse de su papel, que le parece demasiado modesto y alejado. A pesar de la prohibición del rey, decide ir al frente norte, creando una situación embarazosa para los franceses, que no se atreven a impedírselo. Estos incumplimientos empiezan a irritar a Londres, y el campo de acción del general duque se ve cada vez más reducido. Pero ¡ay!, todavía hace algo peor, aunque los detalles no se sabrán hasta más tarde: con ocasión de una nueva cena en el Ritz, el 6 de noviembre, Eduardo le entrega una carta a su amigo Bedaux. La carta, «doblada en dos, vuelta a doblar formando una banda estrecha de unos quince centímetros de largo por cinco de ancho, fue ocultada sobre la propia persona de Bedaux, tal vez en el dobladillo de su abrigo, o deslizada en el interior de la cinta de cuero de su sombrero».[33] Dicha carta —que existe— lleva fecha del 4 de noviembre. Contiene una advertencia relativa a informaciones reveladas por Eduardo acerca de su visita al frente norte y que Bedaux recogió con detalle. Este «amigo» será el encargado de transmitirlas oralmente, con precisión, a la persona con la que se reunirá. Al día siguiente, en tren, Bedaux viaja a Bruselas y luego a Colonia, donde pasa la noche, y a la mañana siguiente un avión de la Luftwaffe lo lleva a Berlín. El correo será entregado a su destinatario, que acaba de escapar de un atentado en una cervecería de Múnich, Adolf Hitler. La carta está escrita con una letra muy fina inclinada hacia la derecha, facilísima de reconocer. Está en alemán. Lleva la firma E. P., Eduardo Príncipe. Era un código.

El ex rey de Inglaterra, el duque de Windsor, es un traidor.

Capítulo 7

1940-1945
Los Windsor en guerra

Durante muchos meses, la *drôle de guerre* —que los alemanes llaman por irrisión la «guerra sentada» y los ingleses *phoney war* («falsa guerra»)— es para muchos una sorprendente inacción y una espera incomprensible; pero Jorge VI y la reina Isabel se ponen inmediatamente al servicio de su país. En cuanto se decreta la movilización, la pareja se considera dispuesta para el combate, en todas sus formas. A partir del 5 de septiembre, día tras día y noche tras noche, el rey viste de uniforme siempre que aparece en público e incluso en privado. No volverá a ir vestido de civil hasta el final de la guerra, como si hubiera hecho una especie de promesa.

La reina y su esposo inspeccionan los refugios de la defensa pasiva, los centros de alojamiento, los convoyes de ambulancias, los trenes sanitarios repartidos por todas las estaciones de Londres (las máquinas, bajo presión, pueden ponerse en marcha rápidamente), los hospitales, las fábricas, los muelles del Támesis y los cuarteles. La determinación tranquila y sonriente de Isabel, cuya apariencia y sobria elegancia acompañan siempre al soberano, añade a la impresión de seriedad la confianza. El rey y la reina luchan también por imponer una imagen que refleja una realidad: la unidad. En todas partes son aclamados y aplaudidos.

El mismo 3 de septiembre de 1939, seis horas después de que Chamberlain declarase la guerra, Jorge VI, dueño de sus palabras cargadas de emoción y de grandeza, se había dirigido por radio al Imperio (su foto de uniforme había aparecido en la portada de todos los periódicos al día siguiente) y se había convertido en el símbolo de la lealtad y la identidad de los pueblos. Con la perspectiva de que disponemos, se puede pensar que ningún periodo de paz habría podido elevar la notoriedad de la pareja real hasta alcanzar semejante nivel de símbolo. Estarán en primera fila en los momentos más duros. La guerra hará entrar a Jorge VI y a Isabel en la historia. La reina, en particular, desempeña a la perfección su nuevo papel, el de apoyo moral. Le parece natural porque ama a su país. En una respuesta al arzobispo de Canterbury que la felicitaba por su compromiso espontáneo, Isabel escribe: «Hay algo que siento claramente: si no amáramos a este país y a sus pueblos con un amor profundo, nuestro trabajo sería casi imposible».[1]

No es disminuir los méritos de los soberanos recordar que fueron inmediatamente confortados por la adhesión del Imperio, aunque se llamara Commonwealth, a Gran Bretaña. Teniendo en cuenta el desfase horario, Australia se sintió orgullosa de anunciar que también ella entraba en guerra sólo setenta minutos después de la declaración oficial en Londres. Los otros dominios hicieron llegar sus respuestas positivas a la mayor brevedad. En el entorno anglófono, sólo la república de Irlanda, vecina del Ulster realista, hizo saber que se mantendría neutral.[2] Finalmente, para muchos veteranos, la guerra recordaba demasiado a la anterior, también contra Alemania. Tendrían que estar a la altura, o tal vez superar a los combatientes de la Gran Guerra. Al oír la voz del rey por la radio, la reina madre María, de 72 años, se echó a llorar: la entonación grave de su hijo le recordó la de su esposo. ¿Estaban los reinados de Jorge V y Jorge VI condenados a sufrir el horror de una guerra mundial?

Las preocupaciones del rey son de todo tipo. Pero Su Majestad está muy contrariada por la actitud del embajador de Estados Unidos, que sigue siendo Joseph Kennedy, un visitante asiduo de Buckingham Palace. Su Excelencia da muestras de un derrotismo inquietante, contentándose con expresar su simpatía por Gran Bretaña y Francia, y asegurando que su país los ayudará económicamente. Pero no debían contar con que Estados Unidos entrara en la guerra: el conflicto se desarrollaría sin ellos. Se comprende la sorpresa del monarca después de su viaje triunfal por Norteamérica y sus conversaciones tan positivas con el presidente Roosevelt. Para el soberano, esta actitud se debe al aislacionismo, es irracional y no sirve de nada. Jorge VI se pregunta: ¿es ésta la posición oficial de la Casa Blanca y del Departamento de Estado o se trata de una torpe reacción personal? No tiene que esperar mucho: pronto se entera con alivio de que Joseph Kennedy ha dimitido. Washington podría no haber apreciado su análisis de la situación. La prueba de la satisfacción de Jorge VI es un hecho sin precedentes en las relaciones angloestadounidenses: apenas quince días más tarde, el nuevo embajador, John Winant, cuando llega a Londres en tren, es recibido en el andén por el propio soberano. ¿Un rey yendo a recibir a un embajador? El diplomático, tímido y silencioso, no da crédito. Pero lo esencial es que las relaciones se han reanudado. Jorge VI y el presidente se escribirán con frecuencia, amigablemente, sin protocolo.

JORGE VI ESTÁ PREOCUPADO: TEME QUE SECUESTREN A SU MADRE

Advertido de que pesan amenazas sobre su familia, que podrían emanar de una «quinta columna», el rey toma precauciones para evitar que personas allegadas sean secuestradas como rehenes. La joven princesa heredera Isabel, apodada Lilibeth, y su hermana están en Escocia, donde permanecerán hasta Navidad, mientras la reina María es trasladada bien escoltada al campo, cosa que jamás le gustó. Este retiro forzoso en Badminton

House, cerca de Bristol, en la residencia del marido de una de sus sobrinas, es escogida por el rey para que su madre esté a buen recaudo.[3] ¡Por suerte los Windsor han vuelto a Francia! «Estoy segura de que la señora Simpson —escribe la reina María que se niega a considerarla como una duquesa— odia a nuestro querido país. No debe estar aquí en tiempo de guerra».[4] Para la reina madre es indispensable que la intrigante esté en Francia y que ALLÍ SE QUEDE, escribe con letras mayúsculas y empuñando la pluma con rabia. La viuda de Jorge V sólo se tranquilizará cuando su hijo le diga que los Windsor y su entorno están siendo vigilados discreta pero permanentemente por el servicio de inteligencia, cosa que el duque y la duquesa quizá sospechaban y los exasperaba. Además, la duquesa parece que tiene una relación sentimental con William Bullitt, el embajador estadounidense en París, el cual se esfuerza por estar en buenos términos con Mussolini. ¡*Drôle de guerre* (curiosa guerra) también en casa de los Windsor!

En su calidad de jefe de Estado y comandante en jefe de las fuerzas armadas de Gran Bretaña y del Imperio, el rey se ha convertido en jefe militar. Igual que lo había hecho su padre en 1914 y respetando el régimen constitucional, Jorge VI cumple de forma escrupulosa con su deber. Aconseja y advierte al primer ministro en ambiente de confianza mutua. Pero en las últimas semanas del año 1939, el soberano desea actuar concretamente para ser útil. «Me gustaría tener una misión definida como tú», le escribe a Mountbatten el 23 de octubre, cuando su primo ha sido nombrado comandante de la V flotilla de destructores. De hecho, el monarca está impaciente, fustigando lo que se le antoja casi como pasividad; según él, su oficio de rey es demasiado vago. Como millones de militares y civiles, espera que ocurra algo. ¿Cómo es posible que los ejércitos franceses y alemanes, sobre todo, estén frente a frente entre el Rin y el Mosela sin intentar nada? Paradójicamente, la *phoney war* o *komischer Krieg*, esa *drôle de guerre* (guerra cómica o curiosa) va a permitirle al rey prepararse para todas las situaciones, conocer los diferentes engranajes de la maquinaria militar británica y mantener con sus altos responsables relaciones muy francas y muy útiles cuando aparezcan las peleas en el Estado Mayor. En resumen, Jorge VI termina su formación, y su experiencia de marino le resulta muy valiosa para adquirir conocimientos complementarios. Mountbatten se lo había augurado el mismo día en que sucedió a su hermano.

El 5 de diciembre, utilizando como pretexto la firma en París de un acuerdo de cooperación económica entre Gran Bretaña y Francia, cuando se le han renovado los plenos poderes a Daladier, el rey y su hermano el duque de Gloucester se embarcan en Dover para inspeccionar el cuartel general británico cerca de Arras. Cuando Londres y París envían material militar a Finlandia amenazada por Alemania, Jorge VI tiene la sensación de que el primer ministro ya no es capaz de reaccionar en caso de ataque del enemigo. Chamberlain parece hundido, consternado por el amargo fracaso de su política de buena voluntad. Pierde la confianza, padece de gota y, sobre todo, tiene un cáncer de estómago que pronto acabará con su vida. Frente a las disensiones del Estado Mayor y una preocupante corriente derrotista, el rey decide dirigirse a sus pueblos para reavivar la llama del espíritu guerrero.

El 24 de diciembre, desde su residencia de Sandringham donde la familia está reunida, vistiendo su uniforme de almirante de la Flota, Jorge VI se sienta a una mesa en la que están instalados dos enormes micrófonos. Pese a su victoria contra la tartamudez, un discurso como éste sigue siendo un reto. Vacila, repasa sus frases y logra dominar su ansiedad expresándose lentamente. Todo el mundo comprende que el momento es grave. «Llega un nuevo año. No podemos decir lo que nos reserva. Si nos trae la paz, estaremos agradecidos. Si nos trae un combate continuo, seguiremos invictos. Hoy deseo dirigirles un mensaje de ánimo. Para terminar quisiera decirles: le he dicho al hombre que está en los albores del año: "Dame una luz que pueda guiarme con seguridad hacia lo desconocido". Y él me ha respondido: "Ve hacia las tinieblas y pon tu mano en la mano de Dios. Será mejor que una luz y más seguro que un camino conocido...". Ojalá esta mano sagrada nos guíe y nos sostenga a todos».[5] Será la última Navidad que la familia pase en Sandringham mientras dure la guerra. Hasta 1945, la familia pasará las fiestas en Windsor.

La popularidad de Churchill va en aumento: había tenido razón

1940. El 8 de enero, el azúcar, la carne y la mantequilla están racionados en Gran Bretaña, medida que precede en una semana la aparición de las tarjetas de racionamiento en Francia. Llega el frío a Europa y, por primera vez desde 1888, se hiela el Támesis. El 5 de febrero, el Consejo Supremo franco-británico se reúne en París. La delegación comprende a lord Halifax, secretario del Foreign Office, a Kingsley Wood y a Oliver Stanley, nuevo ministro de la Guerra. Edouard Daladier, el presidente del Consejo francés, se entrevista con su homólogo Chamberlain. Pero es sobre todo el primer lord del Almirantazgo desde el 3 de septiembre, Winston Churchill, el que habla. Los acontecimientos le han dado la razón y su popularidad aumenta. Esa determinación sostiene la moral de los marinos que atacan a las unidades alemanas en un momento en que la situación en Finlandia, agredida por el Ejército Rojo, es grave.

A pesar de la guerra, el *Queen Elizabeth* emprende su primera travesía transatlántica. El 28 de febrero zarpa de Liverpool el mayor buque del mundo con destino a Nueva York. Su partida, en el más estricto secreto, es acompañada por submarinos, ya que Alemania ha declarado que los cargueros británicos serían en adelante considerados como embarcaciones de guerra. Un transatlántico sería un blanco excepcional... El 2 de marzo, ya que la tradición debe prevalecer en la adversidad, la regata entre Oxford y Cambridge se mantiene y Cambridge gana.

Con la entrada de los alemanes en Noruega y Dinamarca en los primeros días de abril, grave fracaso del cuerpo expedicionario británico, se impone la dura realidad: los «hombres de Múnich» han sido dramáticamente ingenuos. ¿Puede Chamberlain permanecer en el cargo? En La Cámara de los Comunes su mayoría parlamentaria se desmorona, cayendo de doscientos cuarenta a noventa votos. El 10 de mayo, a las tres de la mañana, mediante una operación concertada, Hitler invade Holanda, Bélgica y Luxemburgo, ocupando una inmensa zona que va del mar del Norte al Mosela. Chamberlain, que ha acumulado los desastres, acude a Buckingham Palace a presentar su dimisión al rey. Jorge VI se siente muy afectado, pues sentía estima por el hombre y consideraba que se le había tratado mal. Su visitante y él están de acuerdo, aunque no se alegran de ello: sólo Winston Churchill es capaz de asumir la ingrata función de primer ministro. El rey que, en vano, había recomendado vivamente a Chamberlain que hiciera entrar sangre nueva en su gobierno nombrará a un corredor de fondo de la política de 66 años. Fijada para las 18 horas, la audiencia se desarrolla en un ambiente de buen humor, casi en el tono de broma que Churchill suele practicar.

El rey:

—Supongo que ignora usted por qué le he mandado llamar.

Churchill, entrando en el juego:

—Señor, me era imposible imaginarlo.

Jorge VI, echándose a reír:

—Le pido que forme gobierno.

—No le quepa duda de que lo haré.

Al volver de palacio, Churchill le confía a su guardaespaldas: «Espero que no sea demasiado tarde. Me temo mucho que sí. Sólo nos queda hacer cuanto podamos».[6]

Los medios políticos y administrativos no se muestran muy entusiasmados con este nombramiento. Para muchos, ese orador deslumbrante —salvo cuando ha abusado del *whisky*— es un aventurero. Muy brillante, sin duda, pero un aventurero. La llegada de Churchill a Downing Street no alegra tampoco a la familia real, en especial a la reina María, que le reprocha haber apoyado a Eduardo VIII en el momento de su abdicación. Para la viuda de Jorge V, eso es imperdonable. Y las dos princesas, Isabel y Margarita, lloraron al enterarse de que se iba Chamberlain. Pero Churchill tuvo razón al calificar los acuerdos de Múnich de «derrota total». Es el hombre del momento. Forma un gabinete de coalición en el que hay conservadores, liberales y laboristas. El hombre del puro —y el conductor de automóvil más distraído del reino— se revelará no sólo como un eminente jefe bélico, sino también como un animador excepcional de la resistencia inglesa que, más que su carrera política —la más larga en la historia británica— construirá su leyenda. Su determinación para conducir a su país a la victoria queda ilustrada con su primer discurso, que se ha hecho famoso y preparó con muchísimo cuidado. Aquel 13 de mayo de 1940, al prometer únicamente «sangre, sudor y lágrimas», el primer ministro despierta las conciencias amodorradas y decide por quienes vacilaban entre el miedo, el derrotismo y el muy humano instinto de supervivencia. Churchill toca a rebato para despertar el valor y movilizar la moral del combatiente. Hay algo de Clemenceau en ese discurso: Churchill no hará más que la guerra, siempre la guerra y la guerra sin cesar. Cosa que demuestra enseguida reorganizando totalmente los métodos de trabajo. Puede trabajar de noche, hasta las cuatro de la mañana, y permitirse una buena hora de siesta pase lo que pase. Cuando está despierto, Winnie —su apodo cuando la multitud londinense se topa con él entrando o saliendo de su despacho— opta siempre por el trabajo, en coche, en tren, en la cama y hasta en la bañera —toma dos baños diarios—, dictando montañas de notas, órdenes e instrucciones. Y su gran idea es agrupar servicios dispersos, poco eficaces, creando un ministerio de Defensa cuyos equipos dirigirá él mismo, con un programa diario inscrito en pequeñas etiquetas rojas. A partir de este momento, Hitler se halla enfrentado a un adversario obstinado, inventivo, que está al corriente de todo y es rápidamente apoyado por la opinión pública. Churchill está en su puesto y decidido a vencer.

UNA VEZ NOMBRADO PRIMER MINISTRO, CHURCHILL TAMBIÉN
LE DECLARA LA GUERRA A LOS WINDSOR

El mismo 10 de mayo de 1940, en el bulevar Suchet de París,
en casa de los Windsor. La BBC anuncia que aviones alemanes
han bombardeado Londres y varios pueblos costeros. Una invitada norteamericana de la duquesa dice:

—Yo he pasado en coche por muchos de esos pueblos
y me escandaliza ver que los ingleses son atacados tan salvaje-
mente.

Wallis contesta en tono cáustico:

—Después de lo que me han hecho, no los compadezco.
¡Todo un país contra una sola mujer![7]

Para la duquesa de Windsor, los británicos sólo tenían
una enemiga, ¡que era ella! Ella y su marido son inocentes de
las acusaciones constantes que reciben.

Por desgracia para ellos, Churchill no piensa lo mismo.
No pierde ni un segundo. Apunta directamente al entorno británico del ex rey, por ejemplo con la detención, el 20 de mayo,
de una tal Anna Wolkoff. Es la costurera londinense de la
duquesa. Está acusada de haber entregado a los alemanes los
planes de la expedición británica en Noruega, a través de la
embajada de Italia en Londres. Pone un personal nuevo a vigilar al duque y a la duquesa, pero de forma sutil, pues hay una
nube de espías que se interesa por ellos a fin de comprobar qué
servicios ofrecen... ¡En los dos bandos! Así, la Abwehr, el servicio de información del Estado Mayor alemán fundado en
1925, que será dirigido por el almirante Canaris y luego por el
propio Himmler, tiene los ojos puestos en el duque y en su
amigo el mayor Metcalfe. Ahora bien, según ciertas fuentes,
«por orden del rey, Metcalfe había recibido la instrucción de
permanecer al lado del duque como edecán, a fin de informar
a Buckingham de lo que ocurría». De hecho, los Windsor son
vigilados tanto por Londres como por Berlín. Y ellos mismos
son informados por espías a sueldo, tal vez para redimirse tanto de un lado como del otro, según el cariz que tomen los

acontecimientos. Metcalfe le escribe a su mujer que no entiende nada, porque Eduardo y Wallis saben con quién ha comido o cenado, con quién ha hablado y a quién ha visto. «En todo caso, es terrorífico... Estoy harto de París y de esta guerra. No me gusta lo que hago [en este momento] y nunca me siento seguro y protegido cuando trabajo para Su Alteza Real».

Planteémonos la pregunta: ¿por qué Churchill, que había defendido los argumentos de Eduardo VIII en el momento de su abdicación, parece considerar ahora al duque y a la duquesa tan inconscientes y provocadores como peligrosos? Se ha enterado de algo grave, sobre todo de que están en contacto permanente con su amigo Charles Bedaux, instalado en Berlín, que fue quien, en definitiva, los casó en su castillo de Candé. Pero también podemos añadir que, cuatro años antes, el caso Windsor lo había comprometido a los ojos de la opinión pública, de la familia real y del Parlamento, lo cual le valió ser relegado a la oposición durante dos años. Churchill quiere ante todo tomarse la revancha de su desastroso discurso en la Cámara de los Comunes en el que, con suma torpeza —tal vez bajo el efecto del coñac—, intentó defender al rey que iba a abdicar; en dos minutos, el político experimentado arruinó su carrera. Pero ese ostracismo «le permitió justificar el hecho de que sus esfuerzos en materia de política exterior y de seguridad fracasaran». ¿Churchill se arrepintió de haber pronunciado, aquel día, algunas palabras de más en favor del duque de Windsor? Según François Kersaudy, «se arrepintió de haber apostado por el caballo perdedor, cuando su esposa le había aconsejado que no lo hiciera».[8]

En mayo de 1940 Churchill va, por lo tanto, a borrar la situación de ridículo en que lo había puesto su defensa de los Windsor. Y desde 1938, están demasiado implicados en favor de Alemania; sin embargo, puesto que se trata del hermano del rey e incluso de su predecesor, hay que actuar con tiento, pero con determinación. Para otros personajes, cárcel, jubilación o severa amonestación a los interesados demuestran que Churchill empieza haciendo la guerra en el interior, pues es la más urgente. Una gangrena pudre el patriotismo del reino. Por orden suya y en aplicación de nuevas medidas de seguridad, son arrestadas y encarceladas varias personalidades. Son sospechosas —con razón— de simpatías, pero también de contactos con Alemania y de divulgar informaciones secretas para obligar al Reino Unido a negociar una paz que sería como confesarse derrotado. Entre esos personajes, sir Olwald y lady Mosley son, desde hace tiempo, quienes dirigen una red en contacto con el enemigo. También se depura a varios dirigentes de los servicios de información, así como a ciertos embajadores de conducta dudosa.

Los Windsor son declarados indeseables en Francia y en Europa

El 28 de mayo, durante una reunión secreta presidida por el primer ministro en Downing Street después de la victoria alemana en Sedan, se decide repatriar de inmediato a los Windsor a Inglaterra para interrogarlos sobre su papel con los agentes de Hitler. Se les hace saber que si se quedan en París mientras los aliados se repliegan a Dunkerque, que pronto será evacuada, pondrían en peligro la seguridad británica. En un primer momento, les ordenan trasladarse a la villa La Croë, en Antibes, con su bella rotonda de seis columnas. ¿Reanudarán los Windsor sus costumbres en los golfos de Mandelieu y de Biot? Lo más extraordinario es la vigilancia ejercida sobre su apartamento del bulevar Suchet: ¡es triple! Ribbentrop desde el Ritz, el embajador estadounidense Bullitt y los agentes de Churchill. Enseguida, los norteamericanos tienen la prueba de que desde la Costa Azul Wallis tiene contactos con el ministro de Asuntos Exteriores del Reich, y esos intercambios son tan intensos que Washington avisa a Londres. La duquesa obtiene «toda clase de informaciones sobre las actividades de los gobiernos francés y británico y las transmite a los alemanes». Amargada, se venga convirtiéndose en espía, una actividad de la cual ya era sospechosa cuando estaba en China...

Cuando los Windsor han abandonado La Croë y se instalan en Biarritz, en una emisora de radio comercial alemana anuncian el nombre de su hotel y hasta el número de la suite que ocupan, la 104 E, siendo que apenas acaban de instalarse. ¿Cómo han obtenido semejante información con tanta rapidez? Por teléfono, por telegrama, a través de un coche radio o incluso de una moto radio. Según un informe remitido dos meses atrás al todopoderoso jefe del FBI en Washington, Edgar J. Hoover, «el servicio secreto británico ha podido establecer que la duquesa había informado a Ribbentrop de su itinerario, sus planes, etcétera, antes de abandonar la villa [de la Costa Azul]».[9] Al conocerse esa colusión total, el rey Jorge VI, de acuerdo con Churchill, decide mandar a los Windsor a España. Un detalle importante: antes de abandonar La Croë, el duque y la duquesa habían confiado documentos importantes a sus amigos Rogers, sin saber que trabajaban para los servicios aliados. Así fue como estas pruebas comprometedoras para la pareja no fueron a parar a manos de los italianos ni de los alemanes, como habían pedido los traidores, sino encerradas en un cofre que tomaría la dirección de Suiza, agravando la culpabilidad de los Windsor en un expediente ya bastante cargado. Sin saberlo, ¡los manipuladores son manipulados! Churchill está furioso: esta vez el rey desleal y su esposa deben abandonar Europa a la mayor brevedad.

En efecto, tras la capitulación de Bélgica en medio de la confusión, la situación es dramática. A principios de junio, el hundimiento francés provoca la debacle y el éxodo, espectáculo desgarrador de un pueblo abandonado, errando por los caminos. En el momento de ese desarraigo trágico, la Comédie Française ha mantenido su espectáculo *On ne saurait penser à tout (No se puede pensar en todo)*. ¡Siniestra verdad! El 14 de junio, las tropas alemanas desfilan por los Campos Elíseos y por la avenida Foch. El 16 de junio, el mariscal Pétain pide el armisticio, que se firma el día 22 en el antiguo coche restaurante del mariscal Foch estacionado en Rethondes donde se firmó el armisticio de 1918. Después de Rethondes de la victoria, Rethondes de la derrota... Desde Londres, por la BBC, De Gaulle había lanzado ya su llamado a la resistencia el 18 de junio, exhortación que se hará famosa, aunque por razones técnicas poca gente la escuchó.

El 19 de junio de 1940, el cumpleaños de Wallis no es más que el principio de un largo viaje de furtivos hacia la frontera española con su voluminosa impedimenta y sus tres perros, entre bombardeos italianos y barreras que atravesar. Otro éxodo. El Reino Unido se encuentra aislado, continuando el combate y amenazado por la invasión. Un rumor circula por Londres: las princesas Isabel y Margarita serán enviadas a un lugar seguro, en Canadá. La reina pone las cosas en su sitio de inmediato: «Las niñas no se pueden ir sin mí y yo no quiero dejar al rey; y el rey, naturalmente, no piensa irse».

Las dos princesas están instaladas en Windsor, donde pasarán la totalidad de la guerra, y sus padres, en Buckingham Palace, van a verlas regularmente, sobre todo los fines de semana. Pero por precaución, una unidad especial del ejército está encargada de proteger a la familia real y de evacuarla a un lugar secreto en caso de desembarco del enemigo. Isabel, la princesa heredera, que tiene 14 años, pide que le enseñen a utilizar un revólver. Se entrena todos los días, bajo la vigilancia de un suboficial y de su preceptora. Se oyen insólitos disparos en un rincón del parque de Windsor. ¡Con aplicación, la futura reina perfecciona su puntería! La «batalla de Inglaterra» está a punto de empezar.

En España los Windsor se convierten en un peligro para Jorge VI

En plena noche los Windsor llegan a Barcelona. Luego irán a Madrid, una ciudad destruida por la guerra civil, poblada de supervivientes asustados y desprovistos de todo. La peregrinación del duque y la duquesa se produce en un momento en que los acontecimientos militares envenenan gravemente las

La saga de los Windsor ·

relaciones franco-británicas. El 3 de julio, la Royal Navy ha atracado en Mers el Kebir, cerca de Orán, y ha hundido a la escuadra francesa mandada por el almirante Gensoul. Según Churchill, que ha ordenado esa tragedia, la incertidumbre respecto a la actitud de la Marina con relación a Vichy era demasiado grande. La muerte de mil trescientos marineros franceses provoca indignación en Francia. Londres intenta justificarse asegurando que a pesar de la convención de armisticio, los alemanes trataban de apoderarse de esos buques franceses. En Vichy, donde está instalado desde el 1 de julio, el mariscal Pétain ha roto toda relación diplomática con Gran Bretaña.

Ahora bien, mientras esta situación aísla todavía más a Reino Unido en su resistencia, los Windsor continúan, casi a diario, planteando problema tras problema a Jorge VI y al gobierno, que deben prepararse para los ataques aéreos. Churchill le ha escrito al duque pidiéndole que vuelva a Inglaterra lo antes posible, contrariamente a lo que había sido acordado y organizado; se trata de una fase preparatoria para la evacuación de los Windsor hacia un territorio británico muy alejado de Europa, las Bahamas. En Europa, Eduardo y Wallis son doblemente peligrosos y podrían incluso ser capturados y convertirse en objeto de chantaje para la Corona británica, ya que Eduardo, aunque descarriado, sigue siendo el hermano mayor de Jorge VI. Por su parte, los alemanes se preguntan por la actitud que deben adoptar respecto a los Windsor en Madrid, porque los exiliados de paso no siempre son dóciles y a veces se dedican al doble juego. El embajador alemán le pide instrucciones a Ribbentrop. ¿Hay que intervenir, bajo un pretexto cualquiera, para retener al duque y la duquesa en España, donde Franco, vencedor de un país traumatizado y en ruinas, ha decidido mantenerse neutral, y luego «no beligerante»? ¿Dejarlos marchar? En esa confusión de junio y julio de 1940, la pareja, al final, incomoda tanto a los alemanes y a los italianos como a los británicos. Lo más extraordinario es la forma en que el duque se empeña en preservar sus intereses materiales, sobre todo en Francia, con unas exigencias que obligan a pre-

238

guntarse si se ha dado cuenta de que ha empezado una guerra mundial y de que Francia está dividida en dos zonas por una línea de demarcación. Mediante las embajadas de Berlín y Roma, Su Alteza Real se asegura de que La Croë (en zona libre) que tenía alquilada, así como el apartamento del bulevar Suchet en París, también alquilado, serán mantenidos por el muy amable embajador estadounidense William Bullitt, quien pronto replegará su cancillería en el castillo de... Candé. En resumen, los representantes de los estados en guerra unos contra otros se las arreglan para que los «bienes inmobiliarios Windsor» (¡que no les pertenecen!) no sean ocupados, saqueados ni robados.[10]

Si el duque se niega a someterse a los deseos de Churchill y volver a Inglaterra —cuando ya el embajador de Jorge VI en Madrid, sir Samuel Horace, había tomado todas las disposiciones para ese viaje—, oficialmente es porque siguen negándose a gratificar a su mujer con el título de Alteza Real. A causa de las circunstancias amenazadoras para el Reino Unido, esta obstinación protocolaria es desoladora, inoportuna e inconsciente. Jorge VI se enfureció al saber que su hermano y su mujer habían sido recibidos en Madrid con la apelación de «Sus Altezas Reales». ¡Como en Berlín! La cólera de Churchill hizo temblar las paredes de Downing Street. De acuerdo con Jorge VI, el primer ministro envió un telegrama conminatorio y sin precedentes al ex rey: «Vuestra Alteza Real forma parte de la oficialidad en activo del ejército británico; su negativa a obedecer las órdenes de la autoridad militar competente va a crear una situación grave. Espero que no sea necesario tomar las medidas que ello implicaría».

Era un mensaje seco e inapelable: ¡el duque de Windsor, mayor general, podría ser arrestado por insubordinación o deserción! ¡El colmo! El interesado se toma en serio la amenaza, rebajando su pretensión a la demanda de una simple visita al rey y a la reina en compañía de Wallis. Un compromiso rechazado de inmediato por Buckingham Palace, donde se preguntan si pasará un solo día sin una lamentación del ex soberano. Como anota, el 29 de junio, John Colville, el secretario privado de Churchill, «es inadmisible regatear en un momento como éste».

Mientras tanto, por orden de Ribbentrop porque el embajador Bullitt había abandonado París, es su homólogo alemán Otto Abetz el encargado de vigilar «oficialmente y confidencialmente» el apartamento del bulevar Suchet. Antes de la guerra Abetz había establecido relaciones con los intelectuales franceses germanófilos y, por esa razón, fue expulsado en 1939. Desde la derrota francesa y la ocupación de la zona norte había vuelto como representante del Reich en París.[11]

En Madrid el duque no cesa de hacer declaraciones pacifistas, lamentando la falta de preparación de Francia cuando, desde diez años atrás, Alemania se había reorganizado por completo. Wallis abunda en el mismo sentido, declarando que Francia «ha perdido porque ha sido minada desde el interior, y un país en ese estado no habría debido declarar la guerra». Si bien hay que reconocer que estos dos comentarios, desgraciadamente, son fundados, también se debe comprender la preocupación que suscitan, según una nota del embajador norteamericano en España dirigida a Washington, al Departamento de Estado, bajo la forma de advertencia: «Estas observaciones no carecen de valor, aunque sólo sea porque reflejan la opinión de ciertos medios ingleses, que podrían adquirir importancia y ver en Windsor y sus amigos un grupo realista que interpreta acertadamente la situación internacional y podría desempeñar un papel en caso de paz general».[12] Y tratar de reponer en el trono al rey traidor... a condición de que Berlín lo indemnizara financieramente. Para resumir este embrollo entre finales de junio y principios de julio de 1940, cuando Reino Unido acaba de rechazar una oferta de paz alemana, los Windsor son peligrosos y a la vez están en peligro. Incomodan a los dos bandos, son unos peones poco fiables en el tablero del espionaje. Sus pretensiones constituyen una mezcla provocadora de fanfarronería y mentiras en la cual el reconocimiento de su posición personal sigue siendo el elemento primordial.

Para alejarlo nombran al duque gobernador de las Bahamas

Cuando llegan a Lisboa, el Portugal del austero economista Salazar es oficialmente neutral. No obstante, la situación allí es compleja, pues si los británicos tienen más influencia que en España, el gobierno lusitano no oculta cierta simpatía por las potencias del Eje, en la medida en que combaten el comunismo; Wallis lo sabe y trata de sacar partido de ello para satisfacer sus ansias de venganza. El problema planteado por la presencia de los Windsor en el continente europeo en guerra se está agudizando, ya que la duquesa está obsesionada por el fantasma de convertirse en reina; dice estar convencida de que tras los primeros bombardeos sobre Londres su cuñado, aterrorizado, abdicará en favor de Eduardo. Por otro lado, el retorno de la pareja a Reino Unido tendría un efecto desastroso para la moral de las tropas británicas y también consecuencias humillantes para la familia real. Durante una audiencia con el rey, Churchill corta ese nudo gordiano: de común acuerdo, un telegrama propone al duque nombrarlo gobernador y comandante en jefe de las Bahamas. El archipiélago de setecientas islas e islotes es una colonia británica desde 1783. La ventaja de las Bahamas es que están lejos de Inglaterra. El inconveniente, que no se verá hasta más tarde, es que este territorio está cerca de Estados Unidos. Antes de decidirse por esa opción se pensó en Egipto, pero era demasiado arriesgado. Consultado, el arzobispo de Canterbury, que seguía siendo un adversario intransigente del duque, sugirió las islas Falkland (o Malvinas, según las reivindicaciones de Argentina), pues están tan lejos que el duque «no podría causar ningún mal».

A comienzos de julio, Eduardo acepta su nuevo cargo, con la convicción de que en Londres han elegido lo mejor dado lo delicado de la situación. Respuesta telegráfica de Churchill: «Me alegro de que Vuestra Alteza Real haya aceptado el cargo, pues le permitirá realizar grandes servicios al Imperio». En lenguaje churchilliano, eso significa que el duque será destinado allí «donde sea menos perjudicial para el esfuerzo de guerra». Pero eso era no contar con las inmediatas pretensiones del matrimonio Windsor en cuanto a la remuneración del gobernador, el número de criados a su servicio y sobre todo la supuesta necesidad de hacer antes una prolongada escala en Estados Unidos.

François Kersaudy señala con razón que esa estancia «no dejaría de causar un incidente diplomático: en año electoral, el presidente Roosevelt no puede permitirse dejar entrar en Estados Unidos a una Alteza Real que se ha comprometido con Hitler».[13] Cabe añadir que el duque intentará reunirse con los aislacionistas, es decir, quienes se oponen a que Estados Unidos entre en la guerra. Por último, otra razón de ese viaje que nada tiene que ver con la política, pero que no es menos sensible para la duquesa: no puede soportar su nariz y sólo un cirujano estadounidense puede dejársela a su gusto. ¡La naturaleza de sus preocupaciones en 1940 es demoledora!

Los caprichos y baladronadas del ex monarca y de su mujer (ahora calificada de «fulana» en la familia real) inspiran a Churchill mensajes ciertamente respetuosos todavía, pero en los que se trasluce la irritación: «Siento tener que decirle a Vuestra Alteza Real que no es posible enviarle militares como servidores. En los tiempos que vivimos, semejantes medidas serían inmediatamente condenadas», «Señor, permítame ponerlo en guardia... Hay muchos oídos atentos y hostiles dispuestos a captar todos los rumores según los cuales Vuestra Alteza Real puede ser que tenga opiniones sobre la guerra, los alemanes o el hitlerismo que divergen de los de la nación británica y su Parlamento...». A fin de demostrar al ex rey que el primer ministro de su hermano no es un inútil, Winston advierte también al duque que está bajo vigilancia permanente: «Incluso durante vuestra estancia en Lisboa, se nos han transmitido telegráficamente por diversos canales conversaciones que podrían ser explotadas en detrimento de Vuestra Alteza Real...». Asoma la amenaza de un consejo de guerra. Hay que imaginar los tesoros de paciencia, las pérdidas de tiempo y las precauciones que todo eso le cuesta a Churchill, en perfecto acuerdo con su soberano, en un momento en que se está concretando la amenaza de un desembarco alemán desde la Francia ocupada. Sin duda por influencia de Wallis, la exasperante reticencia del duque —después de haber aceptado el cargo— se manifiesta de nuevo ante la idea de ser apartado en lo que él denomina, con desprecio, «una colonia británica de tercer orden». Gibraltar, Hong Kong, ¡eso habría sido halagador! Pero las Bahamas y Nassau, ¡qué provincia! «¡Nos mandan a Santa Helena!», se lamenta la duquesa, de pronto culta. La pareja, que no puede ser más esnob, se atreve a quejarse de ese destino ante algunos aristócratas ibéricos, que se muestran consternados por la opinión de esos perpetuos insatisfechos. ¿Son capaces de dejar de reclamar? En una cena privada o en un salón de embajada, los agentes de Berlín destinados en Madrid y en Lisboa son informados y envían rápidamente notas cifradas a sus jerarquías. Al mismo tiempo, siempre desde Lisboa, los Windsor se atormentan por lo que han dejado en París. Acaban obteniendo que una de sus doncellas, una inglesa, sea enviada a París para mandar a Lisboa todo lo que les hace falta a esos dos mundanos para llegar dignamente a su «colonia de tercer orden». Evidentemente harán falta largas gestiones administrativas para que la doncella pueda llegar a París... ¡bajo vigilancia alemana!

A finales de julio, el duque osa escribir de nuevo a Churchill que esperará a noviembre (fecha de las elecciones presidenciales estadounidenses) para tomar posesión en las Bahamas y que sería inconcebible representar allí al rey sin pasar antes por Estados Unidos, que está tan cerca...

AGOSTO DE 1940: ALEMANIA EMPIEZA A BOMBARDEAR INGLATERRA

En un primer momento la partida del matrimonio contraría los objetivos alemanes. El duque y la duquesa estarían en territorio británico, y por tanto prácticamente prisioneros de los servicios de Su Majestad. ¿Qué hacer? ¿Asesinarlos antes de que se vayan? Sería privarse de la «solución de recambio en el trono» ideada por Hitler; por consiguiente no es viable. Pero la amenaza y la violencia sí pueden usarse para controlar al duque, ese Narciso preocupado de que no se olviden ni sus medallas ni sus condecoraciones, pero indispensable títere para obtener que Reino Unido pida la paz. Más tarde se sabrá que Berlín había decidido finalmente secuestrar al duque en Lisboa, pero como estaba vigilado por veinte policías portugueses además de su protección habitual y los servicios británicos se hallaban más alerta que nunca, las órdenes, obtenidas con dificultad, llegaron tarde. El adjunto de Himmler ya no pudo pasar a la acción.

Fondeado en el puerto, el transatlántico norteamericano *Excalibur* ya no espera más que a los Windsor. Finalmente, para inmenso alivio del rey y de Churchill, por no hablar de la reina María, la incómoda pareja consiente en embarcarse el 1 de agosto de 1940. Con su discreción habitual: cincuenta y dos maletas, treinta palos de golf, cuatro perros, siete cajas de vino de Madeira y de Oporto, una limusina con remolque y hasta una máquina de coser. Los dos pasajeros no han dejado de repetir que los mandaban al exilio en una colonia miserable —lo cual era exacto— y ostensiblemente han tomado precauciones.

Cuando el transatlántico se dirige hacia la escala de las Bermudas, el mismo día la Luftwaffe lanza sus primeros ataques. Seiscientos aviones con la cruz gamada sueltan rosarios de bombas sobre las costas inglesas. Es el principio de la Directiva 17 de 1 de agosto de 1940. Los ataques son diarios. La Royal Air Force pierde sólo doscientos noventa aparatos, gracias a la instalación, todavía limitada pero ya eficaz, de un sistema de ondas electromagnéticas muy cortas capaces de recibir un eco que permite situar la distancia y la dirección de un objeto. Son las primeras estaciones de radar, invento británico todavía en pañales, desconocido por los alemanes. Esos radares permiten prevenir los ataques a 120 kilómetros. Su eficacia práctica aumenta gracias a una certidumbre: un desembarco por sorpresa en Inglaterra es imposible.

Hitler intensificará, pues, los ataques aéreos. La noche del 7 de septiembre, doscientos bombarderos alemanes violan el espacio aéreo de Londres, matando a trescientas personas e hiriendo a más de mil trescientas. Un golpe espantoso para la población, que teme que eso sea el preludio de una invasión terrestre. Los muelles del East End se ven afectados, decenas de incendios estallan en los barrios modestos. Heroica, la Royal Air Force se atreve y realiza con éxito una primera incursión sobre Berlín. Los daños no son considerables, pero el impacto psicológico es enorme. Hitler está furioso, ya que Göring le había asegurado que la superioridad de la Luftwaffe haría improbable semejante operación. Churchill tenía que vengar a Londres demostrando que Berlín no era invulnerable. Esa reacción obliga a Hitler a retrasar la operación *Otarie*, que es el nombre en clave de la invasión terrestre. Furioso, tiene que limitarse al *Blitz*, la guerra relámpago.

En la noche del domingo 8 de septiembre, cuando Jorge VI está trabajando en su despacho, cae una bomba sobre el ala norte de Buckingham Palace pero no explota. El artefacto queda alojado justo bajo la habitación donde se halla el rey, que mantiene una calma ejemplar. La bomba explotará la noche siguiente, pulverizando el gabinete de trabajo que su ocupante había abandonado para ir a Windsor. Las ventanas de todas las estancias contiguas están esparcidas por el suelo y la piscina interior ha sufrido graves daños.

El hecho de que Buckingham Palace haya estado en el punto de mira y haya resultado afectado traumatiza a los londinenses. ¿Y si el rey hubiera perecido en el ataque? ¿Y si la bomba hubiese explotado y destruido el palacio? Jorge VI e Isabel, que regresan precipitadamente de Windsor, descubren los daños y se mudan a aposentos que dan a un patio. Los bombardeos continúan, apuntando a este objetivo simbólico que es el palacio real. «Es un ataque directo», anota el rey en su diario. Las palabras son sobrias, pero el monarca está muy nervioso. «Ya no me atrevo a sentarme en una habitación, soy incapaz de leer y de concentrarme, estoy siempre dispuesto a echar a correr, mirando al cielo desde cada ventana». El 13 de septiembre, un bombardero sobrevuela el Mall[14] a baja altura. Es la arteria real por excelencia, larga avenida bordeada de plátanos. Desde el Admiralty Arch, erigido en 1910 en honor de la reina Victoria, el Mall conduce directamente a Buckingham Palace, y todos los actos oficiales se desarrollan allí. El avión deja caer sus bombas sobre el eje del palacio real. Sentados en un salón, el rey y la reina sólo tienen tiempo de oír las deflagraciones y se encuentran cubiertos de astillas de cristal, pero indemnes. Los soberanos acaban de escapar de la muerte, pero esa verdad no será revelada hasta después de la guerra, ni siquiera al primer ministro. Churchill escribirá entonces: «Si las ventanas hubiesen estado cerradas en vez de estar abiertas, el cristal les habría explotado en la cara al rey y a la reina, causándoles graves heridas». Desde el Vaticano, el papa Pío XII les envía un telegrama en el que bendice a Sus Majestades sanas y salvas. Jorge VI, que también había sido piloto, está impresionado por la precisión del ataque. Sospechará que el enemigo, perfecto conocedor de la disposición de las habitaciones de palacio, podría ser uno de sus lejanos parientes, un Sajonia-Coburgo descendiente también de la reina Victoria, aviador experimentado que se ha pasado al servicio de Mussolini. Al rey le constaba que recientemente ese personaje había sido visto en Madrid en compañía del duque de Windsor. Pero la afirmación, según la cual había bombardeado Buckingham Palace, jamás pudo probarse.

Alcanzado por las bombas, Buckingham Palace se convierte en símbolo de la resistencia

Esta audaz operación en el corazón mismo de la monarquía transforma el palacio en símbolo. Iguala a la familia real con el pueblo bombardeado día y noche. Más tarde el almirante Louis Mountbatten dirá: «De haber imaginado Göring la profundidad de los sentimientos que el bombardeo de Buckingham

Palace despertaría en todo el Imperio y en América, sin duda habría recomendado a sus asesinos que mantuvieran las distancias». Entre las ruinas de la capilla del palacio totalmente devastada, la reina muestra un optimismo que contribuirá a su leyenda: «Ahora la gente sabrá que todos estamos en el mismo barco. Lo que me consuela un poco es que puedo mirar al East End a la cara».

Esta compasión hacia los barrios devastados la noche anterior no se reduce a un comentario. La ciudad de Londres ya deplora dos mil víctimas civiles y ocho mil heridos. Los soberanos van a los lugares donde han caído las bombas. Cabe pensar que nunca, en la historia británica, un rey ha visto a tantos súbditos, pasando más de la tercera parte de su tiempo sosteniéndolos y reconfortándolos. Jorge VI, embutido en un uniforme impecable, Isabel, por supuesto con guantes y sombrero, son de una elegancia discreta, pero tranquilizadora. Están de pie. Ellos también luchan, su deber es mantener bien alta la llama de la resistencia. En nueve ocasiones, la Luftwaffe atacará el palacio. A cada alerta, la familia real, digna y organizada, baja al sótano, junto con los criados. La democracia calma frente al terror. Por otra parte, la reina no parece asustada por ese bombardeo de los aviones enemigos. Un día incluso sube a sus aposentos a buscar a uno de los perros que había dejado ahí.

¿Por qué no quiere Isabel ponerse uniforme cuando es comandante en jefe de tres movimientos de defensas femeninos? Se justifica, siempre sonriendo: «Si la gente viniera a verme, seguro que se pondría sus mejores galas». Sin embargo, la reina siempre elige colores discretos, que no destaquen entre el polvo de los escombros, como el azul pálido, el rosa o el lila. ¿El verde? ¡Ni hablar! ¡Es un color que trae mala suerte! En cuanto al negro, «¡es la antítesis de la esperanza que tenemos!». A la reina María, su nuera, conmovida por el espectáculo de los edificios en ruinas y de los centenares de personas que lo han perdido todo, familia y bienes y que esperan ser socorridas y luego evacuadas en las calles destripadas, escribe: «Esta gente es valiente y maravillosa. ¡Debemos ganar!». Incluso en el

Parlamento, casi están aliviados de que el palacio haya sido gravemente dañado. El ataque contra el palacio todavía estrecha más los lazos entre la monarquía y la población, que está sufriendo tanto. En cada cráter abierto por una bomba, después de la alerta, la pareja real está presente, por ejemplo entre las ruinas de un cine destruido en Baker Street, la calle donde sir Arthur Conan Doyle ha domiciliado al invencible Sherlock Holmes.

Si suena una alarma cuando van de una ruina a otra, los monarcas bajan al refugio o al sótano más próximo, por ejemplo a una estación de metro, compartiendo una taza de té servida de un termo con sus compañeros de infortunio. Los encuentros son alegres. Voces con acento *cockney,* el de los barrios bajos, los reciben con cariño. Aquí también, Isabel se lleva la palma de la popularidad. La gente aplaude «a esa buena mujer que es estupenda». La reina contiene las lágrimas.

Incluso bajo las bombas, salvo alarma general y urgencia absoluta, el fin de semana real en Windsor es sagrado, aunque a menudo, el rey y la reina tratan de ir cada día para ver a sus hijas. La pareja abandona entonces el palacio al que llaman familiarmente *Buck house* y acuden a Windsor. El viejo castillo no está menos expuesto que Buckingham. Se contarán al menos trescientas bombas sobre el dominio de Windsor. Y se verá a las jóvenes princesas cavando trincheras en los céspedes del parque. La instalación es escueta. La familia duerme lejos de sus aposentos habituales, en el suelo de la Victoria Tower (hoy Queen's Tower), en una estancia de la planta baja protegida por planchas de acero y sacos de arena. Se ha dispuesto un refugio bajo las cuatro habitaciones de esa residencia espartana. En caso de alerta se accionan sirenas y campanas eléctricas en cada uno de los corredores. La reina y las *nurses* llevan un gorro de noche «para estar decentes incluso en la guerra». Norman Hartnell, el modisto de Isabel, le ha confeccionado un atuendo nocturno adaptado «y hasta una cajita de terciopelo negro para guardar la máscara de gas».[15] Las restricciones también afectan a los vestidos, que sobre todo tienen que ser prácticos. Algunos accesorios del viaje oficial a Canadá son reutilizados, pero desaparecen los bordados. Jorge VI llegará a pintar el interior de las bañeras con una raya que indica el volumen máximo de agua autorizado para bañarse.

«Arrasaremos las ciudades inglesas», promete Hitler con su voz cavernosa. No conoce la determinación británica para resistir a costa de sacrificios y esfuerzos cotidianos, a menudo inimaginables. Y cuando, en septiembre de 1940, Ribbentrop va a Roma y le dice al conde Ciano, ministro de Asuntos Exteriores de Italia y yerno de Mussolini: «La defensa territorial de Inglaterra es inexistente. Una sola división bastará para provocar un derrumbe total», Churchill comentará lacónico esa afirmación: «Esto sólo demuestra su ignorancia».[16] Y, seguido de sus dos secretarios a los que agota dictándoles, sin parar, notas e instrucciones, el primer ministro sube al tren especial, para inspeccionar la costa, escrutando el Pas-de-Calais con sus prismáticos y mandando estudiar las mareas y los movimientos de la luna. Teme una armada de mediano tonelaje que permita al enemigo cruzar el canal. La idea no es nueva: ya en julio de 1917, el mismo Churchill había presentado al primer ministro Lloyd George los planos de un «chalán con proa abatible para transportar carros de combate».

Consciente de la importancia de una relación permanente con su primer ministro, Jorge VI modifica el ritmo de sus audiencias con Churchill. En adelante sustituye la semanal de las cinco de la tarde por una comida cada martes, a menudo con la reina. «En varias ocasiones debíamos tomar nuestros platos y nuestros vasos y bajar al refugio, que todavía estaba en obras, para acabar de comer».[17] Muy pronto, por seguridad, el rey prescinde del servicio; el invitado, el rey y la reina se servirán ellos mismos. Una proximidad, que se convertirá en una intimidad política seguramente sin precedentes en la historia británica desde los tiempos de la reina Ana, a principios del siglo XVIII, une al soberano constitucional con el jefe del gobierno. Churchill incluso se asombra de que el rey, muy trabajador, a veces haya estudiado antes que él ciertos expedientes, conozca sus detalles y dé opiniones, como se lo permite la Constitución. Despachos, telegramas y notas son cuidadosamente analizados por Jorge VI. «Es una gran suerte para Inglaterra tener un rey tan bueno y una reina igual de excelente durante estos años fatídicos», escribirá Churchill. El puesto de tiro instalado en los jardines de Buckingham es utilizado ahora por toda la familia, en presencia de edecanes. «Enseguida le traje al rey una carabina norteamericana de corto alcance, escogida entre varias que me habían regalado: era un arma excelente». El rey y el primer ministro forman un sólido tándem.

Para la duquesa de Windsor las Bahamas son la isla de Elba

Muy lejos de los bombardeos del *Blitz* y de los sufrimientos del único país de Europa que se enfrenta al Eje, el duque y la duquesa de Windsor terminan su escala en las Bermudas. Ha durado ocho días y zarpan hacia el oeste, en dirección a las Bahamas. Exasperados. Como siempre. Primero, porque la duquesa ha sido «mal considerada», es decir que sólo excepcionalmente han consentido llamarla con la boca pequeña «Vuestra Gracia», una transacción protocolaria debida al exotismo, pero sin reverencia por parte de las damas. Un servicio mínimo. Eduardo ha puesto mala cara, y luego ha repetido, en voz alta, su idea fija: «¡Si yo hubiese sido rey, no habría habido guerra!». El incidente, que ha tenido lugar en la mesa del gobernador de esa colonia británica (desde 1612), provoca un escándalo, pronto sofocado por un comensal, antiguo caballerizo del duque. Cuando cada noche Londres está siendo bombardeada, la frase es una indecencia. Ya es hora de que el duque llegue a las Bahamas... y se quede allí, ejerciendo su función oficial con obligación de reserva. Según un testigo de la estancia en las Bermudas, «era apasionante observar a esa pareja célebre y evaluar los impactos recíprocos de sus personalidades. Él estaba más enamorado de ella que ella de él, según pude observar. Pero ella lo cuidaba con una solicitud casi maternal. Cada noche, antes de separarnos, me pedía el programa del día siguiente, y especialmente la hora de la primera cita del duque, pues yo era para ellos como un despertador. En cuanto a ella, era un perro guardián».[18] Antes que una duquesa amargada y codiciosa, Wallis es una enfermera y una vigilante indispensable. Sólo al llegar a Nassau con un calor sofocante, el duque apareció con uniforme de mayor general y Wallis con un vestido estampado y un tocado blanco con un adorno de nácar. Teniendo en cuenta la temperatura, el abrigo de seda azul marino sólo lo llevaba por decoro. El recibimiento es muy oficial, con el secretario de las Colonias enviado por Churchill para vigilar la llegada del nuevo gobernador, sin duda también observado por agentes proalemanes. El cónsul de Estados Unidos ha acudido, por decirlo así, como vecino, seguramente a petición del Departamento de Estado tras una intervención de Londres. Pues la pregunta es muy sencilla en su complejidad: ¿qué va a hacer el duque de Windsor, hermano del rey, nombrado gobernador de una colonia, y por lo tanto representante del rey? Provisto de un cargo oficial, de un sueldo, de una residencia y teniendo a priori la confianza de su hermano y del gobierno, ¿será por fin leal a la Corona británica, o seguirá sometido a Alemania o a alguno de sus satélites? En efecto, la reputación del duque de Windsor está muy establecida: es un hombre muy influible, que oscila entre las mejores y las peores intenciones, maniacodepresivo y nada valiente. Y sobre todo dominado por completo por su peligrosa esposa. En resumidas cuentas, a falta de ser útil, ¿dejará el ex rey de ser perjudicial?

Durante la toma de posesión —uniforme blanco y casco colonial—, jura fidelidad al rey su hermano mientras restalla la Union Jack en el cielo cargado de las Antillas. En su rostro no se percibe ninguna amabilidad. Wallis, de blanco, está a su lado, cuando debería estar detrás del nuevo gobernador. Por otra parte, el protocolo es una de sus obsesiones, puesto que siempre trata de modificarlo en su favor. En las Bahamas, donde la población y los funcionarios locales evidentemente tienen curiosidad por conocer a una pareja tan legendaria —¡qué cambio!—, en la sala del consejo la duquesa procura estar un escalón abajo del duque, pero uno encima del que se le habría reservado a la mujer de un gobernador ordinario. «Las autoridades del lugar se habían pasado horas para decidir esa señal discreta de reconocimiento».[19]

Es obvio que desde la llegada de los Windsor a Nassau el ceremonial adquiere una importancia desmesurada, casi folclórica. La duquesa, al no ser la esposa de un gobernador ordinario, hace la guerra por su cuenta: la guerra por ocupar un lugar que nunca, según ella, se le reconocerá lo bastante.

A diferencia del edificio oficial, recién pintado y agradablemente amueblado, la residencia del gobernador está al borde de la ruina; su piscina, invadida por una vegetación lúgubre, y el aspecto general de la residencia, dan una impresión de abandono. ¿Es un castigo deliberado de Jorge VI y Churchill? ¿O es el azar de un inquilino anterior poco preocupado por la comodidad y una lamentable falta de mantenimiento? Al visitar la casa que albergará su amor, Eduardo y Wallis descubren una inscripción roída por la humedad: *His Majesty King Edward VIII*. ¡Qué emoción! Hace falta ir al fin del mundo para descubrir semejante vestigio oficial, el de un reinado que ya nadie recuerda. Fue hace cuatro años, el mundo aún estaba en paz. Y los buzones de la isla, desconchados y oxidados, esos símbolos del Royal Mail, también tienen todavía la efigie de Eduardo VIII, al que han nombrado gobernador para alejarlo de Europa.

Con gran rapidez los Windsor agotan los placeres locales. Son dos objetos de curiosidad, pues nunca se ha visto que un ex rey acepte ser gobernador.

El duque y su mujer se aburren: quieren ir a Canadá

El ambiente colonial no es sino una vida provinciana bajo las palmeras, con sus chismes, mezquindades, ceremonias desmesuradas y vientos que nunca refrescan la atmósfera. Durante un tiempo la duquesa parece adaptarse a la situación. Es presidenta de la Cruz Roja insular y sostiene dos clínicas para niños en la isla de New Providence, centros modernos financiados a través de una fundación creada por Eduardo en la época en que era príncipe de Gales. Wallis compra un coche para las giras de las enfermeras y acoge los casos particularmente graves o urgentes. ¿Se habrá convertido la duquesa en dama de la caridad?

La verdad es que en Nassau Wallis se asfixia, en todos los sentidos. Decididamente en vena napoleónica, le da a la capital el sobrenombre de «Elba», una nueva «isla de Elba». Pero ¡qué progreso respecto a Santa Helena! De la isla de Elba se puede uno evadir. El duque anuncia su intención de ir a Canadá a visitar su rancho en la provincia de Alberta. Las autoridades estadounidenses informan de inmediato a Londres de que semejante viaje es imposible, porque sería necesaria una escala en territorio norteamericano. Y ello sería inoportuno en periodo electoral. La prensa lo destacaría, algunos medios lo verían como un escándalo y, además, al público le extrañaría que, en cuanto llegara, el gobernador de las Bahamas aparcaría sus responsabilidades oficiales. Por lo tanto, ¡la isla de Elba vuelve a ser Santa Helena!

Diversos personajes, a la vez dudosos y muy poderosos, gestionan grandes intereses desde las Bahamas. Son justo el tipo de personas que a los Windsor les gusta frecuentar, pues tienen relaciones en todas partes, dinero e ideas parecidas a las suyas. El más estruendoso de esos exiliados voluntarios es un multimillonario sueco, Axel Wenner-Green. Tiene la entrada prohibida en Estados Unidos, pero nunca se aleja mucho de ese país, navegando a bordo del yate más lujoso del mundo, el *Southern Cross*, comprado al excéntrico Howard Hughes. La colosal fortuna del sueco, un gigante gordo de cara sonrosada y cabellos blancos, acaba de inventar dos aparatos que han revolucionado la vida cotidiana: el aspirador y el refrigerador. Si sus fábricas, de la marca Electrolux, son respetables, sus actividades bancarias y colaterales lo son menos. Conoció a Göring en Berlín justo antes de la guerra y no le ocultó sus simpatías por los nazis, bajo el pretexto de una paz perpetua con Inglaterra. Desde entonces, Axel Wenner-Green ha fundado bancos, adquirido participaciones en otras entidades en asociación con Berlín y, a través de un banco de Colonia, financia a la Gestapo. Como culminación de sus actividades lucrativas vende armas a las repúblicas sudamericanas. Se comprende que su yate cambie regularmente de matrícula y esté equipado con una emisora de radio privada. Y también se comprende que estando en relación con Charles Bedaux, haya sido informado de la llegada —poco discreta, en verdad— de los Windsor y les haya dado la bienvenida.

La duquesa, haciendo valer su antigua nacionalidad norteamericana, logra una proeza: obtiene un pasaporte estadounidense y un visado. A finales de octubre envía a Miami dos cajas con vestidos para que los limpien y arreglen. Pero el FBI, que conoce sus simpatías, también la tiene vigilada. El adjunto de Edgar J. Hoover, jefe del FBI que espía a todo el mundo, es informado de ese extraño y lejano servicio de limpieza, tanto más anómalo cuanto que la residencia del gobernador no carece de personal. Estos envíos son interceptados porque «podría ser que los vestidos sirvieran para transmitir mensajes».[20] Las excentricidades de Wallis en lo tocante a su indumentaria no eran nuevas; la leyenda decía que en Niza llamó al cónsul general norteamericano para que le trajeran... ¡el traje de baño verde que había dejado en La Croë y necesitaba urgentemente! «El traje verde de la duquesa» se hizo famoso en toda la Costa Azul.

Si el duque acosa al gobierno de Estados Unidos para reunirse con el presidente Roosevelt, su función de gobernador lo obliga a ciertas actividades no muy apasionantes, como inaugurar el Parlamento de la colonia, anunciar diversas reformas, buscar soluciones para problemas de transporte, de pesca de las esponjas y de desempleo. El público le aplaude. El duque ha hecho cosas y se ha aburrido mucho. Para rematar la faena formula un alegato en favor de la paz en Europa que ponga fin a esa pesadilla.

14 DE NOVIEMBRE DE 1940: LA LUFTWAFFE ARRASA LA CIUDAD DE COVENTRY

Una pesadilla, en efecto... pero a 8 000 kilómetros de las Bahamas. La noche es clara sobre el castillo de Windsor. Su defensa aérea señala ondas de aparatos enemigos sobrevolando el castillo y dirigiéndose luego hacia el norte. El ataque de la Luftwaffe tiene un nombre en clave muy romántico, *Moonlight Sonata*. La sonata del claro de luna es interpretada por trescientos bombarderos que dejan caer, en diez horas, 543 toneladas de bombas explosivas, más novecientas incendiarias sobre la pequeña ciudad de Coventry, en el centro de Inglaterra. La ciudad queda totalmente arrasada, incluida su catedral Saint-Michael del siglo XIV. Se cuentan quinientos siete muertos y más de cuatrocientos veinte heridos —una cifra, desgraciadamente, que tiende al alza— en la madrugada en llamas del 15 de noviembre. El espectáculo es espeluznante. De casi setenta y cinco mil edificios de la ciudad, apenas quince mil se mantienen en pie, a menudo resquebrajados y a punto de derrumbarse. Desde el comienzo de la guerra, es el ataque aéreo alemán más importante. ¿Por qué? Como represalia del ataque británico, exitoso, del 6 de noviembre, contra Múnich. ¿Por qué Coventry? La industria del armamento es muy importante en esa ciudad, en especial la fabricación de motores de aviación. Según la radio de Berlín, veintisiete empresas han dejado de funcionar y la producción no podrá reanudarse antes de varias semanas.[21]

En la mañana del 16 de noviembre, Jorge VI va en coche a Coventry, o mejor dicho a lo que queda de ella. Como la vía férrea ha sido destruida, no ha podido usar el tren real, del cual algunos coches que databan de la época de la reina Victoria habían sido modernizados y readaptados. El rey, consternado, atraviesa las ruinas humeantes de una ciudad borrada del mapa. Combativo, Churchill escribirá: «Sin embargo, las fábricas de aviación y de máquinas herramientas, de una importancia vital, no quedaron fuera de servicio, y la población, que aún no había sufrido ningún bombardeo, no fue puesta fuera de combate. En menos de una semana, un comité de reconstrucción de urgencia realizó un admirable trabajo y devolvió la vida a la ciudad».

Coventry no es más que el principio de un diluvio de bombas sobre el Reino Unido. Londres y luego Birmingham (ochocientos muertos, dos mil heridos) son atacadas. Después el peso del ataque se concentra en los puertos, Bristol, Southampton y sobre todo Liverpool, antes de que corran la misma suerte los centros de producción de armamento de Plymouth, Sheffield, Manchester, Leeds y Glasgow. En todas partes, los soberanos están presentes. El rey se informa de los detalles técnicos del abastecimiento de agua, calefacción y restablecimiento de la electricidad. La reina encuentra las palabras adecuadas al formular preguntas prácticas: «¿Tienen suficiente comida? ¿Les han dado ropa de abrigo? ¿Cómo hace para calentar el biberón del bebé?». Sin tregua, sobre todo después del horror de Coventry, Jorge VI y su esposa recorren decenas de miles de kilómetros en tren o en coche. Admirativa, la prensa de Estados Unidos apoda a la reina «ministro de la Moral». Por seguridad, sus visitas raras veces se anuncian de antemano. Sorprendiendo a los supervivientes de las zonas damnificadas, la reina va más allá de la simpatía convencional. Los súbditos británicos dicen: «Por el rey, sentimos admiración; por la reina, adoración».

El domingo 29 de diciembre caen rosarios de bombas incendiarias sobre la City. Minas lanzadas con paracaídas revientan los conductos de agua, impidiendo a los bomberos apagar más de mil quinientos incendios. Los daños son graves en las estaciones y los muelles. La catedral de Saint Paul se salva de modo milagroso. Churchill cuenta: «Un desierto de ruinas se ofrecía a nuestras miradas, en pleno corazón del mundo británico. Pero cuando el rey y la reina visitaron el lugar, fueron recibidos con un entusiasmo que superaba en mucho el provocado por las ceremonias reales». Cecil Beaton, fotógrafo de gran experiencia, lamenta que la reina no vista también de uniforme, pues su figura está un poco envuelta y debería verse la belleza de su piel y de sus ojos. Pero es con su encanto como constru-ye su imagen y la de la pareja que forma con su marido. Con un gran sentido de las relaciones públicas. Así, por ejemplo, al visitar un centro de alimentación, un niño muy sucio en brazos de su madre juega con el collar de perlas que lleva Isabel. Un fotógrafo se precipita, tratando de captar esa imagen, pero de-masiado tarde: la reina se ha dado la vuelta para continuar la visita. Lord Woolton, que acompaña a la soberana, le dice:

—Señora, Vuestra Majestad ha roto el corazón de un pe-riodista...

Sin dar muestras de haber oído el comentario, la reina se vuelve para que el niño pueda volver a jugar con las perlas... ¡y el periodista toma la foto!

Poco a poco, la imagen de Isabel se hace más próxima para la población que sufre, y la gente comenta sus gestos de bondad natural y su solidaridad cotidiana. Por ejemplo, una señora mayor está llorando porque su perro, asustado por el estruendo de las bombas, se ha refugiado en un agujero, entre los escombros de su casa. Enternecida, Isabel le propone:

—¿Quiere que lo intente yo? Estoy muy acostumbrada a los perros.

Y la reina se arrodilla sobre los escombros, tranquilizan-do al animal que finalmente asoma el hocico y sale.

CHURCHILL DIRIGE LA ACCIÓN DESDE SU DESPACHO DE GUERRA SUBTERRÁNEO

Los bombardeos aéreos, que habían sido utilizados por prime-ra vez durante la Gran Guerra, se han convertido en una ame-naza tan temible que había que tomar medidas para proteger los centros de decisión política. Si Buckingham Palace y Wind-sor, blancos civiles particularmente llamativos, han sido camu-flados con dispositivos más o menos eficaces a fin de poner a buen recaudo a la familia real en la medida de lo posible, era indispensable remediar la vulnerabilidad de los servicios del primer ministro. Después de los doscientos mil heridos de la primera semana de guerra y las seiscientas toneladas de bombas caídas sobre Londres durante el mismo periodo, la Royal Air Force había emitido un informe preocupante. Ahora el mayor peligro venía del cielo. Había que elegir, por lo tanto, un lugar cercano a Downing Street y a todos los servicios del gobierno. Se optó unas habitaciones en el sótano del ministerio de Obras Públicas, enfrente de Saint James Park, en una calle llamada George Street. El edificio, muy sólido, estaba idealmente situado entre el Parlamento y Downing Street, que era a la vez despacho y residencia del primer ministro. Las obras empezaron en junio de 1938: habían excavado cuatro metros bajo tierra a fin de agrupar el gabinete y el centro único de las operaciones militares en un solo lugar, en caso necesario. Los resultados ilusorios de la Conferencia de Múnich habían acelerado las obras. Planteado al comienzo como algo provisional, el *War Room* se había convertido en operativo el 27 de agosto de 1939, justo una semana antes de que Alemania invadiera Polonia y Reino Unido declarase la guerra. La estructura «temporal» serviría durante seis años... Comprende nueve estancias, remodeladas en 1941, que permiten a Churchill trabajar, alimentarse y descansar, incluso en caso de bombardeo intensivo. El primer ministro y su esposa Clementine pueden vivir allí en aposentos privados al lado de una sala de reuniones para los jefes de Estado Mayor y de otra sala de mapas del teatro de operaciones, pues el jefe del gobierno también es ministro de Defensa.[22] En su cuartel general donde el tiempo ya no existe, como en una noche eterna, a la luz de las bombillas rojas que señalan las alertas, Churchill trabaja a un ritmo agotador, manteniendo informados al rey y a Westminster de la evolución de la situación. Sólo su siesta, los estimulantes cigarros habanos, algunos licores y la certidumbre de estar fuera del alcance de las bombas le permiten resistir. Asegura: «Prefiero ver Londres bombardeada antes que mancillada por la peor servidumbre». Jorge VI formará parte de las pocas personas autorizadas para tener conocimiento de los mensajes cifrados de la sofisticada máquina alemana, *Enigma*. A fuerza de paciencia y de astucia, un genial matemático británico conseguirá descubrir las claves; pero esa investigación tardará meses, después de la captura de un submarino enemigo en 1941.

El 5 de noviembre, el demócrata Franklin Delano Roosevelt es reelegido presidente de Estados Unidos. A los exiliados de las Bahamas el final de la campaña electoral y ese tercer mandato de Roosevelt les parecen una esperanza —insensata—, de poder por fin ir a Miami y después a Washington. Los Windsor buscan el pretexto de un crucero que, como por casualidad, los acerque a las costas norteamericanas. Eduardo está empeñado en que Roosevelt presione a Londres para obtener una paz separada y detener esa maldita guerra. Pero ni el duque ni la duquesa tienen conciencia de que la posición estadounidense ya no es aislacionista ni busca la paz para proteger sus intereses al otro lado del Atlántico. Aunque reelegido con una mayoría reducida (54 por ciento frente a 61 por ciento de su primer mandato), Roosevelt se plantea mantener levantado el embargo de armas a condición de que los beligerantes las paguen al contado y se encarguen de transportarlas. Esta ley, llamada *Cash and carry* («pagar y llevar»), había sido votada por el Congreso en noviembre de 1939. Pero sobre todo impresionado por la resistencia de Reino Unido, que se ha quedado solo en la lucha, Roosevelt, que mantiene una correspondencia regular con Jorge VI, concilia todas las opiniones con el fin de ayudar a los británicos. El 2 de noviembre —tres días antes de su reelección—, Roosevelt había declarado: «Nuestra política consiste en dar toda la ayuda material posible a las naciones que resisten todavía la agresión al otro lado de los océanos Atlántico y Pacífico». Y el mismo día, en el Madison Square Garden de Nueva York, uno de sus rivales había formulado un compromiso más claro aún: «Todos sin excepción, republicanos, demócratas e independientes, somos partidarios de aportar nuestra ayuda al heroico pueblo británico. Debemos poner los productos de nuestra industria a su disposición».

Apenas reelegido, Roosevelt hace aprobar el principio de un reparto de la producción norteamericana de armamento, la mitad para Estados Unidos y la otra mitad para Gran Bretaña y Canadá. Se confirma un pedido de veintitrés mil aviones; el financiamiento de esa ayuda considerable quedará asegurada a través de la ley de préstamo y arriendo. El Reino Unido ya ha abonado 4 500 millones de dólares en divisas, oro e inversiones susceptibles de ser convertidas en dólares. Para completar habrá que aumentar la extracción de oro en el Imperio, sobre todo en Sudáfrica, y desarrollar las exportaciones de lujo, como el *whisky*. Este sistema compromete a Estados Unidos a vender, alquilar o prestar cualquier medio de defensa militar a un país cuya seguridad es considerada indispensable para Washington. En este caso permite ayudar a Gran Bretaña sin entrar en el conflicto mundial —por ahora—...; Jorge VI y Churchill respiran aliviados: Norteamérica les proporciona un apoyo logístico considerable, sin perjudicar sus intereses.

Los Windsor aprovechan un crucero para ir a Estados Unidos

Inconscientes de esta evolución diplomática y militar que está acabando con el aislacionismo norteamericano, el gobernador y la duquesa se embarcan en un crucero varias veces aplazado a causa del mal tiempo. Por todos los medios intentan evadirse del ambiente confinado, según ellos, de su «pequeño y pobre» territorio. En Londres se sigue ese periplo con la mayor atención, pues es conocido el empeño del duque en querer reunirse con Roosevelt. Pero la Casa Blanca tranquiliza tanto al rey como al primer ministro: de momento, no se prevé ni siquiera se toma en consideración una entrevista presidencial con Su Alteza Real. Cabe decir que Washington, lo mismo que Londres, ha recibido informaciones que no han mejorado la imagen del gobernador tan poco atento a sus funciones. En efecto, después de que Hitler y el mariscal Pétain se estrecharan la mano en Montoire, parece que el Führer fue al castillo de Candé donde vio, con satisfacción, que la biblioteca había conservado los retratos del duque y la duquesa el día de la boda. Y, según parece, Hitler saludó, a su legendaria manera, el recuerdo de dos «amigos fieles» grandes defensores de la paz. Fieles, sin duda, pero ¿amigos?

Por aquellas aguas color esmeralda a las que las Bahamas deben parte de su encanto también navega Axel Wenner-Green a bordo del *Southern Cross*. El sueco está acompañado por su esposa, una cantante norteamericana. Durante una recepción a bordo, los Windsor no hablan más que de una paz separada entre Reino Unido y Alemania. Son recibidos fastuosamente. Durante esos bellos discursos, a la hora inevitable de los cocteles, el sueco se ocupa de transferir dinero en dirección a México, una de esas operaciones dudosas que acostumbra. El encuentro con un general mexicano pronazi es doblemente chocante, pues Londres ha roto sus relaciones diplomáticas con México. Si bien el mar es transparente, está infestado de tiburones.

Siempre obsesionada por su voluntad de pisar suelo estadounidense, la duquesa afirma que sufre terriblemente de las muelas, pero también de la boca, y debe hacer una consulta urgente en Miami porque, según dice, no es en las Bahamas donde encontrará a un estomatólogo competente. Por supuesto, el médico podría tomar el avión de Miami a Nassau, pero sería demasiado fácil y sobre todo arruinaría su estrategia de conquistar territorio norteamericano. Informado por sus agentes, Washington da luz verde al desembarco de la pareja en Miami. Una llegada penosa, a pesar de las veinte mil personas que esperan a los Windsor —«para gran indignación de la prensa de izquierdas», escribe Charles Higham—, porque la duquesa sufre realmente, o sea que no era un ardid, y es operada enseguida de un molar inferior y luego tratada por un principio de septicemia. La convalecencia es larga. El duque la aprovecha para pedir un encuentro con Roosevelt, que está descansando en aguas de Eleuthera, una isla del archipiélago de las Bahamas.

A finales del año 1940 podemos observar tres facetas del ex rey: está el duque de Windsor, netamente proalemán puesto que quiere obligar a su país a pedir la paz. Está luego el gobernador de una colonia británica, que propone al presidente de Estados Unidos instalar campos de juventud parecidos a los que se diseñaron durante la Gran Depresión «para devolver la esperanza a los desempleados» (la fibra social de Eduardo es conocida).Y por último está la Alteza Real que, al volver a Nassau a bordo del *Southern Cross* de aquel sueco tan servicial, osa afirmar ante periodistas que no le importaría aceptar el cargo de embajador británico en Estados Unidos en sustitución de lord Lothian, que ha fallecido porque sus convicciones le prohibían consultar a un médico. Huelga decir que en Buckingham Palace y en casa de Churchill la indignación es enorme al enterarse del anuncio de esa candidatura indecente, que viene a añadirse a la prohibición reiterada del primer ministro de pisar suelo norteamericano, de la cual la pareja no ha hecho ningún caso. Había que ser realista: pese a los prodigios de paciencia y buena voluntad por parte del rey y su gobierno, desde hace cuatro meses la insoportable pareja residía demasiado cerca de las costas estadounidenses. En cuanto puede, el duque, olvidando que también es gobernador en nombre de Su Majestad, asegura que «Hitler es un gran hombre» y, prescindiendo de la valiosa ayuda de Estados Unidos, afirma: «Es demasiado tarde para que Norteamérica salve la democracia en Europa. Más le valdría conformarse con hacerlo en su casa». Ésta es una muestra del «regalo de Navidad» dirigido por el hermano del rey a Jorge VI y a Churchill. Ambos están furiosos y consternados.

Paradójicamente, las quimeras del extravagante gobernador confirman el acercamiento entre Londres y Washington.

ROOSEVELT ENVÍA UN EMISARIO A LONDRES PARA CONFIRMAR SU RESPALDO

El 10 de enero de 1941, el archipiélago maltés es bombardeado por la aviación alemana e italiana. Ese mismo día, Churchill recibe durante unas horas en Downing Street a un emisario personal del presidente Roosevelt. Precedido por las más altas recomendaciones, Harry Hopkins es de apariencia frágil, pero su inteligencia es brillante y cáustica. El primer ministro, con una pluma que no olvida sus antiguas funciones de primer lord del Almirantazgo, dirá de su visitante: «Era un faro que amenazaba ruina, pero del cual salían rayos que guiaban grandes flotas hacia el puerto».

El norteamericano habla durante tres horas. Sus ojos brillan. Es un apasionado que no pierde la calma. Su mensaje no puede ser más tranquilizador, cuando Londres está siendo bombardeada casi todas las noches: «El presidente está decidido a que ganemos la guerra juntos. No le quepa la menor duda. Me ha enviado aquí para decirle que le apoyará hasta el final, a cualquier precio y con todos los medios, pase lo que pase. No hay nada que no esté decidido a hacer, hasta llegar al límite de sus posibilidades».[23]

Jorge VI había enviado inmediatamente sus felicitaciones al presidente cuando fue reelegido: «En estos tiempos graves y angustiosos es un gran alivio saber que su política sabia y de gran apoyo continuará sin interrupción».[24]

El 30 de enero el rey y la reina invitan a Harry Hopkins a almorzar a Buckingham Palace con el primer ministro. Churchill cubre al visitante de elogios, pues «arde con la llama de la democracia» y se permite observar que bebe mucho teniendo en cuenta su frágil salud. Viniendo de Churchill, ¡qué referencia! Hopkins ya había quedado impresionado por los soberanos cuando éstos realizaron su visita oficial a Washington. Más allá del mensaje del cual es portador, el enviado de Roosevelt quiere sondear la opinión pública británica. Al presidente le habían turbado las palabras derrotistas pronunciadas por el ex embajador Kennedy acerca de los ingleses y deseaba saber si «su moral era tan sombría como éste pretendía». La reina explica lo difícil que es hallar palabras para reconfortar a la población agobiada por tantas desdichas. Pero el lamentable malentendido diplomático queda disipado, ya que Estados Unidos, tras embargar los bienes alemanes y japoneses, se ha dotado de una verdadera industria de guerra, ha decretado el servicio militar obligatorio, ha ocupado Groenlandia e Islandia y ha dado orden a la US Navy de disparar contra los submarinos alemanes. Estados Unidos se considera «el arsenal de la democracia».

Puesto que lo único que Roosevelt desea es la derrota de Hitler, Jorge VI está tranquilo desde el punto de vista político. Su Majestad hará todo cuando esté en su mano para que su primer ministro y el presidente de Estados Unidos mantengan relaciones personales constantes que persigan un solo objetivo: la victoria. Por ello, el rey insiste en el nombramiento de lord Halifax como nuevo embajador en Washington, garantizándole que «en este momento es un cargo mucho más importante que el de ministro de Asuntos Exteriores», para el cual acaba de ser nombrado Anthony Eden. Al igual que Churchill, el rey sabe que sin el apoyo estadounidense no se puede ganar la guerra. Pero Jorge VI, oficial de marina, está muy preocupado por los daños causados a la Royal Navy y a los buques comerciales por los temibles U-Boote, submarinos alemanes, apodados «los lobos del almirante Canaris». En la primavera de 1941 los sumergibles de la Kriegsmarine torpedean los convoyes. Habrá que protegerlos. A la batalla aérea de Inglaterra se le une una batalla naval en el Atlántico. Para Londres es prioritaria, y relega al segundo lugar de las urgencias la invasión de Yugoslavia y Creta.

El 3 de junio el rey escribe de nuevo a Roosevelt, para agradecerle la ayuda del poderoso potencial industrial norteamericano. El soberano rinde homenaje al incansable trabajo de Churchill y se felicita de que los contactos entre Londres y Washington no utilicen sólo los canales oficiales, ya que los circuitos privados permiten expresar todo el calor de los compromisos mutuos. Sin embargo, el rey no recibe ninguna respuesta, y la reina tampoco la recibe a una carta dirigida a la señora Roosevelt. Jorge VI concluye que esos correos se han perdido por la valija diplomática y nunca han sido entregados a sus destinatarios.

Pero la pareja real se equivoca. En realidad, Roosevelt no puede intensificar su ayuda, que ya es muy importante. El nivel siguiente no podría ser más que la declaración de guerra a Alemania, cosa que los estadounidenses no desean y a la cual el Congreso se opondría. ¿La asistencia? Sin reservas. ¿La guerra? ¡Ni hablar! Ni siquiera el torpedeo de un carguero norteamericano desencadena una reacción de represalias por parte de Washington. Otra razón explica el silencio de los Roosevelt. El presidente está fascinado por Churchill, por su capacidad de trabajo y la amplitud de sus intervenciones, y ha aumentado sus contactos con él. Incluso la afición a la bebida del primer ministro, que acrecienta su lucidez, le parece grandiosa. Le han contado al presidente que en septiembre de 1939, al cabo de un cuarto de hora de haber anunciado el primer ministro Chamberlain la declaración de guerra, Churchill y sus allegados se habían dirigido a un refugio «armados con una botella de coñac y otros reconstituyentes terapéuticos apropiados». Antes de cualquier contacto con el *War Room*, el presidente enfermo pregunta muchas veces: «¿Ha bebido?». Su primer encuentro tiene lugar el 9 de agosto cerca de las costas de Terranova, en la bahía de Placentia, a bordo del *HMS Prince of Wales* y de un buque de la US Navy, *Augusta*, un nombre que a priori podríamos imaginarnos que usaba la marina alemana. ¿Por qué esa reunión? Porque la operación *Barbarossa*, dicho en otras palabras la ruptura del pacto germano-soviético y la entrada del ejército alemán en la URSS, acaban de cambiar la faz de la guerra. En adelante, Stalin, convertido en víctima, ¿puede ser un aliado contra Hitler? El rey Jorge VI ha favorecido el encuentro Roosevelt-Churchill y ha dirigido al presidente una nota, orgullosamente exhibida por el primer ministro, expresando su satisfacción por que Roosevelt lo conozca, ya que, según dice, «[...] estoy seguro de que convendrá conmigo en que es un hombre extraordinario».[25]

Esta primera conferencia entre Aliados tiene como objeto la nueva situación militar. El primer ministro teme una derrota soviética y avisa a Roosevelt que las consecuencias serían incalculables. El presidente estadounidense todavía tiene las manos atadas por los aislacionistas, pero promete su ayuda en la Carta del Atlántico, firmada el 12 de agosto de 1941. La declaración final, y en especial el artículo 6, está llena de buenas intenciones. Ambos estados se comprometen a destruir definitivamente «el nacionalsocialismo y su tiranía», esperando cada uno vivir en paz dentro de sus fronteras, «donde todos los hombres de todos los países podrán pasar toda su vida protegidos del miedo y la necesidad». A Jorge VI la ingenuidad de estas palabras le da miedo; teme una repetición de lo que aconteció después de 1918, cuando Estados Unidos se retiró de Europa, salvo algunos intelectuales, mundanos o aventureros, que habían encontrado en este continente una válvula para sus angustias. A su madre, la reina María, el rey le confía su inquietud, pero Churchill intenta tranquilizarlo: sería inoportuno poner trabas a los estadounidenses en ese momento, pues están proporcionando una ayuda técnica que es imprescindible.

7 DE DICIEMBRE DE 1941: PEARL HARBOR. ESTADOS UNIDOS ENTRA EN LA GUERRA

Como su jefe de gobierno, el rey no aparta los ojos de los mapas: el 27 de agosto, derrota soviética en Smolensk; los alemanes cruzan el Dnieper. El 8 de septiembre, Hitler da la orden de bloquear Leningrado; la ciudad queda aislada, condenada a morir de hambre. El 19 de octubre Moscú se halla amenazada. La población, presa de pánico, huye. Revive la pesadilla napoleónica.

Ahora bien, como es sabido, no es Alemania la que arrastrará a Estados Unidos a la Segunda Guerra Mundial, sino Japón, con su ataque sorpresa a Pearl Harbor el 7 de diciembre. Hacía falta un trauma de este calibre para que Washington rompiera su deseo de neutralidad oficial. Si bien Londres, en definitiva, se siente aliviada por el compromiso norteamericano, la actitud japonesa no deja de ser preocupante, ya que podrían verse amenazadas Singapur y Hong Kong.

En cuanto a las relaciones del rey con su primer ministro, durante este periodo evolucionan. Los dos hombres han aprendido a conocerse. Churchill da al soberano todas las noticias e informaciones para que conozca los detalles de la acción que lleva a cabo Reino Unido frente a diversas tragedias, como la pérdida del portaaviones *HMS Ark Royal*, hundido por los torpedos del submarino *U-18* entre Malta y Gibraltar, o el drama humano del implacable sitio de Leningrado: el 25 de diciembre, en un solo día, mueren de hambre tres mil setecientas personas. ¿Y qué pensar de la debacle alemana frente a Moscú? La cólera de Hitler hace temer lo peor. A cambio de la confianza ilimitada que le concede Churchill, Jorge VI le ofrece su amistad y su apoyo total, aunque sea dando la impresión de mantenerse en un segundo plano, lo cual es falso. En realidad, el primer ministro admira el valor del rey, especialmente desde el bombardeo de Buckingham Palace, cuando Jorge VI no quiso que erigieran su actitud y la de la reina en acto de heroísmo. Fueron bombardeados como todos los londinense, y no debían compadecerlos, aunque el ataque hubiese sido gravísimo y sus vidas hubiesen corrido peligro.

En diciembre de 1941, Churchill (y su rey) llora la desaparición del *HMS Prince of Wales,* hundido por los japoneses; en ese barco había navegado al encuentro de Roosevelt. Entre los dos hombres —el oficial de marina convertido en monarca y el ex primer lord del Almirantazgo— se ha tejido una solidaridad de marinos. No es infrecuente que el rey, hablando con su madre o con su mujer, emplee el plural para indicar su complicidad con el jefe de su gobierno. Churchill habla, y el rey comulga con su pensamiento en los mismos términos.

«Estamos pasando una fase muy mala en este momento y deberemos movilizar todas nuestras energías para sofocar los comentarios enemigos, los de la prensa y otros», dice el rey.

Jorge VI adopta acentos churchillianos al comentar noticias catastróficas. Después de la capitulación de Hong Kong el día de Navidad de 1941, la de Singapur en febrero de 1942 es vivida como una vergüenza. «El mayor desastre militar de la historia reciente», dice el primer ministro al soberano. Un desastre humillante, ya que ochenta y cinco mil soldados británicos se han rendido a un adversario inferior en número. El soberano está preocupado por los comentarios negativos al producirse una remodelación del gabinete, lo cual le vale a Churchill muchas críticas en La Cámara de los Comunes. «[...] ¡Si por lo menos los periódicos fuesen honrados y le diesen la oportunidad de obtener resultados!», suspira Jorge VI, consternado por las peleas internas que agitan los pasillos de Westminster cuando, según Churchill, Ceilán, Birmania, Madrás, Calcuta y una parte de Australia podrían caer en manos de los japoneses. Isabel, extraordinariamente valiente, está siempre al lado de su marido, excepto cuando éste tiene que estar solo para que le comuniquen mensajes ultraconfidenciales, clasificados *for your eyes only* («sólo para vuestros ojos»). La reina apacigua los insomnios del soberano, calma sus angustias, le habla cuando es necesario, lo acompaña en las visitas a los hospitales, recordando que hay gente que la pasa peor que la familia real.

En esta familia ningún miembro sabe que el primer ministro ha tenido una afección coronaria tres meses antes. El equilibrio es delicado entre el secreto y la divulgación muy medida de las informaciones. Los Windsor y el descendiente de Marlborough se fían unos de otros, pero se disimulan mutuamente sus debilidades. ¿Por pudor? ¿Por desconfianza? No. Esta reserva, que es en primer lugar una cuestión de educación, debe impedir que el otro se inquiete. Ni el monarca ni el político muestran sus heridas. Son cómplices para tener éxito, sus dolores íntimos no deben intervenir.

El domingo 29 de marzo, día de Ramos, es declarado por el rey Día nacional de plegaria. Esta idea se la sugirió el arzobispo de Canterbury al día siguiente del bombardeo por la Royal Air Force de varias ciudades del norte de Alemania, entre ellas Lübeck. Balance real: trescientos veinte muertos, setecientos veinte heridos, mil cuarenta y cuatro edificios destruidos.

Como represalia, Hitler ha anunciado la próxima destrucción de ciudades históricas inglesas. Churchill, presente cuando el rey recibía al prelado, formula un comentario con su voz arrastrada y a veces vulgar, que también entrará en la leyenda: «Si no somos capaces de vencerlos, mejor será que recemos».

Pero la guerra toma otro cariz gracias a la iniciativa de un antiguo —por muy breve tiempo— seminarista, Joseph Stalin. En efecto, el zar rojo pide a los Estados Unidos que abran un segundo frente en Europa para aliviar a las tropas soviéticas que están resistiendo el empuje alemán. Roosevelt envía a Londres una delegación de alto nivel para estudiar esta propuesta que le parece inteligente.[26] El rey recibe a los emisarios en Buckingham Palace y en Windsor. El primer ministro le informa de todo el proyecto y el soberano, alumno aplicado y bien informado de la situación, comparte incluso una cena o un almuerzo de trabajo en Downing Street, lo cual representa una rarísima inversión del protocolo.[27]

DRAMA EN LA CORTE: LA MUERTE MISTERIOSA DEL DUQUE DE KENT, HERMANO DEL REY

25 de agosto de 1942. Para relajarse un poco, Jorge VI organiza un modesto picnic familiar y una cacería en Escocia, en los alrededores de Balmoral. Hace un tiempo horrible, húmedo y lluvioso, y el viento del nordeste no consigue disipar la niebla. En aquel mismo momento, por casualidad, el duque de Kent no está lejos. Este hermano de Jorge VI, que había sido el más amigo de Eduardo VIII durante su breve reinado, está a bordo del hidroavión W4026 con destino a Islandia, donde el duque debe inspeccionar unas instalaciones de la Royal Air Force. Por falta de visibilidad, el aparato vuela muy bajo, demasiado bajo, a unos 300 metros de altitud. A la 1.30 de la tarde choca contra la cima de una colina y se desliza a lo largo de la pendiente con las hélices girando a toda velocidad; la deriva del *Sunderland* excava un surco en más de 100 metros; el hidroa-

vión, cuyos depósitos estaban llenos, acaba explotando envuelto en llamas. No hay ningún superviviente de los doce pasajeros, todos en comisión de servicio.

La muerte del duque de Kent —que también estaba en misión— suscitó diversos comentarios a causa de su pasado ambiguo. El cuarto hijo de Jorge V, que también se llamaba George, había sido motivo de escándalo.[28] Sus aventuras amorosas de ambos sexos y su adicción a la droga divertían a Eduardo, feliz de tener un hermano libertino en esa familia tan estricta.[29] Los dos hermanos eran cómplices y Eduardo se había sentido mortificado de que el duque de Kent no asistiera a su boda con Wallis. También a George se le atribuyeron relaciones con los medios nazis y fascistas ingleses reconocibles por sus camisas negras, pero todos esos rumores no han sido confirmados con pruebas convincentes. Son eso, rumores, que involuntariamente o no, forman parte de la guerra, ya que desacreditar es un arma.

En 1934 Jorge V había concedido a este hijo el título de duque de Kent el día de su boda con la encantadora princesa Marina, hija del príncipe Nicolás de Grecia, hermano del rey Constantino de los helenos. Ella había heredado la belleza de su madre, la gran duquesa Helena de Rusia. Esta unión fue muy feliz. Tuvieron tres hijos, el último de los cuales, Michael, acababa de ser bautizado en Windsor tan sólo tres semanas antes de la desaparición de su padre. Durante mucho tiempo la muerte del duque pareció un misterio. Para algunos, la tesis de un desafortunado accidente no era plausible. ¿Por qué el rey no estaba informado de esa misión cuando George iba a sobrevolar el picnic? ¿Por qué el rey no fue informado de la muerte de su hermano hasta aquella noche, a la hora de cenar, cuando el secretario de Estado del Aire telefoneó a Balmoral, pidiendo hablar con el soberano? La familia está sentada a la mesa. La reina tiene enseguida el presentimiento de una mala noticia, probablemente la muerte de la reina María, su suegra. Jorge VI vuelve, con la cara muy triste. Se sienta en silencio. Sólo revela la verdad cuando pasan al salón: han matado a su hermano. El clan se queda petrificado.

Los funerales del duque de Kent se celebran en Windsor, en la capilla de Saint-George. En su diario Jorge VI, destrozado, escribe: «He asistido a muchos funerales familiares en esta capilla, pero ninguno me ha conmovido tanto». Dos días más tarde el rey viaja al lugar de la catástrofe. A priori sigue siendo inexplicable. El comandante del aparato, un australiano, era un piloto de hidroavión experimentado, con más de mil horas de vuelo en patrullas marítimas. Todos sus compañeros, copilotos, ingenieros y soldados, conocían la región y su oficio perfectamente. A causa de las amistades dudosas del duque, se examina la tesis de un sabotaje del aparato. Como su cuñada Olga de Grecia se ha casado con un aristócrata alemán favorable a Hitler, se sospecha primero que ha sido la mano del servicio de inteligencia. Luego la investigación elimina rápidamente toda intervención de Berlín.[30] En definitiva, la única causa oficial admitida será un error de pilotaje a causa de la mala visibilidad. Un trágico accidente. La pena de Jorge VI es inmensa. Tras una vida al comienzo desordenada e inestable —decían que bebía y hablaba demasiado—, su hermano, visiblemente feliz en su matrimonio, encantador y seductor, se había tomado muy a pecho sus diversas misiones en la Royal Air Force. Para la Corona era una gran pérdida. El rey dirá: «Lo echaré mucho de menos, a él y a su ayuda».[31]

Aparte del comprometedor e insoportable Eduardo, exiliado en las Bahamas, a Jorge VI ya sólo le queda un hermano, el duque de Gloucester, cuyas competencias parecen limitadas. Está tan sordo que dicen que sólo reconoce el *God save the King* si la multitud se levanta. Tras estudiar diversas posibilidades de confiarle una misión concreta —todas fracasadas—, el rey lo nombrará más tarde, en noviembre de 1943, gobernador general de Australia.

Otoño de 1942. Los alemanes ponen sitio a Stalingrado. Su avance sobre el Volga coloca a los soviéticos en una posición tan grave como durante la ofensiva de Hitler sobre Moscú, un año antes, aunque sólo sea por el nombre simbólico de Stalingrado. En Buckingham Palace esperan una visita: Eleanor

Roosevelt. La esposa del presidente de Estados Unidos trae una carta personal en la que su marido tranquiliza a Jorge VI: «Me habría gustado mucho acompañarla porque hay mil cosas que quisiera decirle y de las cuales deberíamos hablar. Quisiera que usted mismo y la reina le dijesen a Eleanor todos los problemas que afectan a nuestras tropas en Inglaterra de los cuales, tal vez, ella no pueda informarse a través del gobierno o de las autoridades militares».[32] La señora Roosevelt está instalada en el palacio, que de entrada le parece poco confortable, aunque la reina le ha cedido su propia habitación. Los cristales de las ventanas han sido sustituidos por paneles de mica, que dejan entrar una humedad glacial. No hay más que un radiador eléctrico, que no llega a calentar el aire frío, y una sola bombilla. Para bañarse, la invitada sólo tiene derecho a treinta litros de agua tibia.

Un poco desconcertada, Eleanor Roosevelt descubre las restricciones que el rey impone a su familia y a sus invitados. Es cierto que sirven la comida en vajilla de oro y plata de la época de la reina Victoria, pero es tan frugal que, según una broma de lord Woolton, ministro de Avituallamiento, el *bon vivant* que era Eduardo VII habría quedado escandalizado. El menú es siempre el mismo: sopa convertida en jalea, espuma de jamón, pollo frío, helado de fresas con nata. ¡Nada caliente! Como en todos los hogares británicos, o casi.

A la visitante norteamericana, la compañía real no le parece mucho más cálida, aunque Isabel sirve ella misma el té. El rey y la reina luchan contra resfriados tenaces. Incluso el primer ministro está silencioso, y abandona de vez en cuando la mesa para recibir noticias del frente en el norte de África, donde a finales de octubre el VIII ejército de Montgomery se ha lanzado al asalto de las tropas de Rommel. Churchill vuelve, taciturno, y luego se levanta otra vez para llamar por teléfono. Parece un león enjaulado.

Eleanor Roosevelt conversa con la princesa heredera Isabel (16 años), sentada entre el rey y Churchill. La futura reina, que da «pruebas de carácter y personalidad», pregunta a la esposa del presidente por la vida en Estados Unidos. Después de cenar proyectan una película de circunstancias en un salón: *Sangre, sudor y lágrimas (In Which We Serve)*, realizada por Noël Coward y David Lean, dos maestros. El guión se inspira en hechos reales (un destructor británico es hundido frente a las costas de Creta, pero los supervivientes, a bordo de un bote salvavidas, exaltan el valor de los combatientes, incluidos los civiles). Impresionada, la señora Roosevelt descubre los decorados auténticos del *Blitzkrieg* sobre Londres. Y sus estragos. Sin poder resistir más, Churchill se va a llamar por teléfono desde su *War Room.* Vuelve cantando alegre: «¡Que ruede la barrica!»[33] ¡Victoria! ¡Ese día 3 de noviembre de 1942, Montgomery ha vencido en El-Alamein! Ha hecho treinta mil prisioneros alemanes e italianos; la leyenda de Rommel, «el zorro del desierto» se dispersa en la arena. Y el mariscal británico recuperará Tobruk. El león Churchill ruge y eso le da sed. Buckingham Palace es despertado por los gruñidos de júbilo churchillianos, porque fue él quien decidió nombrar a Montgomery en lugar de a un general que rechazaba la ofensiva. Cuarenta años antes, ya las excentricidades del inquieto Winston habían inspirado a lady Lytton este comentario, muy pertinente por cierto: «Cuando conoces a Winston ves todos sus defectos... ¡y luego te pasas el resto de la vida admirando sus cualidades!»[34] Jorge VI también está convencido de ello, ya que escribe en su diario con fecha 8 de febrero de 1941: «No podría tener un primer ministro mejor». También es verdad que ese primer ministro no podría tener mejor rey... Y al diablo los perpetuos retrasos de Winston en sus audiencias reales, anunciando que llegaría media hora después de la cita... y llegando al final una hora más tarde. También esto forma parte de la leyenda.

EN LAS BAHAMAS LAS CARTAS DE LA DUQUESA DE WINDSOR SON CENSURADAS

El duque de Windsor se entera por la radio de la muerte del duque de Kent. Las diversas hipótesis para explicar la tragedia, incluida la de un accidente cerebral del piloto, o la de una droga que le habrían administrado, desfilan por la mente del gobernador, apenadísimo. ¿Y si su hermano, después de haber bebido, hubiese tomado el timón del hidroavión? «Preguntas todas ellas que no hallarán nunca respuesta», según Charles Higham. Si no es un accidente —versión oficial—, las causas del drama deben ser obligatoriamente ocultadas. Eduardo llora como un niño. Los recuerdos de una época feliz, irresponsable e ilusoria le vuelven en imágenes confusas. Al cabo de cuatro días, se celebra un oficio religioso en Nassau en memoria del duque de Kent. Eduardo asiste lloroso. En su dolor —real, como es comprensible— omite enviar una carta de pésame a su cuñada Marina. Esta falla empañará todavía más su reputación de hombre inconsciente. Pero ¿quién puede medir los efectos de semejante *shock* sobre un espíritu tan débil? No le perdonarán esta falta.

En cambio, el duque aprovecha la triste circunstancia para enviar un telegrama a su madre, con la cual no se escribía desde hacía tiempo. Para Eduardo, ¿no es una forma de acercarse a la reina María, que no quiere saber nada de Wallis? Esta última, animada por un valor tal vez interesado, escribe a su suegra, asegurándole que siente mucho ser la causa de la separación entre ella y su hijo. Su carta es entregada al obispo de Nassau, llamado de nuevo a Inglaterra por su superior jerárquico, el arzobispo de Canterbury, uno de los «enemigos» de la duquesa. La reina María escucha con atención lo que el prelado, llegado de las Bahamas, le cuenta del trabajo de su hijo en el cargo de gobernador. Cuando menciona el nombre de la duquesa, el pobre obispo se topa con «un muro de desinterés». No obstante, la reina viuda toma la pluma para escribir a Eduardo y hablarle de la muerte instantánea del duque de Kent, puesto que salió despedido del hidroavión, y de sus funerales en Windsor. Y, lo que es más sorprendente, añade una especie de párrafo en clave: «Por favor, transmite de mi parte un amable mensaje a tu mujer. Ella te ayudará a soportar esta pena».[35] ¿Es posible que la reina María haya mitigado su juicio severo sobre la mujer a la que consideraba una «fulana»? Como era de esperar, el duque no deja escapar la ocasión, le confiesa a su madre que el largo silencio que se había impuesto le resultaba doloroso y, naturalmente, añade que espera tener «el intenso orgullo y el placer de presentarle a Wallis». Pero, por desgracia para el duque de Windsor, la viuda de Jorge V sigue sin estar dispuesta a recibir a la duquesa de Windsor.

De momento el gobernador se aburre en el ejercicio de su cargo. La inauguración del Parlamento, la investigación sobre los motines de Bay Street, la arteria comercial de Nassau, la corrupción de algunos funcionarios, las dificultades de abastecimiento de agua, nada muy apasionante cuando el mundo está viviendo unas horas dramáticas. El ex rey se siente apartado de las misiones que tenía derecho a exigir, según su rango. Pero, como de costumbre, el duque no decide nada directamente y transmite informes a Londres. Para que allí decidan en su lugar, una actitud que siempre ha preferido. ¿Tomar decisiones, escoger, actuar como árbitro? Hay gente que lo hace muy bien y, en su vida personal, es Wallis la que decide, exige, insiste y no renuncia jamás. Hay que reconocerle un aguante formidable frente a las humillaciones y las negativas. Es ella la que el 8 de mayo de 1943 decide emprender un tercer viaje a Estados Unidos. ¿Por qué razón? Porque sus cartas están sometidas a la censura norteamericana, mientras las del duque, que goza de estatus diplomático como representante de la Corona, escapan a las miradas inquisidoras.

Diez días más tarde, el secretario de Estado norteamericano Cordell Hull sufre la visita del duque cuya esposa se siente humillada porque le abren el correo personal. Cordell Hull conoce bien a los Windsor y desconfía de ellos desde que los conoció siendo embajador en Londres. Este diplomático no ha cesado de propugnar el acercamiento angloestadounidense y tenía en muy mal concepto al duque y a la duquesa, indiscretos, chismosos, inconscientes y en definitiva peligrosos a causa de su entorno de especuladores, que agotan a los más pacientes con sus perpetuas recriminaciones. Encarga a su adjunto Adolf Berle Junior que les dé una contestación inapelable: «Considero que hay que rechazar categóricamente el levantamiento de la censura a la duquesa de Windsor. Además de las oscuras actividades de esa familia, conviene recordar que el duque y la duquesa de Windsor han estado en contacto con el señor James Mooney, de la General Motors, que trató de intervenir como mediador de una paz negociada a comienzos del invierno de 1940. Que siguen manteniendo correspondencia con Bedaux, actualmente encarcelado en el norte de África [el cual, después de varias investigaciones, está] acusado de comerciar con el enemigo; que han estado en contacto permanente con Axel Wenner-Green, en la actualidad en nuestra lista negra por actividades sospechosas».[36]

Precisamente porque el territorio de Estados Unidos ya no les está prohibido a causa de la alianza anglonorteamericana, los Windsor están más vigilados que antes. En efecto, los pretextos inventados por el duque para ir a Estados Unidos no tienen interés político ni estratégico. No se trata sino de asuntos privados, a menudo financieros, en relación con personas vigiladas, algunas de las cuales pasan por ser agentes dobles, o incluso triples. Un juego opaco y peligroso, en particular después de la amarga derrota alemana de Stalingrado —el punto de inflexión de la guerra—, la conferencia que ha reunido a Roosevelt, Churchill y De Gaulle en Casablanca y la insistencia de Stalin para que se abra un segundo frente en el oeste. En Washington se considera al duque y a la duquesa como parásitos mundanos, indignos de llevar el nombre de una familia que, en todo su imperio, lucha con valor y dignidad, sin quejarse y sin una mácula en su honor. En las Bahamas, el peor defecto de los Windsor es decir en voz alta su opinión sobre todas las cosas y las personas, en general a contrapelo, como si la guerra mundial fuese algo ajeno a ellos. En un pequeño país los chismes se propagan deprisa y provocan reacciones desproporcionadas. ¡El menor incidente es un Himalaya! Y el duque, rodeado de gente leal o que por el contrario lo desprecia —¡lo cual no es incompatible!— no puede ser neutral. Así, por ejemplo, por una cuestión de desvío de agua, un tal Alfred de Marigny, alto, guapo, delgado —la duquesa se ha fijado en él—

y originario de la isla Mauricio, está furioso por ese desvío que perjudica a negros que viven en condiciones miserables. Marigny, fuera de sí, aparece como por ensalmo en el despacho del gobernador y es recriminado por un asistente que le ruega que se retire. El hombre estalla:

—¡Usted a lo mejor está impresionado por Su Alteza Real, pero yo no! ¡Dirige este furúnculo del Imperio británico! ¡Si valiera para algo, le habrían dado un cargo importante en Inglaterra o en Estados Unidos!

El duque queda anonadado por esa verdad y al tiempo aliviado por haber roto toda relación con el insoportable Marigny, que acepta a judíos en las casas que construye y que mariposeaba demasiado alrededor de Wallis mientras «mantenía una conducta inmoral con las chicas jóvenes». Pero el duque no contaba con el destino. Poco después Marigny es acusado —sin pruebas— de un crimen ritual. Finalmente absuelto, el mauriciano es enviado a Cuba por el duque, ya que el secretariado para las Colonias ha rechazado que ese personaje escabroso pueda permanecer o ser acogido en territorio británico.

Nassau está traumatizada por ese crimen, pero las llamadas telefónicas entre el duque de Windsor y el jefe de la brigada criminal de Miami acerca de este asunto han sido escuchadas por el Departamento de Estado. Adolf Berle ha recibido la transcripción de las mismas. Él es quien ha mandado censurar el correo de la duquesa. Por lo tanto en 1943 los Windsor son vigilados con minuciosidad por las autoridades estadounidenses. No es seguro que el duque y la duquesa sepan exactamente todo lo que eso implica.

1943-1944: ALGUNOS AMIGOS DE LOS WINDSOR SON DETENIDOS, LOS MATAN O SE SUICIDAN

Para la quinta Navidad en guerra y la cuarta que celebran como exiliados en las Bahamas, Wallis trabaja generosamente en favor de los más pobres, pasando de la Cruz Roja, que continúa presidiendo, a los centros de higiene y los dispensarios, e inspeccionando hasta el más modesto de los comedores escolares del archipiélago. El duque gobernador la ayuda sinceramente. ¡Qué contradictoria es su vida! Una mezcla increíble de futilidades, esnobismo, pretensiones, especulación y, en las Bahamas, buena voluntad, esfuerzos de todo tipo para aliviar la suerte de los que sufren. En efecto, «no deja de ser una paradoja de su personalidad que los Windsor se hayan interesado siempre por las cuestiones sociales, lo cual ha tenido algo que ver con la atracción que por desgracia ha ejercido sobre ellos el bando de Hitler».[37] Parecen sinceros, pero sus adversarios argumentan que el duque y la duquesa no tenían otra cosa que hacer y supervisar que estas tareas, ¡entre ellas organizar cenas para mil soldados! Pero ¡Dios mío, qué lejos estaban de Hyde Park, de la Quinta Avenida de Nueva York, de Unter den Linden de Berlín, de la Via Veneto de Roma y del bulevar Suchet de París!

El ambiente del Año Nuevo ya no es efectivamente el mismo después de la debacle alemana en Kursk —la más grande batalla acorazada de la historia—, el desembarco aliado en Sicilia —¡gracias a la ayuda de la mafia!—, la caída de Mussolini, el armisticio pedido por Italia, la conferencia de Teherán entre Roosevelt, Stalin y Churchill y la preparación de la operación *Overlord*, el desembarco aliado en Normandía, en principio fijado para mayo de 1944. La duquesa está muy afligida por la ejecución de uno de sus antiguos amantes, el conde Ciano, yerno del Duce y ex ministro de Asuntos Exteriores de la Italia fascista. Los Windsor también están afectados por el suicidio de su amigo Charles Bedaux en la cárcel de Miami a la que había sido trasladado. Muchos amigos desaparecen o intentan pasarse al bando de los previsibles vencedores. Esta guerra, que la pareja no quería, está orientándose hacia la derrota de las potencias del Eje.

La duquesa no puede más, no soporta las Bahamas y manifiesta incluso su repulsión respecto al personal negro de su residencia. A su querida tía Bessie le confía su resentimiento: «¡Este palacio del gobernador, donde sólo estoy rodeada de gentes de color, me enviará a la tumba!». Teme seriamente que el duque de Windsor sea asesinado por el servicio de inteligencia como consecuencia de «puros celos familiares». Ante semejante adversidad, ¿qué hacer? El ex rey intenta ofrecerle un último servicio a Churchill en forma de un proyecto de Federación del Caribe del cual él sería el presidente. ¿Por qué no un virrey en las Antillas, puesto que existe uno en la India? Silencio de Whitehall, del 10 de Downing Street y del *War Room*. Eduardo intenta entonces ponerse en contacto con su hermano. El fracaso es estrepitoso: desde julio de 1943, el nuevo secretario particular de Jorge VI no es otro que sir Alan Lascelles, que estaba antes de la guerra al servicio de Eduardo VIII. Dimitió, asqueado por los tejemanejes y las cobardías de aquel soberano que no tenía más dueños que el amor y su placer. Lascelles, que es un hombre culto, admira el coraje de Jorge VI y le es fiel. Buckingham Palace no contesta. El «expediente Windsor», cuidadosamente descodificado, parece irrefutable. La abdicación del soberano fue su primera traición.

JORGE VI SE OPONE A CHURCHILL, QUE QUIERE PARTICIPAR EN EL DESEMBARCO

La comparación entre Jorge v Eduardo es cruel. El rey no ha dejado de viajar adonde hiciera falta bajo el seudónimo de «general Lyon». Marino al que no le gusta el avión, el soberano, al viajar a Malta para recompensar a una población que ha sufrido terribles bombardeos, se ha visto obligado a realizar un aterrizaje forzoso en Francia. Isabel estaba preocupadísima, no se separaba del teléfono, temiendo a cada momento una noticia espantosa. ¡Qué alivio cuando se entera de que su marido está sano y salvo y que lo han llevado a casa de un negociante en vinos, una casa, según la reina, «como todas las casas francesas, equipada con una fontanería defectuosa e incomprensible»! El inconveniente no es muy grave, pero ¿por qué esos grifos están siempre al revés respecto a las instalaciones británicas?

A pesar de su fatiga, su delicada salud (el rey padece de enteritis y dolores en las rodillas), ha celebrado reuniones y conversaciones con todos los estrategas aliados del momento, los generales Alexander, Montgomery («Monty»), Eisenhower. Llegado a Argel, ha almorzado con De Gaulle y con Giraud. Luego, durante una reunión en Downing Street (sirven unos sándwiches cuyo foie «sabe a serrín»), Su Majestad se concentra en la preparación del desembarco. Se plantea la idea de estar con Churchill a bordo de uno de los navíos de la armada. Pero ante los riesgos que implica la operación, deciden renunciar. El primer ministro, con ánimo de conquista y sintiendo que tiene la victoria ya en la punta de su cigarro, mantiene su intención de embarcarse en un crucero. Durante toda una tarde se revisa, discute, analiza y sopesa el plan. Lascelles, dotado de una flema perfectamente británica, muestra de repente su irritación, cosa que nadie ha observado jamás en ese hombre impasible ante el anuncio de los peores desastres.

El rey:

—Cada vez pone usted una cara más larga...

Lascelles:

—Señor, estoy pensando que esta idea no os facilitaría la tarea si tuvierais que encontrar un nuevo primer ministro en pleno desembarco.

Churchill:

—¡Oh! ¡Todo está previsto!

Y Winston, verborreico, relata sus innumerables desplazamientos a Estados Unidos, a Oriente Medio, a Moscú y a Teherán. Jorge VI replica que esos viajes habían sido necesarios por razones estratégicas, pero esta vez los peligros son inmensos y es totalmente inútil exponerse a este riesgo. El primer ministro, empeñado en participar en lo que será en gran parte *su* victoria, se niega a ceder. El rey vuelve a palacio «muy contrariado por la manera egoísta como el primer ministro plantea el problema». El almirante Ramsay, comandante en jefe de las fuerzas navales de la operación, suplica al rey que le escriba a Churchill implorándole que no cometa esa locura. Inmediatamente, Jorge VI dirige una carta al león testarudo, comprendiendo sus motivaciones personales, pero recordándole su deber de Estado: «Por favor, considere mi punto de vista. Soy más joven que usted, soy marino y en calidad de rey estoy al frente de los tres ejércitos. No hay nada que desee más que estar en el mar, pero he decidido quedarme aquí. ¿No sería normal que usted desease hacer lo que yo mismo hubiese querido hacer?»[38]

Churchill no contesta. Ya está a bordo de un tren que debe conducirlo al cuartel general de Eisenhower en Portsmouth. Cuando se entera, Jorge VI telefonea a Lascelles informándole que tiene la intención de alcanzar al primer ministro en coche para impedir que continúe con su azaroso proyecto. Lascelles habla con Churchill por teléfono en su tren: ¡qué alivio oír de éste que se siente «obligado a plegarse a los deseos de Su Majestad y a sus órdenes»! En una carta cuyas primeras líneas son más bien arrogantes, Churchill se inclina: «[...] estas órdenes proceden del deseo de Vuestra Majestad de conservarme a su servicio. Aunque lamente no poder partir, estoy profundamente agradecido a Vuestra Majestad por las razones que han guiado a Vuestra Majestad, quedando de Vuestra Majestad el humilde y devoto servidor y súbdito». El tumultuoso león está apaciguado. Pero después de tantos años de coraje y tenacidad es fácil imaginar su frustración.

Durante esos acontecimientos, ¿qué había hecho el duque de Windsor? Nada. Peor aún: había traicionado, como demostraban multitud de documentos, muchos de los cuales desaparecieron luego de forma oportuna. De junio a octubre de 1944 los Windsor pasan cuatro meses en Estados Unidos, donde operan a Wallis de apendicitis. Cuando expira su mandato de gobernador de las Bahamas, el secretariado de Estado para las Colonias hace un balance más bien favorable de la acción local del ex rey. Sin duda, observa un especialista del oficio de gobernador de la época, «el duque no se había transformado milagrosamente en un dechado de amor al servicio público y devoción al deber [...] Pero, habiéndosele confiado un trabajo que hacer con el apoyo de su mujer, lo había realizado fielmente y con una competencia notable».[39]

Cuando tras la victoria vuelve la paz a un Londres devastado por los V1 y los V2, el 8 de mayo de 1945, el pueblo espera que la familia real y Churchill salgan al balcón de Buckingham Palace. Una multitud gigantesca. «¡Queremos al rey y a la reina!», gritan los londinenses. Y éstos aparecen. De izquierda a derecha: la princesa heredera Isabel, de uniforme porque se había alistado como conductora de ambulancias; luego la reina, levantando el brazo derecho, con guantes y un sombrero con pluma; después Churchill (que llega tarde, quizás por cortesía), sonriendo, con la leontina cruzándole el chaleco; a continuación el rey de uniforme, que saluda levantando la mano; y por último, la princesa Margarita, con un vestido claro. La reina es la más aclamada. Se sabe que en ausencia del rey, en su calidad de consejera del Estado, recibía los despachos del Parlamento y firmaba algunas actas oficiales. También se sabe que ha sido valiente. Una noche, un desertor consiguió introducirse en sus aposentos de Windsor en el momento en que se disponía a tomar un tentempié. Había tratado de ganarse su simpatía; el hombre no parecía peligroso. Sin dejarse impresionar, la reina lo hizo detener, dando secamente por terminada la inesperada conversación con estas palabras: «Le aconsejo que acepte su castigo como un hombre, y que sirva a su patria de la misma forma». Desde aquel incidente, Churchill siempre hablaba de la reina llamándola *that valiant lady* («esta valerosa dama». Ella daba con frecuencia su opinión, «siempre cargada de buen sentido». El respeto era recíproco: Winston la fascinaba, y la desconfianza inicial de Isabel se tornó pronto en una admiración indefectible.

La multitud, mantenida detrás de las verjas del palacio, entona el *God save the King*. Luego se oyen otros gritos de alegría: «¡Alabado sea Dios! ¡Tenemos un buen rey!». A lo que Jorge VI responde: «¡Alabado sea Dios! ¡Tenemos un buen pueblo!». El fervor es el de una coronación. Jorge VI e Isabel han entrado en la historia. Son el alma de la libertad. El rey, antaño tan tímido, declara: «La reina y yo estamos muy emocionados por la amabilidad de todo el mundo. Sólo hemos intentado cumplir con nuestro deber durante estos cinco años y medio».

La Segunda Guerra Mundial ha terminado.

¿La que desgarra a la familia Windsor continuará?

Capítulo 8

1945-1952
El final del Imperio

El 26 de julio de 1945, la primera sorpresa de la inmediata posguerra en Europa es el resultado de las elecciones generales en Reino Unido: ¡los conservadores las pierden! ¡El partido de Churchill es derrotado por los laboristas! Después de tanta gloria —justificada—, después de tantos años de sufrimientos, duelos, esfuerzos y tesón, después de haber encarnado el espíritu de resistencia compartido con la pareja real, el hombre que no ha cesado de mostrar los dedos índice y corazón de la mano derecha formando una obstinada V de la victoria, es enviado a la oposición. A los 71 años, el viejo león había sufrido otras traiciones políticas y reveses electorales, pero esta vez la ingratitud del pueblo británico es increíble. Apenas dos meses antes, en medio de la familia real, Winston Churchill era aclamado en el balcón de Buckingham Palace, un honor supremo, pues no es ese el lugar habitual de un jefe de gobierno de Su Majestad. La verdad es que Reino Unido ha salido triunfante del conflicto, pero también se ha debilitado, al tener que soportar solo el peso de una guerra durante más de un año. Desde las fiestas de la victoria, el primer ministro participaba en la Conferencia de Potsdam con Stalin y el presidente Truman, el sucesor del fallecido Roosevelt. Churchill no abandonó el castillo prusiano de Cecilienhof más que para un viaje relámpago a Londres, justo el tiempo para enterarse de los resultados del escrutinio. Para él, la victoria electoral no ofrecía dudas.

Una oleada laborista sin precedentes barre sus esperanzas. Concediendo sólo ciento sesenta y un escaños a los conservadores frente a trescientos noventa y tres al *Labour*, el pueblo británico demuestra que, si bien había confiado en Churchill en el papel de hombre orquesta para dirigir la guerra, no estaba dispuesto a confiarle la solución de los gigantescos problemas que acompañaban la paz, la reconstrucción del país, y en particular la vivienda y la política social. En pocas palabras, Churchill no era el jefe capaz de ganar la guerra económica.

INCREÍBLE: ¡EL PARTIDO DE CHURCHILL ES DERROTADO!
SIR WINSTON DIMITE

El primer ministro había abandonado los alrededores de Berlín seguro de volver como nuevo vencedor a Potsdam. No vuelve. Según la costumbre, el jefe del gobierno del partido minoritario acude a Buckingham Palace para presentarle al soberano su dimisión y la de su gabinete. Jorge VI está tan estupefacto como su campeón, y le dice, con su obligatoria neutralidad constitucional, que «es una gran sorpresa», sin poder precisar públicamente si es de su agrado o no. Pero lo más asombroso es que el líder del partido laborista también está sorprendido del poder que le dan las urnas. Mientras tomaba el té en familia en el Great Western Hotel de la estación londinense de Paddington, un emisario de su partido fue a avisarle. ¿Cómo reacciona el viejo luchador vencido de la Cámara de los Comunes? Con una frase, como siempre, que transmite alegremente a toda la prensa: «Se para un taxi vacío delante del 10 de Downing Street. Baja el señor Clement Attlee». Dicen que el chiste es muy celebrado en Buckingham Palace. Solamente en familia, por supuesto.

La consecuencia inmediata de ese increíble revés en la Conferencia de Potsdam es que Churchill es sustituido por su rival Attlee. Por lo tanto, el único participante de las anteriores conferencias en la cumbre durante la guerra, como la de Yalta, es Stalin, que es quien domina la situación y recibe a los plenipotenciarios aliados no sin haber colocado una inmensa estrella roja en el jardín del Cecilienhof. Al despedirse del rey, Churchill habría podido lanzar este aviso, como hizo el general McArthur apartado de la campaña de Filipinas: «¡Volveré!». Después del terror atómico lanzado sobre Hiroshima y Nagasaki, en efecto, McArthur vuelve el 2 de septiembre a bordo del acorazado *Missouri* para registrar la capitulación de Japón. El buque de la US Navy es escoltado por un destructor de la Royal Navy, el *HMS Whelp*, que lleva a bordo un primer teniente seductor: Felipe de Grecia.

Jorge VI ha aceptado con mucha pena el resultado electoral. ¡Qué decepción! Pero, lo mismo que su padre Jorge V tuvo que entenderse con el laborista MacDonald después de 1918, así también Jorge VI debe escuchar las propuestas del sucesor de Churchill. Sin embargo, el nuevo inquilino de Downing Street y el soberano tienen un punto en común que dificulta sus conversaciones: los dos son tímidos. Las primeras audiencias están marcadas por largos silencios entre los dos hombres. Un bloqueo al más alto nivel. Lord Mountbatten, el héroe de la campaña de Birmania, que es primo del rey, intenta tranquilizarlo:

—Señor, sois el más experimentado frente a un partido cuyo gobierno sin experiencia necesitará de vuestras opiniones y vuestros consejos.

Los acontecimientos lo demostrarán muy pronto. El rey ejercerá sus prerrogativas constitucionales y advertirá regularmente al gabinete que varias medidas de inspiración socialista le parecen inoportunas. La importancia de los partidos comunistas en Europa, apoyados por Stalin y respaldados por su participación en la victoria aliada, obliga continuamente al soberano a formular advertencias y reflexiones sobre las consecuencias de tal o cual nombramiento. Una tensión permanente que Jorge VI disimula manteniendo la calma y mostrándose siempre disponible para buscar la que parece la mejor solución para su país. El soberano está cansado por unos años de angustia, penas y privaciones. Y es un gran fumador. Pero no muestra ni su fatiga física ni su lasitud moral.

El 15 DE AGOSTO DE 1947, LA INDIA ES INDEPENDIENTE, PERO ESTÁ DIVIDIDA EN DOS

A pesar de todo, el monarca aún necesita valor para dar vuelta a la más hermosa página de la influencia británica en el mundo dando la independencia a la India. El gobierno de Attlee propone confiar esa delicada misión a un hombre que conoce la India y al que los indios respetan, lord Mountbatten. Éste, inquieto, pide inmediatamente una audiencia con el rey.

—Señor, ¡si fracaso, será una catástrofe!

—Mi querido Dickie, tienes todas las cualidades requeridas. Si tienes éxito, piensa en el prestigio que este resultado le reportará a la monarquía.

Mountbatten no tiene elección y se embarca con su esposa Edwina para Dehli. Necesitará meses de negociaciones y conversaciones entre las dos fuerzas más importantes: el Partido del Congreso de Mahatma Gandhi y la Liga Musulmana de Mohammed Ali Jinnah. Entre hindúes y musulmanes no existe más que una reivindicación común: que se vayan los ingleses. Mountbatten va y viene de Londres donde Churchill, furioso, acusa a sus sucesores de «liquidar el Imperio británico». Su inteligencia, su porte y su conocimiento del terreno le permiten a Mountbatten tratar con Nehru, el primer ministro de un gobierno provisional. Entre las rupturas y las rivalidades internas, entre las apariciones de Gandhi velado de blanco (al que Churchill llama en broma el «fakir medio desnudo») y la intransigencia religiosa de quienes tienen el islam como estandarte, la India se convierte en independiente el 15 de agosto de 1947.

Cuatro generaciones: la mítica reina
Victoria junto a su hijo Eduardo VII
(de pie a la derecha), su nieto el futuro
Jorge V *(de pie a la izquierda)*,
y su pequeño biznieto, quien reinaría
brevemente como Eduardo VIII
(Foto: Leemage/Prisma).

Un rey con dos futuros reyes: Jorge V
(al centro) junto a sus hijos
Eduardo VIII *(a la izquierda)* y Jorge VI
(a la derecha) (Foto: Mary Evans/ILN).

Eduardo VIII, en 1936, durante su breve reinado (Foto: The Print Collector).

El 11 de diciembre de 1936, al día siguiente de su abdicación, el ex rey Eduardo VIII pronunció un discurso para exponer ante el pueblo británico la razón de su renuncia al trono (Foto: London Keystone Archives. © 2012. Photo Art Media/ Heritage Images/Scala, Florence).

El 3 de junio de 1937, en el castillo de Candé, en Turena, el duque de Windsor se casa con Wallis Simpson, una estadounidense dos veces divorciada. Aquí los recién casados son fotografiados por Cecil Beaton (Foto: EFE).

El recién coronado rey Jorge VI con su mujer la reina Isabel y sus dos hijas, la futura reina Isabel II *(al centro a la derecha)* y la princesa Margarita en mayo de 1937 (Foto: UPPA/Photoshot).

El 20 de noviembre de 1947 la princesa Isabel se casa con Felipe Mountbatten, investido duque de Edimburgo. En el balcón de Buckingham Palace, el rey Jorge VI y la reina Isabel acompañan a los esposos. A la derecha de la imagen, la reina María, abuela de la novia (Foto: EFE).

Isabel, princesa heredera, regresa a Londres desde Kenia tras enterarse de la repentina muerte de su padre, el rey Jorge VI. Comenzaba así su largo reinado (Foto: London Keystone Archives. © 2012. Photo Art Media/Heritage Images/ Sacala, Florence).

El 15 de febrero de 1952 tiene lugar
el cortejo fúnebre del rey Jorge VI,
fallecido de manera prematura
el día 6 de ese mismo mes
(Foto: Topham Picturepoint).

La princesa Isabel, ahora reina Isabel II, y su esposo, el príncipe consorte, saludan al pueblo
el día de su coronación, 2 de junio de 1953 (Foto: London Keystone Archives. © 2012. Photo
Art Media/Heritage Images/Sacala, Florence).

La familia real en 1972. Isabel II y el duque de Edimburgo con sus hijos, de menor a mayor, Eduardo, Andrés, Ana y Carlos (Foto: London Keystone Archives. © 2012. Photo Art Media/Heritage Images/Sacala, Florence).

El 29 de julio de 1981 Carlos, príncipe de Gales y heredero al trono desde 1969, se casa con Diana Spencer, quien se convierte en princesa de Gales. Aquí, tras la ceremonia eclesiástica, saludan al pueblo desde el balcón de Buckingham Palace (Foto: Corbis/Cordon Press).

La familia real inglesa en el balcón de Buckingham Palace. Los dos niños pequeños que están más cerca de Diana, princesa de Gales, son sus hijos: el príncipe Enrique *(a la izquierda)* y el príncipe Guillermo *(a la derecha)* (Foto: EFE).

l pueblo británico depositó miles de flores en memoria de Diana Spencer, fallecida n un trágico accidente de coche el 31 de agosto de 1997 en París. Aquí, la entrada de ensington Palace fotografiada el 8 de septiembre (Foto: F. Po).

Finalmente el 11 de abril de 2005 el príncipe Carlos se casa con Camilla, honrada
a partir de ese día con el título de duquesa de Cornualles (Foto : EMPICS).

El príncipe Guillermo y su esposa Catalina, duques de Cambridge, posan
con sus familias el día de su boda el 29 de abril de 2011 en Buckingham Palace
(Foto: REUTERS/Cordon Press).

En una ceremonia fastuosa como nunca más la volverá a haber, el inmenso subcontinente pasa a ser un dominio asociado dentro de la Commonwealth.

Es el fin de una historia que empezó trescientos cuarenta y siete años antes, cuando la reina Isabel I otorgó una carta exclusiva a la Compañía de las Indias. En 1877 Victoria había sido proclamada emperatriz de las Indias, la más bella y fascinante colonia de la Corona. Pero en esa tarde agitada, nada ni nadie ha podido impedir la escisión del país en dos nuevos estados: por una parte la Unión India, que ya es miembro de las Naciones Unidas, y por otra el Estado Islámico de Pakistán, que exige ser inmediatamente admitido. Varios principados, los de los marajás, no se unen a ninguna de esas repúblicas, prefiriendo esperar y ver cómo se desarrollan los acontecimientos antes de tomar una decisión, y esperando conservar sus privilegios, sobre todo la costumbre de cazar el tigre a lomos de elefante. Por desgracia, antes incluso de que se vayan las tropas británicas, se producen violentos enfrentamientos entre hindúes, musulmanes y sijs en el Punjab y en el este de Bengala, en los lugares donde las fronteras entre Pakistán y la India aún están por definir. Hasta finales del mes de agosto, los combates cobrarán más de veinte mil muertos y provocarán un éxodo cruzado de más de un millón de personas. Y un fanático hindú asesinará a Gandhi en 1948. Mountbatten ha tenido éxito, pero ha sido un parto doloroso. El brillante Dickie es el último virrey de las Indias y Jorge VI fue, durante once años, su último emperador.

¿QUÉ SUERTE SE PUEDE RESERVAR AL DUQUE Y A LA DUQUESA DE WINDSOR?

Eduardo sigue igual de caprichoso. Le proponen ser gobernador de las Bermudas, archipiélago agradable bañado por la corriente del Golfo, pero lo rechaza, saturado de exilio antillano. «Nos mantienen en la oscuridad», se queja la duquesa, muy

amargada. ¿Acaso ignora que Hamilton, la capital del archipiélago, es más risueña que la Manchester del carbón en 1945?
Y desde las Bermudas es fácil ir de compras a Nueva York...
Más tarde Wallis dirá que le ofrecieron Australia a su marido
—es más grande, pero está más lejos de Europa— y que él
también declinó esta solución, prefiriendo ser nombrado gobernador general de Canadá, oficialmente para estar más cerca
de su rancho, oficiosamente por atractivas razones fiscales.
Aunque rico, Eduardo está en todo momento implicado en
operaciones financieras, pues la duquesa no se priva de nada,
compensando el ostracismo en el cual la mantiene la corte con
gustos lujosos. Eduardo siempre andaba mal de dinero; había
estudiado incluso una propuesta de Hitler, 50 000 francos suizos en especie (de 1943) en una cuenta secreta por instalarse en
la República Helvética, no lejos de Alemania... Desanimados
por las recriminaciones permanentes del gobernador retirado
y duque con el cual no saben qué hacer, y exasperados por
años de quejas y reclamaciones, Buckingham Palace y Downing
Street ni siquiera le contestan. ¿Puede el duque instalarse en
Estados Unidos dando su fortuna a obras de caridad? El Departamento de Estado no lo ve con buenos ojos cuando una
primera «caza de brujas» está acosando a los antiguos partidarios, secuaces y agentes del nacionalsocialismo cuya tapa-
dera era el progreso social y la condición obrera. Por tanto no
queda otra solución que regresar a Europa, pero el rey y el
gobierno continúan oponiéndose a su presencia permanente
en las Islas Británicas, a menos que resida allí como un súbdito corriente, sin títulos y sin estatus. Y sobre todo sin ruido.
¿Un simple señor Windsor? Sería risible y el palacio le hace
saber que si fuera éste el caso, «Su Majestad viviría una pesadilla constante en un país que está totalmente por reconstruir».
Impensable.

Al final, para hallar una solución, Eduardo obtiene volver
a Londres en octubre de 1945 y residir una temporada en casa
de su madre, en Marlborough House. Él solo. ¿Sigue la reina
María no queriendo recibir a la duquesa? Se comprende que

Wallis haya renunciado al viaje para evitarse un nuevo rechazo de la corte y un escándalo. Al bajar de un avión de la Royal Air Force, el duque es recibido por sus partidarios —siempre los ha tenido— y luego conducido a casa de su madre. ¿Una reunión familiar? Hay ausencias notorias. Jorge VI comparece sin Isabel; la duquesa de Kent se niega a bajar de sus aposentos y, de todas formas, Marina jamás ha soportado al vanidoso de su cuñado y a su mujer, ni olvidado que no le dieron el pésame cuando murió su marido. Y, el duque de Gloucester está de misión en Australia.

Es la primera vez que tiene lugar una reunión como ésta desde el final de la guerra. La residencia de la reina María, cuyos jardines dan al Mall, data de 1710 y reúne muchos tesoros, entre ellos una colección de cuadros, que han vuelto a subir de la bodega donde los habían puesto a buen recaudo. Esas obras evocan las guerras ganadas por el célebre Marlborough contra los ejércitos de Luis XIV. Siempre dan pie a una conversación alegre, sobre todo en tiempos de paz, no habiendo sido el *Blitz* precisamente una guerra con encajes. La reina María siente verdadera alegría al ver a dos de sus hijos reunidos, dos reyes, el antiguo y el actual.[1] Por lo visto nadie pronuncia el nombre de Wallis; la duquesa tiene en contra absolutamente a todas las mujeres de la familia.

Durante la estancia de Eduardo, la reina María lo lleva al East End a visitar los barrios bombardeados —¡cinco años después que su hermano el rey!—, sin duda con la intención de mostrarle a su hijo que entre el *Blitz* y los insípidos actos mundanos de Nassau había un abismo. Eduardo, de pronto sincero y puede que algo avergonzado, se interesa por las casas prefabricadas, que se construyen deprisa pero que son cómodas y que el gobierno Attlee, adepto a una economía de tipo socialista, subvenciona. ¡Hay tanto por hacer! Los talleres, las tiendas, los muelles, los pubs, las casuchas y los tugurios de Whitechapel o de Lambeth no son sino ruinas y montañas de escombros. Todo es urgente. Y el gobierno cambia profundamente ciertas estructuras del país.

Al partir hacia París para reunirse con Wallis, el duque asegura que la próxima vez la duquesa lo acompañará. Y será recibida. Una idea fija. Tal vez la única de su vida. E incluso cuando vio a Churchill que esperaba su revancha en las elecciones, éste no se mostró nada ansioso de volver a ver a la antigua amante de muchos hombres identificados como enemigos de Inglaterra. Antes de irse, el ex rey manifestó cierta amargura sobre la forma clandestina como lo habían recibido, y Lascelles, el ex secretario de Eduardo VIII que ahora era el de Jorge VI, reaccionó secamente. Recordándole al duque que en 1936 había hecho, según sus propias palabras, un inmenso sacrificio (su abdicación) que lo hizo el más feliz de los hombres, lo pone frente a la realidad: «¿Podríais consentir en hacer otro sacrificio, en nombre de vuestro hermano que, para permitiros vivir a vuestro antojo, ha aceptado, en vuestro lugar, la tarea más difícil del mundo y se ha obligado de por vida a cumplir deberes y responsabilidades que nunca había previsto, pero para las cuales vos sí habíais sido preparado? ¿No podríais ahora, para ahorrarle un mal trago, aceptar las dos decisiones de una vez por todas en vez de discutirlas constantemente, lo cual sólo serviría para ponerle las cosas aún más difíciles?»[2] Una sarcástica lección de memoria y de educación, y un aviso para navegantes. El duque siempre ha pensado sólo en él. Ahora ya no interesa a nadie. Y lo único que le pueden proponer es que se vaya. En suma, una nueva abdicación del contexto familiar y territorial, pero esta vez independiente de su voluntad. Nadie quiere saber nada de ese personaje egoísta, quejoso, traidor a su país y que ha ensuciado la imagen de la monarquía a causa de una mujer peligrosa e interesada. En el reino, que está sufriendo transformaciones radicales (nacionalización del Banco de Inglaterra, de las minas de carbón, de los altos hornos, de los ferrocarriles, de la energía, donde los precios están controlados y los salarios bloqueados) y que sobrevive gracias a la ayuda financiera estadounidense del plan Marshall, las pretensiones de Windsor son insoportables. ¿Quién puede apiadarse todavía de su suerte?

Durante una estancia en Inglaterra ¡a la duquesa le roban sus joyas!

Vuelven, pues, a Francia. Encuentran su apartamento del bulevar Suchet. No falta nada, salvo algunos elementos decorativos que han ido a parar a un guardamuebles. Sin dificultad, negocian una prolongación del contrato de alquiler hasta 1948. Los tormentos políticos de la posguerra les son ajenos. La pareja, siempre obsesionada por su reconocimiento en el Reino Unido, obtiene el derecho a pasar unos días en octubre de 1946 en Sunningdale, en casa del conde y la condesa Dudley, cerca de Fort Belvedere. Estas vacaciones se harán célebres por un suceso misterioso. Wallis y su marido acostumbran viajar con tres baúles del ejército idénticos custodiados por un funcionario. Uno de los baúles contiene las joyas de la duquesa, sin que se pueda adivinar cuál es el que encierra el precioso joyero. Una noche, los dos matrimonios han ido a Londres a cenar. Al final de la tarde descubren el joyero medio vacío en el campo de golf que hay al lado de la mansión. Un collar de perlas, que había pertenecido a la reina Alejandra, la esposa de Eduardo VII, ha sido abandonado en el césped, sin duda porque era difícil de vender. Su precio estimado es de 5 000 libras esterlinas. Para los periódicos, el caso es jugoso. Los pretendidos valores alcanzan cifras astronómicas. Se habla de 20 000 libras. ¿Sobre qué bases? No se sabe. Prometen una recompensa de 2 000 libras. Scotland Yard, que se hace cargo de la investigación, envía detectives hasta Argentina, Uruguay, Francia y Suiza, y se solicita al FBI que contribuya a solucionar el caso. Furiosa, presa de una ira indescriptible, la duquesa exige que registren al personal, sin más resultado que provocar una situación penosa. Han robado doce joyas, entre ellas pendientes de diamantes, pulseras y zafiros. Las investigaciones continúan cuando la pareja embarca con destino a Nueva York a bordo del *Queen Elizabeth*. El duque y la duquesa sospechan que la familia real ha organizado el robo para recuperar ciertas joyas que la duquesa era indigna de llevar. Pero no hay nada que lo demuestre. Sólo se puede deducir que Eduardo y Wallis siguen sin ser bienvenidos en territorio británico. ¡Sólo faltaba un émulo de Arsenio Lupin para que se siguiera hablando de la duquesa de Windsor!

La compañía de seguros reembolsa el montante estimado y Wallis reconstituye sus aderezos, en particular con la compra de un brazalete de Cartier adornado con una pantera. Y la duquesa adquiere así nuevas joyas, que entran en su diabólica leyenda.[3] Cuando el rey ofrece a la reina María un almuerzo en Buckingham Palace el 26 de mayo de 1947 por su octogésimo cumpleaños, Eduardo, que se halla cerca de Londres, no es invitado. Debe conformarse con telefonear a su madre. Y los Windsor tampoco serán invitados al gran acto que se prepara para el fin de año...

En medio de estas convulsiones, el rey y la reina sólo tienen una inmensa satisfacción: sus dos hijas. La mayor, Isabel, que ya tiene 21 años, ha sido educada por preceptores privados y muy pronto preparada para su futuro estatus de reina. Durante la guerra estaba a menudo al lado de su padre y tenía el privilegio de estudiar los documentos de Estado, secretos, contenidos en las famosas *boxes*, cajas de cuero rojo entregadas cada día al monarca. Al igual que su hermana Margarita, había llevado el uniforme de los *Sea Rangers.* Aquel mismo año de 1947 realiza su primer viaje oficial en familia a Sudáfrica. Desde muy joven, Isabel está enamorada de uno de sus primos, el príncipe Felipe de Grecia, oficial de marina sin fortuna, biznieto de Eduardo VII y sobrino de lord Mountbatten. Su primer encuentro tuvo lugar en la base naval de Dartmouth en julio de 1939. Ella tenía 13 años y él 18. El aspirante era muy guapo, la princesa quedó deslumbrada; inmediatamente cayó rendida ante los encantos de aquel marinero.

Felipe de Grecia nació en 1921 en Corfú; su padre, el príncipe Andrés, era el hermano del rey Constantino de los helenos. Su madre, de soltera Alix Battenberg, es una nieta de la última emperatriz de Rusia, la esposa de Nicolás II. También es hermana de lord Mountbatten. Los padres del joven Felipe se separaron en 1930. Su padre, condenado al exilio, murió en

Montecarlo en 1940. Su madre, profundamente religiosa, vivía en Atenas en condiciones muy precarias. Por suerte para su hijo, jamás había dado señales de germanofilia, lo cual no era el caso del resto de la familia real griega. Aquella mujer dignísima se había ocupado de niños víctimas de la guerra. Durante su infancia el propio Felipe había ido de un sitio para otro, y había sido acogido por un tío materno, Jorge de Battenberg, marqués de Milford-Haven. Su formación había sido enteramente británica. Tras su primer encuentro, Isabel y Felipe se habían vuelto a ver durante los permisos del oficial, que éste solía pasar en casa de su prima la duquesa de Kent (de soltera Marina de Grecia).

LA PRINCESA HEREDERA ISABEL ESTÁ ENAMORADA

La atracción mutua es tan evidente que el rey Jorge de Grecia, en marzo de 1944, pide la mano de Isabel para su primo hermano Felipe. El rey Jorge VI, sin negarse definitivamente, le contesta que su hija es muy joven y que desea que una vez terminada la guerra, la princesa, que ha vivido como millones de británicos tiempos espantosos, pueda viajar y reflexionar acerca de una decisión que la ataría de por vida. En febrero de 1947, acompañando a sus padres, Isabel abandona por primera vez suelo británico. También es su primer viaje oficial de princesa heredera, con destino a Sudáfrica. Mientras tanto, en Londres, el gabinete discute sobre la naturalización del príncipe Felipe como súbdito británico. Esta cuestión se resuelve enseguida, puesto que ha servido con valentía en la Royal Navy. En cambio se plantea el problema del nuevo nombre que debe adoptar. En efecto, los ascendientes daneses de la familia de Grecia hacen de Felipe un Schleswig-Holstein-Sonderburg-Glücksburg, patronímico demasiado pesado de llevar dos años después de terminada la guerra. Al final se elige el apellido de la madre, Battenberg, traducido al inglés en 1917 como Mountbatten. Una vez más había que desterrar la más mínima consonancia germánica, como durante la Primera Guerra Mundial.

El 10 de julio de 1947 se publica un comunicado de Buckingham Palace en la *Court Circular* de los periódicos y se expone en las verjas de palacio: «El rey y la reina se complacen en anunciar el noviazgo de su bienamada hija la princesa Isabel con el teniente Felipe de Mountbatten, RN,[4] hijo del difunto príncipe Andrés de Grecia y de la princesa Andrea (princesa Alix de Battenberg), unión a la cual el rey ha dado con alegría su consentimiento».

La boda se fija para el 20 de noviembre. Los regalos empiezan a llegar del mundo entero y son expuestos en el palacio de Saint James. Se cuentan más de mil quinientos obsequios, desde los más suntuosos hasta los más inesperados. Entre éstos, centenares de pares de medias de nailon, un gran lujo en esos tiempos de racionamiento textil, y una extraña prenda de algodón blanco, ¡que a la reina María le da asco cuando supone que es un taparrabos ofrecido por Gandhi! De hecho, se trata de un tapete tejido por el Mahatma en su célebre rueca por sugerencia de lord Mountbatten. La madre de Jorge VI, que había aceptado muy mal el fin de la India británica, no podía sino sentirse incómoda ante esa curiosa muestra de consideración... Con mucha diplomacia, la princesa Margarita disimula rápidamente la pieza de tejido inoportuna detrás de otros regalos para no ofender a su abuela.

El presente del rey será de otra naturaleza. A su hija le confiere la orden de la Jarretera el 12 de noviembre. A su futuro yerno no lo hace caballero de la misma orden hasta el 19 de noviembre, de manera que Isabel tenga prelación sobre su esposo. Felipe es declarado Alteza Real y recibe varios títulos (barón de Greenwich y conde de Merioneth, entre otros), pero el que la historia preferirá es el de duque de Edimburgo.

Las invitaciones son un verdadero rompecabezas para el protocolo. A la boda de los príncipes no es cuestión de invitar a las parentelas alemanas. Por lo tanto, no se invita a ninguna de las tres hermanas de Felipe, que se habían casado con aristócratas germánicos. Y lo mismo vale para las hermanas de la duquesa de Kent, Elizabeth y Olga. El marido de la primera se había comprometido con el régimen nazi; el de la segunda, el príncipe Pablo de Yugoslavia, había visto con buenos ojos el pacto de 1941 entre su país y Alemania. También son excluidos el duque de Sajonia-Coburgo y el príncipe Felipe de Hesse. Por último, y como era de esperar, no se desea la presencia del duque y la duquesa de Windsor, por decirlo suavemente. Y, lo que es más grave, la única hermana del rey Jorge VI, la princesa María, se niega a asistir a la boda, precisamente como represalia por la exclusión de su hermano Eduardo, el duque de Windsor. El pretexto es que está muy cansada. *No comment* de Buckingham Palace. Aparte de estas salvedades familiares, todas las monarquías de Europa, reinantes o destronadas, se apresuran a asistir a la boda de la futura reina de Inglaterra.

El 20 de noviembre de 1947, Isabel se une a SAR el duque de Edimburgo. La ceremonia en Westminster es solemne, pero también histórica, puesto que es la primera vez, desde la boda, en 1816, de la princesa Charlotte, hija de Jorge III de Hannover, con Felipe de Sajonia-Coburgo, que se celebra la boda de una princesa heredera. Aquella mañana, la llovizna persistente no logra desanimar a la multitud alborozada. Los londinenses, agolpados para ver pasar el cortejo, manifiestan una vez más su cariño a la familia real. Los arzobispos de Canterbury y de York, los obispos de Londres y de Norwich concelebran la ceremonia. Luego la joven pareja se traslada a la capilla de Eduardo el Confesor, donde en un relicario se conserva la «piedra de los reyes». En ese invierno de posguerra en que las heridas siguen abiertas, en un mundo gris de miseria y de inquietud, Churchill considera que la ceremonia es «un destello de colorido que nos indica el camino que hemos de seguir».

Aunque Jorge VI está contento con esta boda, que presiente que será una historia de amor destinada a desafiar el tiempo, la separación de su hija mayor le resulta dolorosa. Durante su infancia y su adolescencia, padres e hijas no se han separado apenas. Un cuarteto de ternura y afecto. Destinada a ser reina, Isabel ha sido iniciada en los secretos de Estado y en las relaciones con el Parlamento. Ha vivido la guerra muy cerca del rey; él la ha preparado para estar informada, para enfrentarse a los conflictos y a los obstáculos, y para dar su opinión en el interés superior del país. El haber pasado por el *Blitz*, los bombardeos, el miedo y las restricciones ha acabado de formar el carácter de Isabel. Ahora está iniciando una nueva existencia de la cual el mundo entero es testigo. Después de esta boda que ha reconfortado a un pueblo heroico pero sufriente, este día 20 de noviembre por la noche Jorge VI escribe una carta muy conmovedora a su hija, a su sucesora. El rey describe el golpe que constituye la partida de Isabel en términos especialmente entrañables:

¡Estaba tan orgulloso de ti y sentía tal entusiasmo de tenerte cerca durante esa larga marcha por la abadía de Westminster! Pero cuando le he dado tu mano al arzobispo, he sentido que había perdido algo muy precioso. Estabas tan tranquila y serena durante el oficio y has pronunciado tus palabras con tanta convicción, que he sabido que todo era perfecto. Me siento feliz de que hayas escrito y le hayas dicho a mamá que la larga espera antes del noviazgo y la larga reflexión antes de la boda habían sido lo mejor que se podía hacer. Casi tenía miedo de que pensaras que en este tema yo había actuado despiadadamente. Fue tan perturbador para ti viajar a Sudáfrica con nosotros. Nuestra familia, nosotros cuatro, la «familia real», debe permanecer unida, ¡con aportaciones, naturalmente, cuando convenga! Te he visto crecer durante todos estos años con orgullo, bajo la autoridad clarividente de mamá, que es como sabes la persona más maravillosa del mundo para mí, y sé que puedo contar siempre contigo y ahora con Felipe para ayudarnos en nuestro trabajo. Tu partida ha dejado un gran vacío en nuestras vidas, pero recuerda que nuestra vieja casa sigue siendo la tuya y vuelve tan a menudo como puedas. Sé que eres extraordinariamente feliz con Felipe, que es perfecto, pero no nos olvides. Éste es el deseo de tu siempre amoroso y devoto

PAPÁ[5]

El «expediente Marburg»: ¡una bomba de relojería!

Mientras la familia reinante y la monarquía salen reforzadas de la guerra por su actitud valiente y digna y por haber sabido compartir los sacrificios del pueblo británico, después de los festejos de la boda de los príncipes, hete aquí que Jorge VI se encuentra, muy a su pesar, abrumado por el temor de que salga a la luz el compromiso escandaloso de su hermano y su cuñada con Alemania, sus intermediarios y sus oficinas de propaganda. Cabe recordar que, salvo su visita a Hitler en 1938, presentada como un acto mundano y que se desarrolló dentro de un espíritu de búsqueda de la paz, las declaraciones, correspondencias, relaciones, contactos, promesas e intervenciones más o menos desagradables del duque y la duquesa de Windsor no habían llegado al conocimiento del público. Sólo el rey, la reina y sus allegados, así como el gobierno y por supuesto los servicios de información —de todo tipo, incluidos los de Moscú—, estaban informados y acumulaban un expediente cada vez más voluminoso. Durante toda la guerra, Eduardo y Wallis no habían dejado de conspirar, a veces inconscientemente, limitándose a ingenuas esperanzas de paz, pero otras veces —la mayoría— por venganza, llegando a desear la derrota de Reino Unido y sus Aliados. Desde la paz y la organización de un nuevo reparto del mundo oficialmente nacido en Yalta, también había que contar con los soviéticos. El duque había hecho una declaración que llamó mucho la atención con ocasión de los desfiles del 8 de mayo de 1945 coincidiendo con la capitulación alemana. Se sorprendió de no ver las tropas de Stalin ya que, al fin y al cabo, «eran ellos los vencedores»[6].

Lo más grave y, por qué no decirlo, lo más desesperante es que toda la magnífica obra de restauración de la imagen monárquica, la recuperación de su credibilidad, y por lo tanto de la confianza popular después del trauma de 1936, corría el peligro de desmoronarse por la divulgación de toda una serie de pruebas, de hechos concretos, de documentos incontestables que demostraban que el duque de Windsor era un traidor y que su esposa lo había acompañado en ese camino del deshonor. En suma, el combate dinástico ganado por Jorge VI e Isabel tras la abdicación de Eduardo VIII corría el riesgo de verse mancillado por un escándalo aún más devastador que el anterior. Esta vez, con los laboristas mayoritarios en el Parlamento, la expansión del mundo comunista en Europa (por ejemplo, con el golpe de fuerza en Praga que asentó el dominio soviético en Checoslovaquia), la instauración de la «China roja» de Mao, la independencia de la India y el inevitable contagio que representa la marcha hacia la descolonización, la Corona británica podría tambalearse. Gravemente comprometida por uno de sus miembros, ¿sería capaz la familia real de resistir el trabajo de zapa que sus adversarios habían iniciado antes de la guerra con el fin de colocar en el trono a un soberano germanófilo, un Eduardo VIII títere, venal y favorable a los «éxitos» del nacionalsocialismo?

El miedo a estos peligros mina la salud de Jorge VI, afectado por graves problemas circulatorios y que se pasa las noches en vela intentando apagar el incendio de revelaciones que teme. En efecto, ya en abril de 1945, los estadounidenses han advertido de un terrible descubrimiento, en una zona montañosa de Alemania, pero destinada a ser ocupada por la Unión Soviética. Una parte de esos secretos tiene que ver con las actividades del duque y la duquesa de Windsor. A finales de octubre de 1945, Jorge VI es informado de lo que se les reprocha desde su estancia en Lisboa en 1940; en realidad, aunque el rey ya lo sabía todo de las actividades de su hermano en esa época, presentía que descubriría algo mucho peor para el periodo de 1941 a 1945. El asunto es tan grave que se encargan de él altísimas personalidades, en particular los generales Eisenhower y Patton; el 3er Ejército, mandado por Patton acababa de cruzar los montes Taunus, de una altitud media de 1 000 metros, en busca de documentos comprometedores que habían mencionado los informadores. Inmediatamente, el rey Jorge VI mandó a su bibliotecario Owen Moorshead, acompañado de un agente del MI5, al Friedrichshof, para recuperar todo lo que pudiera implicar al duque de Windsor. Ese castillo, edificado a finales del siglo XIX por una hija de la reina Victoria convertida en reina de Prusia y emperatriz de Alemania, es una propiedad del príncipe Felipe de Hesse, comprometido con los nazis y los fascistas. El agente del MI5 se llama Anthony Blunt. Posteriormente será bibliotecario real, y luego conservador de las colecciones de la reina y agente doble, ya que también trabajaba para Moscú. Muy culto, con fama de homosexual, Blunt había sido reclutado por los soviéticos en el periodo de entreguerras junto con algunos de sus condiscípulos del Trinity College de Cambridge. Ese escándalo, uno de los más espectaculares de la Guerra Fría, no estallará hasta la década de 1960. La cosecha de los dos emisarios del rey es trasladada al castillo de Windsor. Pero no era en casa del príncipe de Hesse donde se hallaban las pruebas más demoledoras contra el duque de Windsor. En realidad, era en el hermoso bosque de Turingia, inspirador de tantos artistas, donde los norteamericanos habían reunido muchos documentos, algunos de los cuales acusaban a los Windsor. El conjunto comprendía cuatrocientos ochenta y cinco expedientes, sesenta toneladas de archivos y maletas llenas de microfilms. Todo había sido almacenado en el castillo de Marburg. Antes de la guerra y según una tradición que se remontaba al siglo XIII, la vieja ciudad de Marburg veneraba el recuerdo de santa Isabel de Hungría, un descendiente de la cual había abrazado espectacularmente la Reforma. A finales de 1945 los descubrimientos de las tropas aliadas afectan a ese discreto bastión del Occidente cristiano con una reputación harto incómoda. Entre esos documentos figura un expediente sobre las relaciones germanobritánicas y en particular sobre el duque de Windsor. Respecto a él, se adoptará pronto la costumbre de hablar del «expediente Marburg». Éste, auténticamente explosivo, es sacado y transportado bajo

vigilancia estricta al cuartel general de los cuerpos expediciona-
rios aliados, y allí es encerrado en una caja fuerte. Su contenido
no será examinado hasta 1947. Es una bomba de relojería. Podía
arruinar el prestigio de la familia real británica, dividir a la opinión como cuando abdicó Eduardo VIII y debilitar a un país al
que le estaba costando mucho volver a levantarse tras cinco años
de sufrimiento. La sospecha viene a añadirse a un contexto familiar complejo, que no es nuevo pero que representa «una
dificultad común para la Europa monárquica de la inmediata
posguerra»,[7] como constata Sarah Bradford. En efecto, en esa
nebulosa familiar, son muchos los ejemplos de opciones políticas opuestas, largamente oscurecidos por las operaciones militares y que se revelaron con la cruda luz de la paz. Así, por
ejemplo, la casa de Hesse, próxima a Jorge VI, se encuentra en
posición delicada. El príncipe Felipe de Hesse había sido un
intermediario entre Hitler y Mussolini, pero su esposa Mafalda
había muerto en el campo de concentración de Ravensbrück
por orden de Berlín como represalia por el giro radical de su
padre el rey de Italia, que se pasó a los aliados en 1943.[8] Murió
durante un bombardeo aliado. La madeja inextricable de los
parentescos agravaba las sospechas que ya existieron durante la
Primera Guerra Mundial

El expediente Marburg resulta tan comprometedor que
es descodificado por una comisión secreta anglonorteamericana. El secretario del Foreign Office Bevin y su homólogo de
Estados Unidos, el general Marshall, deciden destruir todos
los documentos. Dejará de existir el expediente en los archivos
británicos y en los norteamericanos. En el momento en que los
secuaces de Hitler van a ser juzgados, esas pruebas habrían
podido ser una amenaza que demostrase la colusión del duque
de Windsor con el enemigo. ¿Podía eso beneficiar a los venci-
dos? Según Martin Allen, «en 1946 Ribbentrop reclamó la
comparecencia como testigo de descargo del duque de Windsor
en Nuremberg, aduciendo que éste tenía pruebas capitales para
su defensa. El duque de Windsor declinó la invitación».[9] Así,
por ambas partes, el ex rey era tildado de cobarde. La dificultad

es doble: no publicar nada equivale a confesar una incomodidad, y hasta una censura, por parte de la Corona; pero publicar extractos —¿cuáles?— es igualmente grave. ¿A quién creer? ¿A los archivos alemanes (tal vez en parte fabricados) o a las fuentes británicas, que también podrían ser dudosas y estar asustadas por un contenido demasiado explosivo? Pese a la desaparición del expediente de Marburg, la inquietud de Jorge VI es tal que, habiendo tenido conocimiento de contactos durante la guerra entre su hermano y el hijo del káiser Guillermo II favorable a Hitler, Blunt y Moorshead son enviados a Holanda a Haus Doorn, residencia en el exilio del difunto káiser. El rey veía amenazas por todas partes, pero sus emisarios no encontrarán nada en los Países Bajos.

EL DUQUE DE WINDSOR CONTRATA A UN PERIODISTA PARA JUSTIFICAR SU POSTURA

Por muy valiente que sea, Jorge VI está asustadísimo ante la posibilidad de que se filtren informaciones a la prensa como consecuencia del anuncio realizado por su hermano de que va a escribir sus memorias para justificarse. Pero, incapaz de redactar el texto que lo defienda o despeje cualquier sospecha, el duque debe contratar el talento del periodista profesional Charles Murphy, una de las firmas de la célebre revista *Life*. Su colaboración es caótica, pues el ex rey amaga con soltar revelaciones sensacionales y luego se vuelve atrás. ¿Qué quiere explicar? ¿Cómo espera convencer? ¿Qué se puede creer de lo que dice? Confuso e incoherente, el relato acaba tomando la forma de entrevistas, la primera serie de las cuales aparece en diciembre de 1947. Un regalo envenenado —¡otro más!— de Navidad para el rey Jorge VI.

El año siguiente, 1948, es el del bloqueo de Berlín por los soviéticos y el puente aéreo en el cual participa Reino Unido con el fin de abastecer a los sectores occidentales. Al otro lado del Atlántico, la caza de los ex simpatizantes nazis queda entonces eclipsada por la «caza de brujas» contra los «antinorte-americanos» sospechosos de espionaje a favor de la URSS durante la guerra. Es sabido que ese clima envenenará hasta a Hollywood con una serie de espectaculares acusaciones proferidas por el senador McCarthy. Una comisión del Congreso de Estados Unidos establece que un ex consejero de Roosevelt en Yalta y otro en la conferencia de San Francisco de la que salió la Organización de las Naciones Unidas eran en realidad agentes infiltrados por los servicios de Stalin. Éste se revela como mucho más retorcido de lo que había sido Hitler. En su activa cura de oposición, Churchill no se priva de repetir: *We have killed the wrong pig* («Hemos matado al cerdo equivocado»).

El duque y la duquesa de Windsor siguen tan poco afectados como siempre por lo que el ex primer ministro ha llamado, con una fórmula lapidaria, «el telón de acero» producto de la Guerra Fría en un mundo bipolar. Para el duque y la duquesa, que se pasaban las noches bailando en los clubs neoyorquinos más elegantes, lo esencial es que sus veinte baúles (¡!) sean embarcados en Nueva York con destino a Southampton. Ironía de la historia, viajan a bordo del transatlántico *Queen Mary*, y durante esta nueva estancia la primera visita de Eduardo será, como de costumbre, para la reina María, su madre y madrina del transatlántico. El duque reside en su casa, en Marlborough House, siempre solo. Cuando se reúne con Wallis, la pareja se aloja en casa de sus amigos Dudley.

Nadie se atreve a plantear la pregunta, pero la cuestión preocupa a toda la familia real: ¿qué hacer con esos Windsor tan molestos, llamativos, ruidosos, fútiles y terriblemente incómodos? La imagen de un ex rey vividor, asiduo a los clubs nocturnos, cliente de restaurantes caros y que se arruina, a veces con fondos de dudosa procedencia, para satisfacer todos los caprichos de la duquesa, es una espada de Damocles sobre la monarquía británica, que sin embargo ha merecido elogios durante los años sombríos.[10] Cabe añadir que, en un París donde empezaban los ajustes de cuentas, a veces enmascarados como procesos de depuración, muchas veces vergonzosos, era chocante que el duque y la duquesa de Windsor hubiesen encontrado intacto su apartamento del bulevar Suchet. Incluso cabía preguntarse si París había sido ocupado durante cuatro años... Pero visiblemente las autoridades francesas tienen asuntos más urgentes que tratar que el caso del matrimonio Windsor, que frecuenta los restaurantes caros y los cabarets rusos, no sin provocarse mutuamente con celos fundados y supuestos y en general acompañados de amigos ruidosos y muchas veces ebrios. Esas borracheras de la posguerra y esas juergas mundanas en nombre de la alegría de vivir recuperada escandalizan a mucha gente.

La vida de los Windsor es una vida desprovista de interés. Un aturdimiento y una deriva. Desde 1949, la expiración de su contrato de alquiler en el bulevar Suchet los obliga a trasladarse a un hotel particular puesto a su disposición por el comandante Paul-Louis Weiller, pionero de la compañía Air France, próspero hombre de negocios y perfecto hombre de mundo. Eduardo y Wallis no podían encontrar anfitrión más refinado y atento. Sin embargo, esa soberbia residencia no les satisface. No sintiéndose bien en ninguna parte, no paran de viajar y continúan llevando una vida vacía y frívola, persiguiendo a la pareja real británica con sus rencores y sus reivindicaciones indecentes. Siguen siendo los de siempre...

OPERADO DE TRASTORNOS CIRCULATORIOS, JORGE VI
PARECE CURADO

Desde hace algún tiempo, el rey se queja de calambres en las piernas y de dificultades para caminar. Los médicos que lo examinan el 12 de noviembre de 1948 diagnostican una arterioesclerosis de las piernas tan grave que hay peligro de gangrena, lo cual haría necesaria una amputación. El soberano, que debía efectuar con su esposa un gran viaje a Australia y Nueva Zelanda, decide, el 14 de noviembre, anular ese periplo a lejanas tierras. Pero en medio de esa contrariedad se produce un hecho maravilloso: el nacimiento de su primer nieto. Isabel ha dado a luz al príncipe Carlos. Hasta mediados de diciembre de 1948, el rey está encamado. Los médicos recomiendan una operación de la espalda, una simpatectomía. La intervención tiene lugar el 12 de marzo de 1949 en una sala especialmente preparada de Buckingham Palace, por discreción. Es un éxito. El soberano recupera las ganas de vivir. En los actos hípicos de Ascot, Jorge VI aparece tan alegre como su esposa. Incluso está pendiente del protocolo indumentario y fustiga a los invitados que no se sujetan a las reglas. En el hipódromo el rey se relaja, sustrayéndose con Isabel a sus perpetuas obligaciones de Estado. La reina está radiante, feliz con su marido, y encuentra que el ambiente es delicioso. Va vestida de blanco, luciendo sus inevitables perlas y rubíes; Jorge VI lleva un traje azul.

¡Cuántos problemas internacionales ha tenido que estudiar con el gobierno! Sin duda se ha levantado el bloqueo de Berlín, pero en Bélgica la «cuestión real» va a ser sometida a referéndum para decidir si el rey Leopoldo III debe recuperar el trono, teniendo en cuenta su actitud durante la guerra. Y luego está ese reconocimiento de la China popular por parte de Reino Unido, y el nacimiento de una Alemania llamada democrática frente a la que se presenta como federal. Uno de sus viejos amigos, sir Henry Channon, apodado «Chips», ve al soberano señalar la mejilla de su huésped y, con la ayuda de algunas copas de champán, preguntarle cómo hace para parecer tan joven a su edad. El interesado se sorprende de esa amable familiaridad, señal de que el monarca se encuentra mejor y constata «que parece mucho más joven que el duque de Windsor».

El rey se fatiga trabajando (el abastecimiento de carbón es una de sus preocupaciones), el ex rey se agota divirtiéndose, rodeado de cortesanos obsequiosos y de algunos gorrones, aunque Eduardo y Wallis también a veces pueden formar parte de esta categoría según las circunstancias... El duque escribe a su hermano con regularidad para quejarse de la exclusión de la duquesa. El ex rey Eduardo VIII, a la vez ocioso y obnubilado por el tratamiento reservado a su mujer, amenaza con mandar estudiar las bases constitucionales y jurídicas del mismo. El 22 de mayo de 1950, cuando la guerra parece inminente en Corea y se teme un tercer conflicto mundial, el duque de Windsor está satisfecho de que la revista *Life* publique la segunda serie de entrevistas tituladas «La educación de un príncipe». Un acontecimiento, según él. A su hermano le escribe: «Antes de abandonar Nueva York, me las he arreglado para que *Life* te envíe los cuatro números en los cuales se publican mis artículos. Espero que los recibas».[11] El tono es frío y vanidoso.

Pero Jorge VI experimenta una nueva alegría familiar, el nacimiento de su nieta, la princesa Ana, el 27 de julio siguiente. Por desgracia la salud del rey continúa deteriorándose. A pesar de los tratamientos, sabe que en cualquier momento puede sufrir una trombosis. A los 55 años, Jorge VI de repente ha envejecido; sus fuerzas casi se han agotado. Su carácter se resiente, se fija en detalles insignificantes. Como su difunto padre Jorge V, se enfada y luego se calma, antes de fijarse en nimiedades durante la preparación de un baile en Balmoral. Antaño tan amable y reservado, de una educación exquisita, el monarca se ha vuelto sarcástico. Sin duda el mal que lo corroe despierta sus antiguas fobias. «Chips» Channon, el hombre que mejor lo conoce desde siempre, observa que «su timidez natural y su complejo de inferioridad lo colocan a la defensiva. [...] El rey ya no tiene sentido del humor, está incómodo, sólo se siente mejor cuando ha bebido un poco de champán. No tenía vicios y sólo le interesaba la caza. Tenía pocos amigos y dependía totalmente de la reina, a la que adoraba. Ella era su voluntad, su todo. Era un padre afectuoso y un amigo leal para aquellos a los que amaba».[12] Como su hermano Eduardo, Jorge VI siempre había tenido una debilidad por el champán. Cuando todavía era duque de York, lady Astor lo había invitado con Isabel a cenar a su casa, en Saint James' Square. A uno de sus amigos, James Stuart, que hacía de anfitrión cuando su marido estaba ausente, ella le anunció que no servirían ninguna bebida alcohólica. Stuart, ex deán del duque, le advirtió:

—Si tengo que ser el anfitrión, solamente lo seré con la condición de que haya champán para la duquesa y para mí, en mi extremo de la mesa. Y te aconsejo que también lo haya en el otro extremo para el duque. Es decir, si quieres que vuelvan otra vez a tu casa.[13]

La amargura entre los dos hermanos había sido demasiado profunda para que se produjera el perdón. Jorge VI hace enviar unos faisanes que había cazado durante su última estancia en Balmoral al duque de Windsor, pero el duque está furioso de que su intervención en la radio para promocionar su libro en Reino Unido se haya anulado por la enfermedad del rey. Dice estar escandalizado porque sus dos sobrinas, Isabel y Margarita, han sido vistas ese mismo día en una carrera de caballos. Wallis explota de rabia:

—¡Qué hipocresía! ¡Qué celos!

Ella sabe de lo que habla.

A LOS 77 AÑOS WINSTON CHURCHILL ES DE NUEVO PRIMER MINISTRO

En la primavera de 1951, el rey tiene fiebre. Es una neumonía. Las radiografías revelan que uno de los pulmones está afectado. Las exploraciones efectuadas en julio y en septiembre descubren un tumor maligno. No se informa al soberano de la gravedad de su estado. Sólo se le dice que sus sufrimientos se deben a un bloqueo de los bronquios y que hay que extirparle el pulmón izquierdo. Jorge VI teme esa nueva operación, que se lleva a cabo el 23 de septiembre de 1951, también en Buckingham Palace. Esta vez la enfermedad ya no es un secreto. Cinco mil personas se agolpan delante del palacio, esperando el primer parte médico. No se leerá hasta muy entrada la noche. El pronóstico es reservado, se temen complicaciones postoperatorias.

El 25 de octubre de 1951, los conservadores esperan ganar las elecciones generales con una mayoría de por lo menos ciento cincuenta escaños en La Cámara de los Comunes. Los fracasos amargos de los laboristas en política social y económica, sin omitir reveses en asuntos exteriores, sobre todo en Irán y en Egipto, les parecen prometedores. Pero sólo obtienen una mayoría de veintiséis escaños, con trescientos veintiún electos frente a doscientos noventa y cinco para los laboristas. El viejo león se despierta tras su sorprendente fracaso de julio de 1945. Seis años más tarde Churchill vuelve al poder, aclamado como «el *premier* de la guerra». Retoma el camino de Buckingham Palace donde el rey, muy debilitado, se siente feliz de encargarle la dirección de un nuevo gobierno. El duque de Windsor no espera mucho para hostigar a Churchill reclamándole un cargo oficial. En vano, pese a que el duque cree útil señalar que la duquesa ha sido operada en Estados Unidos de un fibroma con tumor —eso los había trastornado a ambos—, cosa que tiene poca incidencia en la política de Reino Unido... La operación, practicada con éxito, no había impedido a los Windsor pasar luego una temporada en Biarritz donde habían sido los huéspedes de Elsa Maxwell, la temida y muy esnob «comadre» de *The New York Times*. Durante una cena, cuando un invitado se arrodilló educadamente para recoger el bolso de la duquesa que había caído al suelo, Wallis, más venenosa que nunca, declaró: «¡Me gusta ver reptar a los británicos a mis pies!».

Navidades de 1951 en familia, en Sandringham. Valientemente, en la BBC, el rey presenta sus mejores deseos a sus súbditos. En verdad, como es sabido, el rey ha superado sus dificultades de elocución, pero su fatiga es tal que tienen que resignarse a grabar el discurso. Por primera vez... Logra no dejar traslucir ninguna debilidad de entonación y no vacila. El 29 de enero, el rey vuelve a Londres para consultar a sus médicos, que se declaran confiados. Al día siguiente por la tarde, la familia completa va al West End, célebre teatro de Drury Lane, para asistir a una representación de la comedia musical

South Pacific. Esta aparición en el palco real es importante porque demuestra que el soberano se encuentra mejor. *God save the King!*, entona el público puesto en pie.

Al día siguiente, la princesa heredera Isabel y el duque de Edimburgo parten para un largo viaje que los llevará a Rodesia y luego a Australia y Nueva Zelanda. De hecho van a realizar el periplo al cual Jorge VI había debido renunciar siete años atrás. El rey quiere acompañar a su hija y a su yerno al aeropuerto. Un gesto excepcional. Churchill, que también se halla presente, dirá: «El rey sabía que no viviría mucho tiempo». En efecto, no era un hasta pronto, sino un adiós.

Al cabo de una semana, el 6 de febrero, en el castillo de Sandringham donde había nacido cincuenta y siete años antes, Jorge VI es hallado muerto por su ayuda de cámara cuando entra en el dormitorio a las 7.30 con el té matinal para Su Majestad. Agotado por la enfermedad y un trabajo constante, Jorge VI había superado su papel, en principio limitado, de monarca constitucional cuando la situación internacional se agravó. Por sus viajes y su conocimiento de los asuntos, había consolidado la diplomacia británica y devuelto la dignidad a la Corona.

Despiertan al primer ministro. Winston, el feroz y púdico luchador, el tiránico y torpe compañero, el historiador de palabras hirientes y orador implacable, se queda mudo. Se había dormido en medio de sus expedientes esparcidos. Mirando fijamente las paredes de su habitación, llora. Cuando logra dominar su pena, le dice a su secretario:

—Lo quería de verdad. Sus consejos eran muy sensatos, y en caso de dificultades, siempre podía contar con él.

Llama por teléfono a Anthony Eden, secretario del Foreign Office y le dice únicamente:

—Imagínese lo peor que nos podía pasar...

El pueblo, que siempre se había reconocido en su soberano, está petrificado por la desaparición de un verdadero hombre de Estado que ha sido incansablemente un ejemplo de coraje. La princesa Isabel se entera con retraso de la triste noticia en

Kenia, donde se halla con el príncipe Felipe. Según la costumbre, sus vestidos de luto están siempre en su equipaje. La princesa heredera debía estar preparada, y lo estaba. El reinado de Isabel II, de 26 años, empieza a 6 000 kilómetros de Londres. El rey ha muerto, ¡viva la reina! Su madre, destrozada, no puede disimular su amargura: si Eduardo VIII no hubiera abdicado, su marido aún estaría vivo.

Capítulo 9

1952-1955
El aprendizaje de una reina

Reino Unido, la Commonwealth, las colonias y los dominios están de luto, las banderas ondean a media asta y se han anulado todos los espectáculos. Los vehículos y los autobuses se paran, la gente llora. Londres ya no es la activa y bulliciosa metrópolis que siempre simboliza una capital imperial. Una gran parte de la superficie terrestre respeta el dolor británico con dignidad y contención. Llegan decenas de miles de cartas a Buckingham Palace, desde los envíos anónimos hasta los telegramas de las más altas personalidades. La viuda del rey tardará varios meses en responder personalmente a estas condolencias. La reacción de Estados Unidos es quizá la más inesperada. Además de las condolencias personales del presidente Truman y de Eleanor Roosevelt, la Cámara de los Representantes promulga un mensaje de simpatía y aplaza sus trabajos durante un día, en señal de respeto. El Senado de Massachusetts evoca «al monarca bienamado» y su sentido del deber, mientras la prensa de Los Ángeles, donde el soberano no había estado nunca, le da el sobrenombre de «Jorge el Bueno». Un modelo de rey, que había aprendido deprisa y bien, e incluso había sorprendido a sus allegados.

Jorge VI deja el recuerdo de un monarca que ha sabido levantar la Corona desde la bajeza en la que había caído, que ha simbolizado personalmente la resistencia y cumplido con sus funciones sin desfallecer; transmite además a su heredera un régimen estable e incontestado, junto a un precioso capital de simpatía. Churchill, cuyo intervencionismo político data de más de medio siglo, se inquieta al pensar en la nueva reina: «Es muy joven. Es casi una niña». El primer ministro barre las pilas de papeles que lo rodean como un blindaje; ruega a los altos dignatarios y al líder de la oposición laborista, su apagado rival Clement Attlee, que lo acompañen al aeropuerto para recibir a Isabel II, que ahora es su soberana. Ella había salido de Londres con un vestido claro, partiendo en viaje oficial con su esposo hacia tierras todavía en gran parte sometidas a la tutela inglesa; era su tercer periplo en calidad de princesa heredera, después de París en 1948 y Estados Unidos en 1950, cuando fue recibida en la Casa Blanca. Vuelve vestida de negro, con el título de reina, jefe de Estado a los 26 años. Anthony Eden no olvidará jamás «la aparición de esa joven silueta vestida de negro en la puerta del avión, deteniéndose un instante antes de descender la escalerilla que la conducía hacia las obligaciones que la esperaban».

Churchill, muy apegado a la monarquía por su temperamento romántico, está impresionado, luego casi enseguida se siente cómodo ante la dedicación y la conciencia profesional del cuarto monarca de la casa de Windsor, el cuadragésimo primer soberano de Inglaterra desde Guillermo el Conquistador. Aquella joven tiene como ilustres antecesoras a Isabel I y a Victoria, dos reinas gloriosas que aportaron a sus reinos una potencia legendaria. Pero los tiempos y los pueblos ya no eran los mismos. La joven debía imponerse, y a ello se aplicaría.

Desde el principio de su reinado, a fin de asegurar inmediatamente la continuidad del Estado, Isabel recibe, según la costumbre, a su primer ministro cada semana. Las audiencias al principio son breves; abordan la política hablando de una de sus pasiones, las carreras, pero ¡nunca de deporte! El visitante de

Buckingham Palace tiene ante él a una mujer resuelta que quiere ser informada y capaz de aconsejar. Un poco más tarde, Isabel aplicará su tercer privilegio constitucional: advertir. Desde la guerra, «Lilibeth» tenía conocimiento de los principales asuntos. Ahora Isabel II está informada de todo. En adelante las famosas *boxes*, las cajas rojas que contienen los despachos, los telegramas y los documentos confidenciales, llevan su monograma E II, que aparece muy pronto en todos los uniformes y símbolos de los servicios públicos, desde las aduanas hasta correos, el Royal Mail. Las iniciales *HMS* permanecen inalteradas, pero en adelante su género se feminiza: *Her Majesty's Service*.

Las cartas que la reina escribe de su puño y letra a Churchill emocionan al viejo político que había pensado retirarse. Pero el encanto, la atención y la competencia de la soberana lo convencerán para que siga en el cargo. Las audiencias serán más largas y Churchill saldrá deslumbrado, sin escatimar los elogios. Olvida sus problemas de salud, que sin embargo son graves (dos accidentes arteriales sanados... con coñac), y declina la propuesta que le hace en vano su médico, lord Moran, de que acepte cuidarse y se limite a su escaño en la Cámara de los Lores. Una sola persona podría convencerlo, la propia reina. Ella se abstiene de hacerlo por respeto y amistad hacia aquel hombre solitario cuyas debilidades y errores son compensados por un talento excepcional. Winston tiene el genio de hallar las soluciones en un mundo de problemas. Sigue el cortejo fúnebre que conduce a Jorge VI a su última morada, el castillo de Windsor. El féretro del difunto rey ex marino, cubierto con una mortaja púrpura y oro, es trasladado sobre un armón, escoltado por un imponente destacamento de la Royal Navy. Es inhumado en una capilla conmemorativa situada en la nave lateral al norte del coro de la capilla de Saint George, terminada por Enrique VIII en 1528.[1] La reina María, de 84 años, está demasiado débil para asistir a las diversas fases de la ceremonia. Su único consuelo es enterarse de la densidad del homenaje popular rendido a su hijo. Durante tres días, más de trescientas mil personas desfilan ante el catafalco expuesto en Westminster.

ISABEL II NO MUESTRA GRAN ENTUSIASMO POR VOLVER A VER
A SU TÍO EDUARDO

En estas circunstancias, ¿qué hacen el duque y la duquesa de
Windsor? Desde Nueva York, Eduardo ha venido solo a los
funerales de su hermano «tiernamente amado y para consolar
a Su Majestad, mi madre, en ese duelo que abruma a mi familia
y a la Commonwealth de las naciones británicas». Desde el
elegante *grill* en el puente superior del *Queen Mary*, el duque,
muy emocionado, pronuncia un discurso real. «Raras veces
había rayado tan alto»,[2] observa Charles Higham. Pero pronto
desciende: asombra que el ex monarca se atreva a declarar durante esa conferencia de prensa (tiene por fin el derecho... y el
deber): «El difunto rey y yo estábamos muy unidos, y las grandes cualidades de monarca que tenía me permitieron resolver
más fácilmente la sucesión al trono de Reino Unido». ¡Un
eufemismo! «Eso fue hace más de quince años, quince años
turbulentos durante los cuales ha transcurrido noblemente el
reinado de mi hermano. Acosado por los peligros y las tribu-
laciones de la Segunda Guerra Mundial y rodeado de querellas
políticas, el rey Jorge VI consiguió mantener muy alta la antorcha de la monarquía constitucional». Luego viene una pulla
más bien inoportuna contra su sobrina: «Pero la reina Isabel
sólo tiene 25 años; ¡es muy joven en estos tiempos inciertos
para asumir las responsabilidades de un gran trono!». El duque
se equivoca, tiene 26 años y se adivina detrás de este comentario que la monarquía necesitaría a un hombre con experiencia,
¡en otras palabras, él mismo! Al final corrige su despecho concluyendo: «Pero tiene mucha buena voluntad y el apoyo de
todos nosotros». ¿El de su tío errante? ¡No parece muy seguro! A pesar de todo lo aplaudirán cuando al llegar les lance a los
periodistas: «¡Que Dios proteja a la reina!».

Si Eduardo está afectado por la pérdida de su hermano,
es sobre todo la ausencia de Wallis lo que siente. Durante la
travesía no dejó de enviarle mensajes por radioteléfono, hablando muy alto a causa de las interferencias: todo el barco

estaba informado de sus lamentos. Como de costumbre, había llamado la atención. La actitud fue la misma al seguir el cortejo fúnebre de su hermano: caminaba un poco apartado, para ser visto, lo cual le atrajo algunas pullas y algunos silbidos. La discreción no fue nunca su fuerte. Eduardo tiene el don de no estar nunca en su sitio, él que había ocupado el primero. ¿La tragedia shakesperiana que enfrenta a los hermanos cesará con la desaparición del más estimable de los dos? ¿Puede enterrarse por fin el hacha de guerra? No, pues tras haber visto a la reina en Buckingham Palace —no había visto a su sobrina desde hacía mucho tiempo y la visita no era más que una pura formalidad circunstancial—, no tarda en quejarse públicamente de que la renta que le abonaba a título personal Jorge VI, a saber 10 000 libras anuales, va a ser suprimida. Claro que le queda la civil, pero ¿no es una vergüenza tratar de forma tan mezquina a un ex rey, hijo de reyes y hermano de rey? La verdad, siempre la misma, era implacable: no había ningún lugar para él en el nuevo reinado. Era un paria condenado a un nomadismo mundano, lo cual no excluía algunas acciones caritativas por su parte en Estados Unidos. Isabel II había mostrado poco entusiasmo al volver a ver a su tío descarriado. Tenía buena memoria y podía atestiguar los muchos sufrimientos causados a su difunto padre. Para ella aquellos disgustos injustos seguían siendo imperdonables.

¿Y la duquesa de Windsor? Su comportamiento es de una falta de delicadeza notoria, y revela su estrategia: quiere aprovecharse de la emoción familiar para hacer oír sus recriminaciones y obtener un sitio, el que le corresponde, según ella. ¡La ocasión es única! Antes de la partida del duque, le había aconsejado como si fuera un viajante de comercio: «Ahora que la puerta está semiabierta, trata de meter un pie, con el fin de que en el futuro la puedas abrir más, porque es la mejor esperanza para WE [Wallis y Eduardo]. No menciones ni pidas ningún reconocimiento para mí».[3] Para terminar su lección de cerco psicológico, la duquesa había suplicado al duque que viera a la reina tan pronto como fuera posible (¡lo cual era inevitable!)

y tratara de explicarle lo que había sentido cuando abdicó. «Después de todo, observaba Wallis muy segura, la misma historia siempre tiene dos versiones». La nueva reina se atenía a la que había sufrido su padre, la familia real y todo un país salpicado por el barro del escándalo. Y sin duda Isabel II, conmovida por la muerte de su padre al que adoraba, ya se sentía abrumada por el peso de un papel teóricamente secundario, pero que ella debía transformar en influencia, y todavía acostumbrándose a sus nuevas prerrogativas, no podía soportar la sobreactuación del matrimonio Windsor. Porque en ellos nada era espontáneo, todo era calculado. Sólo la edad podría poner un bálsamo en las heridas que son los rencores y las envidias.

Una persona intentará lo imposible: la reina María. Su situación es original y sin precedentes: la abuela de la nueva soberana había sido reina madre desde el fallecimiento de su marido, Jorge V. Tras la muerte de su hijo Jorge VI y el advenimiento de su nieta, ¡también su nuera es reina madre! ¡Dos reinas madres! Un hermoso tema para Shakespeare y un problema de difícil solución para el protocolo, pero la corte está de luto y la reina María se ha retirado de la vida pública. Ha escrito, pues, a la nueva soberana, rogándole que entierre por fin esa famosa hacha de guerra de los Windsor tras quince años de divisiones. Habría hecho falta un milagro para engatusar a la joven Isabel II en esa época. Las visitas del duque a la hora del té no hacen progresar su causa ni la de Wallis.

LA VIUDA DE JORGE VI QUIERE QUE LA LLAMEN «LA REINA MADRE»

Quince días después de la muerte de su marido, Isabel quiere hacer respetar su estatus y disipar todas las confusiones. Dirige un mensaje público que *The News Chronicle*, el principal título de la prensa de izquierdas, califica de «declaración sin parangón en la historia de la realeza». A los que podrían haber olvidado la fuerza de carácter de la viuda de Jorge VI, el apoyo que le había dado para que se impusiera tras la irresponsable abdicación de su hermano, su resistencia sonriente bajo las bombas, da las gracias a todos los que han compartido su dolor en la pérdida «de un grande y noble rey» que ha reinado durante quince años.

Mi único deseo ahora es que me sea permitido continuar sola el trabajo que habíamos realizado juntos. Os encomiendo a nuestra querida hija, dadle vuestra lealtad y vuestra devoción: aunque amada por su marido y sus hijos, necesitará vuestra protección y vuestro amor en la gran misión solitaria a la que ha sido llamada. Que Dios os bendiga y que en Su sabiduría nos guíe sin tropiezos hacia nuestro verdadero destino de paz y buena voluntad.[4]

A partir del 17 de febrero de 1952 será llamada *Queen Elizabeth, the Queen Mother*, un nombre horrible según ella. Pronto, por una afectuosa familiaridad, se convertirá para todos los británicos en *Queen Mum*; los célebres autobuses rojos de dos pisos llevarán incluso un rótulo especial con este apodo el día de su cumpleaños y, como a su hija, se le dirá *Madame*. Su popularidad no hará más que aumentar. Sin embargo, durante los primeros meses del reinado de su hija mayor, la madre siente celos, temiendo convertirse en una persona a la que la gente ya no se atreva a acercarse, víctima de una distancia que haría aún más cruel la pérdida de su felicidad familiar. A los 52 años, se siente demasiado joven para ser viuda. ¿Su legendaria sonrisa resistirá lo que ella experimenta como un arrinconamiento? Recuperará la fuerza de vivir, pues sus capacidades de reacción están intactas. Su Escocia natal viene en su ayuda: en su punta nordeste, a orillas del mar, compra un castillo destartalado del siglo XVII, lo manda restaurar y lo rebautiza como «castillo Mey». Será su último retiro.

Consciente de que su madre ha perdido su puesto de primera dama del reino, Isabel II procura dulcificar la situación. Cuando acabe el periodo de luto, insistirá para que su madre la acompañe y asista con ella a las ceremonias y manifestaciones oficiales, lo cual supondrá un *ballet* de limusinas cronometradas al segundo. La reina madre acostumbraba a tener prelación sobre las otras damas de la corte. ¿Cuál de las dos la tendrá ahora sobre la otra? Evidentemente la nueva reina. Durante las fiestas de pascua de 1952, en Windsor, se encuentran por primera vez bajo el mismo techo desde la muerte del rey. Incluso a la hora del té, la soberana deberá tener mucho tacto para que la reina madre se continúe sintiendo en su casa y no invitada por su hija, puesto que, por principio, el soberano está en su casa dondequiera que se halle y, cuando está en Windsor, es su bandera la que ondea en la cima de la torre redonda.

El caso de la princesa Margarita tampoco es fácil. La precede una reputación de *enfant terrible* mimada por su padre, no tiene ningún papel oficial y no puede evitar la tristeza del paraíso perdido de la infancia. Tiene 22 años, es bonita y es el punto de mira en todas las veladas de los castillos reales. La muerte de su padre es la de un irremplazable ejemplo y un cómplice; se siente abandonada. Deberán administrarle un sedante durante varios días. Su desdicha es tangible. A Margarita le costará mucho asumir que ya es adulta. ¿Qué lugar se le puede reservar cuando su hermana está absorbida por su trabajo? Churchill no cesa de alabar las cualidades de la reina que inaugura «una nueva era isabelina», concluyendo un discurso en la Cámara de los Comunes con este deseo: «Roguemos porque el acceso a nuestro antiguo trono de la reina Isabel Segunda sea la señal de una resplandeciente salvación del género humano».

¿WINDSOR O MOUNTBATTEN? LA PREGUNTA SE CONVIERTE EN CONTROVERSIA PÚBLICA

En el incierto mundo de principios de la década de 1950 (llueven las bombas sobre Corea, la RDA proyecta levantar un telón de acero, en el sentido literal de la palabra, entre las dos Alemanias), ciertos problemas que se creían resueltos desde hacía tiempo reaparecen junto con el riesgo de una explosión...

¡dinástica! Todo comienza con la noche en blanco que pasa la reina María sólo tres días después de los funerales de su hijo. Acaba de enterarse de que, en una reunión de familia en su casa de Broadlands en presencia del príncipe Ernst-August de Hannover,[5] lord Louis Mountbatten ha declarado ante una reunión de invitados reales: «¡Ahora la casa de Mountbatten reina!». Habiéndole repetido esta frase Ernst-August de Hannover, la pobre reina María, nerviosa y pensando en la prudencia y el coraje de su marido, Jorge V, cuando escogió el patronímico de Windsor, avisa a Churchill. Éste se toma el asunto muy en serio y reúne a su gabinete. Isabel II, que por menos debe sentirse contrariada, hace saber que «le complace que ella misma y sus descendientes sigan llevando el apellido Windsor». Esta respuesta debería bastar. El problema agita no obstante la cumbre de las instituciones, desde el lord canciller al líder de la Cámara de los Comunes. Se plantea la conveniencia de reproducir la declaración de Jorge V del verano de 1917.

Finalmente, la reina redacta un memorándum aprobado por el gobierno que será publicado por la *London Gazette* del 7 de abril: «Declaro mi voluntad y me complazco en anunciar que yo misma y mis hijos seremos identificados y conocidos como la casa y la familia de Windsor y que mis descendientes que se casen y sus descendientes llevarán el nombre de Windsor».[6] Tras dos guerras contra Alemania era chocante reavivar el viejo antagonismo oficial de los apellidos. La declaración es clara e inapelable. También es la primera crisis revelada públicamente de la pareja real. Si bien Felipe no tenía ninguna responsabilidad en las palabras pronunciadas por su tío y no tenía ninguna intención de compartir el papel de su mujer, el duque de Edimburgo se siente herido por la precisión tan seca de su real esposa. Explota de cólera y lanza entonces un nuevo aforismo, que se hará famoso:

—¡No soy más que una maldita amiba!

Señalemos, junto con Sarah Bradford, que la metáfora es poco afortunada por parte de un padre de dos hijos. En efecto, todos los colegiales —¡menos el duque de Edimburgo!— han aprendido que las amibas se reproducen ellas mismas, sin necesidad de vivir sexualmente en pareja. Y es patente que el príncipe no se desplaza mediante seudópodos. Felipe se siente humillado, sin identidad real, rebajado a un papel evanescente. Pero él quería existir y no tenía ningún estatus, todavía no era príncipe consorte (un título que Victoria otorgó muy pronto a su marido Alberto), y debía, en todas las circunstancias, mantenerse unos pasos detrás de la reina. Esta última justificará su reacción, perfectamente legítima, sobre la controversia de los apellidos, explicando: «En cierto modo perdí toda mi timidez al convertirme en la soberana y tener la obligación de recibir al primer ministro». El asunto, de una insondable estupidez, deja una mancha en una unión que hasta entonces disfrutaba de una apacible felicidad. Demuestra que Churchill tenía razón al considerar que Isabel II tenía el temple de un jefe de Estado... y de familia.

EL DUQUE Y LA DUQUESA DE WINDSOR SE MUDAN UNA VEZ MÁS

Al no haber obtenido cargos oficiales y el derecho a residir de forma permanente en Reino Unido, Eduardo y Wallis ya no están contentos con su residencia parisina, en la rue de la Faisanderie. Nunca les había gustado ese palacete puesto a su disposición por Paul-Louis Weiller. ¿Eran capaces acaso de quedarse en algún sitio? ¿O iban a acechar para siempre el horizonte británico con la esperanza de alcanzarlo? Antes de mudarse han aceptado recibir a dos historiadores que se convertirán en dos maravillosos contadores de la historia para el placer de millones de franceses, André Castelot y Alain Decaux. Para su nuevo programa de radio titulado *La Tribune de l'Histoire*, han leído la versión francesa del libro firmado por el duque *Historia de un rey*, subtitulado *Las memorias de «Su Alteza Real el duque de Windsor»*. La obra, que ya es un gran éxito en sus versiones inglesa y estadounidense, está a punto de salir en Francia y el duque ha aceptado responder a las preguntas de esos franceses apasionados, que llegan a la rue de la Faisanderie precedidos de un camión del que salen kilómetros de cables. El palacete de Paul-Louis Weiller es transformado en emisora por un equipo de técnicos, y los micrófonos todavía son enormes. La entrevista es un bombazo, una exclusiva, concedida por el ex rey que sigue luciendo su eterna silueta de muchacho. André Castelot y Alain Decaux fueron convidados a un coctel en la rue de la Faisanderie unos días después de la grabación. Las recepciones eran la única revancha de Wallis, que sabía perfectamente que aparte de algunas relaciones equívocas, sus invitados venían a ver a la mujer por quien un rey había tenido la mala fortuna de convulsionar la historia de la monarquía británica. El día fijado —Alain Decaux me lo confirmó—, la duquesa se muestra muy severa. Ni una sonrisa a sus invitados. Delgada, elegante, en apariencia recuperada de su intervención quirúrgica (al final le habían diagnosticado un tumor canceroso en los ovarios), con la cara enmarcada por sus célebres cintas negras, Wallis está, por casualidad, frente a Alain Decaux. Él tiene 26 años y busca desesperadamente algo que decir, a ser posible algo inteligente. Y, como nos ocurre a todos, se agarra a la primera idea que le viene a la mente, en general, catastrófica:

«¡La recepción de Vuestra Alteza es magnífica!

Ella me dirigió una mirada llena de ira y, sin ninguna indulgencia, me contestó:

—¡"Vuestra Alteza", jamás!

La única frase que jamás me dirigió la duquesa de Windsor sancionó esta metida de pata».[7]

Sin embargo, al pasar los años, ocurrirá que en París —pero sólo en París— Wallis será llamada a veces Alteza Real sin que ella desmienta ese título que le había sido negado. La embajada británica tenía entonces instrucciones de no darse por enterada de la usurpación para no transformarla en incidente.

Cansados de ir y venir con sus montañas de baúles, hartos de sentirse siempre unos proscritos, casi apátridas, los Windsor intentan fijar su residencia en algún otro lugar. Eligen una casa muy hermosa del distrito XVI, contigua al Bois de Boulogne y al parque de Bagatelle, arrendada al ayuntamiento de París por un alquiler simbólico, que no se entiende muy bien: ¡50 dólares al año! El duque aún tenía medios para permitirse esa «locura», que además dispone de un jardín de unos 7 000 metros cuadrados. Iban a iniciar una nueva existencia, la gran vida, con suites en el primer piso, criados muy llamativos, mesa refinada y rápidamente invitados curiosos, encantados o críticos, pero que no habrían renunciado a ninguna invitación del matrimonio del que sólo se quería recordar una sensacional historia de amor. La dirección —4, route du Champ-d'Entraînement— era encantadora. Siempre habría caballos cerca. Los Windsor se habían convertido en unos parisinos en la parte más boscosa de la capital. ¿Era eso suficiente? ¡No! Compran, en Gif-sur-Yvette, el *Moulin de la Tuilerie*, con el cual la duquesa se había encaprichado cuando lo visitaron dos años antes; el molino había pertenecido al pintor Drian, que tuvo el buen gusto de hacer un retrato de la duquesa. La actividad de la pareja es desbordante: golf, jardinería con el jardinero alemán Eduard Kruch (¡lo cual provocaría de nuevo muchos comentarios!), lectura y proyectos de revancha y justificación para Su Alteza Real. La duquesa, por su parte, disfruta con la decoración de sus residencias, el momento estelar de la moda parisina y las recepciones.

En el verano de 1952 llega una invitación del embajador de Su Majestad británica en París, sir Oliver Harvey. La velada debe desarrollarse en dos tiempos. La cena, política, es en honor de Maurice Schumann, a la sazón secretario de Estado de Asuntos Exteriores. La recepción posterior será un acto social. Los Windsor están invitados a esta segunda parte. No antes... Furioso, el duque se niega a aceptar un sucedáneo. La pareja se siente tratada como invitados franceses de segunda clase, y Churchill piensa lo mismo. Se consultan las instrucciones del protocolo que datan de 1937, puesto que el caso no tiene precedentes, y se sugiere al embajador que no vuelva a incurrir en invitaciones problemáticas. Wallis no es aceptada en la corte.

Por lo tanto el ex rey acepta almorzar sin ella en Buckingham Palace en noviembre para celebrar el quinto aniversario de la boda de Isabel y Felipe. En el menú no figura ningún perdón de la reina. La elección del general Eisenhower a la presidencia de Estados Unidos con el 55.14 por ciento de los votos es el principal tema de conversación, puesto que Ike (su apodo) es el primer republicano que ocupa la Casa Blanca desde hace veinte años. Su vicepresidente es un abogado, Richard Nixon.

LA REINA MARÍA NO VERÁ LA CORONACIÓN DE SU NIETA

Desde el final del año 1952 los preparativos para la coronación de Isabel II tienen muy ocupados al gobierno y a la prensa. Hay una cuestión que no está zanjada: ¿la ceremonia, fijada para el 2 de junio de 1953, será televisada? La reina en principio se opone. Pese a los progresos técnicos y un material considerado discreto, la hija de Jorge VI juzga indecentes la intrusión de las cámaras en un lugar sagrado (la abadía de Westminster) y la difusión de imágenes en directo de momentos de plegaria y meditación. La importancia de la luz, y por lo tanto de los focos, corre el riesgo de convertirse en un espectáculo o al menos en una curiosidad incompatible con el acontecimiento. Sin duda, la televisión ya forma parte de la vida cotidiana de los estadounidenses, y las experiencias con el color progresan, pero ¿el voyeurismo es compatible con la solemnidad? ¿Es una ventaja o un inconveniente? Se llega a una solución de compromiso: se retransmitirá el oficio, la coronación propiamente dicha, pero no se transmitirán las imágenes de la unción, las plegarias y la comunión. Una ignorancia de los imperativos técnicos de la época es lo que está en el origen de esa solución a medias, que la prensa hace pública. Con gran sorpresa se sabe que la BBC no ha sido consultada. *TV or not TV? That is the question.* Cada vez son más las protestas. Muchísimas personas se indignan: sería un insulto reservar ese espectáculo —porque es un espectáculo, y rarísimo además— únicamente a los invitados oficiales, dignatarios y extranjeros importantes. La reina reconoce que excluir a decenas de millones de personas de semejante suceso sería un grave error. Circula un rumor: «¡Dejad que el pueblo vea a la reina!». Este rumor no ha salido sin duda de Buckingham Palace, sino quizás de la BBC, ofendida porque los políticos no han tenido en cuenta su experiencia.

Hay, pues, un acontecimiento dentro del acontecimiento: el espectáculo real también será, por primera vez, un programa retransmitido en la pequeña pantalla. Es el comienzo de la era mediática. Y de los derechos de la población, incluso la más alejada de la corte, a asistir al imponente ritual. Es tanto más importante cuanto que, por primera vez, el soberano británico lleva el título de jefe de la Commonwealth, ese fantasma de imperio. Aún se ignoraba la importancia que la imagen adquiriría en la vida cotidiana, suprimiendo la distancia que durante siglos había protegido a los actores del poder.

El 2 de marzo, cuando todas las fases de la ceremonia eran examinadas con lupa, Churchill es informado de que Stalin ha sido víctima de una hemorragia cerebral. Fallece tres días después. El georgiano tenía 74 años. El mundo comunista llora «al padrecito de los pueblos» (era de pequeña estatura) y el duque de Windsor lamenta que los Aliados no invadiesen la Unión Soviética en lugar de dejar que «el zorro rojo» ocupase la Europa central y oriental. Era olvidar el fracaso de Hitler...

Tres semanas más tarde, el 24 de marzo, a los 86 años, la reina María entrega su alma a Dios, tras sufrir insoportables dolores en el abdomen. Decía que había vivido demasiado tiempo; había conocido el reinado de Victoria y sufrido dos guerras mundiales. Mientras se prepara la coronación de su nieta, es preciso organizar de nuevo funerales oficiales en Westminster. Otra ceremonia. Una vez más, vemos al duque de Windsor siguiendo el cortejo por las calles de Londres. Eduardo pierde a la única persona que había intentado, en vano, enterrar aquel «hacha de guerra» que dividía a la familia. En adelante ya no hay más que una reina madre: su cuñada.

Los Windsor siguen la coronación de Isabel II...
POR TELEVISIÓN

Para el duque de Windsor la apoteosis de su sobrina es una nueva humillación. No lo invitan. Churchill estima que si bien el hijo de la reina María puede de manera legítima asistir a un entierro real, está absolutamente excluido que un soberano que ha abdicado esté presente en la coronación de uno de sus sucesores, y el gobierno aprueba esta posición. El 2 de junio de 1953, los Windsor deberán conformarse con seguir la grandiosa ceremonia por televisión en compañía de la inevitable Elsa Maxwell en París. La periodista, que también es organizadora de recepciones de todo tipo, se siente halagada de tener a esos huéspedes junto a ella. Según Maxwell, es mucho más elegante vivir el acontecimiento en una pantalla que transmite imágenes en blanco y negro en compañía del duque y la duquesa que estar inmerso en la multitud colorida de Westminster —domina el color púrpura—, desde donde no se veía gran cosa. Es un triste consuelo. Wallis está todo el rato furiosa, con las mandíbulas apretadas. De hecho, no soporta a la pesada —en todos los sentidos— de Elsa, que no estaba poco orgullosa de tener a los Windsor en su punto de mira mundano. Eran un cebo. Unas estrellas del gotha, aunque un poco deterioradas, que siempre impresionaban y decoraban su mesa antes de alimentar sus crónicas. Durante una gala de beneficencia celebrada en Nueva York, la duquesa había pedido incluso que tachasen su nombre de la lista de donantes «pues siempre decía que estaba en la miseria y luchaba para no tener que pagar el impuesto sobre la renta».[8] Un día, la descarada de la Maxwell había reunido a cuatro duquesas, una inglesa, una francesa, una española y una italiana. ¡Un póquer de ases! Una célebre cronista le preguntó a Wallis qué pensaba de aquella reunión. La respuesta fue sarcástica:

—Hacen falta cuatro duquesas corrientes para hacer una duquesa de Windsor.[9]

En efecto Wallis era única.

La coronación dura más de cuatro horas. Naturalmente el momento más solemne es cuando el arzobispo de Canterbury, a las 12.34, toma la corona de san Eduardo y la coloca lentamente sobre la cabeza de la reina. Charles Hargrove señala: «Parecía tan frágil, tan vulnerable y solitaria, revestida con una pesada dalmática de paño de oro, sosteniendo con una mano un cetro con el mayor diamante del mundo, el Cullinan (530 quilates), y con la otra la mano de Justicia y Misericordia».[10] Harold Nicolson, testigo privilegiado de todos los fastos de entreguerras, subraya a propósito de la reina que era una «víctima propiciatoria, Ifigenia consagrada a la felicidad de su pueblo». En ese aspecto la ceremonia sagrada no tiene parangón. Es sobre todo espectacular, fastuosa y grandiosa, brillante y perfectamente pautada.

Sólo hay un pequeño detalle no previsto y que será el origen de muchos tormentos para la nueva reina. En efecto, después de que Isabel II y su esposo se hayan ido, la princesa Margarita espera su carroza delante de la abadía para regresar a Buckingham Palace. A su lado está el antiguo caballerizo de su padre, convertido en administrador de la Casa de la reina madre. La princesa, con un gesto completamente natural, le quita una pelusa del hombro al joven y guapo oficial. En sí, ese gesto no tiene nada de particular, pero es revelador de una complicidad, quizás de una intimidad entre ellos. El gesto de la princesa no pasa inadvertido y el mundo entero descubre que la hermana de la reina está enamorada. El *group captain* Peter Townsend es una leyenda de la batalla de Inglaterra. Mandó la famosa escuadrilla 43. Para honrar a las víctimas de la Royal Air Force, el rey Jorge VI hizo de ese piloto su caballerizo en 1944. Por eso Peter Townsend entró en el círculo próximo de la familia real. Se casó pronto con una mujer muy bonita, «una boda de guerra», y tiene dos hijos. Por orden real, la pareja goza de una residencia «de gracia y honor», un *cottage* en el parque del castillo de Windsor. El exigente servicio del rey deja a menudo sola a la señora Townsend, puesto que su marido debe acompañar al soberano en sus viajes y estar constantemente a la disposición de Su Majestad. Depresivo, Peter Townsend sigue traumatizado por sus combates aéreos. La unión con su esposa es desdichada.

LA PRINCESA MARGARITA SE ENAMORA DE UN HÉROE CASADO, PETER TOWNSEND

Parece que la princesa Margarita se prendó muy pronto del héroe. Es en mayo de 1948 cuando aparecen las primeras sospechas de ese idilio. Margarita representa entonces a su padre en la coronación de la reina Juliana de Holanda. Encantadora, la princesa se comporta a la perfección. En el baile posterior a las ceremonias, baila con Peter Townsend, tal vez demasiadas veces, y parece que eso le gusta muchísimo. Los hechos ocurren poco tiempo después de la boda de Isabel. Desde entonces, Margarita se encuentra a menudo sola; y la imagen de la pareja de Isabel y Felipe le hace pensar en su propia felicidad. En sus *Memorias,* Peter Townsend sitúa el inicio de su romance en 1950, cuando él es nombrado director adjunto de la Casa Real. Margarita es pequeña, muy viva y con grandes ojos azules, una tez bonita, muy seductora. Sin embargo, su personalidad es compleja. Puede ser exquisita y generosa, pero también egoísta y mala. Es buena actriz, toca el piano con talento, imita a los cantantes de moda. Para Jorge VI, testigo de la inclinación de su hija por su guapo caballerizo, sólo podía tratarse de un flirteo, nada serio. El rey y la reina se equivocan. Se trata de una verdadera historia de amor entre su segunda hija y un hombre casado que está a punto de divorciarse. Éste dirá que «si Isabel era el orgullo de su padre, Margarita era su alegría». Cuando muere el rey, Peter Townsend abandona el cargo. Le encuentran un puesto en el ministerio del Aire, que él rechaza. Pide entonces una audiencia a la joven reina: ¿puede buscarle Isabel II un nuevo destino, pues su matrimonio se hunde? La reina, que lo conoce bien y lo aprecia, lo nombra administrador de la Casa de la reina madre, Clarence House, donde también vive Margarita. La reina no sabe nada del idilio ni de los proyectos de boda de su hermana. El divorcio de Peter Townsend es pronunciado a finales de 1952, declarando culpable a su esposa. Margarita informa a su madre y a su hermana de su deseo de casarse con el ex caballerizo de su padre. Margarita tiene 23 años; Peter, 38. Para casarse antes de los 25 años, la princesa necesita la autorización de la soberana, en virtud de un decreto denominado «de bodas reales», dictado por el rey Jorge III en 1772, que todavía está vigente. A su hermana menor, Isabel le sugiere, con mucha ternura, que espere al menos un año, de lo contrario habrá que consultarlo con el primer ministro. En tal caso habría que resolver complicadísimas dificultades constitucionales.

¿Qué piensa Churchill? Como de costumbre, su primera reacción es positiva y se alegra de la felicidad de la princesa. Pero la señora Churchill, Clementine, le recuerda a su esposo cómo se equivocó apoyando a Eduardo VIII en su voluntad de casarse con la señora Simpson. Claro que la situación no es comparable, pero el escándalo de la abdicación fue tan profundo que al gobierno le parece imposible que un miembro de la familia real vuelva a decepcionar a la opinión pública. Es del todo impensable que la hermana de la reina se case con un divorciado. Para ganar tiempo y separar a los enamorados, Peter Townsend es nombrado agregado aéreo en la embajada británica en Bruselas. Los periódicos siguen ese folletín, que hace aumentar sus tirajes. Es en Rodesia, durante un viaje oficial con la reina madre, donde Margarita se entera de que Peter ya habrá abandonado Londres cuando ella vuelva. La princesa se desmaya de desesperación; está muy afectada y deberá interrumpir su periplo. No obstante, no volverá a ver a Peter durante dos años. Se escriben todos los días. Margarita estima que sólo le han pedido que espere y acabará casándose con el hombre que ama. Se convierte en «la princesa triste». ¡Un nuevo amor contrariado en la familia Windsor! ¡Qué novelas!

AL ABANDONAR EL PODER CHURCHILL INVITA A LA REINA A DOWNING STREET

Desde hace meses el primer ministro está cansado. Se plantea presentar su dimisión a la reina. Abandonar el poder no le gusta. No fue un segundo espasmo arterial en el momento de la coronación lo que le impidió seguir en el cargo. Pero su verdadera contrariedad es dejar a Anthony Eden, un sobrino suyo, en su lugar. Le resulta desagradable ver que su sucesor tiene prisa. El 29 de marzo de 1955, Churchill es recibido como de costumbre en audiencia en Buckingham Palace, y le pregunta a la reina si tiene inconveniente en que le entregue su dimisión. Isabel II no ve ningún inconveniente. Empieza a conocer bien a ese personaje fascinante, mezcla de fuerza física brutal que gusta del enfrentamiento y de visionario talentoso, incluso cuando se equivoca. Por lo tanto, sigue en su puesto. Es cuestión de pocos días. El anuncio de un inminente viaje del presidente Eisenhower y de una conferencia en Moscú entre los cuatro Aliados justificaría no abandonar el cargo. A los 80 años, sir Winston aprovecha todos los pretextos para no dejar el poder. La cólera de su sucesor designado, Anthony Eden, no es la de un hombre que, sin embargo, será considerado un perfecto gentleman:

—Hace diez años que soy ministro de Asuntos Exteriores. ¿Es que no puede confiar en mí?

Frente a Churchill, esta forma no es la buena. En cambio, la dulzura y la amabilidad pueden atrapar al león en sus redes. Al final se sabe que el viaje de Eisenhower se aplaza y que jamás ha existido el proyecto de celebrar la conferencia de los cuatro en Moscú para esas fechas. Puesto que no va a ocurrir nada esencial, Churchill puede retirarse; los asuntos secundarios serán tratados por personas del mismo nivel... Su dimisión está fijada para el 5 de abril de 1955. A las doce, el primer ministro preside su último consejo en Downing Street. Algunas lágrimas son auténticas. Luego acude a Buckingham Palace para presentar su dimisión a la reina. Esta vez es seguro y, para gran alivio de la soberana, Anthony Eden está preparado. No es necesario celebrar ninguna consulta, puesto que no se trata de un cambio de mayoría. La última audiencia oficial con Isabel II es un monumento de hipocresía y de sentido del humor para unos, y de respeto por la tradición para otros. En efecto, Winston Churchill consigue el prodigio de no pronunciar el nombre de su sucesor delante de la reina que, con una sabiduría bien adiestrada ya, ¡no se lo pregunta! El dimisionario se explicará, recordando que ningún primer ministro tiene derecho a expresar una opinión si el soberano no lo solicita. Así, como dirá Churchill con su vocabulario tan pintoresco: «Jamás dos hombres han relevado la guardia con más amabilidad».

Pero el retiro de la vida gubernamental por parte de semejante personaje debe ir necesariamente acompañado de momentos excepcionales. Hay tres. Primero, había circulado por el palacio la idea de ofrecer un ducado al descendiente de Marlborough. Era una atención de la soberana. François Kersaudy da cuenta de esa obra maestra de mala fe y de talento dramático que es la comedia del ducado: «El secretario de la reina, sir Michael Adeane, le había respondido que los soberanos no conferían ya ducados, excepto a las personas de sangre real, pero que en ese caso, el gesto en efecto parecía imponerse; la reina estaba, pues, obligada a ofrecerle un ducado a sir Winston, a condición de obtener antes de su secretario la seguridad de que éste lo rechazaría. Una solución típicamente británica».[11] Churchill ya había rechazado — ¡en broma! — el título de duque de Londres y el escaño en la Cámara de los Lores. Pero ¿un ducado de verdad? Podía ser tentador. No había ningún riesgo, pues «él quería absolutamente morir como diputado de la Cámara de los Comunes; por lo tanto, en el caso muy improbable de que le ofrecieran un ducado, lo rechazaría categóricamente». Pero los conspiradores empezaron a dudar al ver que el primer ministro se dirigía a Buckingham Palace. ¿Y si, al final, para no contrariar a la reina, aceptaba el ducado? ¡Sería imperdonable! Por fin, de regreso de la audiencia real, Churchill tiene lágrimas en los ojos: «Ha sucedido algo increíble: ¡me ha ofrecido un ducado! Y me he sentido tan emocionado por su belleza, por su encanto y su gentileza, que he estado a punto de aceptar. Y luego he recordado que debía morir como había nacido, con el nombre de Winston Churchill. Le he respondido por tanto que no podía aceptar y le he rogado que me disculpase. Y, saben qué, lo más extraño, es que casi ha parecido aliviada».[12]

¡Tartufo en una obra de Oscar Wilde! ¡Arte con mayúsculas! El segundo momento excepcional se sitúa, en realidad, la víspera, cuando el matrimonio Churchill recibió a la pareja real para una cena en el número 10 de Downing Street. Desde la guerra era la primera invitación de este tipo, pero esta vez de frac y traje largo. Y para honrar a Churchill, Isabel II lleva tiara y condecoraciones.[13] El Estado invitado por el gobierno, ¡es algo totalmente infrecuente! Sir Winston, muy emocionado, luce su cinta cruzada de caballero de la orden de la Jarretera, pero se sabe desde hace tiempo que sus excentricidades indumentarias forman parte de su leyenda. Después de cenar —lo cual también es un acontecimiento sin precedentes—, Churchill, todavía en el cargo hasta el día siguiente, propone un brindis a la salud de Isabel II. Más sorprendente aún es la «encantadora respuesta de la reina», que desea hacer algo que pocos de sus predecesores han tenido ocasión de hacer: propone un brindis a la salud del primer ministro. Por último, he aquí otro gesto que tampoco se había visto nunca: al acompañar a la reina a su coche, Winston Churchill se las arregla para aguantarle la puerta. Un gesto muy comentado. Semejante estima y una complementariedad tan sutil serían algo totalmente excepcional.

MARGARITA RENUNCIA A SU AMOR Y SE CONVIERTE EN «LA PRINCESA TRISTE»

En la primavera de 1955 el viaje oficial de la princesa Margarita al Caribe había sido un éxito. Incluso decían que con su encanto y su entusiasmo, había eclipsado el viaje que la reina había realizado después de su coronación el año anterior. Se hacen toda clase de conjeturas en vísperas de su vigésimo quinto cumpleaños. ¿Qué pasaría? ¿Cuál sería la decisión? La princesa, que sigue estando segura de su amor, intenta hablar con su madre y con su hermana. Las dos lo evitan, aunque en su fuero interno Isabel II está segura de que la unión de su hermana con Peter Townsend sería un fracaso. Piensa que aquel hombre está traumatizado por su divorcio y lo considera irresponsable y poco consciente de las realidades. El 1 de octubre, según la tradición, el nuevo primer ministro Anthony Eden visita por primera vez a la reina en Balmoral. Se trata evidentemente de la boda de Margarita. Isabel II le pide que sondee al gabinete y al Parlamento para saber qué piensan, pues aunque la princesa ya no necesita la autorización de su hermana para casarse, sí debe recabar la aprobación del gobierno y de los parlamentarios. Una boda principesca también es un asunto político. Añadamos que el primer ministro se siente aliviado de que la reina no le pida su opinión personal, porque él mismo está divorciado y casado en segundas nupcias con Clarissa Churchill, una sobrina de Winston. Por su parte, la princesa enamorada regresa a Londres el 11 de octubre y Peter Townsend llega al día siguiente. Acosados por una jauría de periodistas se ven con frecuencia. Esta agitación incomoda al gobierno hasta el punto de que Buckingham Palace publica un comunicado en el que pide a la prensa que deje tranquila a Margarita, precisando que de momento no habrá ningún comunicado respecto al futuro de la princesa. El tiraje de los periódicos aumenta más aún, y los titulares de izquierdas son favorables al romance. Hay temas más preocupantes, como el anuncio por parte del coronel Nasser en Egipto de que ha adquirido armas soviéticas y checoslovacas. ¿Con qué finalidad?

El 18 de octubre Anthony Eden vuelve a Balmoral para comunicar a la reina el resultado de sus consultas. No hay ninguna ambigüedad: el gobierno se niega a aprobar la boda. Si la princesa se casa a pesar de todo, el gabinete hará votar en el Parlamento una ley que prive a Margarita de sus derechos sucesorios tanto para ella como para sus descendientes y se le suprimirá la renta civil. Además, seguramente le pedirán que se expatríe por algunos años. Cabe señalar que estas medidas serían peores que las infligidas a su tío Eduardo, ya que, a pesar de sus perpetuos lamentos financieros, el duque de Windsor ha conservado rentas suculentas. Para la princesa, la perspectiva de vivir exiliada lejos de su familia, privada de sus prerrogativas y con el sueldo de Peter como único medio de subsistencia, restringido además por la pensión que debe abonar a sus dos hijos, sería una pesadilla.

Después de pensárselo, Margarita toma una decisión. El lunes 31 de octubre de 1955, a las 18.00 horas, Peter Townsend acude a Clarence House a despedirse de ella. A las 20.00 horas se lee por la radio una declaración de la princesa: «Quisiera comunicarles que he decidido no casarme con el *group captain* Peter Townsend. He sido informada de que al renunciar a mis derechos sucesorios, me habría sido posible contraer un matrimonio civil. Pero impregnada por la enseñanza de la Iglesia según la cual un matrimonio cristiano es indisoluble y consciente de mi deber para con la Commonwealth, he resuelto poner estas consideraciones por delante de todas las demás. He tomado mi decisión enteramente sola y al actuar así he recibido el apoyo sin reservas y la devoción del *group captain* Townsend. En este tema, estoy profundamente agradecida a todos los que constantemente han rogado por mi felicidad».[14]

El «caso Townsend» (como lo llamaba la prensa) queda cerrado. Oficialmente la princesa Margarita antepone su deber a su pasión, lo contrario de lo que había hecho su tío Eduardo VIII. Pero la reina conservó seguramente un sentimiento de culpabilidad que le sería difícil olvidar. Margarita seguirá siendo «la princesa triste» hasta que se anuncie su boda, cinco años más tarde, con el fotógrafo Antony, conocido como Tony Armstrong-Jones, al que la reina concederá el título de conde de Snowdon.

Capítulo 10

1956-1965
El tiempo de las crisis

Isabel II es una reina que trabaja mucho. Su horario está increíblemente cargado. Ha hecho de un poder aparente una influencia real. Su derecho a recibir cada día esté dónde esté los documentos de Estado y las comunicaciones diplomáticas hace de Su Majestad una de las personas mejor informadas de Reino Unido. Su reunión semanal con el primer ministro la mantiene al corriente de toda la vida política y social. Como jefe de la Commonwealth y jefe de la Iglesia de Inglaterra realiza numerosas visitas dentro del país y muchos viajes al extranjero. Con una gran solemnidad abre la sesión inaugural de cada legislatura pronunciando un discurso escrito por el primer ministro. Como jefe de los ejércitos, pasa revista a las tropas —¡cuántos desfiles y guardias de honor!— y recibe las credenciales de los embajadores. Por último sus funciones caritativas son muy importantes, ya que preside centenares de asociaciones.

La soberana alterna las ceremonias espectaculares con acciones discretas. El respeto puntilloso de las tradiciones seculares y de la pompa, además del mantenimiento de castillos y residencias privados o de la Corona, es asunto suyo. Su lista civil, votada por el Parlamento, le permite cubrir los gastos que su cargo conlleva. El costo de la monarquía es objeto de numerosas críticas. Algunos de sus privilegios fiscales han sido discutidos y, desde 1993, Su Majestad acepta pagar el impuesto sobre la renta. Es preciso admitir que el «espectáculo monárquico» que mantiene es único en Europa y que sin determinados fastos el país, incluso en periodo de recesión, perdería gran parte de su prestigio. Tampoco hay que olvidar los ingresos que reporta el turismo con las visitas a importantes monumentos.

La reina no ha podido evitar ni las vicisitudes políticas ni los problemas personales y los dramas familiares, algunos especialmente incómodos. Después de más de cincuenta años de reinado, Isabel II es un actor a menudo desconocido, un testigo privilegiado y una memoria sin parangón de una época en que muchas certidumbres han sido puestas en tela de juicio. Desde el bombín que todavía llevan a veces los *gentlemen* de la City hasta el triunfo planetario de los Beatles, desde los divorcios hasta la muerte brutal de Diana y el retroceso de Hong Kong a China, ¡cuántos cambios, pero también cuántos usos sorprendentes mantenidos contra viento y marea!

Ahorradora, la reina sigue siendo una de las mujeres más ricas del mundo, especialmente gracias a sus colecciones artísticas privadas (cuadros y mobiliario), que no deben confundirse con el patrimonio del Estado.

EL SENTIDO DEL HUMOR DEL DUQUE DE EDIMBURGO DIVIERTE Y CONSTERNA AL REINO

El ritual está perfectamente rodado. A las 8.00 despiertan a la soberana en su dormitorio situado en el ala norte de Buckingham Palace. Un criado le lleva el té matinal, y luego entra la peluquera de la reina, que es su fiel confidente. Cabe señalar que desde la coronación, Su Majestad no ha cambiado de peinado. ¡Al diablo la moda! ¿Por qué modificarlo, puesto que su aspecto intemporal le permite tener la cara despejada y ser vista? Además, gracias a ese peinado, puede soportar el peso de las tiaras en las grandes ocasiones. En una habitación contigua, el policía de paisano que ha velado toda la noche por la seguridad de Isabel II ya ha abandonado su puesto. Esta medida no impidió que la madrugada del 9 de julio de 1982 un desconocido lograse colarse hasta el dormitorio real e incluso hasta la cama donde se limitó a sentarse. En un primer momento, la reina creyó que le traían el té, pero las 7.15 era demasiado pronto. Enseguida comprendió que no se trataba del criado, sino de un extraño, Michel Fagan, un inofensivo (¿?) esquizofrénico de 33 años. ¡Quería contarle a la reina sus problemas familiares! Ella no se asusta y lo escucha, después de pulsar el botón de alarma. ¡Nadie oye el timbre! El policía se ha ido como de costumbre a las seis, cuando llega todo el personal privado. El criado ya está paseando los perros, los inevitables *corgis*. Y, lo que es más grave, Isabel II llama a dos números de teléfono para que le envíen policías y... ¡no obtiene respuesta! Permanece tranquila, y decidida a no ponerse nerviosa. ¡Eso no es peor que el *Blitz*! El desconocido pide un cigarrillo; la reina, con la excusa de ir a buscarlo, se topa con una mujer de la limpieza que está manejando un aspirador y se lleva el susto de su vida: ¡un hombre sale descalzo del dormitorio de la reina con ella! Como es de suponer, finalmente socorren a la Isabel II. La única tristeza del inimaginable encuentro es que hallan sangre en la cama de la reina: el pobre infeliz intentó abrirse las venas delante de la soberana. Según una de las doncellas, «Su Majestad se quedó tan fría como un pepino», lo cual debe interpretarse como un cumplido por el perfecto dominio de sí misma que demostró. El increíble incidente provocó tantas inquietudes (¿y si el hombre hubiese sido un asesino del IRA?) como viñetas satíricas divertidas, con todas las ocurrencias posibles. Cabe suponer que hubo algunos traslados discretos en Scotland Yard, ¡quién sabe si para vigilar al monstruo del Lago Ness!

En los aposentos de la reina siempre hay disponible una selección de periódicos y ella aprecia en particular los crucigramas del *Daily Telegraph*, que suele hacer. El servicio de prensa de la soberana ya ha seleccionado todo lo que le puede interesar en los otros titulares, a los cuales, gracias a las nuevas técnicas, se añadirán los comentarios de radio y televisión. Su Majestad lee muy deprisa, pero con atención, lo retiene todo y a veces se divierte comprobando si su secretaría privada ha recogido tal o cual información. Toma el *breakfast* con el príncipe Felipe, que llega de sus aposentos, en general con comentarios cáusticos sobre la actualidad. Cuando son públicas, sus metidas de pata diplomáticas, sus ocurrencias y sus comentarios a veces impertinentes divierten o consternan a la opinión. «Ya no hay personajes como él», dice el periodista Phil Dampier, autor de una biografía titulada, sin contemplaciones, *El Duque del azar*. «Lo maravilloso es que nunca se disculpa», escribe. Durante un viaje a Australia, el príncipe preguntó: «¿Siguen ustedes tirándose lanzas los unos a los otros?». La pregunta molestó mucho al líder aborigen a la que iba destinada y la prensa se indignó. Según Felipe, fue «mucho ruido y pocas nueces» (¡este título shakesperiano lo utilizará mucho!) y sólo lamentó que su interlocutor no tuviese sentido del humor. Un cronista de *The Times*, Ben Macintyre, que ha seguido atentamente las «planchas» del duque, estima que su «sentido del humor es verdaderamente generacional y que refleja una forma de pensar que considera que la Gran Bretaña aún reina sobre los océanos, que clasifica a los extranjeros en estereotipos fáciles de ridiculizar y que supone que todo lo que está fabricado fuera de Inglaterra se rompe».[1] El duque de Edimburgo es el campeón de los tópicos y de la falta de tacto. En Escocia interroga a un monitor de autoescuela: «¿Cómo hace usted para que los indígenas estén sobrios el tiempo suficiente para pasar el examen?». En 2011, en la Cámara de los Comunes, incluso el primer ministro David Cameron elogia la «forma única que tiene el duque de decir las cosas», algo insólito en ese lugar tratándose de los comentarios incautos del marido de la reina. Durante años se habían comentado las frases devastadoras de Churchill. Es cierto que muchos se quejan de que un personaje como el príncipe Felipe, reincidente empedernido, no se autoflagele públicamente y no se arrepienta. En un editorial, el diario *The Independant* estima que no es para tomárselo a risa. Y sin embargo, los británicos se han acostumbrado a ese humor desfasado, a veces surrealista, temido o esperado, que puede percibirse como una forma de independencia. El príncipe Felipe se ha convertido en una institución en el seno de la monarquía. *No comment* de la reina, naturalmente.

DESPUÉS DE SUEZ LA REINA TIENE QUE NOMBRAR A UN TERCER PRIMER MINISTRO

La primera crisis internacional en la que se ve envuelta la Gran Bretaña tras la coronación de Isabel II es la de Suez, en 1956. El 26 de julio, en El Cairo y delante de ciento cincuenta mil personas, el presidente Nasser pronuncia un discurso especialmente vigoroso con ocasión del aniversario del derrocamiento del rey Faruk por un grupo de oficiales de los que él formaba parte. Nasser anuncia la nacionalización del canal de Suez tras la salida del último soldado británico de la zona del canal. Los bienes de la Compañía son embargados. Desde 1936, Gran Bretaña se encargaba de la protección militar del canal. La cólera es enorme en Reino Unido y en Francia, cuyos intereses se ven amenazados, pues las acciones de la Compañía pertenecen a ambos países. Anthony Eden y su homólogo francés, Guy Mollet, deciden intervenir militarmente con el apoyo de Israel. La operación del 29 de octubre es un éxito completo, pero como represalia Nasser hunde varios barcos en el canal, impidiendo la navegación. Los soviéticos amenazan, Estados Unidos condena y, el 7 de noviembre, las tropas francobritánicas detienen su avance. El canal no se volverá a abrir hasta 1958. «Victoria militar y derrota diplomática», se dirá. El asunto provoca la caída del gabinete de Anthony Eden.

En enero de 1957, la reina recibe a su sucesor, Harold Macmillan, su tercer primer ministro desde que ocupa el trono. Isabel II ha hecho su deber constitucional, pero la prensa se sorprende: ella había pensado en otro candidato. ¿Qué habría hecho Churchill? No se sabe. Pero la gente recuerda que hablando de su sobrino político, Eden, sir Winston mascullaba: «¡No lo conseguirá!». Desde entonces, Churchill se dedica casi todos los días a sus talentos de pintor dominguero, cuando no escribe obras históricas.

¿Y los Windsor? Nuevas indiscreciones hablan de la publicación inminente por parte de Estados Unidos de documentos comprometedores. Resurge el fantasma del «expediente Marburg», sin que se pueda saber qué es lo que contiene. De todas formas, el duque, que ha llegado a Londres, lo desmentirá, afirmando que esos archivos eran falsificaciones. En contra de las investigaciones mediáticas actuales, nadie se atreve a ir más allá y a someter al ex rey a un verdadero interrogatorio. Es posible que el ardor de ciertos justicieros se frenara ante el riesgo de manipulaciones por parte de la URSS. También es cierto que aparte de las declaraciones públicas y del comportamiento del interesado entre 1938 y 1945, es difícil desentrañar qué hay de verdad en la desinformación. Para algunos contemporáneos como la ex reina Helena de Rumania, Eduardo «debería ser ejecutado como traidor».[2] El «veneno Windsor» seguirá proyectando durante mucho tiempo una sombra sobre un nombre que había recuperado, sin dolor, su dignidad y barrido cualquier equívoco. Para distraer la atención, el duque y la duquesa subvencionan obras de beneficencia y centros especializados para los discapacitados, que entonces hacen mucha falta. En Nueva York y en París, los Windsor hacen donaciones, reales y eficaces, y varias autoridades médicas lo atestiguan. ¿No es también el precio de una popularidad que continuamente se les escapa? La pareja sigue siendo un enigma incómodo.

Como a su abuelo y a su padre, a la reina no le gustan las sospresas. Cuando no está de viaje oficial, procura respetar las citas familiares según un calendario inmutable, siendo señalada su presencia con su estandarte personal en lo alto de un mástil: la antevíspera de Navidad en Windsor cuando la reina distribuye los regalos al personal, Navidad y Año Nuevo en Sandringham, Pascua en Windsor con la fiesta hípica de Ascot, el final del verano en Balmoral con una gran recepción en la menos conocida de las residencias reales, Holyrood, en Edimburgo. El viejo castillo de los Estuardo fue antes un monasterio agustino, en el siglo XII. Reconstruido a finales del siglo XV por el rey Jacobo IV de Escocia, sirvió de residencia a la infortunada María Estuardo cuyos aposentos se hallaban en una torre. Cuando su hijo Jacobo VI accedió al trono de Inglaterra con el nombre de Jacobo I en 1603, la corte ya no residió más allí. Incendiado por los partidarios de Cromwell en 1650, el castillo fue restaurado bajo Carlos II. En tiempos de la revolución y el Imperio, Jorge III tuvo allí exiliado al conde de Artois, el futuro Carlos X de los franceses, el cual dejó algunas deudas, ¡un recuerdo que en Escocia no se olvida! Sobre aquella estancia, Chateaubriand escribió algunas frases resplandecientes.

Hoy, Holyrood es la residencia oficial de la reina en su calidad de soberana de Escocia, pero no siendo una Estuardo, no lleva sus joyas. En su foto oficial reposan sobre un cojín, a su lado. Una semana al año recibe allí a la sociedad escocesa. En 1999 la creación del nuevo Parlamento escocés inspiró a la soberana esta declaración: «Reconozco Escocia como nación, no como Estado». Su estancia va acompañada de su presencia en los extraordinarios juegos de Braemar con lanzamiento de pesos, troncos de árboles y muchos conciertos tan fascinantes como espectaculares de centenares de gaitas. Al príncipe Carlos y a su segunda esposa Camilla, les gusta mucho Holyrood, y cuando residen allí lo hacen con sus títulos escoceses de duque y duquesa de Rothesay.

LA PAREJA REAL PASA POR UNA CRISIS CONYUGAL PERO TODO SE ARREGLA

Los años 1956-1957 no son apacibles para la pareja real. Las perturbaciones empiezan con rumores sobre la infidelidad del duque. Según Sarah Bradford, durante una velada en compañía del príncipe Bernardo de los Países Bajos, esposo de la reina

Juliana, el príncipe Felipe, tan bromista como siempre, se habría arrodillado delante de él diciéndole: «Tú sí que tienes suerte, nadie te reconoce. Puedes tener tantas amiguitas como quieras. Yo tengo seis guardaespaldas continuamente a mi alrededor».[3] Según los testigos de esa escena tan poco edificante, al príncipe Bernardo no le hizo ninguna gracia. Más grave es el largo viaje —cuatro meses— emprendido por el duque de Edimburgo de octubre de 1956 al 18 de febrero de 1957 a bordo del yate real *Britannia*. Una vuelta al mundo en compañía de su secretario Michael Parker, con el pretexto de asistir a los Juegos Olímpicos de Australia. En realidad, detrás de esa excusa y esa huida, lo que se plantea es el estatus del marido de la reina.[4] Oficialmente es «consejero privado», pero no tiene el título de príncipe consorte. Había habido un precedente célebre: en enero de 1854, el príncipe Alberto, esposo adorado de la reina Victoria, se quejó de no tener ningún cargo oficial. Isabel II saca la lección. El 22 de febrero de 1957, cuatro días después del regreso de su marido, le concede el título de príncipe consorte. La reina toma esta decisión tras consultarla con su primer ministro Harold Macmillan pero, en realidad, era una idea que Churchill había sugerido en marzo de 1955, un mes antes de su dimisión. En adelante, el marido de la soberana existe. La reconciliación de la pareja es tangible durante la visita de Estado de Isabel II a París, del 8 al 11 de abril de 1957. Es un triunfo. La IV República del presidente René Coty despliega sus fastos. La gala en la Ópera se convierte en delirio: tan entusiasta se muestra el público de París. El paseo en *bateau mouche* por el Sena, cuyas orillas están iluminadas, quedará en todas las memorias, al igual que la recepción en el Louvre, donde se agolpan dos mil invitados, algunos subidos a las estatuas para intentar ver a la reina y a su marido. Se oyen gritos de «¡Viva la reina!» por todas partes, y la guardia republicana, con uniforme de gala, tiene dificultades para mantener el orden.

Después de diez años de matrimonio, la soberana desea tener más hijos. En junio de 1959, Buckingham Palace anuncia que Su Majestad espera un feliz acontecimiento. La reconciliación es efectiva y viene subrayada por una decisión espectacular de la reina, once días antes del nacimiento del príncipe Andrés. El 8 de febrero de 1960, Isabel II le concede a Felipe lo que le había sido negado en 1952. Tras consultarlo con el primer ministro y después de un consejo privado, la reina hace público este importante comunicado: «Ahora y en adelante, declaro mi voluntad y mi complacencia, mientras yo misma y mis hijos seguiremos siendo identificados y conocidos con el nombre de Casa y Familia de Windsor, mis descendientes que no gocen de la identidad, del título y otros privilegios de Altezas Reales y de la dignidad titular de príncipe o princesa, así como las descendientes femeninas que se casen y sus descendientes, llevarán el apellido Mountbatten-Windsor».

La conclusión de esa decisión desea reparar la humillación que tanto ha hecho sufrir a Felipe: «La reina ha querido siempre, sin cambiar el nombre de la Casa Real elegido por su padre, asociar el apellido de su marido al suyo y al de sus descendientes. La reina había tomado hace tiempo esta decisión y así quiere manifestarlo».

Una revolución dinástica que es también una declaración de amor. Se puede deducir de ella que desde 1952 Isabel II se sentía culpable por haber ratificado una decisión con la que no estaba de acuerdo. *Happy end!*

LA PRINCESA MARGARITA SE CASA CON ANTONY ARMSTRONG-JONES

El año 1960 parece feliz para la familia real. No sólo la Corona tiene un segundo heredero varón, sino que la inquietud de la reina respecto a su hermana desaparece, puesto que Margarita va a casarse. Pero ¡qué suspenso! En marzo de 1958 Peter Townsend había ido a ver a la princesa dos veces, lo cual había atizado la curiosidad de la prensa. ¿Iba a reanudarse el idilio? No, pues un año más tarde, su antiguo enamorado le envía una carta en la cual la informa de su intención de casarse con una joven belga de 19 años, Marie-Luce Jamagne. Margarita se siente traicionada. Sin embargo, por esa misma época había conocido en casa de unos amigos a un fotógrafo muy seductor, Antony Armstrong-Jones.

El hombre tiene talento y un carácter risueño, pero es muy formal en sus actividades: es adaptable, capaz de conciliar su posición de cuñado de la reina con las obligaciones que ello implica y seguir trabajando mucho para asegurarse la independencia. ¡Y es soltero! Rápidamente, la «princesa triste», que había sido portada de innumerables revistas, recupera la sonrisa. Quieren mantener su idilio en secreto. El 26 de febrero de 1960 es la Casa de la reina madre la que anuncia el noviazgo oficial. Isabel II y su madre dicen estar encantadas, a pesar de que una parte de la corte considera que ese partido no es digno de una Alteza Real. Algunos quisquillosos aducen incluso el tercer matrimonio del padre de Antony, un abogado galés, con una ex azafata. Ha habido cosas peores, y a la reina, que otorgará a su cuñado el título de conde de Snowdon, eso no le importa. *The Times* destaca que no ha habido «ningún precedente reciente de la boda de una persona tan próxima al trono con alguien no perteneciente a los ambientes monárquicos internacionales ni a la aristocracia británica».

Se celebra un gran baile en Buckingham Palace en honor de Margarita, que llega tarde porque el peinado se le ha rebelado en el momento de salir. El dramaturgo Noël Coward, que es uno de los invitados imprescindibles, con su mirada experimentada y crítica, estima que la princesa está radiante, transformada. Anima alegremente la velada y los invitados se divierten mucho, cosa que no es frecuente en un baile en la corte. En una palabra, Margarita es feliz. La boda se celebra en Westminster el 6 de mayo de 1960. La hermana de la reina, que está preciosa, es conducida al altar por su cuñado el duque de Edimburgo. Isabel II se muestra dichosa por la felicidad de su hermana menor. La pesadilla del «asunto Townsend» se ha conjurado definitivamente. La reina demuestra además su aprobación prestando a los recién casados el yate *Britannia* para su viaje de novios al Caribe. Un rico heredero escocés, Colin Tenant, que en otro tiempo fue acompañante devoto de la princesa, ha invertido mucho en esas islas. A la nueva pareja le regala un terreno en la isla Mosquito como obsequio de boda. Seducida por el encanto del Caribe, la princesa decide mandar construir allí una casa, pero su marido detesta de inmediato el lugar y jura que no volverá más. Mantendrá su palabra, y Margarita, también. La residencia llevará el nombre de «Aguas bonitas». Será el lugar favorito de la princesa para pasar sus vacaciones. Pero ¿no es ese desacuerdo el indicio de una futura vida conyugal bastante caótica?

LA DUQUESA DE WINDSOR DENUNCIA LAS PERSECUCIONES DE QUE ES VÍCTIMA SU MARIDO

Se dirá que la felicidad está mal repartida en la familia Windsor. Eduardo y Wallis, cuya pretenciosa connivencia y cuya inconsciencia habían estado a punto de acabar con la monarquía más prestigiosa del mundo, están rabiosos porque se les excluye de la vida de la corte, salvo de los funerales a los cuales el duque sí puede asistir, pero solo. Siniestras invitaciones que no pasan nunca de falsas esperanzas de reconciliación familiar. Cada vez el duque regresa más consciente de que ha sido apartado a causa de su mujer. Poco después de la boda de Margarita, la duquesa está fuera de sí, irritada por la felicidad que favorece a Buckingham Palace, desde la maternidad a la luna de miel. Abandonando su desierto del Bois de Boulogne, donde la gente acude en tropel porque sus recepciones son brillantes y permiten hablar mal de los ingleses entre una copa de champán y un canapé de foie gras, Wallis va a Nueva York. Allí firma un contrato sustancioso con una revista femenina estadounidense de gran audiencia, impresa en color. En enero de 1961, en el número de *McCall's*, vomita su bilis para defender a Eduardo, su «hombrecito». Recordemos que una parte de la prensa norteamericana había defendido a menudo a Wallis porque su historia era novelesca y permitía meter las narices en las infamias de la corte de Saint James. ¿Qué dice la duquesa? Que su marido es perseguido «sin descanso» desde hace veinticinco años por las acciones conjugadas de la familia real y del gobierno británico. Sería ridículo si los acusados no tuvieran asuntos más graves que resolver, como la reorganización de las exportaciones de Reino Unido, la mejora de los seguros sociales, la urgente necesidad de construir viviendas y universidades, además de la dolorosa misión de enfrentarse a la descolonización en África, una tarea delicada para la reina. Y el fracaso de la Conferencia de los Cuatro en París, torpedeada por el caso del avión espía norteamericano U2 apresado por los soviéticos, puede tener repercusiones graves. Pero, prisionera de su visión egocéntrica, Wallis sigue convencida de que el Imperio —o lo que queda de él— se encarniza con el ex rey, permanente y sistemáticamente. A ese error añade unas palabras escogidas con poca fortuna: «Mi marido ha sido castigado como un niño al que se le da una tunda todos los días de su vida por una sola travesura». Teniendo en cuenta la reputación de dominadora sexual de la duquesa, ¡la alusión a la tunda es lamentable! La duquesa comete un tercer error al hablar de la «falta de dignidad de la monarquía en el momento de la abdicación», cuando millones de hombres y mujeres percibieron lo contrario, escandalizados y atónitos.

Por último, Wallis concluye su diatriba recordando los talentos políticos de quien fue Eduardo VIII, su «saber incomparable, ejercido al frente de los asuntos de Estado». Por desgracia, sobre este tema sólo quedaba la espuma de algunas ideas generosas y sobre todo un pacifismo muniqués erigido en defensa del nacionalsocialismo. ¿La acumulación de agravios tan estúpidos como falsos iba a cerrar para siempre las puertas de Buckingham Palace a esos dos Windsor superficiales, mundanos y envidiosos? El blanco de los ataques no era Isabel II, la sobrina del duque, sino la madre de ésta, la viuda de Jorge VI. Esta última no cesaba de repetir que sin la inconsciencia y los fantasmas eróticos de Eduardo, su marido no hubiera

sido el soberano que, para devolver la confianza a un país traumatizado, había dejado en ello todas sus fuerzas. Y eso era
cierto, al contrario de lo que afirmaba la duquesa. Wallis, más
instintiva que Eduardo, sabe perfectamente que ha errado el
tiro. Y no son las brillantes recepciones de Neuilly las que
borrarán un pasado equívoco, agravado por unas amistades
mal vistas por Londres, como los Mosley, deslumbrados por
el refinamiento de su anfitriona. Pero el tiempo juega en contra de esa pareja no convencional. La duquesa recurre a la ci-
rugía estética (dos veces) para conservar su cara demacrada
y poner en valor una mirada que quiere decir: «Ustedes no
saben quién soy yo».

Sería falso afirmar que nadie recibía a los Windsor, sobre
todo en París. ¿Acaso no eran un fragmento de la realeza en
ejercicio, pero la parte que no había que frecuentar so pena de
desagradar al embajador de la reina? Al contrario, varios salones los recibían y se organizaban en su honor cenas y cocteles
a los que la gente acudía para ver a esos supervivientes de una
historia increíble.[5] Los curiosos escrutan un monumento histórico, los esnobs una reina de la intriga. Los Windsor forman
parte de todo París cuando lo que querrían es ser los personajes mimados de todo Londres.

EL ESCÁNDALO PROFUMO REVELA LA CARA OCULTA
DE UNA LEYENDA

En 1961 la reina emprende una serie de viajes por países que
son antiguas colonias o lo serán muy pronto, pero que todavía
son miembros de la Commonwealth. En todas partes, el recibimiento es pintoresco y los reportajes se hacen eco de él. En
más de dos años, casi siempre con sombrero y absolutamente
siempre con guantes y bolso, Su Majestad visita Chipre, India,
Pakistán, Nepal, Ghana, Tanganica, Sierra Leona, Uganda, Kenia, Zambia y Malawi. Estos viajes también tienen una vertien-
te económica, ya que el gabinete Macmillan ha establecido

aranceles especiales para los países de los cuales la reina sigue siendo jefe de Estado.

Australia y Nueva Zelanda también están en la agenda. Y tampoco se olvida de Europa, con una visita a la Alemania Federal que es todo un acontecimiento: es la primera vez que un soberano británico pisa territorio alemán, dentro del marco de una visita de Estado, desde antes de la Primera Guerra Mundial. Es urgente colmar ese retraso, pues John F. Kennedy y el general de Gaulle se han adelantado en el desarrollo de las relaciones con Alemania Occidental. Peor, teniendo en cuenta los antepasados de la dinastía y el protocolo de la República Federal, han hecho falta dos años para cuidar susceptibilidades, evitar contenciosos y diseñar un programa inteligente. El príncipe Felipe se siente cómodo en el papel de desactivador de minas. Finalmente se decide que la reina se reunirá con sus parientes en los *Länder* donde residen. Uno de los momentos más emotivos es el breve pero conmovedor discurso del cardenal de Colonia. No habla una palabra de inglés y la reina no comprende el alemán. A pesar de su edad, el prelado se aprende el texto de memoria. La cuestión de las lenguas extranjeras durante los viajes oficiales es por otra parte delicado, y sobre todo tratándose de antiguos adversarios durante la guerra, pues hay cosas que el tiempo no borra. Así —pero eso ocurrirá diez años más tarde—, la visita a Londres del emperador Hirohito de Japón es mal recibida por la población. Recorriendo todo el Mall la reina se muestra imperturbable en su carroza descubierta. Como ha hecho millones de veces, saluda y sonríe. Su vecino nipón está impertérrito; es difícil decir si el hombre que desde 1945 ya no es un dios viviente, pero sigue siendo uno de los jefes de Estado más misteriosos del planeta, se da cuenta de que no es bienvenido. La caída de Singapur es una herida que no se ha cerrado. La multitud hace comentarios hostiles, que Isabel II oye perfectamente, demasiado bien incluso. Más tarde dirá, en una confidencia digna de los comentarios de su marido: «Me alegro de que el emperador no entienda el inglés...». ¡Lo cual no es seguro!

Junio de 1963. John Profumo, el ministro de Defensa del gabinete Macmillan, se ve obligado a dimitir. Mantenía una relación con una *call girl*, Christine Keller, que pasaba información a un agregado de la embajada de la URSS en Londres acerca de las confidencias secretas que recogía en la almohada. Esta belleza morena, cuya provocativa foto aparece en portada de todos los periódicos (está sentada desnuda, a horcajadas en una silla), es objeto de varias interpelaciones en los Comunes. La dimisión del ministro es debida principalmente a sus mentiras durante los primeros interrogatorios; no reveló la naturaleza de sus relaciones con la *call girl*. Macmillan quedó destrozado al descubrir los estragos del sexo en la política y la diplomacia. Le escribe a la reina que está consternado por esa conducta indigna de ciertos miembros de su gabinete. ¿Acaso el primer ministro viene de un planeta en el que la vida es asexuada? ¿Es que no había oído hablar de las razones de la abdicación de Eduardo VIII? El «caso Profumo» —que así se designará—viene a añadirse a una serie de escándalos mundanos y a unos divorcios de grandes nombres que por lo visto se daban a la orgía. Era algo mantenido en el dominio de la vida privada. Pero en este caso, con la implicación de un ministro de Defensa, ¿se trata de un caso de espionaje clásico y de chantaje en tiempos de la guerra fría? Muchos diplomáticos y altos funcionarios occidentales se vieron envueltos en asuntos de este tipo, para beneficio de la URSS. El escándalo Profumo es mucho más complejo y alcanza al entorno de la reina. Está ligado a casos muy anteriores en los cuales están involucrados ciudadanos británicos que, detrás de honorables coberturas, eran agentes soviéticos. Esos espías no eran otros que Guy Burgess y Donald Mac Lean, que se habían refugiado en Moscú en 1952, y el no menos famoso Kim Philby, que no llegó a la capital soviética hasta febrero de 1963, cuatro meses antes de que estallase el escándalo Profumo.

Ahora bien, esos tres agentes comunistas tienen un punto en común: han recibido la ayuda de Anthony Blunt, ennoblecido por la soberana (lo llamaban «sir»), conservador de las colecciones reales de pintura y famoso historiador de arte. ¿Blunt? Fue el hombre enviado por Jorge VI a Alemania en 1945 para apoderarse de los documentos que relataban la historia de las relaciones anglogermánicas en las cuales podían hallarse, según temía el rey, archivos que demostrasen la culpabilidad del duque de Windsor. Blunt era muy fuerte ya que había trabajado para el MI5 de 1940 a 1945 antes de ser miembro de la Casa Real, y mucho antes de que se pudiera sospechar que era un agente de Moscú. El hombre es alto, rubio, seductor, con una cultura deslumbrante, muy conocido en los ambientes homosexuales londinenses. Es más, por sus cualidades de conservador de las colecciones de la reina y sus escritos sobre arte —es muy experto—, la soberana lo había nombrado comendador de la Orden real de Victoria, un privilegio personal del monarca.[6] La perspectiva de que disponemos nos permite constatar que durante casi veinte años, un espía destacado trabajó en Buckingham Palace y en el entorno de la reina. ¡Ni siquiera su adjunto sospechaba nada! La investigación será larga; empezará por ser apartado, continuará con la reconstrucción completa de su traición y terminará con su caída final. Si las primeras sospechas del contraespionaje datan de 1964, la culpabilidad de Anthony Blunt no será revelada públicamente hasta 1979, por la primera ministra Margaret Thatcher. Pero se evitará hurgar demasiado en los elementos que afectan al duque de Windsor, pues Blunt debía saber muchas cosas. La reina que, naturalmente, nunca hizo comentarios sobre este caso sensacional, borrará al culpable de la Orden de caballería con la cual lo había honrado.

Afortunadamente, la felicidad personal de Isabel II culmina con el nacimiento de su cuarto y último hijo, el príncipe Eduardo, el 10 de mayo de 1964. A los 38 años, la reina exclama: «¡Qué felicidad, tener otra vez un bebé en casa!». Es una madre mucho más solícita y presente con sus dos últimos hijos que con los dos primeros, lo cual podría explicar en parte el origen de ciertos conflictos, en particular con Carlos. Al evocar sus dramas personales, el príncipe de Gales revelará que echó cruelmente de menos el afecto en su infancia.

1965. LA MUERTE DE CHURCHILL ES LA DEL «HOMBRE DEL SIGLO»

Había asegurado que no sobreviviría mucho tiempo a su jubilación. Por una vez, sir Winston se equivocó acerca de sí mismo: todavía pasó diez años fascinando a sus contemporáneos. Aunque el juicio que merece su acción haya oscilado más que el de ningún otro político británico, abandonó el poder cuando el pueblo lo veneraba y era respetado por todos los partidos. Al anunciar su muerte el 24 de enero de 1965 —tenía 90 años—, la reina está profundamente triste. Sus funerales se celebran en la catedral de Saint Paul adonde la Royal Navy lleva su féretro cubierto con la *Union Jack*. La grandeza de la personalidad del viejo león, el eclecticismo de sus centros de interés, el fulgor de su ingenio y su inteligencia práctica son reconocidos por sus adversarios. Increíble máquina de ideas —«cien al día, según el presidente Roosevelt, de las cuales sólo cuatro son buenas, pero ¡él nunca sabe cuáles!»—, fue según De Gaulle —los dos hombres no se querían, pero se respetaban— «el gran artista de una gran historia». Nunca abandonó la política, puesto que en 1959 se presentó a La Cámara de los Comunes por decimoquinta vez y no renunció a la vida parlamentaria hasta el verano de 1964. Desde la estación de Waterloo hasta un pequeño cementerio cercano al castillo de Blenheim, donde había nacido en tiempos de la reina Victoria, Churchill hizo su último viaje en un tren especial. Su locomotora heroica lleva un nombre que resume la vida oficial de aquel premio Nobel de Literatura en 1953, *Battle of Britain.*[7]

Poco después de los funerales de aquel gigante, la reina debía recibir en Buckingham Palace a los jefes de Estado y de gobierno que habían asistido. Ian Smith, el líder de Rodesia, también se halla en Londres. Como ha anunciado que autoproclamaría su independencia, el gobierno laborista de Harold

Wilson, fumador de pipa y jugador de ajedrez, ha excluido a Rodesia de la Commonwealth. Isabel II no puede, por lo tanto, recibirlo. Sin embargo, el primer ministro necesita hablar con Ian Smith. La reina consiente en hacerle llegar una invitación, que no obtiene respuesta. A las 14 horas, la reina se contenta con tomar nota de la ausencia del señor Ian Smith. Envían a un escudero a buscarlo. Éste lo encuentra degustando un bistec en el restaurante del Hyde Park Hotel. El rodesiano le contesta que no ha recibido ninguna invitación... siendo así que la lleva bien visible en el bolsillo. El maleducado será conducido a Buckingham Palace, donde la reina lo recibirá cortésmente, sin demostrar ningún enojo, y celebrará una entrevista política con el primer ministro. Su Majestad tenía derecho a pensar que la muerte de Churchill marcaba un antes y un después. Sobre sir Winston, Isabel II había dicho algo muy revelador: «Era divertido».

Capítulo 11

1965-1997
Bodas, entierros, traiciones
y... *annus horribilis*

¡Cuántos cambios en el reino de Albión! El gabinete de Harold Wilson (los laboristas están en el poder desde hace un año) resulta ser favorable a Europa, cuando el general de Gaulle no quería que Reino Unido entrase en el Mercado Común. La sociedad británica cambia, esforzándose por ser menos desigualitaria. El historiador Roland Marx estima que «10 por ciento de la población posee 80 por ciento de la riqueza nacional, y 1 por ciento de la población es propietaria de 43 por ciento de esa misma riqueza».[1] La revolución de las costumbres también está en marcha. Antes de mayo de 1968, el Parlamento autoriza el aborto, y las relaciones homosexuales consentidas entre adultos son despenalizadas. Oscar Wilde se adelantó demasiado. Se facilitará el divorcio, se consolidará la protección de la esposa y se autorizará el voto a los 18 años. Si nunca es fácil dirigir un país, ¿cómo podrá la reina controlar a su familia y conservar su influencia sabiendo que la tarea es más ardua en tiempos de paz que en tiempos de guerra? El segundo conflicto mundial le había permitido a su padre aparecer como un modelo. Isabel II afrontará turbulencias, tempestades y hasta huracanes devastadores. Según un dicho inglés, *It never rains, it pours* («Nunca llueve, siempre diluvia»). Pocas veces escampa, pero ¿acaso no estamos en el país natal de los impermeables y los paraguas?

1967. Primer encuentro entre la reina madre y Wallis desde 1936

El 7 de junio de 1967 en las paredes de Marlborough House, la que había sido su residencia, el recuerdo de la reina María es honrado con la colocación de una placa. ¿Una ceremonia tradicional? Más que eso: un acontecimiento verdaderamente familiar y político, ya que asiste toda la familia real... ¡incluso el duque y la duquesa de Windsor! Lo que era impensable hasta hace muy poco se convertía en realidad. Tres años antes se había observado una señal favorable cuando la reina le envió a su tío un telegrama de felicitación por su cumpleaños setenta. Isabel II sabía que el duque estaba enfermo, que su vista se había deteriorado, obligándolo a llevar unas gafas oscuras, que sufría de un aneurisma de la aorta y se había sometido a varias operaciones delicadas en Estados Unidos y en Londres. Si bien la soberana había visitado a su tío dos años atrás, la duquesa no había vuelto a ver a su cuñada. Imagínense la multitud de curiosos, retenidos por los *bobbies* cuando llegan las limusinas frente a Saint James' Park.

¡Qué encuentro! La reina estrecha la mano de su tío y de la duquesa, y dice unas palabras. En señal de afecto o de compasión, la viuda de Jorge VI besa a su cuñado en la mejilla. Pero ¿cuál será la actitud de la reina madre con la duquesa? Se comporta más que «educadamente», según los testigos que acechaban las reacciones de las dos enemigas. Wallis está «muy nerviosa» en el momento de la reverencia. Un cara a cara silencioso, pero cara a cara al fin. ¿Puede hablarse de reconciliación total entre esas dos enemigas? No, puesto que el duque y la duquesa no están invitados al *lunch* que tiene lugar a continuación (estarán en casa de los Gloucester y al día siguiente en casa de la duquesa de Kent, por lo tanto las dos veces en familia). ¿Es una mezquindad por parte de la reina? No convenía ir demasiado deprisa, y recibir a Wallis en Buckingham Palace no habría sido bien comprendido. Pero de todas formas, ¡qué progreso! Y qué ironía: la duquesa, que no es Alteza Real, se halla en medio de la familia real. Un paso adelante gigantesco. Y una victoria para Wallis tras treinta años de consumirse en el odio. La joven generación, por otra parte, había hecho saber que ese encarnizamiento era incomprensible y, a decir verdad, obsoleto. Ya era hora de enterrar el hacha de guerra entre los Windsor. En un gesto que no pasa inadvertido, la reina pone uno de sus aviones a disposición de la pareja para volver a París. Sí, los tiempos cambian. Pronto el hombre pisará la luna...

A pesar de todo, el ex rey está febril, a la vez feliz, contento, frágil, emocionado e insoportable. Si hay un rasgo en él que no cambia es su manía —lamentable— de quejarse. ¡Siempre tiene algo que pedir! Hoy la obsesión del duque, que presiente ya que su vida se acaba, es poder ser enterrado en Windsor con su amada Wallis... Envía a su sobrina varias cartas suplicándole que acceda a su última voluntad. Quiere descansar en el *Frogmore Plot*, un cementerio cercano al mausoleo real de Victoria y Alberto. El duque esperará la respuesta real durante casi dos años.

Con el paso del tiempo, los entierros son las reuniones de familia más previsibles. La siguiente se produce el 30 de agosto de 1968, cuando los funerales de la princesa Marina de Kent, víctima de un tumor cerebral. El duque asiste solo. Ignora que es la última vez que pisa territorio británico. De nuevo, se preocupa por su fallecimiento, si se produjera antes que el de Wallis. Su nueva carta, fechada el 17 de agosto, trasluce sus eternas preocupaciones financieras, pero esta vez después de su muerte. Solicita de Isabel II la garantía de que su viuda recibirá una renta. La reina se tomará tiempo antes de contestar a su «querido tío David» el 26 de febrero de 1969 —¡al cabo de ocho meses!—, asegurándole que ella misma le abonará una pensión anual de 5 000 libras a la duquesa, como lo harán también sus sucesores, en el caso de que ella muera antes que Wallis. Espera que esa decisión «lo ayudará a apaciguar su ánimo». Isabel II tiene la elegancia de no hablar de la fortuna que percibiría la duquesa a la muerte del duque y más valía no hablar de las joyas ni de los perpetuos problemas de protocolo diplomático planteados por los viajes de los Windsor al extranjero, dondequiera que van. En efecto, si los contactos familiares se habían reanudado, «el gobierno de Su Majestad no tenía ningún contacto oficial con el duque o con su Casa». Que el primer ministro fuera conservador o laborista no cambiaba para nada las cosas. Desde su abdicación, el ex rey seguía siendo una Alteza Real, por supuesto, pero también y al mismo tiempo una persona privada, paradoja permanente y sin precedentes. Los embajadores se veían perpetuamente enfrentados con ese problema y trataban de introducir un poco de flexibilidad y cortesía siempre que podían.

1 DE JULIO DE 1969. CARLOS ES NOMBRADO PRÍNCIPE DE GALES

¡Por fin una ceremonia que afecta al futuro de Reino Unido! Pero el clima político y social en el país de Gales se agita con el anuncio de la entronización y la llegada del heredero al trono. Huelgas de hambre, una bomba contra una emisora de la Royal Air Force, un atentado contra el tren real, otras bombas que matan a dos personas y diversas protestas; nada de eso hace mella en el coraje de Carlos cuando acude al castillo de Caernarvon que siempre ha desempeñado y sigue desempeñando un papel importante en la vida británica. En aquel edificio —construido en dos tiempos, del siglo XIII al XIV— nació el hijo de Eduardo I —un Plantagenet—, el futuro Eduardo II, primero en recibir el título de príncipe de Gales, que desde entonces han llevado todos los herederos sucesivos al trono. Pero para Carlos esa ceremonia de 1969 también está impregnada de un recuerdo más próximo, puesto que fue en 1911 cuando su tío David, futuro Eduardo VIII y luego duque de Windsor, inauguró la tradición de ser investido en este castillo. Desde entonces se había interrumpido, ya que sólo los herederos varones podían llevar ese título. La reina había invitado a su tío a la ceremonia, pero éste se negó a asistir. ¿Era demasiado doloroso para él volver a sumergirse en la época en que encarnaba el porvenir del reino? Siguió el reportaje por televisión. Para intentar calmar los ánimos encendidos, Carlos se expresa en galés (había realizado una parte de sus estudios en la universidad del país de Gales), pero su madre, vestida de amarillo, está tan inquieta que la BBC también ha previsto una retransmisión en forma de homenaje fúnebre en caso de que el príncipe fuese asesinado...

Carlos tiene un éxito inesperado. Arrodillado, presta juramento a Isabel II. Más tarde, aliviada por fin, la reina dirá que el día había sido «maravilloso», ¡cuando se podía temer lo peor! Y se dijo que Carlos era el más prometedor de los príncipes de Gales desde la época del Príncipe Negro, es decir hacía más de seiscientos años.[2] El duque también había rehusado estar presente en la consagración de la capilla que albergaba el memorial de su padre y su tumba definitiva en Windsor. La reina lo había invitado. Solo. Vale la pena subrayar que el tío David, que tanto había esperado ser readmitido por los suyos, se permite rechazar varias ocasiones de reunirse con ellos. La fatiga, los achaques y la proximidad de un balance final que arrojaba un fracaso doloroso e inolvidable: Wallis no sería jamás Alteza Real. Una frustración social que Wallis le reprocha con frecuencia. En el gran banquete del arribismo al que se ha invitado, estima que ha tenido que contentarse con las sobras. Entre pretensión e inconsciencia, el ex rey no ha medido los estragos causados por su provocación. Wallis permanecería apartada, aun estando presente. Pero también cabe pensar que el ambiente de despedida, de duelo, de recuerdos y quizás de desastre impresiona demasiado al duque, que parece tan frágil y tan triste. Sus problemas oculares no son la única razón por la que lleva gafas negras.

El 17 de marzo de 1970, el duque y la duquesa se trasladan a La Croë por última vez. ¡Qué maravillosos recuerdos! No habían vuelto desde la declaración de guerra. Recorriendo el castillo, Eduardo dice: «En el fondo habríamos debido comprarlo».[3]

Después, en Cannes, toman un barco italiano llamado *Rafaello*. Y por fin, tras un largo debate de conciencia —y pese a la oposición de la reina madre—, Isabel II viene en persona a anunciarles al duque y a la duquesa una gran noticia, cuando están de nuevo en Londres para someterse a una intervención quirúrgica. Isabel quiere a su tío y ha aprendido ella misma a soportar diversas heridas de la vida; por eso les concede a los dos el derecho a descansar en Frogmore. Por lo tanto no se separarán nunca. Además, la reina acepta que los funerales de los dos puedan celebrarse en la capilla de Saint George, como es costumbre para todos los miembros de la familia. Así, Wallis tendrá su lugar.

Cabe señalar que se trata de una decisión personal de la soberana acerca de una cuestión privada. Al menos en este aspecto los Windsor ya no plantearán más problemas. La tierna atención de Buckingham Palace los conmueve mucho. Sólo Clarence House, la residencia de la reina madre, no afloja. «¿Y si los Windsor vinieran a las carreras de Ascot?». Respuesta negativa. «¿Y si los invitáramos a pasar un fin de semana?», pregunta Carlos. Su abuela dice que no. En su apasionante estudio, Hugo Vickers escribe que pese a esa actitud cerrada, tres damas de honor de la reina madre han declarado que ésta no odiaba a la duquesa de Windsor. Pero ¡había pruebas de lo contrario! «Para odiar a alguien, hay que conocerlo, y la reina apenas conocía a la duquesa».[4] La reina madre, que tantos reproches tenía contra Wallis, buscaba sobre todo la paz.

Sin embargo, los tiempos son económicamente difíciles para la monarquía, cuando Reino Unido llama por segunda vez a la puerta de Europa. Sólo se abrirá a medias con la complicidad del presidente Georges Pompidou. Se plantea la cuestión de la renta civil, o dicho en otras palabras el presupuesto de la familia real: la inflación se ha comido una parte de los fondos destinados a la reina desde su entronización. Según las previsiones, en 1970 las cuentas de la Casa Real estarán en números rojos. Con sus dotes de metepatas sincero, que en realidad es la máscara de un hombre inteligente, el duque de Edimburgo revela sus preocupaciones en la televisión: «Sí, hemos tenido que vender un pequeño yate y seguramente pronto tendré que renunciar al polo», dice delante de los telespectadores británicos a la vez encantados de enterarse de algo de la vida privada de la familia real y dubitativos en cuanto a las dificultades de tesorería de Su Majestad. Es evidentemente chocante oír al príncipe Felipe quejarse cuando es el marido de una de las mujeres que tiene fama de ser de las más ricas del mundo. Se extienden los chistes en la prensa, con caricaturas despiadadas: «Querida, ¿y si vendiéramos un Canaletto para cambiar la lavadora?». Pero, como señala el tío del duque, lord Mountbatten, que habría debido encargarse de las relaciones públicas de la dinastía, más de 85 por ciento de esa misteriosa «fortuna de la reina de Inglaterra» está constituida por cuadros, obras de arte y mobiliario que la reina no tiene derecho a vender. Contemplarlo ya es un inmenso privilegio. Y una vez más se ruega no confundir los castillos que pertenecen al Estado con las residencias privadas (Sandringham, Balmoral), que tienen que mantenerse, sin omitir el pago de los salarios. A principios de 1970, la «firma Windsor» debe mostrar sus cuentas al Parlamento. Hay comisiones que discuten soluciones contemporáneas recurriendo a veces a usos con dos siglos de antigüedad y formulando preguntas de este tipo: ¿habría que asignarle un sueldo al príncipe de Gales y retirarle las rentas del ducado de Cornualles? Un hermoso ejercicio de democracia, sin duda, pero ¿cómo cifrar la aportación de esta monarquía a su país? Es el precio de una imagen, pero es incalculable. Y está sujeto a temibles variaciones.

LAS DESVENTURAS DE LA PRINCESA ANA CON UN LOCO Y LUEGO CON UN CABALLO

Después de todos esos entierros, por fin una boda, la de la princesa Ana. Se promete con el capitán Mark Phillips el 30 de mayo de 1973 y se casan el 14 de noviembre en Westminster, el día en que su hermano Carlos cumple 25 años. La única hija de la pareja real representa la generación que no tiene miedo a las cámaras y se expresa de forma directa, natural y simpática. La princesa Ana es valiente y tiene sentido del humor. He aquí dos ejemplos. En 1974, mientras circula en coche por el Mall, un hombre intenta secuestrarla. El desconocido, un enfermo mental, trata de sacar a la princesa del vehículo. Ella se defiende. En la pelea resultan heridos su guardaespaldas, su chofer, un policía y un periodista. Poco después la princesa, que es muy popular, va a París para presidir un importante acto deportivo. El conde Jean de Beaumont, presidente del Círculo de la Unión Interaliada, organiza una cena de gala con fines benéficos. SAR llega tarde, lo cual no es su estilo, y además la embajada británica donde reside se halla al lado del Círculo. Cuando aparece con traje de noche, tiene el ojo derecho aureolado por un hematoma que ningún maquillaje ha podido disimular. Murmullos y después silencio en la sala Foch, llena de bote en bote, del Círculo. Con ingenio, la princesa explica:

—Todos pensarán que me he peleado con mi marido y que nos hemos pegado. Siento comunicarles que es falso. Lo cierto es que esta tarde mi caballo quería ir en una dirección y yo en la otra... ¡Un *major disagrement!*

El duque de Brissac, presidente del Jockey Club, interviene en nombre del mundo hípico. Tranquiliza a la invitada, haciendo reír a todos los presentes:

—El caballo se equivocó y Vuestra Alteza es encantadora.

La opinión fue compartida por los franceses que aquella noche veían a la princesa de cerca por primera vez. Contrariamente a algunos rumores sórdidos que circulaban al otro lado del canal, no se parecía en absoluto a un caballo, y pronto daría a la reina la inmensa alegría de ser por fin abuela.

A diferencia de lo ocurrido con las cuentas examinadas con lupa de Buckingham Palace, Downing Street y Westminster, los Windsor habían gastado a manos llenas. Tenían... ¡hasta treinta criados! «Cada uno [tenía] su chofer, y sólo en la cocina trabajaban siete personas, un chef, un asistente y varios lavaplatos y cocineros. Los invitados eran servidos por siete criados con librea. Huelga decir que toda esa gente, al dirigirse a la duquesa, sólo la llamaban como "Vuestra Alteza Real"».[5] ¡Naturalmente! Tenían que deslumbrar a todo París, demostrar que en Londres todavía eran mezquinos, lo cual era falso. Acuden a Bagatelle algunos ilustres visitantes, como el emperador de Japón en octubre de 1971. ¡Hirohito y el duque no se habían visto desde hacía cuarenta y nueve años! En febrero de 1972, en Bagatelle esperan la visita de lord Mountbatten. El duque considera dicha visita un ajuste de cuentas. El almirante quería hablar del incendio que había devastado el transatlántico *Queen Elizabeth*, de la independencia de Bangladesh, de las relaciones tormentosas entre Churchill y De Gaulle; pero el duque, haciendo acopio de fuerzas que se le escapan, le habla a su pariente de la decepción que sintió por no asistir éste a su boda. Mountbatten pretende que no fue invitado. Lo cual es falso, como hemos visto. Louis se inclinó ante la prohibición real.

Eso fue hace treinta y siete años y el duque aún no ha perdonado a Mountbatten su ausencia en Candé... adonde fue tan poca gente.

ISABEL II ACUDE A LA CABECERA DEL DUQUE DE WINDSOR CUANDO ÉSTE AGONIZA

A finales de mayo de 1972 informan a la reina de que «su querido tío David», que ha sufrido una nueva operación, se está muriendo de cáncer. El duque pesa 45 kilos y está intubado. Le quedan pocos días de vida. Pero, en esas mismas fechas, la soberana debe viajar en visita oficial a París para celebrar la entrada, progresiva, de Reino Unido en el Mercado Común. Las negociaciones han durado un año. El 22 de enero anterior en Bruselas, en el Palacio de Egmont, se firmaron los acuerdos relativos a la Gran Bretaña, Irlanda, Dinamarca y Noruega.

Isabel II iba a París para oficializar el final del «espléndido aislamiento británico». La lección dada por André Siegfried al inaugurar su curso en la Sorbona, pero a menudo atribuida a Michelet, «Inglaterra es una isla», ya era menos pertinente. Pero ¿cómo conciliar el programa oficial tan cargado de la soberana con la despedida de su tío? ¿Quién tendría prioridad: la representación del Estado británico o una urgencia familiar? Será misión del embajador Soames, yerno de Churchill (los dos hombres se detestan) encontrar un hueco en la agenda de Su Majestad. Avisan a la duquesa. Con un último rasgo de coquetería, el duque, antaño tan elegante, exige estar presentable, sin tubos ni goteros, sentado en un sillón y vestido como para un crucero. Dicen que tardaron casi cuatro horas en prepararlo para la visita real, pues los médicos sabían que era el fin. Es digno de elogio el coraje del ex rey que intentaba parecer lo menos disminuido posible. El 18 de mayo, delante de Isabel II, Wallis hace su reverencia, Eduardo logra sonreír. Las dos mujeres tienen un perfecto dominio de sí mismas. Ninguna emoción, sólo palabras para reconfortar a la duquesa, que se sienta a cierta distancia. Luego, por decencia, se retira para hablar con el duque de Edimburgo y el príncipe Carlos. Wallis manda servir el té. Nadie sabrá jamás el contenido de la última conversación entre la reina y su tío, sino sólo que estuvo contento de verla y conmovido de que alterase el protocolo para cumplir con un deber de humanidad. ¿Hubo una especie de confesión por parte de Eduardo? ¿De perdón por parte de su sobrina? ¿Alguna explicación? El duque apenas podía hablar, pero sus ojos enfermos expresaban agradecimiento. A las dos de la mañana del 29 de mayo, la duquesa toma en sus brazos aquel cuerpo descarnado. Murmurando «querida», él posa sobre ella su última mirada. Se apaga a la edad de 77 años. Uno de los pocos testigos de esos últimos instantes asegura que el ex rey también murmuró varias veces la palabra «mamá» antes de expirar. ¿Se trataba efectivamente de su madre, la difunta reina María? ¿O por el contrario de Wallis que a petición suya lo trataba a menudo como un niño? Un enigma entre otros. La duquesa de Windsor «se quedó helada, petrificada y muda —escribe Charles Higham—. La acompañaron lentamente hasta su habitación, donde se sentó sin decir nada, con la mirada perdida. En ningún momento dejó de comportarse con dignidad».

En Londres Isabel II decreta un periodo de luto. El gabinete de Edward Heath, el primer ministro conservador desde 1970, autoriza a la embajada de París a abrir un libro de condolencias en memoria del ex monarca. Mucha gente acude a firmar y se leen y escuchan testimonios de simpatía. En Bagatelle, por deseo de la duquesa, ningún curioso asedia la casa. Los periódicos, la radio y la televisión sacan sus archivos. Se cuenta la historia —pero ¡aún no se sabe todo!— con comentarios variados. Una novela que sorprende a la juventud. Están los que saben y los que creen saber. En conjunto, la novela de amor es la que se impone entre el público. Todavía no ha llegado la hora del juicio definitivo.

La gendarmería escolta el cuerpo del duque hasta Le Bourget. Un destacamento rinde honores militares al ex rey cuyo féretro es colocado en un aparato de la Royal Air Force. Wallis, paralizada, no ha tenido fuerzas para acompañar al hombre que la escogió renunciando a su deber. Está hecha un mar de lágrimas y de dolor, más pálida aún que de costumbre en el vestido de seda negro con el cual Hubert de Givenchy ha sabido envolver su estilizada figura. Pero ¿cuál iba a ser la reacción popular en el Reino Unido?

ISABEL II CUMPLE SU PALABRA: EL DUQUE DE WINDSOR ES ENTERRADO EN WINDSOR

Es difícil juzgar cuarenta años más tarde lo que pasó durante los funerales del «querido tío David». Situémonos en la época. En 1972 es cierto que el duque tiene fama de ser un hombre débil, inestable, inmaduro, vividor, insoportable, que ha faltado a su deber; pero también tiene partidarios, los que lo conocieron como soberano y creyeron en él. Varios personajes consideraron indigno el ostracismo al que se le condenó. Su encanto, su memoria, su vivacidad saltarina, sus ideas sociales avanzadas habían seducido a mucha gente. Y, repito, sus conexiones políticas lamentables e infamantes sólo son conocidas por las más altas autoridades, y el secreto de Estado se ha impuesto. Wallis no hacía más que agravar su causa cuando repetía que había esperado casarse con un rey y no con un duque... La rigidez de sus declaraciones, la malignidad de sus juicios, sus lamentaciones protocolarias, sus relaciones raramente discretas la habían hecho más antipática que Eduardo. Éste era culpable sobre todo de haber abdicado, dejando a un pueblo estupefacto. ¡Qué desastre!

Y sin embargo... En la base de la Royal Air Force donde acaba de aterrizar el avión lo que se oye es el himno nacional. Dios no ha salvado al rey, ¡que salve a la reina! El duque y la duquesa de Kent reciben los restos mortales del duque. El cortejo va directamente a Windsor, donde una multitud muy densa espera a lo largo de la calle en pendiente que conduce a la puerta Enrique VIII. Isabel II envía al aeropuerto a uno de sus choferes a buscar a Wallis, que ha llegado de París con el embajador Soames y su mujer, Mary, la hija de Churchill. Lord Mountbatten recibe a la duquesa. Incontestablemente, la reina es de una delicadeza exquisita. Según sus instrucciones, la duquesa tiene derecho a los aposentos para jefes de Estado de Buckingham Palace. ¡Qué contraste! ¡Y pensar que jamás ha tenido autorización para asomarse al famoso balcón! En cambio aparecerá su fotografía en una ventana del palacio, ¡como una intrusa! ¿Acaso no es lo que siempre fue?

La reina sorprende a todo su entorno al mantener la ceremonia de su cumpleaños, el sábado 3 de junio, el célebre *Trooping the Colour* en el cual, a caballo, pasa revista a la guardia, y al fijar los funerales de su tío para dos días después. El lunes 5 de junio, en la capilla de Saint George donde están colgados los estandartes de los caballeros de la orden de la Jarretera (más de mil han sido distinguidos desde su fundación), se sientan casi noventa personas. La duquesa de Windsor se coloca al lado de Isabel II. Asiste toda la familia real, ocupando las distintas filas, pero también está el rey Olav V de Noruega entre el duque de Edimburgo y la reina madre, así como grandes nombres de la corte, generales, almirantes, el primer ministro Heath y ex primeros ministros, como Macmillan, Wilson y Eden. Hay montañas de flores, entre ellas la cruz compuesta por Wallis con el muguete del molino que los Windsor habían puesto a la venta. Y el féretro es enterrado en Frogmore, según el deseo expresado por el ex rey.

La duquesa, en realidad, sólo lamenta una cosa: quería morir antes que Eduardo. Tiene miedo. ¿Qué será de ella socialmente? Una vez acabada la ceremonia, después de las amabilidades ambiguas, siempre quedará apartada. Un consuelo, a pesar de todo: han sido cincuenta y siete mil novecientas las personas que han desfilado ante el féretro mientras ha estado expuesto. Una hermosa revancha... Y el arzobispo de Canterbury ha bendecido el cuerpo del difunto y ha rezado por su alma. Lo más sorprendente ha sido la serie de elogios pronunciados en la Cámara de los Comunes, la misma donde la abdicación fue anunciada en medio de un tumulto memorable y donde se abucheó el nombre de la señora Simpson. ¿A quién se honra sobre todo? ¡A la duquesa! En Westminster se habla de amor sin denunciar el escándalo de hace treinta y cinco años. Se oye a Edward Heath evocar el deceso del ex monarca y luego ensalzar con lirismo «a la mujer que ha correspondido a su devoción con una lealtad, una presencia y un amor idénticos». Vienen luego las condolencias oficiales con la «profunda simpatía de los Comunes». Harold Wilson, entonces jefe de la oposición, no se queda atrás en las frases surrealistas al hablar del porvenir de la duquesa: «Esperamos que se sienta libre en todo momento de regresar entre nosotros para comunicarse libremente con el pueblo al servicio del cual vivió su marido, príncipe de Gales, rey y duque». ¿Se da cuenta el honorable señor Wilson de que resume un ascenso y una caída? Planteamos la pregunta: ¿esos políticos eran sinceros, sufrían de amnesia o interpretaban el papel de discípulos de Tartufo?

LA REINA ESTÁ CONSTERNADA. SU HERMANA MARGARITA SE DIVORCIA

Marzo de 1976. Ya no era un rumor. Para la reina también era la confirmación de un nuevo fracaso conyugal en la familia. Que en 1967, uno de sus primos, el conde Harewood, abandonase a su mujer y fuese el primer divorciado de los descendientes de Jorge V había pasado casi inadvertido, pero el infiel sólo ocupaba el número dieciocho en la sucesión al trono. En cambio, el fracaso patente del matrimonio de Margarita colocaba a la soberana en el ojo del huracán. Con esos escándalos vendidos a los tabloides, la prensa se haría de oro. ¿Puro amarillismo? No siempre, sino relatos bien dirigidos y a menudo argumentados. Una prueba del interés popular por la dinastía, sus alegrías y sus penas. La gente comenta que el matrimonio del conde y la condesa de Snowdon, Tony y Margarita, se ha roto. El fotógrafo considera que su mujer es demasiado posesiva, la hermana de la reina encuentra que Tony es egoísta; ella es desdichada, eso se ve: ha engordado. Desde hace unos cinco años, ya no se los veía juntos. Entre ellos era la guerra, los horrores del amor transformado en odio. ¿Quién empezó? Ya no era indispensable saberlo. Margarita había empezado a beber y a pasear su depresión y sus amantes por los clubes nocturnos londinenses, luego por sus queridas islas antillanas, esos paraísos artificiales que Tony nunca había soportado. Cuando Margarita estaba en Londres, el marido se negaba a hablar con su mujer delante de los hijos. En sus cajones dejaba notas insultantes como ésta: «Pareces una manicura judía y te odio».[6] Por su parte, ella se abandona, en todos los sentidos, olvidando su rango y el efecto desastroso que causan sus borracheras públicas. Un diputado laborista, a la vez opuesto al primer ministro conservador James Callaghan y a la monarquía, convierte a la ex princesa Margarita en blanco de sus ataques en el momento en que Buckingham Palace negocia, laboriosamente, la nueva lista civil que le será asignada. «¿Pagar por una borracha y sus amantes? ¡Ni hablar!».

Después de la «princesa triste», la «princesa alcohólica». Furiosa, la reina intenta razonar con su hermana. Margarita responde echándose en brazos de Roddy Llewellyn, un paisajista amigo de amigos. Es el encargado de distraerla. Y lo consigue: ella tiene 43 años; él, 25. La reina constata la verdad: a pesar de su aparente compatibilidad y sus caracteres complementarios que, según la opinión general, habrían debido permitirles formar una pareja sólida, sus diferencias de origen y sus discrepancias eran más fuertes. Tony y Margarita no estaban hechos para vivir juntos. Incluso su interés común por el arte se había transformado en peleas vulgares, mientras el amante de Margarita se comportaba muy mal en los clubes nocturnos. Las alegrías de la familia...

1977. El jubileo de Isabel II para celebrar sus veinticinco años de reinado

Felizmente aquella agitación se diluye y pasa a un segundo plano cuando, el 7 de junio de 1977, en un Londres en fiestas, un solo acontecimiento eclipsa a todos los demás: la reina celebra un cuarto de siglo al frente de Reino Unido. Aunque el cielo esté gris, la soberana viste de rosa. Es una mujer que domina a la perfección sus atribuciones constitucionales, tanto sus deberes como sus privilegios. Ejerce su función permanentemente —«una verdadera profesional», dicen las personas de su entorno—, pero raras veces interviene en público, con buen criterio, y trabaja con discreción. Los once primeros ministros que ya ha conocido en esa época lo reconocen. En la carroza dorada que data del reinado de Jorge III —un Hannover—, Isabel II es aclamada por centenares de miles de súbditos. El príncipe Felipe está feliz y sigue siendo tan apuesto como siempre en su impecable uniforme de la Royal Navy. La princesa Ana, acompañada de su marido, disimula su futura maternidad con un atuendo verde manzana. El príncipe Carlos va a caballo, vistiendo el uniforme de los granaderos, con la cabeza bien abrigada bajo un casco de piel de oso. La princesa Margarita está enfurruñada (¡no es extraño!), pero está ahí; su marido es sustituido por su tío lord Mountbatten, cuyas medallas son ya incontables. ¡Se le han concedido tantas a ese auténtico héroe! El cortejo llega a la catedral de Saint Paul. «Bajo la bóveda del inmenso edificio religioso diseñado según el modelo de San Pedro de Roma, treinta y cinco dirigentes oficiales se levantan al llegar la soberana. Todos los representantes de la Commonwealth, el presidente norteamericano James "Jimmy" Carter y su esposa, James Callaghan, el actual primer ministro laborista, y los antiguos ocupantes del cargo, Harold Wilson y Edward Heath, saludan el avance de la soberana hacia el centro del altar».[7]

Al cabo de treinta y cinco minutos de sermón, la reina y toda su familia se dirigen a pie al ayuntamiento, suscitando un formidable entusiasmo. El duque de Edimburgo procura caminar siempre dos pasos atrás; con los años se ha acostumbrado perfectamente a respetar la prelación de su esposa. Fotógrafos y cámaras, aficionados y profesionales, graban miles de imágenes. La reina sonríe. En cuanto a los accesorios vestimentarios, no se sabe cuál será el más inmortalizado, si el sombrero redondo azul pastel muy florido de la reina madre o el voluminoso casco del príncipe Carlos. En el balcón de Buckingham Palace, la familia real ofrece dos curiosidades a quinientos millones de telespectadores. La primera pregunta que se hace la gente es la siguiente: ¿por qué, a sus casi 30 años, sigue soltero el príncipe Carlos? Aún no se sabe que desde hace siete años Camilla Shand es la única mujer de su vida, «dieciocho meses mayor que él y ya experimentada sexualmente».[8] La segunda pregunta que se hace la gente es: ¿por qué el príncipe Andrés, que ha vuelto de Canadá, no lleva uniforme? No se sabrá la respuesta, pero el jubileo es un éxito. También era la primera vez que el príncipe Eduardo, con sus 14 años, tenía el orgullo de asistir a un acontecimiento excepcional de la monarquía. Si el balcón de Buckingham hablase...

Las nuevas desdichas de la princesa Margarita (continuación)

Unas fotos íntimas tomadas en la villa «Aguas bonitas» de la isla Mosquito hacen las delicias de los lectores de la prensa dominical. ¡El *week end* británico sigue siendo muy largo! Es evidente que la hermana de la reina se consuela de sus sinsabores conyugales. Luego la opinión es inundada por quejas de asociaciones caritativas de las cuales se supone que se ocupa la princesa, pero que no reciben los fondos prometidos por Su Alteza Real; estas acusaciones provocan el temor de otro escándalo, una grave quiebra financiera en el mundo hospitalario. Estas calumnias se desmoronarán, pero el mal ya está hecho. Durante dos años, la reina intenta lo imposible para reconciliar al matrimonio Snowdon, pero en vista de que la situación deriva hacia un escándalo político, el 10 de mayo de 1978 se anuncia el divorcio. En un editorial, el *Daily Telegraph* afirma, con un realismo impávido, que esos incidentes son, en definitiva, el precio que hay que pagar por una monarquía hereditaria y que «hay que aceptar lo bueno y lo no tan bueno». El diario, pese a ser muy conservador, constata que reclamar no sólo a la ocupante del trono que tenga una conducta ejemplar, sino exigirlo también de su familia sería «pedir demasiado; y sería pedir demasiado incluso en una sociedad mucho más consciente que la nuestra de la naturaleza de esos ideales». El Reino Unido debe estar satisfecho de su primera familia. ¡Y la reina también! El conde de Snowdon se ha convertido en lord Snowdon por voluntad de su cuñada, que lo quiere mucho y que, en privado, se muestra sinceramente apenada por ese fracaso. Su notoriedad como fotógrafo, que no ha hecho más que aumentar, permite a Tony adquirir una casa en Launceston Place, en el elegante barrio de Kensington. Margarita tendrá la custodia de los hijos. Por suerte, la princesa y su ex marido se llevarán muy bien con la reina, que siempre ha querido muchísimo a su hermana. Le pedirá, como también a su ex cuñado, que respeten ciertas formas. Así, por ejemplo, cuando la confirmación de su hija en Windsor, Margarita no puede asistir por orden del médico; padece una gastroenteritis. Lord Snowdon sí está presente. Y lo mismo ocurre cuando la reina le pide que le haga una foto con su primer nieto, el hijo de la princesa Ana. La unión rota de Margarita permitió constatar la evolución de la opinión pública e incluso de la actitud de la Iglesia de Inglaterra, que no se opuso a esa separación. El divorcio ya era algo corriente, en casa de los Windsor y en todas partes. Las costumbres lo habían integrado definitivamente. Pero en el caso de la dinastía había una particularidad: la princesa Margarita seguía ocupando el sexto lugar en la lista sucesoria y continuaba ejerciendo sus funciones y obligaciones reales de cara al público.

EL ASESINATO DE LORD LOUIS MOUNTBATTEN ESCANDALIZA A REINO UNIDO

Es el miembro más seductor y glorioso de toda la familia. El almirante Louis Mountbatten es una leyenda, no sólo en Gran Bretaña, sino más allá de las fronteras del antiguo imperio de las Indias donde fue el último virrey. De ascendencia alemana, este biznieto de la reina Victoria nació como príncipe de Battenberg en 1900. Se convertirá en inglés mediante la adopción del nuevo patronímico familiar, como hemos visto. Este hombre excepcional, a quien tuve el honor de conocer, estaba dotado de un encanto irresistible, de una inteligencia aguda y de una voluntad de acero. De todos los mandos supremos que había ejercido, el que lo colocó al frente de las fuerzas aliadas en Asia del sur era recordado por todo el mundo: había librado a los británicos del yugo japonés. Habiendo logrado, no sin peligro, conducir la India hasta la independencia en 1947 con la ayuda de Gandhi y de Nehru —que será el amante de su mujer, la bella Edwina, de la que enviudó en 1960—, ex jefe de la OTAN en el Mediterráneo, jefe de Estado Mayor de la Defensa británica y gran almirante de la Flota, Mountbatten el

incomparable accede a un retiro activo que no es sino el principio de otra carrera, síntesis de todo lo que le gusta: el polo,
el cine, los coches deportivos y los viajes. Es tío del duque de
Edimburgo y es muy amigo del príncipe Carlos, a quien ha
presentado muchas chicas susceptibles de interesar al heredero.
Dickie (su apodo familiar) es un seductor incorregible, conocido en Nairobi como en Singapur, en Nueva York como en
París. Cuando va a Francia a visitar viejas cavas de Champagne
donde, durante la guerra, se habían escondido pilotos de la
Royal Air Force, declara a una bonita francesa que le presentan
lo que ya debe haber dicho a muchísimas mujeres: «Madame,
al verla a usted, uno sabe que está en Francia».

Lord Mountbatten es muy apreciado en Irlanda, donde
tiene una propiedad en la bahía de Doengal. Le gusta pasar allí
sus vacaciones. Desde hace varios años, los nacionalistas del
IRA lo tienen «en el punto de mira», en el sentido literal de la
palabra. Miembro de la familia real, símbolo de la autoridad
británica y de la opresión que sufren los irlandeses, lord Louis
ha sido informado de las amenazas que pesan sobre su vida
y está rodeado de guardaespaldas. Es fatalista y a sus 79 años
no quiere creer en el peligro. ¡Ha visto tantas cosas! También
dicen que es muy querido. Y es un soldado, o más exactamente un marino, quien el día 27 de agosto de 1979 al mediodía,
sale a izar sus cajas de bogavantes. Va acompañado por seis
personas, entre ellas un miembro de su familia. El personal de
seguridad los vigila con los prismáticos. El almirante no necesita a nadie para un breve cabotaje. Él, que ha mandado escua-
dras y la propia Flota, maniobra con habilidad su embarcación
verde y blanca, un modesto barco de pesca. Se dispone a apagar
el motor cuando «una carga de 25 kilos de gelinita explota a sus
pies y el esquife se desintegra. Salen despedidos en medio de
una espesa nube de humo fragmentos de madera, metal, cuer-
das, zapatos y chalecos salvavidas, y luego caen en forma de
lluvia sobre un radio de varias decenas de metros alrededor».[9]
El héroe de la campaña de Birmania fallece instantáneamente.
Tres pasajeros del *Shadow V* también mueren y otros tres re-

sultan gravemente heridos. En Dehli, el gobierno decreta ocho días de luto, un gesto de auténtica gratitud por parte de la ex colonia hacia su emancipador. La onda expansiva familiar y política es también un sismo de cólera y dolor. *Bastards!*, titulan los diarios británicos. Una palabra que, en esa lengua, reviste un sentido especialmente fuerte y despectivo. Sus funerales solemnes en presencia de toda la familia real y de innumerables autoridades extranjeras se celebran en Westminster el 5 de septiembre. Destaca la ira del príncipe Carlos apenas contenida: aprieta los puños. De rabia. Al matar a ese hombre, el IRA se ha desacreditado considerablemente. La condena de ese acto odioso es unánime. Mountbatten tal vez era un poco vanidoso y seguro de sí mismo, pero ¡qué trayectoria y qué coraje! ¡Qué vida tan extraordinaria desde su bautizo en Frogmore House, en el parque de Windsor, en el momento en que su madrina la reina Victoria lo tenía en brazos! En nombre de su lucha, el IRA no respetaba nada; incluso los perros del almirante, labradores que eran excelentes nadadores, fueron víctimas de la bomba... ¿*Bastards*? Sí, eso eran los asesinos.

LA DUQUESA DE WINDSOR ESTÁ OBSESIONADA POR LAS DIMENSIONES DE SU FUTURA TUMBA

Extenuada, con un aspecto ausente, Wallis ha regresado a París. ¿Cuál será ahora la última parte de esa vida suya que alimenta todos los fantasmas novelescos desde hace más de cuarenta años? De momento está protegida de las preocupaciones materiales, ya que el duque le ha dejado unos tres millones de libras. A ello se añade su célebre —y misteriosa— colección personal de joyas. Gracias a la intervención de Maurice Schumann, ministro de Asuntos Exteriores y ex joven periodista que cubrió la boda del duque y la duquesa en Candé, el erario público no reclama derechos sucesorios a esa residente en Francia. Y ella sigue estando exenta de pagar el impuesto de la renta, cosa que algunos no ven bien. Por último, el alquiler a un precio muy moderado de la casa de Bagatelle se le renueva de forma vitalicia.

Un año después de la muerte del duque, un hombre de negocios suizo compra por fin el Moulin, lo cual reportará a Wallis un millón de dólares. ¡El acuerdo fiscal francobritánico no puede ser más conciliador ni la República francesa más desinteresada! Y no obstante, su tren de vida sigue siendo tan oneroso que la duquesa se ve obligada a vender una parte de la herencia. Su salud la preocupa, sus úlceras la hacen sufrir. Se alimenta poco, pero eso no es nuevo, para desesperación de su *chef*, al que no cesa de hacer reproches. Cuando invita a cenar a una pareja de recién casados, amigos de sus amigos hace reservar una mesa en Maxim's y para ella encarga... ¡una hamburguesa! El personal, estupefacto y decepcionado, concluye que la duquesa quiere revivir sus orígenes norteamericanos. Por fortuna bebe mucho champán para acompañar su insólito e insultante menú.

La viuda del ex rey inunda a sus abogados londinenses con cartas apremiantes relativas a su tumba. ¿Será ésta lo bastante grande para recibir su féretro? Ya durante el entierro de su marido, con una vulgaridad cínica, apostrofó al arzobispo de Canterbury criticando el poco espacio que, según ella, le estaría reservado al lado de su querido David. La oyeron decir en tono seco: «Ya sé que soy muy menuda, pero no creo que pueda caber en un espacio tan estrecho».[10] Aun pensando en su muerte la duquesa seguía obnubilada por la angustia de toda su existencia: su posición. El prelado, irritado por esa conversación en un momento tan solemne, le contestó, según parece: «No veo qué se puede hacer, pero seguro que cabrá, no se preocupe». Ella no quedó satisfecha y exigió que suprimieran el seto que bordeaba el terreno para agrandar la fosa, y se despidió del arzobispo con un comentario inimaginable: «Al fin y al cabo no soy un erizo».

De momento la duquesa vuelve a viajar. Está en Nueva York, vivificada por el aire de Manhattan, pero necesita un bastón. El matrimonio Snowdon, todavía unido, la visita. Las relaciones con la familia real se han apaciguado, mientras las amenazas de revelaciones más o menos fundadas surgen con regularidad: el «expediente chino», Ribbentrop, Hitler. Nuevos rumores, intentos de robos de los que dice ser víctima, periodistas que la acosan tomándola por un dinosaurio del gotha, una visita a la tumba de su marido —sin duda para comprobar que el dichoso seto ha sido cortado—, una carta de gratitud a la reina, el recuerdo de un telegrama del príncipe de Gales y la amenaza de un rapto por parte de un comando de extrema izquierda jalonan para ella el final de los años setenta. Los abandona encorvada, fragil y de nuevo enferma del estómago, tratada en el Hospital Americano, por supuesto. Cuando le dan el alta su imaginación se desboca; delira a menudo y, si alguna vez va a un coctel ofrecido «en su honor», llega la última, como una reina. Y el encargado de anunciarla sabe que debe decir «Su Alteza Real». El embajador de Su Majestad se abstiene de reaccionar ante ese viejo fantasma. ¿Qué importancia tiene ya? La duquesa no es más que un pobre esqueleto y una curiosidad: «¡Ah!, ¿es ella?», se sorprenden los que no la conocían. Sí, era ella, esa mujeruca vestida de negro, todavía elegante, que había hecho temblar los cimientos del Imperio británico hasta el Himalaya. Era ella, en efecto, la que había provocado la abdicación del rey Eduardo VIII. Los testigos estaban asombrados, indignados, pero nunca indiferentes. Buscaban lo que antaño había podido embrujar al tío de la reina. Sólo encontraban una mirada que se posaba en la gente con cierto desprecio.

LA ÚLTIMA AMBICIÓN DE WALLIS: VOLVER A VER A LA REINA MADRE ANTES DE MORIR

A finales de octubre de 1976 la viuda de Jorge VI debe ir a París. Al enterarse, Wallis suplica que le pidan a la reina madre que pase unos momentos en Bagatelle. Luego se le enturbia la mente, como le ocurre con frecuencia ahora. *Queen Mum* consiente en hacer un gesto que sin duda tiene mucho que ver con la compasión hacia una mujer a las puertas de la muerte cerebral. Se fija día y hora con la embajada, que pone un coche a la disposición de la madre de Isabel II perfectamente lúcida. Pero un poco antes de la hora acordada la duquesa está en tal estado de confusión mental que se anula la visita.

La verdadera razón de la visita de la reina madre a Francia era la organización de una exposición en Windsor para celebrar los 50 años de su hija. Se podían prestar algunos objetos y recuerdos que habían pertenecido al duque, una docena. Hugo Vickers, biógrafo de personalidades reales y autor del estudio más completo y más reciente (2011) sobre la duquesa,[11] es el encargado de reunir esos testimonios. Y cuenta lo siguiente: «La reina madre examinó con mucha atención el acta de abdicación y manifestó su desaprobación a la vista de Hitler y Mussolini [fotografiados al lado del duque]». ¡Lo contrario habría sido sorprendente!

Es una lástima que las dos «enemigas» no se volviesen a ver, aunque fuera en nombre de la compasión. Pero es demasiado tarde, la duquesa ya no sabe quién es, está en estado vegetativo, ya no sufre. Se apaga el 24 de abril de 1986 a los 90 años cuando en Downing Street reina, por decirlo así, desde 1979 Margaret Thatcher, la Dama de hierro. En cierto modo, Wallis, con sus tres maridos —uno de ellos ex rey— y su increíble desparpajo también fue antes que «Maggie» una dama de hierro.

La reina envía al lord chambelán a París. Éste vuelve con una caja de roble. Los restos de la duquesa llegan a la misma base militar que había recibido a su marido el duque. El joven duque de Gloucester acompaña luego los restos de su tía al castillo de Windsor. La reina ha ordenado que se cierre. Un destacamento de uno de los cinco batallones de la guardia rinde honores. El oficio fúnebre, privado, reúne a menos de doscientas personas, entre ellas la reina, su marido, el príncipe y la princesa de Gales, dieciséis miembros de la familia real, incluida la reina madre. Asiste el embajador de Estados Unidos. Por voluntad de Isabel II en la nave de la capilla de Saint George el féretro es depositado en el mismo lugar en que lo fueron los de Jorge V, Jorge VI, la reina María y el duque de Windsor. ¿Acaso Wallis se ha convertido en Alteza Real a título póstumo? No. En la lápida sólo figura su nombre. La reina ha mandado colocar una corona de lirios blancos y amarillos sobre el catafalco. Por una vez no se pronuncia el nombre de la difunta durante el oficio. ¿Ha existido siquiera?

Su féretro entra sin dificultades en la fosa que han ensanchado a petición suya. Wallis está en su sitio. Junto a su «hombrecito».

¡HAY QUE CASAR AL PRÍNCIPE DE GALES!

Carlos está muy afectado por el asesinato de lord Mountbatten, de quien era muy amigo. El almirante era un casamentero (había «arreglado» la boda de Isabel y Felipe) y esperaba hacer lo mismo con el heredero al trono.

En 1980 Carlos, que tiene 32 años, ha reanudado su relación con Camilla, que entretanto se ha convertido en la esposa de Andrew Parker Bowles. El príncipe tiene, pues, una relación con una mujer casada. La reina está perfectamente al corriente, pero piensa que un matrimonio feliz podría estabilizar a su hijo en una situación más conforme con su estatus. «La feliz elegida» será lady Diana Spencer, de 19 años. Es bonita, rubia, alta, tímida y no ha tenido una infancia feliz, pues su madre abandonó a su marido e hijos por otro hombre cuando ella sólo tenía 5 años. Su abuela materna, lady Fermoy, no había dirigido la palabra a su hija durante trece años. Era la dama de honor preferida de la reina madre. Cuentan que ambas contribuyeron mucho a la elección de Diana como princesa de Gales. Sin embargo, no es seguro. En cambio, lo que sí es seguro es que estuvieron encantadas.

¿Y Carlos? ¿Qué piensa de su prometida? La encuentra dulce y encantadora. La joven parece sensible a sus tormentos respecto al futuro de la Corona. El príncipe estima, tal vez sinceramente, que podrá romper con Camilla y construir una unión sólida con Diana. El 4 de febrero de 1981, el príncipe pide la mano de Diana. La reina y Felipe están encantados. «¡Por fin!». El acontecimiento tendrá un alcance histórico, puesto que la última boda de un príncipe de Gales se remonta a 1863. Fue la del futuro rey Eduardo VII, que se casó con la princesa Alejandra de Dinamarca. «Y además se celebró con la mayor discreción, subraya Antoine Michelland, por la viudez de Victoria».[12] Su querido príncipe Alberto había muerto prematuramente en 1861. El luto de Victoria no tendrá fin.

Un torbellino mediático formidable se agita alrededor de Carlos y Diana. Ante la perspectiva de la boda del heredero de la Corona con la encantadora joven, son miles las peticiones de entrevistas con el príncipe que llegan a las oficinas de su servicio de prensa en Buckingham Palace. En vista de que Carlos debe ir próximamente a Francia, yo pruebo suerte también por cuenta del *Figaro Magazine*. Con gran alegría por mi parte, al cabo de cuatro días, me contestan que sí. Preparo mis preguntas. Es sabido que Carlos ama la naturaleza, que le interesan los temas del medio ambiente, la música (Berlioz, entre otros, lo emociona), y que no le gustan ciertos arquitectos que construyen cualquier cosa. También es muy celebrado su sentido del humor, a priori más discreto que el de su padre. Como el túnel bajo el canal de la Mancha aún no ha entrado en servicio, el fotógrafo François Engel y yo llegamos a Londres la víspera e inspeccionamos cuidadosamente nuestro material, él sus cámaras y sus focos, yo mi magnetófono de casetes. Lo comprobamos todo, después de haberlo hecho ya en París. Al día siguiente, a la hora acordada, en una puertecita somos recibidos por el servicio de orden del palacio donde en ese momento la reina recibe a un jefe de Estado africano en visita oficial.

Después de varias revisiones, controles y verificaciones (incluido el material), entramos en los aposentos privados de Carlos, el príncipe heredero que tiene la cortesía de recibirnos. Hay un osito de peluche en el sofá. Entran el príncipe y su edecán junto con el encargado de prensa, un australiano dotado de un fuerte acento. Hay un policía discretamente de guardia al otro lado del salón. La conversación empieza en inglés con algunas frases en francés. De pronto observo la preocupación del fotógrafo. El príncipe de Gales también. ¿Qué sucede? Los flashes están incomprensiblemente desincronizados, la luz es insuficiente. Un desastre. Dirijo una mirada furiosa a ese excelente profesional, cuando constato que mi grabadora está convirtiendo en un amasijo magnético la casete que hasta ahora funcionaba con normalidad. ¡Doble desastre! El príncipe de Gales nos ve incómodos, explica que él también tiene problemas con sus aparatos y de repente nos pregunta con humor:

—¿El material es francés?

—No, monseñor. Es japonés.

Parece aliviado por esos dos franceses al borde del ridículo y se muestra muy paciente, en todo caso más que su edecán y su funcionario de seguridad, para quienes el príncipe tiene otros compromisos que cumplir. Nos damos prisa y conseguimos salvar milagrosamente un reportaje exclusivo de varias páginas. ¡Y nuestro honor!

Desde hacía mucho tiempo Diana soñaba con convertirse en princesa de Gales

Según la versión oficial de la época, fue en Balmoral donde Diana Spencer conquistó el corazón de Carlos. La prensa no duda en hablar de un flechazo recíproco. No es exactamente cierto. Los Spencer están muy próximos a la familia real, pues el padre y el hermano de Diana son respectivamente un antiguo caballerizo de Isabel II y un ahijado suyo. Por lo tanto, Diana siempre ha visto a Carlos en el entorno familiar. Pero se vende el romance del flechazo, porque parece escrito por la madre de la segunda esposa del padre de Diana, Barbara Cartland, la «reina de la novela rosa» que, dicho sea de paso, con frecuencia viste de rosa, lo cual la distingue de Agatha Christie, la «lady del crimen». Una imagen de color de rosa como la felicidad. Con Barbara

Cartland los amores de Carlos y Diana tenían por fuerza que convertirse en *best seller*. ¿Sabe Diana el lugar que Camilla ocupa en la vida del príncipe Carlos? Sí. Pero está dispuesta a recoger el guante, el de una esposa que logrará hacer olvidar a una amante. Sus cualidades respectivas deberían ayudarles a superar esa delicada situación que nada tiene de original. En cambio —y esto no era previsible—, la pasión a la vez popular y mediática que despierta su próxima unión hace perder la cabeza a los novios. Y los agota entre preparativos, reportajes y la imposibilidad casi absoluta de estar solos. ¡Ya llegará más tarde!

Si la boda debe celebrarse en la catedral de Saint Paul y no en Westminster según la tradición, es esencialmente por la cantidad de invitados que se espera. Noventa cadenas de televisión retransmitirán la ceremonia en directo y centenares de periodistas están al acecho. No sabrán nada del vestido de Diana, que es obra del estilista David Emanuel, hasta el momento en que baje de la carroza al pie de la escalinata de la catedral. ¡Causa sensación! ¡La cola de tul color marfil mide ocho metros de largo! Gracias a Mondiovision, aquel 29 de julio de 1981, setecientos cincuenta millones de telespectadores descubren a Diana y quedan deslumbrados por su aparición. Sin duda la ven mucho mejor que los dos mil setecientos invitados, incluidos jefes de Estado. El que más llama la atención es el rey de las islas Tonga, que siempre se desplaza con su sillón personal hecho a medida: ¡el monarca pesa 120 kilos!

Cuando intercambian el sí la princesa llama a su marido «Felipe Carlos» en vez de «Carlos Felipe». Con sentido del humor el príncipe le dice al oído a su mujer: «¡Acabas de casarte con mi padre!».

EN LA CORTE DIANA SE MUESTRA EXTRAORDINARIAMENTE TORPE

La salida de los novios es grandiosa. La multitud está extasiada. La monarquía británica se ha rejuvenecido; y lo necesitaba. Pero aún no se ha visto todo. En efecto, cuando la pareja aparece en el balcón de Buckingham Palace centenares de miles de personas no se contentan con los saludos tradicionales. «¡Un beso!», reclama la multitud. Entonces por primera vez en la historia del viejo palacio, los novios se besan. La casa de Windsor continúa modernizándose...

Muy pronto la princesa más adulada del mundo llena de buena voluntad se muestra torpe. Intenta conquistar a su familia política, pero pierde todas las ocasiones por un comportamiento inoportuno. A menudo llega tarde, después de la reina, lo cual es intolerable. Es bulímica. Tiene fases depresivas agravadas por las relaciones complicadas que mantiene con su marido. Pero esos incidentes permanecerán ocultos durante mucho tiempo. El público sólo se fija en el embarazo de Diana anunciado en noviembre y en el nacimiento del príncipe Guillermo el 23 de junio de 1982. Después de ver a su nieto la reina declara, con una expresión poco afortunada: «¡Al menos no tiene las oreja de su padre».[13] Pero se han salvado las apariencias.

En ese mismo momento Isabel II tiene otras preocupaciones que la actitud a veces sorprendente de su nuera: desde hace dos meses, en el Atlántico Sur, las fuerzas navales británicas se han lanzado a la reconquista de las islas Falkland. El gobierno de Margaret Thatcher incluso ha requisado el transatlántico *Queen Elizabeth 2* para transportar tropas. Diez mil hombres. Maggie demuestra que Reino Unido no olvida a sus hijos, puesto que la población había manifestado su deseo de permanecer bajo la administración británica, como lo venía haciendo desde 1832. La guerra es corta, aunque su balance es grave: mil víctimas y cuatro navíos de la Royal Navy hundidos, pero la dictadura argentina ha capitulado. La antigua dueña de una tienda de ultramarinos convertida en la primera mujer inquilina de Downing Street alcanza una popularidad sin precedentes. La reina y su primera ministra no se tienen mucha simpatía, pero están necesariamente unidas en la victoria.

El príncipe Andrés, de 22 años, el hijo preferido de la reina, era piloto de helicóptero a bordo del *HMS Invincible*. Aureolado por la gloria, es el único miembro de la familia real que ha participado en el conflicto. Andrés se convierte en un nuevo blanco de los medios, que revelan su relación con una tal Koo Stark, una actriz de «películas eróticas». Aunque la reina la recibe en Balmoral y la considera «encantadora», las revelaciones de la prensa sobre las películas *X soft* y las relaciones de la joven son tan escandalosas que el príncipe se ve obligado a romper. Habrá que pensar en casar a Andrés, que parece tener una debilidad por las chicas un poco vulgares.

El 15 de septiembre de 1984, la princesa de Gales da a luz a un segundo hijo, Enrique. Todo parece normal entre Carlos y Diana. En el verano de 1985 Andrés conoce a Sarah Ferguson y se enamoran. Los Windsor están encantados. El incorregible ha encontrado por fin una novia conveniente. ¡Uf! La pelirroja es hija de un entrenador de polo del príncipe Carlos, lo cual es tranquilizador. Sin duda «Sarah Ferguson ha tenido aventuras —y no lo oculta—, pero es divertida, un poco provocativa, respira salud y vitalidad, es deportista y le gustan el campo y el aire libre, es una mujer sin complejos y sin problemas».[14] Tienen casi la misma edad: 27 años Sarah y 26 Andrés. La mañana de la boda en Westminster el 23 de julio de 1986, la reina otorga a su hijo el título de duque de York y le regala una suma considerable para que se construya una casa en el dominio de Sunning Hill.

¡Es demasiado bonito! Muy pronto los York se convierten en el hazmerreír de la prensa. Las críticas alcanzarán su punto álgido con esa residencia de tanto relumbrón y tan chillona que los periodistas la comparan con la de la familia Ewing del culebrón americano *Dallas*. ¡Southfork es rebautizado «South York»! ¡Amor, gloria y realeza!

Mentiras en casa de los York, engaños en casa de los Gales

Sarah, apodada Fergie, gasta a manos llenas, pero pretende contribuir a los ingresos de la familia «escribiendo» sobre Osborne, la casa de la reina Victoria en la isla de Wight. En realidad quien escribe la obra es la sobrina del bibliotecario de la reina. Ella firma también un libro infantil, *Las aventuras de Budgie, el pequeño helicóptero*, que es un plagio total de un libro que se publicó en la década de 1960. La duquesa le vende a la revista española *Hola* por 200 000 libras el derecho a fotografiarla en compañía de su marido y sus dos hijas —Beatriz, nacida en 1988, y Eugenia, nacida en 1990.

Mientras tanto en el hogar del príncipe de Gales la situación se ha deteriorado. La unión ya sólo es una fachada. Después de haber sido fiel, Carlos ha reanudado su relación con Camilla sin duda en 1987. Cumple escrupulosamente con sus numerosas obligaciones, pero constata que su esposa le roba siempre el primer plano. Basta que ella aparezca para provocar un delirio mediático, haga lo que haga. Diana es un ídolo. Más tarde se sabrá que la princesa se ha hecho amante de un oficial de la Guardia, el capitán James Hewitt.

En casa de los York las cosas no se arreglan. Andrés continúa su carrera de oficial de la marina; por lo tanto está ausente durante largos periodos. ¡Fergie no se conforma con el apostolado que es la soledad bien conocida de las mujeres de los marineros! No oculta su relación con un estadounidense rico, Steeve Wyatt, hijo de un magnate tejano del petróleo (¡otra vez *Dallas!*). Se lo presenta a Andrés que naturalmente no sospecha nada. La duquesa pasa unas vacaciones en la propiedad del millonario en Saint-Jean-Cap-Ferrat con sus dos hijas. En enero de 1992 un limpiador de ventanas descubre unas fotos comprometedoras y se las vende a los tabloides. Seis días después de esta publicación Andrés y Sarah-Fergie deciden separarse. Informan a la reina. Isabel II está destrozada, pues el año 1992 es el del cuadragésimo aniversario de su acceso al trono. ¡Vaya regalo!

Y vendrán más... Un mes más tarde una foto muy estudiada y posada de Diana, sola, triste y melancólica delante del Taj Mahal revela al mundo entero que su matrimonio va mal. La princesa, que es una perfecta manipuladora, ha escogido aparecer delante de ese mausoleo sublime, símbolo del amor eterno, para enviar un mensaje muy claro: Diana, el icono, es desdichada. La corte trata una vez más de evitar lo peor. Tras un partido de polo Carlos besa a su mujer... en la mejilla porque ella gira la cabeza. Cuatro meses más tarde la princesa lanza una especie de declaración de guerra: el 7 de junio, *The Sunday Times* publica extractos de un libro, *Diana, Her True Story*,[15] por Andrew Morton. ¡Buena ocupación para un domingo inglés! La princesa se presenta como una víctima, una mujer engañada y acusa a la familia real de no defenderla. La princesa relata sus sufrimientos, su incurable bulimia, su depresión y sus tentativas de suicidio. Se considera sola en el mundo. Una confesión en toda regla. Un tsunami mediático. El libro es un gran éxito, se traduce a varias lenguas, pues Diana es una estrella y ha jugado magistralmente con su popularidad. La reina y el duque de Edimburgo juzgan que esas revelaciones son indecentes. Están muy enojados y toman partido por su hijo. La opinión pública opta por el bando de la esposa incomprendida. La encantadora y desdichada princesa es un filón de oro para los periódicos, las radios y las televisiones. ¡Qué novela!

Sólo estamos en primavera. El verano se anuncia tórrido en casa de los Windsor, ya que el 20 de agosto el *Daily Mirror* publica fotos de Sara-Fergie de vacaciones en el sur de Francia con su «asesor financiero» chupándole voluptuosamente un dedo del pie junto a la piscina delante de las dos hijas de la duquesa. Es cierto que la joven está separada de Andrés, pero la presencia de las niñas causa muy mal efecto. Delante de ese escándalo la familia real se irrita. La «culpable» y sus hijas se encuentran entonces en Balmoral, seguramente las fotos, robadas, han sido tomadas en julio. Sarah-Fergie todavía se queda tres días en el castillo, ya que Isabel II no quiere dar la impresión de que echa a su nuera de casa. Por otra parte Andrés también está presente y en esta ocasión le presta su apoyo. Tendrá con frecuencia esta actitud caballerosa con ella.

La guerra de los periódicos es jugosa. Dos meses más tarde *The Sun* replica publicando la transcripción de una conversación de Diana, grabada la Nochebuena de 1989, con uno de sus amigos, James Gilbey. Ella se queja de la manera como su marido la trata y emplea términos particularmente groseros para referirse a la familia real. Aunque una parte de sus palabras son censuradas, no cabe duda de que ese hombre ha sido su amante. ¡Qué verano más caliente! La reina intenta convencer a su nuera para que salve las apariencias acompañando a Carlos en un viaje oficial a Corea. Diana se niega, pero luego acepta. Ese periplo será un fracaso para el matrimonio, pues su incompatibilidad ya no se puede disimular. Y sin embargo, el año de las catástrofes no ha terminado... ¿Qué más podía pasar?

20 DE NOVIEMBRE DE 1992: ¡ARDE EL CASTILLO DE WINDSOR!

Lo que no lograron dos guerras mundiales lo consigue el calor que se desprende de un foco próximo a una cortina: en la noche del 19 al 20 de noviembre de 1992 se declara un incendio en la capilla privada de la reina Victoria, en el ángulo nordeste del patio de honor. Se supone que el fuego se ha iniciado encima del altar. Se propaga con rapidez a través de la almacería, destruyendo el techo de madera de la espléndida sala de Saint George, donde cada año en junio se reunían la reina, el duque de Edimburgo y los otros veinticuatro caballeros de la orden de la Jarretera, según un ritual que se remonta a 1348, año de la fundación de dicha orden. Pese a los esfuerzos de doscientos bomberos de siete cuarteles, el tejado y los muros quedan reducidos a cenizas y el resto de la sala (56 metros por 9) seriamente dañado. Seis siglos de historia desaparecen entre las llamas y el humo. Además de la capilla privada, también queda destruido el comedor de gala. Ya se había incendiado en 1853, y en esa estancia es donde la reina recibía a sus invitados para el almuerzo cuando se celebraban las carreras de Ascot y para las cenas durante la Pascua. No queda ningún elemento decorativo; se han perdido irremediablemente un inmenso bufete y un cuadro que representaba a *Jorge III pasando revista a las tropas*.

El salón carmesí, que es la pieza principal de las salas de recepción, tampoco se salva; la carpintería del techo, de acero, se dilata por la intensidad del calor, y empuja el muro oriental; la fachada entera, calcinada, amenaza con desplomarse, cuando ya el techo no es más que una montaña de cenizas. Han desaparecido numerosos anexos. Después de una lucha de quince horas, el incendio queda circunscrito al nordeste del castillo. Miles de obras de arte, gran parte de la biblioteca y la sala de estampas han podido ser evacuadas. Por suerte, las salas más afectadas se econtraban vacías en el momento del siniestro, pues estaban reparando la instalación eléctrica. La visión de la torre Brunswick recortándose sobre el cielo rojo, por encima del patio alto, es alucinante.

El príncipe Andrés, que dormía en el castillo, ha podido organizar el primer salvamento de las obras de arte. La reina, a quien despiertan en plena noche, se presenta de inmediato. Isabel II, calzada con botas, avanza en medio de los escombros, con su pañuelo Hermès anudado bajo el mentón. Un atuendo de campaña. Para la soberana, que se dispone a celebrar ese mismo día su cuadragésimo quinto aniversario de boda, el choque es durísimo. La reina se resfría, tiene la voz ronca a causa del humo que ha inhalado. Al cabo de cuatro días, cuando pronuncia un discurso durante la comida que le ofrecen en el ayuntamiento de Londres para celebrar, en la medida de lo posible, el aniversario de sus cuarenta años de reinado, aún tiene la voz enronquecida.

Windsor es un símbolo tan importante que la restauración empieza inmediatamente. Lo más urgente es proteger las partes del edificio expuestas a la intemperie —estamos en invierno— y hacer que se sequen: cerca de siete millones de litros de agua han empapado los viejos muros y las maderas antiguas. Se constituyen enseguida dos comités: el de la restauración, presidido por el duque de Edimburgo y encargado de supervisar todo el proyecto; y el de las artes y la decoración, presidido por el príncipe de Gales. Algunas partes dañadas, como la sala de Saint George, se restauran en un estilo gótico modernizado, mientras que otras estancias son restauradas en el estilo elegido por Wyatville, el arquitecto del rey Jorge IV.

Con seis meses de adelanto respecto al calendario previsto, las obras terminan el 20 de noviembre de 1997 para coincidir con las bodas de oro de la reina y el príncipe Felipe, y exactamente cinco años después de la catástrofe. Fue el proyecto de este tipo más importante del siglo XX. Los mejores artesanos y empresas del reino trabajaron en él. El presupuesto de 37 millones de libras fue cubierto parcialmente por las entradas que se vendieron para visitar la parte intacta del castillo y el Buckingham Palace, abierto al público por primera vez en 1993. Se destinaron fondos suplementarios, procedentes de la subvención concedida por el Parlamento para el mantenimiento del castillo, que es propiedad de la Corona. Paradójicamente, el proceso de reconstrucción fue beneficioso, en la medida en que las importantes investigaciones arqueológicas realizadas por el English Heritage permitieron conocer mejor los orígenes de la fortaleza. Además, gracias a una vigilancia reforzada, el castillo de Windsor está mucho mejor mantenido de lo que lo había estado nunca durante los dos últimos siglos. La restauración de la residencia favorita de Isabel II fue el regalo más hermoso que podía recibir para celebrar sus cincuenta años de matrimonio con el duque de Edimburgo.

EL PRIMER MINISTRO JOHN MAJOR ANUNCIA LA SEPARACIÓN DEL PRÍNCIPE Y LA PRINCESA DE GALES

El 26 de noviembre de 1992, John Major, el nuevo primer ministro, sucede a Margaret Thatcher, que había batido un récord de longevidad en Downing Street al permanecer allí durante once años y medio. Al cabo de seis días, en La Cámara de los Comunes, el jefe del gobierno hace un anuncio inesperado. La reina y el príncipe de Gales aceptan pagar impuestos por sus rentas privadas. ¿Una revolución? No, un signo de los tiempos difíciles.

Una semana después, el 9 de diciembre, el mismo John Major hace una nueva declaración menos sorprendente, pero espectacular: «Buckingham Palace lamenta anunciar que el príncipe y la princesa de Gales han decidido separarse». La continuación del comunicado contiene precisiones que dan a entender que la reina y su primer ministro han examinado minuciosamente la situación. «Sus Altezas Reales no tienen la intención de divorciarse y seguirán ocupándose juntos de la educación de sus hijos. Seguirán cumpliendo por separado con sus compromisos públicos, pero aparecerán juntos en determinadas circunstancias familiares y nacionales. La reina y el duque de Edimburgo, aunque tristes, comprenden y compadecen las dificultades que les han llevado a tomar esta decisión. Su Majestad y Su Alteza Real el príncipe de Gales esperan que a partir de ahora cesen las intrusiones en la vida privada del príncipe y la princesa».[16]

El primer ministro añade que las cuestiones dinásticas no se ven afectadas por esa decisión, ya que los hijos conservan su rango en la sucesión al trono. No hay ninguna razón para que Diana no sea coronada reina cuando su marido se convierta en rey. ¡Una verdadera pesadilla para Carlos! ¡Una bomba contra la monarquía! Detrás de ese cataclismo se designa a una culpable, Camilla Parker Bowles. La reina está terriblemente afectada y su discurso tradicional de fin de año se resentirá. Para definir el año 1992, su anterior secretario privado, sir Edward Ford, había elegido la expresión de *annus mirabilis*, ya que la soberana iba a celebrar sus cuarenta años de reinado. Isabel II dirá que 1992 ha resultado ser un *annus horribilis*, una fórmula que dice mucho de su estado de ánimo. Pero ¡ay! las catástrofes no se han alejado, pues en la prensa está a punto de estallar lo que se denominará el «Camilla Gate», la publicación de una conversación muy íntima, fechada en diciembre de 1989, entre Carlos y Camilla, en la que el príncipe lamenta no poder meterse en el interior de... ¡las braguitas de su amante, y otros *desiderata* escabrosos! El efecto es devastador. Camilla se convierte en la mujer más odiada de Gran Bretaña. ¡Ventaja para

Diana! La princesa es, pues, la mujer humillada y sabe utilizar muy bien su poder de seducción. Su imagen altera la de la familia real. En diciembre de 1993, pese a todos los esfuerzos de la reina y del primer ministro para disuadirla, la princesa, de forma dramatizada, comunica que se retira de la vida pública.

En ese mismo momento, la princesa Ana, divorciada de Mark Phillips, había previsto volver a casarse discretamente en Escocia con el comandante Timothy Laurence. La reina se entera por una indiscreción de la BBC. Reacciona de inmediato y decide que esa boda se celebre en Balmoral en presencia de la familia real. Isabel II intenta recuperar el control de ciertos acontecimientos. La ceremonia se improvisa en una semana. Además hay que abrir y calentar el castillo, ¡helado en medio del invierno escocés!

¿SE ESTÁ EXCEDIENDO DIANA? ¡ES LA GUERRA DE GALES!

La princesa sabe cómo utilizar a la prensa sobre todo al influyente *Daily Mail,* en el que dispone de un oído atento. Esos lazos privilegiados provocan los celos de otras publicaciones. Los periódicos populares de gran tirada como *The Sun* y *News of the World,* por ejemplo, revelarán el acoso telefónico al que ha sometido a uno de sus amantes. Se publican fotos que muestran a Diana manteniéndose en forma en un club deportivo. Se la ve con los senos desnudos en una playa del sur de España, otro tipo de entrenamiento. Todo esto es ambiguo, pues no es seguro que la publicación de esas fotos la moleste. A ella le gusta su imagen. Sabe seducir y sabe que seduce. Diana se convierte en la mujer más fotografiada del mundo, pero también en la más sola. El castigo de Narciso. Más grave es la publicación del libro *Princess in Love,* en el cual James Hewitt revela su larga relación con ella.

Carlos intentará reconquistar a la opinión pública participando en un programa de televisión el 29 de junio de 1994, un programa que tiene por tema «Carlos, el hombre público y el hombre privado». No es precisamente un gran éxito, cosa que Camilla ya había predicho. La guerra de los Gales es una guerra sin cuartel. A finales de noviembre, el príncipe de Gales vuelve a intentarlo con la publicación de su biografía, algunos extractos de la cual aparecen en *The Sunday Times*. Si bien Carlos y Diana utilizan las mismas armas, el príncipe no tiene exactamente las mismas cartas que su esposa.

Pasa un año y la cosa no se arregla, ni siquiera para Camilla, que se divorcia. Diana afila sus armas y responde el 20 de noviembre de 1995 concediendo una entrevista en directo a la BBC. Puede decirse que ha elegido bien la fecha, que es la de los cuarenta y ocho años de matrimonio de Isabel y Felipe. ¿Es deliberado? Cabría pensar que sí. Durante el programa *Panorama*, emitido desde su domicilio, Diana dramatiza aún más la situación. Va vestida con traje, chaqueta negra y blusa blanca; lleva los ojos muy maquillados; una puesta en escena. La princesa confirma todo lo que ya se ha contado en su biografía, en particular su odio hacia Camilla y sus adulterios especialmente con James Hewitt. Se la oirá decir con claridad: «¡Lo adoraba!». Afirma que no quiere divorciarse ni reinar oficialmente, sino convertirse en «la princesa de los corazones», una fórmula que retendrán sus innumerables admiradores que se lo perdonan todo. Pero el elemento más innovador de sus palabras es una perfidia dirigida contra su marido: duda de que Carlos sea capaz de reinar y estima que su hijo Guillermo debería ser el sucesor directo de Isabel II. El programa bate récords de audiencia, incluso fuera de Reino Unido. Buckingham Palace no emite ningún comentario, pero la reina ya no ve más salida que el divorcio. ¡Otro más!

Poco antes de Navidad Isabel II escribe por separado a su hijo y a su nuera, sugiriéndoles que inicien el proceso. El 15 de febrero de 1996 la soberana recibe a Diana para concretar las modalidades de la separación definitiva. Los dos progenitores seguirán ocupándose conjuntamente de la educación de los hijos, Guillermo (13 años) y Enrique (11 años). Hay que reconocer que Diana es una buena madre, cariñosa y tierna. Continuará viviendo en Kensington Palace, conservará sus oficinas en el palacio de Saint James, pero perderá su título de Alteza Real. Es posible que la causa de esta última decisión sea la indiscreción de Diana. Parece que Isabel II le había pedido a su nuera que no revelase esta conversación, pero según su costumbre la joven, jugando con fuego, habría alertado inmediatamente a sus «amigos» periodistas. De ahí una cólera fría de la reina contra su nuera, en quien decididamente no podía confiar. Deberá contentarse con el título de princesa de Gales. Y percibirá una suma compensatoria enorme: entre 15 y 17 millones de libras. ¿Será razonable Diana?

Decididamente, desde el punto de vista familiar 1996 se presenta como un *annus horribilis bis*, pues el 30 de mayo se pronuncia el divorcio de Andrés y Sarah-Fergie. Ésta también pierde su título de Alteza Real. En cambio, financieramente, no saldrá tan favorecida como Diana. Es cierto que el príncipe Andrés no tiene fortuna personal y depende por completo de la reina. Con sus deudas y su vida privada extravagante, Fergie seguramente esperaba que el divorcio la designara como culpable. Nadie la compadece, y sobre todo la prensa la ataca ferozmente. Una vez terminado el procedimiento, siempre en dos tiempos, el divorcio de Diana y Carlos es definitivo el 28 de agosto de 1996. ¡Pobre Isabel II! De sus cuatro hijos, tres se han divorciado y Eduardo aún no se ha casado. ¡Esos fracasos familiares podrían incitarlo a una cierta prudencia!

Sea cual sea el estado de ánimo de la reina respecto a sus dos ex nueras, la soberana seguirá conservando una relación con ellas. Por sus cuatro nietos, seguirá llamándolas por teléfono y viéndolas de vez en cuando. Es su deber de abuela, y nada ni nadie se lo va a impedir. Isabel II tiene tanto afecto por Guillermo y Enrique como por Beatriz y Eugenia. Guillermo quiere mucho a sus abuelos, hasta el punto de que prefiere pasar con ellos, en Sandringham, la primera Navidad después del divorcio de sus padres, antes que ir a esquiar a Klosters, en Suiza, con su padre.

1997. El fin dramático de la guerra de Gales

En julio de 1997 Carlos organiza una gran fiesta en su casa de Highgrove para celebrar los 50 años de Camilla. Evidentemente se trata de una fiesta privada a la cual sólo están invitados los amigos más íntimos. Pero se produce una fuga y la prensa está al acecho. Las redacciones están empeñadas en obtener una foto de Carlos y Camilla, la mujer de su vida, la que desde hace mucho tiempo es la guardiana de sus secretos. Diana está furiosa. Como de costumbre intenta recuperar la ventaja mediática y anuncia su nueva relación con Dodi Al-Fayed, uno de los hijos del riquísimo hombre de negocios egipcio Mohammed Al-Fayed, propietario entre otras cosas de los célebres almacenes Harrod's de Londres y del prestigioso Hotel Ritz de París. Durante el verano veremos a Diana y a sus hijos, así como a Dodi, en Saint-Tropez practicando esquí acuático. En agosto los hijos se reúnen con su padre en Balmoral, mientras Diana y Dodi son las presas complacientes de los *paparazzi* durante un crucero de enamorados por las costas de Cerdeña. Son innumerables las «fotos robadas», entre ellas una de Diana en un trampolín con una gaviota, que atestiguan este nuevo romance. ¿Están enamorados de verdad? ¿Van a casarse? Es el culebrón del verano. ¡Es inevitable! Los Windsor, aunque estén divorciados, siguen siendo igual de novelescos. La reina madre, que había apreciado mucho a Diana cuando entró en la familia, considera ahora insoportables las provocaciones y las continuas declaraciones mediáticas de la ex esposa de su nieto preferido. Está convencida de que Diana disfruta acumulando las reacciones estúpidas y exasperantes. Todo el mundo está pendiente de ella, que contamina el universo real como venganza. A la viuda de Jorge VI esas extravagancias quizás le recuerden el comportamiento obsesivo de una tal duquesa de Windsor que ella siempre siguió llamando «esa mujer...», sin darle jamás su título.

En París, en la noche del sábado 30 al domingo 31 de agosto de 1997, hacia las doce y veinte de la noche, un Mercedes a toda velocidad se empotra en el pilar número trece del Puente de Alma. Diana y Dodi iban a bordo, así como el chofer y a su lado un guardaespaldas. El choque fue terrible y los habitantes del barrio oyeron lo que parecía una o dos explosiones. Transportada en una ambulancia del Samu, la princesa, gravísimamente herida, es conducida a urgencias del Hospital Pitié-Salpêtrière. Despiertan a la reina a las dos de la madrugada y avisan al presidente de la República, Jacques Chirac, que se halla en Marruecos. A pesar de todos los cuidados que se le prodigan, Diana fallece a las 3.30, lo cual es confirmado por una nueva llamada de la embajada británica a Buckingham Palace. Diana tenía 36 años.

Oficialmente —pero esa versión será controvertida— el chofer, Henri Paul, intentaba escapar de una jauría de *paparazzi* que iban en moto. Diana y su amante habían cenado en el Ritz. Luego ¿deseaban pasear tranquilamente en coche por París? ¿Iban a algún sitio concreto? ¿Empezó enseguida la persecución por parte de fotógrafos bien informados? El tema de este libro no es hacer una contrainvestigación más sobre este drama, sus causas directas e indirectas. ¿Accidente espectacular? A priori parece que la causa fue un exceso de velocidad del conductor que había bebido bastante antes de sentarse al volante (una versión discutida también). O bien —y la tesis aún circula— ¿fue un atentado (coche trampa, misterioso vehículo pequeño que le cortó el paso al Mercedes, etcétera? Se ha dicho todo y lo contrario, pero a falta de pruebas irrefutables (si es que las ha habido), después de una emoción planetaria, las comprobaciones, las contradicciones, las investigaciones, una de ellas encargada a un ilustre ex jefe de la brigada criminal de la policía judicial, se ha considerado la tesis del accidente como la más probable. Se ha aducido que si el chofer estaba borracho, el guardaespaldas (único superviviente) no habría debido permitirle conducir, lo cual constituía una grave falta profesional. También se ha señalado que ese mismo Henri Paul no había podido ser visto en estado de ebriedad en el Bar Hemingway del Ritz, ya que éste estaba cerrado.

Mientras, durante la noche, la información daba la vuelta al mundo muy poco tiempo después del drama (esa rapidez de la reacción mediática pareció muy sospechosa); al amanecer, desde Libia, el coronel Gadafi afirmaba que los británicos habían asesinado a Diana y a su amante porque ella iba a «casarse con un musulmán». Hubo varias hipótesis sobre los proyectos de los amantes: ¿estaba Diana embarazada? ¿Querían instalarse en la antigua residencia del duque y la duquesa de Windsor en Neuilly? Un arquitecto decorador francés habría sido contratado discretamente para ello y las obras habrían recibido el nombre de «operación *Windsor*».

Los defensores de la tesis de un asesinato hablaron de las declaraciones y las acciones de la princesa en contra de la plaga de las minas antipersonas. ¿Por qué se metía? Y su viaje previsto a Oriente Próximo para defender la causa de los palestinos sería una toma de posición «molesta para los intereses superiores británicos».

¡Luego se acabó acusando a la familia real de haber contratado a unos émulos del agente 007 para ejecutar a Diana, que tanto les estorbaba! Porque estorbaba. Aún hoy, después de muchos procedimientos judiciales que no han dado resultados satisfactorios para él, Mohammed Al-Fayed, el padre de Dodi, sigue convencido de que mataron a su hijo y a la irresistible Diana. Todavía se habla del tema y se hablará durante mucho tiempo. Para muchos el cuerpo dislocado de la princesa «aún se mueve» entre las certidumbres y las divagaciones. Evidencia para unos, enigma para otros.

LA REINA Y LA FAMILIA REAL SON ACUSADOS DE INDIFERENCIA

A ese *shock* sucede un segundo trauma, el de la estupefacción entristecida y los homenajes universales. Hasta Nelson Mandela califica a Diana de «ciudadana del mundo», cosa que no tiene mucho sentido. Delante de Kensington Palace depositan un millón de ramos de flores y la gente espera seis horas para poder firmar en el libro de condolencias del palacio de Saint James, donde la difunta princesa tenía sus oficinas desde las cuales colaboraba con obras benéficas y en especial en la lucha contra el sida. Millones de personas lloran a Diana, su icono. Son huérfanas de un sueño. Pero Buckingham Palace no se manifiesta. Dotado de una agudísima intuición política, el primer ministro laborista Tony Blair, que acaba de ser nombrado, se da cuenta de inmediato de la intensidad del dolor popular. Una intensidad que crece, con la fuerza destructiva de una marea. Y lanza esa expresión impactante para resumir la personalidad de la difunta: «Era la princesa del pueblo». La reunión de dos mundos: una idea luminosa y un homenaje oficial británico impactante. El primer ministro se alinea con el dolor. Pero ¿por qué la reina, que se halla en Escocia, no tiene ni una palabra de compasión para su ex nuera? ¿Por qué la soberana no regresa a Londres? El silencio de Balmoral es el tercer choque. ¿Acaso la familia real no tiene corazón? Y la reina, normalmente tan atenta a las desgracias del pueblo, ¿permanecerá alejada, muda e insensible delante de las montañas de flores, fotos y mensajes que traducen un inmenso dolor y que ella ha podido ver por televisión? Isabel II y su marido están asombrados. ¿Tan querida era todavía Diana?

Digámoslo de una vez: para la familia real, la tragedia, espantosa en ciertos aspectos, también es un alivio. Cada día hacía temer una nueva provocación por parte de Diana. Pero en Londres la multitud sigue creciendo, frustrada por la falta de compasión de la Casa Real. Entre Downing Street y el castillo persiste el malentendido. En Londres la semana empieza mal, la gente se siente abandonada después del drama, llegando a veces hasta la histeria. Se ha roto un sueño, y la ausencia de reacción de la corte es como si pisoteara su recuerdo. La excelente película *The Queen*, de Stephen Frears, analizará ese malestar. Observada por millones de miradas, la bandera que ondea sobre Buckingham se pone por fin a media asta. ¿Medio dolor? Algo es algo...

El 5 de septiembre, tras seis días de un silencio considerado como error político, la reina vuelve a Londres, instada por el primer ministro que ve cómo crece la rabia: «¡Los Windsor, asesinos!» se lee en algunas pancartas. La reacción de Isabel II, sin embargo, es muy tardía. No ha sabido medir la amplitud de la emoción. Si la población le reprocha a la soberana haber excluido a Diana de la familia real, hay que recordar también que la princesa, charlatana incorregible, había podido excluirse ella misma al revelar a la prensa el contenido de su conversación confidencial con la reina. Isabel II no le perdonó haber traicionado su confianza.

La reina va, pues, al encuentro de la multitud delante del palacio cuyas rejas se han convertido en un insólito jardín. Pero la multitud está silenciosa. O lo que es peor: por primera vez en su reinado, Isabel II siente la animosidad del pueblo. Ella misma está asombrada y enojada a su vez. Aquella misma tarde se fuerza a hacer una declaración llena de benevolencia por televisión. Aunque el texto ha sido minuciosamente redactado por palacio y por los servicios de Tony Blair, la reina se expresa de manera sencilla y emotiva. En su alocución Diana se convierte en «un ser humano excepcional con grandes cualidades que ella admiró y respetó». Luego, por primera vez en su reinado, Isabel II aboga por un apaciguamiento: «Creo que hay que sacar lecciones de su vida y de la extraordinaria e imprevisible reacción ante su muerte».

Pero esa declaración tan hábil se ha hecho esperar demasiado. El pueblo tardará mucho en perdonar la frialdad de la soberana cuando habría deseado, aunque fuese contenida, una comprensión espontánea. Al día siguiente, el cuerpo de lady Diana, seguido por Carlos rodeado de sus dos hijos, de la reina y hasta de la reina madre, del duque de Edimburgo y de la familia Spencer, es conducido a la abadía de Westminster. Elton John canta para su amiga fallecida y el hermano de Diana en su discurso ataca violentamente a la familia real, queriendo preservar a sus sobrinos de la falta de humanidad de la cual acaba de ser testigo. La gente lo aplaude. El drama y sobre todo las reacciones que ha provocado dejan una sensación de injusticia y de desastre, seguida de un sismo que nadie vio venir. Haberlo comprendido y haber sabido recuperar su poder emocional le valdrán a Tony Blair una popularidad inmediata, en tanto que Isabel tendrá que llegar a un compromiso con una realidad nueva: el mundo se ha convertido en una aldea y los silencios pueden ser tan devastadores como la verborrea permanente.

En París, en el túnel de Alma, se verá durante mucho tiempo a turistas rezando o meditando delante de una llama esculpida en metal dorado. Los visitantes creen que esta antorcha es un homenaje al recuerdo de Diana. La «peregrinación» no cesará hasta que el ayuntamiento de París ponga una placa explicando que se trataba de un elemento de la célebre estatua *La Libertad iluminando al mundo*. Desde entonces serán muchos menos los curiosos. Otro malentendido, aunque Diana encarnase una exigencia de libertad rebelde que no era decorosa.

Capítulo 12

1998-2011
Isabel II, ¿la serenidad a pesar de todo?

Después de tanta amargura y tantos malentendidos, en la opinión pública la monarquía ha quedado herida. Para cicatrizar el dolor hará falta tiempo, pero sobre todo acontecimientos positivos que puedan hacer olvidar la abrumadora concatenación de dramas. El príncipe Carlos se aplica a ello mostrándose como un padre muy cariñoso con sus dos hijos adolescentes, traumatizados por la muerte de su madre y los acontecimientos de los que han sido testigos. El ex esposo de Diana consiente incluso en posar para una sesión de fotos relajada con Guillermo y Enrique en el campo. Sabidas son las dificultades del príncipe para afrontar las sesiones fotográficas. Enseguida se crispa, y es Guillermo, aparentemente menos incómodo, el que le dice al oído a su padre que sonría y se muestre distendido. Una noticia feliz ilumina el cielo de los Windsor en 1999: Eduardo, el último hijo de la reina, va a casarse con miss Sophie Rhys-Jones.

EDUARDO, EL ÚLTIMO HIJO SOLTERO, SE CASA POR FIN

¿Fue una sorpresa? En realidad no, ya que cuando el 7 de agosto de 1997 el yate real *Britannia* hizo escala como cada verano en Escocia, en el castillo de Mey, situado a orillas del mar, la residencia de verano de la reina madre, a bordo iban la reina y su marido, el príncipe Andrés y sus dos hijas, la princesa Ana, su marido y sus hijos, los de Margarita, y el príncipe Eduardo, acompañado por su amiga Sophie Rhys-Jones. El ambiente era un poco melancólico, pues el anterior gobierno, el de John Major, había decidido retirar el *Britannia*, cuyo mantenimiento se consideró excesivamente costoso. Esta decisión fue confirmada por el nuevo primer ministro Tony Blair. Hacía cuarenta años que la familia real recorría el mundo a bordo de este yate, al servicio de la Corona o durante sus cruceros privados. Carlos y Diana lo habían usado para su viaje de novios. La escala fue agradable a pesar de todo. Nadie podía imaginar que tres semanas más tarde la muerte de Diana convulsionaría tantas vidas.

El príncipe Eduardo, cuarto hijo de Isabel II y de Felipe, es sin duda el menos conocido. Cursó los mismos estudios que sus hermanos y luego entró a formar parte de los Royal Marines. Una elección sorprendente, pues es una de las unidades más duras, y se sabía que el sueño de Eduardo era ser actor. Fue un auténtico desastre: en enero de 1985, antes de acabar el periodo por el cual se había alistado y con gran desesperación de su padre, dimitió. Corrieron rumores sobre sus tendencias homosexuales, todas desmentidas por sus amigos; Eduardo ha tenido varias aventuras femeninas, que han permanecido secretas. Además, es muy querido por todos los que trabajan con él o están a su servicio.

Sophie Rhys-Jones, agregada de prensa, es totalmente ajena al ambiente de la corte, y el anuncio de esa boda merece la total aprobación de la reina. Será mucho más discreta que la de sus hermanos, ¡lo cual sin duda es un acierto! Eduardo y Sophie tendrán dos hijos y representarán con frecuencia a la soberana en actos importantes, como por ejemplo el 2 de julio de 2011 en la boda del príncipe Alberto II de Mónaco con Charlene Wittstock.

El año 2000 se celebran varios aniversarios familiares. El 21 de junio, la reina ofrece un gran baile en el castillo de Windsor para celebrar los 70 años de su hermana Margarita, los 50 años de la princesa real Ana y los 40 del duque de York, el príncipe Andrés. Otra celebración ocupará el mes siguiente, y no es una celebración cualquiera: ¡el centenario de *Queen Mum*!

El destino inacabado de Margarita, la «princesa rebelde»

Aunque ha celebrado alegremente su cumpleaños, desde hace mucho tiempo la princesa Margarita está enferma y es desdichada. Es una noctámbula empedernida que no consigue irse a dormir, oprimida por una triste realidad: su vida va a la deriva. Tony, su ex marido, se ha vuelto a casar con una divorciada que ha tenido la cortesía de desear «toda la felicidad posible a la princesa Margarita». En esa marea de uniones rotas, de divorcios y de hijos traumatizados, ¿existe una pareja que resista? Está evidentemente el ejemplo del matrimonio de su hermana, la reina.

Margarita, antes tan romántica y cortejada, ya no goza de la misma aura entre la buena sociedad. La princesa bebe, fuma y tiene un amante joven. Una situación clásica. Cuando lo conoció ella tenía 43 años y él 25. Parece una novela de Stendhal, pero el protagonista se llama Roddy Llewellyn. La aventura era grave porque en aquella época Margarita aún estaba casada, era la condesa de Snowdon. Desde entonces la princesa dilapida su renta en unas vacaciones perpetuas. Una vez más en el Parlamento se alzan voces contra ese ejemplo tanto más indignante cuanto que se trata de la hermana de la reina. Sólo se le adjudicará un guardaespaldas, lo cual ya es demasiado oneroso para algunos parlamentarios siempre dispuestos a criticar los gastos de la Casa Real.

¿Qué hace Margarita? Nada útil. La aventura con Roddy es sólida. Su puerto de atraque es la isla Mosquito. La princesa es quien firma los cheques o paga las cuentas con billetes que llevan la efigie de su hermana en el dólar del Caribe del este, ya que la isla Mosquito es privada y sólo ocupa siete kilómetros cuadrados en un archipiélago de las Pequeñas Antillas, que es miembro de la Commonwealth. Es un paraíso con sus señuelos

para millonarios. En cuanto cae la noche llega la hora de los cocteles. Margarita bebe mucho. Bebe de todo, pero su combinación
preferida es el trío champán-scotch-gin. Hasta la reina madre se
inquieta. A ello se añaden los cigarrillos, sesenta al día. Es mucho
para el organismo. Pasa meses enferma. Pero ¿es posible curarse
de los recuerdos? El alcoholismo ahuyenta a sus amigos y conocidos. Ya no hay empujones para ser invitado por ella.

En Londres, en 1981, la princesa recibe a su querido Roddy a la hora del té. Como en toda buena novela de este tipo,
ocho años después de haber conocido a Margarita, Roddy le
presenta a su futura esposa. Ahora estamos en una novela de
Balzac: el último amor de una mujer es a menudo el primer
amor de un hombre. Su ex amante se casa veinte días antes que
Carlos y Diana. Decididamente... «Margarita duda, pero acaba
enviando un telegrama de felicitación».[1]

Sin embargo, el final de una relación sentimental puede
ser beneficioso. La princesa retoma sus actividades oficiales:
corta cintas, bautiza barcos (¡qué pena, ese champán desperdi-
ciado!), inaugura escuelas, preside o apadrina más de cincuenta asociaciones. Pronuncia discursos, le gusta el ballet y vuelve
a dar recepciones. Parece más equilibrada y ya no merece el
premio más triste que le había concedido una prensa despiadada ante su decadencia, el de ser una de las «diez mujeres más
mal vestidas del mundo». La princesa se vuelve a acercar a sus
hijos, David el ebanista y Sarah. Su instinto materno se manifiesta otra vez, pero las heridas siguen abiertas, sobre todo en
su hija Sarah, a lo que parece.

Junio de 1995. Margarita, de 60 años, se entera de la muerte de Peter Townsend en el valle de Chevreuse donde vivía
desde hacía tiempo. De él ha conservado fotos, en particular
tres. El ex aviador fue su verdadera pasión. Es imposible matar
del todo un amor rebelde. Cabe señalar que a pesar de su va-
gabundeo psicológico Margarita seguía queriendo mucho a su
hermana y ésta le correspondía en todas las circunstancias. Así,
al día siguiente del funeral por Diana, Margarita le escribió a la
reina para «expresarle su tierna admiración por la forma tan

afectuosa como te has ocupado de todos después del accidente y has hecho más soportable la vida de esos dos pobres chicos... Ahí, como siempre al pie del cañón, has escuchado a todo el mundo y has tomado todas las decisiones... Considero que has estado sencillamente maravillosa».[2]

23 de febrero de 1998. Margarita, de regreso a la isla Mosquito, es víctima de un accidente vascular cerebral. Hace trece años le han extirpado parte de un pulmón. Sus problemas de salud se han multiplicado. Un ataque de apoplejía acaba con su vida el 9 de febrero de 2002 a los 72 años cuando la corte se preparaba para celebrar el aniversario de los cincuenta años de reinado de su hermana. Los funerales de la princesa tienen lugar el 15 de febrero, medio siglo exactamente después de los de su padre, Jorge VI, de quien fue la hija predilecta. Era la más bonita, pero nunca encontró su lugar. Una vida en gran parte desperdiciada. La reina madre está destrozada. Enferma, casi irreconocible, acompaña a su hija menor a la tumba donde serán depositadas sus cenizas. La viuda de Jorge VI ignora que pronto se reunirá con ella.

QUEEN MUM O LA LEYENDA DE UN SIGLO

Había cumplido los cien años y la gente había acabado por creer que era inmortal. La existencia sin ella era inimaginable. Aquella personalidad encarnaba la tradición monárquica con una rectitud risueña tan entrañable que hasta los más rebeldes a la monarquía confesaban su indulgencia por la Corona. Aquel sábado 30 de marzo de 2002, a las 15.15, la reina madre perdió su sonrisa legendaria, una actitud que irritaba particularmente a Hitler en las horas más sombrías de la guerra. La reina madre se apagó a los 101 años mientras dormía, en el Royal Lodge, su residencia situada dentro del gran parque del castillo de Windsor, un nombre que debía mucho a su proyección personal. Junto a ella estaba Isabel II, ya muy afectada por la muerte, siete semanas antes día por día, de su hermana menor la princesa Margarita. En esas vísperas de Pascua aquel nuevo duelo coge a la corte por sorpresa. A fuerza de ver a *Queen Mum* con sus vestidos fucsia o amarillo limón, con sus sombreros que parecían salidos de *My Fair Lady*, la gente olvidaba que la venerada profesional de la realeza tenía un fortísimo sentido del humor, que podía desconcertar a los mejores expertos en ecos de sociedad. Conocía a la perfección su papel en público, pero se alejaba maliciosamente de él tan pronto estaba rodeada de amigos íntimos. Una sabia mezcla de dignidad y excentricidad oculta. Definitivamente popular desde que se la había visto como figura valiente e inesperada caminando en medio de los escombros de Londres durante el *Blitz*, *Queen Mum* era el símbolo de una época, el último vínculo con el pasado. Al final de la tarde el reino, más «unido» que nunca, es invadido por olas de emoción y de tristeza. Periódicos, radios y televisiones cambian sus programas por una avalancha de ediciones especiales. Triste fin de semana. Pero esta vez, al contrario del «malentendido» de Diana (una serie de errores catastróficos), el primer ministro Tony Blair no se ve obligado a socorrer a la monarquía, inatacable en la persona de la difunta. El primer ministro saluda de inmediato «la elegancia, el sentido del deber y las ganas de vivir» de la difunta, aclamada desde hace medio siglo. «Coraje», «sencillez», «respeto», «admiración» y «simpatía» son las palabras que aparecen en las portadas del domingo. El príncipe Carlos, que ha regresado precipitadamente de una estación de esquí de los Alpes suizos, dice que está «destrozado». Nacida con el siglo, muerta después del final del mismo, su abuela, que le perdonaba todos sus deslices, era el símbolo de la unidad nacional, como lo había sido su esposo, Jorge VI.

La reina madre era una profesional de la monarquía

Poco antes de 1980 había emprendido un nuevo viaje a Francia, país que le gustaba, con una agenda muy cargada: visitas a los tesoros del patrimonio y paradas gastronómicas en el Suroeste.

Una de mis parientes, propietaria de un castillo en la Dordoña, tuvo el honor de recibirla durante dos días, lo cual provocó la natural expectación en su pequeño pueblo del Perigord. En el puente levadizo del castillo, frente a una multitud inmensa que agitaba banderas generosamente distribuidas, la reina madre esperó el pequeño discurso de bienvenida ritual pronunciado por una niña que, desde hacía días, ensayaba un texto de adultos, hacía una reverencia tan aplicada como inhabitual y ajustaba el gesto para ofrecer un ramo a «la dama vestida de color azul pastel», todo ello bajo la dirección de su mamá, emocionada y orgullosa. Y hete aquí que la niña, petrificada, se olvida de ofrecer el ramo de flores. ¿Por intimidación? No, por lógica: la niña acaba de constatar que el sombrero de Su Majestad ya está muy florido. Por eso, cuando su madre, ofendidísima, le pide explicaciones, la niña contesta: «Pero ¡si la reina no necesitaba flores, si ya las tenía en la cabeza!». A la interesada le contaron el comentario de la niña y ésta dijo riendo: «¡Yo estoy para que me vean!». Objetivo siempre alcanzado.

Desde que se había salvado, de forma milagrosa, del bombardeo de Buckingham Palace en 1941, *Queen Mum* no temía la muerte, tal vez también porque era una descendiente lejana de Macbeth. Por eso cuando estuvo en el pueblo les pidió a los dos policías de Scotland Yard encargados de su seguridad poder alojarse en el único hotel del pueblo y no en el castillo, donde las obras tenían limitado el número de habitaciones. Luego su doncella presentó una petición inesperada: había que encontrar urgentemente setenta perchas suplementarias y un frasco de martini-gin dosificado con cuidado, que había que reponer por la tarde cada vez que fuese necesario... Un coctel que le permitía resistir todas las fatigas y estar como una rosa al día siguiente para continuar con su programa. También le gustaban el Dubonnet y las canciones de Edith Piaf. Y utilizaba un lenguaje muy coloquial, incluso en francés. Sus deseos podían ser órdenes. Así, por ejemplo, no habría dejado a nadie la presidencia de la Asociación de los Franceses Libres en Londres y había inaugurado personalmente la estatua del general de

Gaulle en Carlton Gardens, su cuartel general de 1940 a 1944. Durante su estancia en Francia, viajando cada vez en uno de los dos Daimler negros provisionalmente importados al Suroeste por la Royal Air Force, la reina madre se descalzaba bajo una manta de viaje en cuanto subía al coche, se ponía un par de zapatillas cómodas para aliviar sus pies y sabía volver a calzarse en un abrir y cerrar de ojos tan pronto llegaba a su destino. ¡Mucho oficio! Lo asumía sin abandonar nunca el buen humor que le había valido, cuando acababa de casarse con el duque de York, el sobrenombre de «duquesa sonrisa». Desde entonces se había convertido en la «reina sonrisa».

DOS DE LA MAÑANA EN BALMORAL: ¡LA REINA MADRE BAILA CLAQUÉ!

Durante sus viajes a Francia, su *chevalier servant* era el príncipe de Faucigny-Lucinge, un «gentilhombre cosmopolita», según sus propias palabras. Este último, invitado a Balmoral e invariablemente despertado por las gaitas, dormía muy mal por las noches. De repente oye unos ruidos insólitos en el pasillo. Asoma la cabeza y ve a la reina madre en bata bailando claqué. ¡A las dos de la mañana! Había oído llorar a uno de sus nietos y encontró este método tan original para consolarlo. A la noche siguiente, después de una jornada de visitas e inauguraciones escrupulosamente realizadas, *Queen Mum* consiente por fin en acostarse, dejando a su hija, Isabel II, en conversación privada con el príncipe de Faucigny-Lucinge, quien, según me confesó, luchaba contra un sueño totalmente inoportuno. Al irse, *Queen Mum* le espetó a su hija la soberana: «¡Te dejo a mi *play boy*! ¡Cuídamelo bien!»

En cuanto se anunció la muerte de aquella personalidad legendaria, la multitud desfiló ante su residencia, en Clarence House, depositando miles de ramos de flores. También hay muchísimos en Windsor. Y en Buckingham Palace la *Union Jack* ondea a media asta. Los homenajes son unánimes. Con la muerte de la reina madre desaparece una época. Desde Victoria hasta Isabel II, había vivido bajo el reinado de seis soberanos, entre ellos su esposo y después su hija. Era el símbolo de la continuidad y compartía la legitimidad del trono, que en adelante su hija ostentaría sola. En la BBC, un admirador declara casi llorando: «Era el último vínculo con el pasado».

Al día siguiente, las plegarias por el alma de la difunta dominan los oficios religiosos del domingo pascual. Durante una hora las campanas de Saint Paul tocan a muerto. En los edificios públicos las banderas que han sido puestas a media asta permanecerán así hasta el martes 9 de abril, fecha del funeral y final del luto nacional decretado por su hija. El primer ministro ha pedido que vuelva el Parlamento, que estaba de vacaciones. Se reunirá el miércoles para rendir homenaje a la difunta.

Isabel II está condenada a una soledad que no se había atrevido a prever. El féretro es trasladado de la capilla de la reina, en Windsor, al palacio de Saint James. Londres y el reino están rezando o meditando, casi incrédulos. El 5 de abril una inmensa procesión acompaña los restos reales a Westminster Hall para el homenaje de los «ingleses corrientes» que ella tanto amaba y tan bien conocía. Hasta la noche, después de una espera de siete horas y cinco kilómetros de cola, decenas de miles de personas desafían el frío para inclinarse ante el catafalco púrpura expuesto sobre un pequeño estrado del mismo color; en las esquinas cuatro oficiales de la Guardia. Inmóviles, con la cabeza baja, son relevados cada veinte minutos. En cuatro días, doscientas mil personas desfilan por ese lugar impresionante donde fueron juzgados Tomás Moro y Carlos I.

QUEEN MUM ERA LA ABUELA FAVORITA DE LOS BRITÁNICOS

Mientras la corte está paralizada por el dolor y en silencio, como el pueblo, las reacciones políticas se alternan con la gratitud y el recuerdo. James Callaghan, ex primer ministro laborista a quien la reina madre enviaba cada año una tarjeta de cumpleaños, subraya que la pena no debe hacer olvidar la vitalidad de *Queen Mum*. La tristeza no formaba parte del carácter de aquella mujer que tanto amaba la vida, los perros, los caballos, los vestidos color de rosa, el castillo de Yquem pero no la trufa, cosa que entristeció mucho a los organizadores de su viaje al Perigord. El martes 9 de abril los funerales de la persona más popular de los Windsor adquieren una dimensión que nadie había previsto. Por decenas de miles, los británicos, muchos de los cuales han venido de ultramar, son los actores de una emotiva melancolía nacional. Aunque no son funerales de Estado, son los más espectaculares que se han visto desde la muerte de Jorge VI, en 1952, cincuenta años atrás. Antes, la reina Isabel II, olvidando la severidad del protocolo, se ha dirigido a su pueblo en un breve mensaje televisado, grabado en el castillo de Windsor. Con la cara triste, la soberana vestida de luto se declara «profundamente emocionada por el desbordamiento de afecto que ha acompañado la muerte de su querida madre», de la cual evoca la contagiosa alegría de vivir. Los cuatro nietos varones de la difunta han participado en el velatorio nocturno. Los tres hijos de la reina, Carlos, Andrés —con el uniforme de gala de la Royal Navy—, Eduardo y su primo David Linley —el hijo de la extinta princesa Margarita— montan guardia a su vez junto al catafalco, relevando a los oficiales. Doblan las campanas de Westminster cada minuto durante ciento un minutos para marcar la edad de la difunta. Y durante dos minutos, a las 11.30, el reino entero se inmoviliza en el silencio. Entre los dos mil invitados —del gotha a las repúblicas integradas en la Commonwealth—, destaquemos un signo de los tiempos: Camilla Parker Bowles, la «pareja» (como se dice entonces) del príncipe Carlos también ha sido invitada a la ceremonia. Sobre el féretro no se puede ignorar la corona con el Koh-i-Noor, ese diamante legendario, en recuerdo de que la esposa de Jorge VI fue la última emperatriz de las Indias y llevaba esa joya el día en que su marido fue coronado rey. Por último, en el momento de su entierro junto a su marido en la capilla de Saint George, las cenizas de la princesa Margarita son depositadas al lado de las tumbas de sus padres.

El editorialista de *The Observer* estima que «la reina madre representaba un mundo, un orden constitucional y una cultura en vías de extinción. La familia real que ella construyó necesita un nuevo periodo de creatividad si quiere continuar desempeñando un papel clave en la vida nacional». Privados de las apariciones alegres y tranquilizadoras de *Queen Mum*, sin su fuerza y su símbolo, los Windsor pierden una figura excepcional y la síntesis, inolvidable, de sus valores.

CARLOS Y CAMILLA SE CASAN TREINTA Y CUATRO AÑOS DESPUÉS DE SU FLECHAZO

El castillo de Windsor no es únicamente el marco de recepciones de Estado, de la asamblea de los caballeros de la orden de la Jarretera o de actos apadrinados por la familia real. En 1666 el memorialista Samuel Pepys ya escribía a propósito de Windsor, y por lo tanto mucho antes de la época victoriana: «Es el castillo más romántico del mundo». Tal vez sea esta la razón que incitó al príncipe Carlos a casarse allí, ocho años después de la muerte de Diana, con su querida Camilla. La ceremonia se desarrolla primero en el bonito ayuntamiento de la ciudad, debajo de la fortaleza, y luego en la capilla de Saint George, el 9 de abril de 2005.

En adelante, sus títulos ingleses son, para él, príncipe de Gales, como antes, y para ella, duquesa de Cornualles. Se conocieron en 1971, después de un partido de polo. Él enseguida deseó casarse con ella, porque era una mujer que estaba cómoda en todas partes, tanto si caminaba con botas por un camino forestal como si vestía con traje largo y llevaba zapatos de tacón. Aunque entonces ella se negó a convertirse en su esposa, siempre compartió sus gustos y su sentido del humor, y le dio confianza en sí mismo después de una infancia austera; fue su confidente. Esa proximidad no se rompió nunca. Y cuando se sabe lo que ocurrió, se comprende que Diana no soportase nunca su complicidad. Después de muchos dramas y de sus divorcios respectivos, tuvieron que esperar treinta y cuatro años antes de poder unir sus vidas. El mismo escritor Samuel Pepys también es autor de una obra muy personal, *Love is a Cheat (El amor es una estafa)*, pero por suerte destruyó ese largo poema, considerándolo inoportuno...

Así, poco a poco, se recupera una especie de armonía familiar. Es cierto que la duquesa de York, la ex esposa de Andrés, da bastante que hablar. Al principio pareció que tenía un cierto éxito en Estados Unidos, donde ganó mucho dinero como embajadora de los Weight Watchers. Como la duquesa tenía tendencia a engordar, era creíble cuando cantaba las alabanzas de esa dieta. Pero el contrato se rompió y ella dejó muchas deudas. Luego, en 2008, produjo una película dedicada a los años de juventud de la reina Victoria, una película bastante buena, históricamente sólida y realizada con grandes medios. Pero, por desgracia, una vez más, se endeudó. Lo peor sucedió en junio de 2010 cuando un periodista, que ella creía hombre de negocios, le tendió una trampa. Pretendió que quería entrevistarse con su ex marido, el duque de York, embajador de las empresas británicas en todo el mundo. Fergie le propuso ser una intermediaria eficaz a cambio de 500 000 dólares. Lo que dijo la duquesa, ligeramente bebida, fue filmado por una cámara oculta. Como es fácil imaginar, la difusión de esa «negociación» tuvo un efecto catastrófico.

La verdad es que la situación de los esposos divorciados es paradójica. Después de vender su propiedad de Sunning Hill al yerno del presidente de Kazajstán por 25 millones de dólares, el duque de York se instaló en el parque de Windsor, en el Royal Lodge, la antigua residencia de su abuela. Allí recibe a chicas, lo cual es normal, pero también a su ex esposa, cubierta de deudas, lo cual es generoso.

En marzo de 2011, Andrés ocupa las portadas de los periódicos británicos muy a su pesar. Se le ve en compañía de un multimillonario estadounidense involucrado en un sórdido caso de prostitución de menores. Además, las relaciones «dudosas» del segundo hijo de la reina con rutilantes «inversores» y otros oligarcas de las ex repúblicas de Asia central o con potentados orientales hace correr mucha tinta: ¿actúa dentro del marco de sus misiones oficiales o por motivos más personales? Una parte del gobierno ha pedido al embajador principesco encargado de promover la industria y el comercio de Reino Unido que dimita de sus cargos, pero el primer ministro David Cameron le ha dado su apoyo. La reina evidentemente le ha leído la cartilla a su hijo preferido y, para que ninguna sombra se cierna sobre la próxima boda de Guillermo y Catalina, ha querido demostrar públicamente que seguía confiando en él. En el castillo de Windsor, durante una ceremonia privada, le ha impuesta la gran cruz de la Real Orden Victoriana. Es el mayor honor que la soberana puede conceder por «servicios prestados».

LA PAREJA REAL SALE FORTALECIDA DE TODAS LAS PRUEBAS

«¡Qué débil es una reina, y qué poca cosa es!», escribía Victor Hugo. En el caso presente Hugo no tiene razón. Isabel II es una mujer muy fuerte. Y desde hace casi sesenta años su ejemplo es único en un mundo que a menudo parece frágil. Más allá de su función monárquica, del respeto a las instituciones y de la longevidad de su reinado, que la acerca al de la reina Victoria, su marido el duque de Edimburgo sigue siendo el pilar central de su existencia. Sus imprudencias, sus ataques de ira y su carácter quedan ampliamente compensados por saber escuchar y por sus consejos. Si ella a veces se siente cansada de su pesada carga, si pasa por penas y decepciones, Felipe es su único confidente. Prefiere olvidar sus defectos, sus dificultades íntimas y apoyarse en sus cualidades. Sin duda, ella ha sufrido por sus ausencias, sobre todo en noviembre de 1992 cuando se produjo el incendio de Windsor. El duque estaba entonces en Argentina en un viaje «privado», que resultó inoportuno en vista de la catástrofe, una más en aquel inolvidable *annus horribilis*. La reina comprende lo difícil que es para su marido vivir permanentemente a la sombra de la Corona. Con ocasión de sus bodas de oro, en 1997, la soberana habló de su esposo en estos términos: «Sencillamente ha sido mi fuerza durante todos estos años y sigue siéndolo. Y yo, y toda su familia, y este país, y otros muchos países, le debemos más de lo que él confesará nunca». La declaración de amor de una reina. Y la confianza mutua de unos esposos que han sabido dominar sus diferencias para construir una vida asombrosa en vísperas del jubileo de diamante de la reina.

El 23 de diciembre de 2011 Isabel II se asustó mucho. El duque de Edimburgo sintió unos fuertes dolores en el pecho y fue trasladado de urgencia, en helicóptero, desde Sandringham hasta un hospital de Cambridge. Una operación le salvó la vida, aunque se perdió los tradicionales festejos de Navidad, entre ellos la caza del faisán, lo cual lo puso de muy mal humor. La reina no modificó en nada sus obligaciones públicas, pero se la veía preocupada. El príncipe Felipe, un patriarca irascible que sigue prodigando sus comentarios inoportunos y sus execrables juegos de palabras, es el último valladar que protege a la reina. Lillibeth, como la llamaban en la familia, tenía 13 años cuando conoció a ese seductor oficial de la marina, príncipe de Grecia y de Dinamarca. La princesa heredera se enamoró a primera vista. Tenía 21 años cuando se casó con él en 1947. Desde hace sesenta y cinco años es el testigo íntimo de la vida de la jefa del Estado en activo más antigua de Europa. Desde hace más de sesenta años ella reina sobre Reino Unido y sobre dieciséis estados de la Commonwealth, sucesora del Imperio británico. Aunque es la mejor y más bien informada del mundo desde hace seis décadas Su Majestad está obligada a observar una discreción rigurosa. La pareja, la familia, el gobierno y decenas de millones de súbditos se disponen a celebrar, a principios de junio de 2012, ese jubileo cuyos festejos serán la apoteosis de la soberana, esposa, madre y abuela. Algo nunca visto desde la reina Victoria, en 1897. Y un homenaje espectacular a Isabel II que, el 6 de febrero de 2012, al conmemorar la muerte de su padre Jorge VI y por lo tanto su propio acceso al trono, confirmó que continuaría su misión hasta el final y reiteró su «compromiso solemne con la Nación».

Genealogía

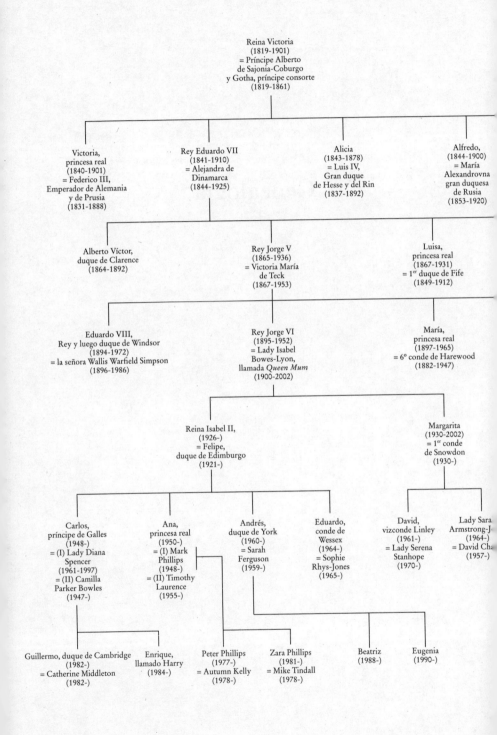

Reina Victoria
(1819-1901)
= Príncipe Alberto
de Sajonia-Coburgo
y Gotha, príncipe consorte
(1819-1861)

Victoria,
princesa real
(1840-1901)
= Federico III,
Emperador de Alemania
y de Prusia
(1831-1888)

Rey Eduardo VII
(1841-1910)
= Alejandra de
Dinamarca
(1844-1925)

Alicia
(1843-1878)
= Luis IV,
Gran duque
de Hesse y del Rin
(1837-1892)

Alfredo,
(1844-1900)
= María
Alexandrovna
gran duquesa
de Rusia
(1853-1920)

Alberto Víctor,
duque de Clarence
(1864-1892)

Rey Jorge V
(1865-1936)
= Victoria María
de Teck
(1867-1953)

Luisa,
princesa real
(1867-1931)
= 1er duque de Fife
(1849-1912)

Eduardo VIII,
Rey y luego duque de Windsor
(1894-1972)
= la señora Wallis Warfield Simpson
(1896-1986)

Rey Jorge VI
(1895-1952)
= Lady Isabel
Bowes-Lyon,
llamada *Queen Mum*
(1900-2002)

María,
princesa real
(1897-1965)
= 6° conde de Harewood
(1882-1947)

Reina Isabel II,
(1926-)
= Felipe,
duque de Edimburgo
(1921-)

Margarita
(1930-2002)
= 1er conde
de Snowdon
(1930-)

Carlos,
príncipe de Galles
(1948-)
= (I) Lady Diana
Spencer
(1961-1997)
= (II) Camilla
Parker Bowles
(1947-)

Ana,
princesa real
(1950-)
= (I) Mark
Phillips
(1948-)
= (II) Timothy
Laurence
(1955-)

Andrés,
duque de York
(1960-)
= Sarah
Ferguson
(1959-)

Eduardo,
conde de
Wessex
(1964-)
= Sophie
Rhys-Jones
(1965-)

David,
vizconde Linley
(1961-)
= Lady Serena
Stanhope
(1970-)

Lady Sara
Armstrong-J
(1964-)
= David Ch⌐
(1957-)

Guillermo, duque de Cambridge
(1982-)
= Catherine Middleton
(1982-)

Enrique,
llamado Harry
(1984-)

Peter Phillips
(1977-)
= Autumn Kelly
(1978-)

Zara Phillips
(1981-)
= Mike Tindall
(1978-)

Beatriz
(1988-)

Eugenia
(1990-)

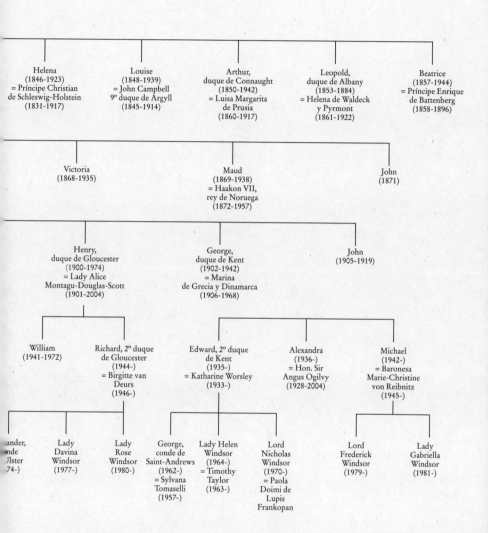

Helena
(1846-1923)
= Príncipe Christian
de Schleswig-Holstein
(1831-1917)

Louise
(1848-1939)
= John Campbell
9º duque de Argyll
(1845-1914)

Arthur,
duque de Connaught
(1850-1942)
= Luisa Margarita
de Prusia
(1860-1917)

Leopold,
duque de Albany
(1853-1884)
= Helena de Waldeck
y Pyrmont
(1861-1922)

Beatrice
(1857-1944)
= Príncipe Enrique
de Battenberg
(1858-1896)

Victoria
(1868-1935)

Maud
(1869-1938)
= Haakon VII,
rey de Noruega
(1872-1957)

John
(1871)

Henry,
duque de Gloucester
(1900-1974)
= Lady Alice
Montagu-Douglas-Scott
(1901-2004)

George,
duque de Kent
(1902-1942)
= Marina
de Grecia y Dinamarca
(1906-1968)

John
(1905-1919)

William
(1941-1972)

Richard, 2º duque
de Gloucester
(1944-)
= Birgitte van
Deurs
(1946-)

Edward, 2º duque
de Kent
(1935-)
= Katharine Worsley
(1933-)

Alexandra
(1936-)
= Hon. Sir
Angus Ogilvy
(1928-2004)

Michael
(1942-)
= Baronesa
Marie-Christine
von Reibnitz
(1945-)

...ander,
...nde
...lster
...74-)

Lady
Davina
Windsor
(1977-)

Lady
Rose
Windsor
(1980-)

George,
conde de
Saint-Andrews
(1962-)
= Sylvana
Tomaselli
(1957-)

Lady Helen
Windsor
(1964-)
= Timothy
Taylor
(1963-)

Lord
Nicholas
Windsor
(1970-)
= Paola
Doimi de
Lupis
Frankopan

Lord
Frederick
Windsor
(1979-)

Lady
Gabriella
Windsor
(1981-)

Notas

INTRODUCCIÓN

[1] No hay que confundir la Commonwealth de Inglaterra («bien común público»), instaurada por la república de Cromwell de 1649 a 1660, con la actual Commonwealth de las Naciones, que sucedió en 1931 al Imperio británico y que es la expresión de la voluntad de una confederación de estados soberanos que se colocan bajo la tutela del monarca inglés. En la actualidad la Commonwealth agrupa tanto a colonias de la Corona como a estados independientes, sea su régimen monárquico o republicano.

CAPÍTULO 1. 1917. JORGE V, REY DE INGLATERRA, YA NO ES DE ORIGEN ALEMÁN

[1] Sin embargo, hasta hoy, la corte de Inglaterra sigue llevando el nombre oficial de «Corte de Saint James», una residencia Tudor elegida por Enrique VIII y reformada más tarde. Aunque ese palacio ya sólo alberga los servicios del lord chambelán, los embajadores siguen acreditándose ante la corte de Saint James.

[2] La tradición de este efímero cambio de nombre sigue en uso para los huéspedes franceses. Fue el caso en 2004 cuando la visita del presidente Jacques Chirac. Se le ofreció una representación de la célebre comedia musical que entonces triunfaba en Londres, *Los Miserables*.

Durante la cena de Estado de frac y trajes largos ofrecida por la reina el 26 de marzo de 2008 en honor del presidente Nicolas Sarkozy, de su esposa y de una delegación del gobierno francés, la señora Rachida Dati, a la sazón ministra de Justicia, causó sensación con un vestido muy escotado. Se puede comprobar en la película que se proyecta de continuo ante millones de visitantes.

[3] Andrew Roberts, *Salisbury, Victorian Titan*, Weindenfeld & Nicolson, Londres, 1999.

[4] En Francia fue donde los británicos sufrieron más bajas, especialmente en el Somme. Entre el 4 de agosto de 1914 y el 11 de noviembre de 1918 se contaron setecientos ochenta mil muertos británicos y el doble de heridos.

[5] Catrine Clay, *Le Roi, l'Empereur et le Tsar*, traducción fr. de Marie Boudewyn, Jean-Claude Lattès, 2007; reed. «Tempus», Perrin, 2008.

[6] Sobre ese famoso enigma, oficialmente no resuelto, una tesis reciente evocada en el cine y en la televisión, parece implicar al cirujano personal de la reina Victoria...

[7] Alejandra, esposa de Eduardo VII, tenía una hermana, la princesa Dagmar, que era la mujer del zar de Rusia Alejandro III y la madre del último zar Nicolás II. De ahí el que esos primos hermanos se pareciesen tanto.

[8] Philippe Valode, *Rois, Reines, Princes et Princesses d'Angleterre*, L'Archipel, 2011.

[9] Jean-Pierre Turbergue (dir.), *La Fayette, nous voilà!*, prefacio de Nicolas Sarkozy, éditions Italiques, 2008.

[10] Andrew Roberts, *op. cit.*

[11] Petrogrado se convirtió en Leningrado de 1924 a 1991, fecha en la cual por referéndum municipal, la heroica ciudad recuperó su nombre imperial de San Petersburgo.

[12] En francés en el texto.

[13] *The Times*, miércoles 18 de julio de 1917.

Capítulo 2. 1918-1935. Jorge V o la unión nacional

[1] Catrine Clay, *op. cit.*

[2] Kenneth Rose, *King George V*, Alfred Knopf, Nueva York, 1994.

[3] Sir Frederick Ponsonby, *Recollections of Three Reigns*, Eyre and Spottiswoode, Londres, 1951.

[4] Catrine Clay, *op. cit.* Cuando Londres conozca los bombardeos en 1940, la actitud compasiva y valiente del rey Jorge VI y de la reina Isabel hacia los barrios más desfavorecidos los hará muy populares.

[5] Sir George Buchanan, *My Mission to Russia*, Casell, Londres, 1923.

[6] Véase Jean des Cars, *La Saga des Romanov*, Plön, reed. 2011.

[7] Sarah Bradford, *George VI*, Penguin Books, Londres, reed. 2011.

[8] María Feodorovna regresará a su Dinamarca natal donde morirá en 1928. Por un acuerdo entre la reina Margarita II de Dinamarca y el presidente Vladimir Putin, sus restos fueron repatriados a San Petersburgo, con honores militares y religiosos, el 28 de septiembre de 2006. Véase Jean des Cars, *La Saga des Romanov, op. cit.*

[9] Aún hoy, una parte de lo que se recauda a través de las entradas se destina a obras de caridad. Pero el nombre de «casa de muñecas» ha recibido una explicación histórica ulterior. En efecto, junto al edificio hay dos muñecas francesas, France y Marianne, con una parte de su vasto guardarropa de vestidos y accesorios: sombreros, guantes, bolsos... Fueron un regalo que el gobierno francés hizo al rey Jorge VI y a la reina Isabel para sus hijas Isabel (la actual soberana) y Margarita, con ocasión de su visita oficial a Francia en 1938. Las más importantes marcas de lujo participaron en la realización de este obsequio (Lanvin, Cartier, Hermès, Vuitton).

[10] Philippe Valode, *op. cit.*

[11] Christopher Hibbert, *The Court of St. James's*, Weindenfeld and Nicolson, Londres, 1979.

[12] Charles Higham, *Wallis Simpson, la scandaleuse duchesse de Windsor*, trad. fr. de Eric y Françoise Deschodt, Jean-Claude Lattès, 1989; reed. 2005.

[13] *Ibid.*

[14] *Ibid.*

CAPÍTULO 3. UN EXTRAÑO PRÍNCIPE DE GALES

[1] Este cuadro se encuentra hoy en el castillo de Windsor, en la sala de baile de la reina. La mesa de plata forma parte de un mobiliario muy raro que puso de moda Luis XIV en Versalles.

[2] Sarah Bradford, *George VI, op. cit.*

[3] Hablando de él, la actual reina Isabel II, su sobrina, dirá siempre «el tío David».

[4] La princesa recibió al nacer este doble nombre de pila, Margarita-Rosa, que de niña le gustaba mucho; pero después se hizo famosa en el mundo entero por sus amores desdichados bajo el nombre amputado de Margarita.

[5] Martin Allen, *Hidden Agenda*, Mac Millan, Londres, 2000, publicado en Francia con el título *Le roi qui a trahi*, trad. de Jean Rosenthal, Plön, 2000.

[6] *Ibid.*

[7] Hugo Vickers, *Behind Closed Doors*, Hutchinson, Londres, 2001.

[8] Martin Allen, *op. cit.*

[9] Charles Higham, *op. cit.*

[10] Alain Decaux, de la Académie Française, *L'Abdication*, Perrin, 1995, y Charles Higham, *op. cit.*

[11] Sir Cecil Beaton (1904-1980), autor de la fotografía oficial de la reina madre Isabel, viuda de Jorge VI, será, entre otras cosas, el creador de los prodigiosos vestidos femeninos de la película *My Fair Lady*, especialmente los que luce Audrey Hepburn.

[12] En francés *(joie de vivre)* en una carta de su amiga lady Sibyl Colefax; véase Alain Decaux, *op. cit.*

[13] Esta presencia de una colonia norteamericana evoca el recuerdo del primer embajador de los recién independizados Estados Unidos que se instaló en 1785 en el

núm. 9 de Grosvenor Square. Posteriormente el mismo John Adams fue elegido presidente. Más tarde, de marzo a junio de 1944, el general Eisenhower organizó allí su cuartel general, en el núm. 20.

[14] Es el segundo hermano de Eduardo VII y el yerno del rey Gustavo V de Suecia.

[15] Charles Higham, *op. cit.*

[16] Sarah Bradford, *George VI, op. cit.*

[17] Archivos del duque y la duquesa de Windsor; véase Alain Decaux, *op. cit.*

[18] El hermano y la cuñada del príncipe, los futuros reyes Jorge VI e Isabel.

[19] Sarah Bradford, *George VI, op. cit.*

[20] Hugo Vickers, *op. cit.*

[21] Para diferenciar a las soberanas de los transatlánticos (los barcos en inglés son femeninos), se escribe, por ejemplo, *Queen Isabel 2* o *Queen Mary 2*, mientras que «Isabel II» en cifras romanas designa a la reina.

[22] Alain Decaux, *op. cit.*

CAPÍTULO 4. DEL 20 DE ENERO AL 10 DE DICIEMBRE DE 1936. LOS TRESCIENTOS VEINTICINCO DÍAS DE EDUARDO VIII

[1] Sarah Bradford, *George VI, op. cit.*

[2] Cristopher Hibbert, *op. cit.*

[3] Unas 400 000 libras actuales, según Sarah Bradford.

[4] Martin Allen, *op. cit.*

[5] Donde nació Victoria en 1819 y donde vivió hasta que accedió al trono. Mucho más tarde ese palacio fue la residencia oficial de la princesa Margarita, la hermana de la reina Isabel II.

[6] Las conversaciones confidenciales entre el rey y su primo Coburgo fueron enviadas en un informe secreto a Hitler por medio de Joachim von Ribbentrop. Éste fue nombrado primero, en 1935, embajador extraordinario y plenipotenciario itinerante del Reich para negociar un acuerdo naval entre Alemania y Reino Unido a fin de evitar una «carrera armamentística entre los dos países». En agosto de 1936 Ribbentrop estaba acreditado como embajador ante Eduardo VIII, en sustitución de Su Excelencia von Hoesch, que había fallecido. Este diplomático confirmó muchas veces la simpatía del rey por Alemania y su odio hacia la URSS (archivos Ribbentrop).

[7] Véanse los diversos trabajos de François Kersaudy, en particular *Winston Churchill, le pouvoir de l'imagination*, Tallandier, 2000, reed. 2009.

[8] Sarah Bradford, *George VI, op. cit.*

[9] *Ibid.*

[10] Cristopher Hibbert, *op. cit.*

[11] Victoria, Eduardo VII y Jorge V.

CAPÍTULO 5. 10 DE DICIEMBRE DE 1936.
LA ABDICACIÓN, UNA TRAGEDIA Y UN TRAUMA

[1] Christopher Hibbert, *op. cit.*

[2] Hugo Vickers, *op. cit.*

[3] Alain Decaux, *op. cit.* Wallis está muy nerviosa, lo cual explica que olvide el barro con el que cada día la salpica la prensa angloamericana.

[4] Un año más tarde, Stanley Baldwin recibe un título nobiliario y se retira de la vida pública. Muere en 1947.

[5] Durante la guerra de Secesión, victoria decisiva del Norte sobre el Sur, el 3 de julio de 1863. Véase también Christopher Hibbert, *op. cit.*

[6] Sin embargo, ha habido (y habrá) duques de la Casa Real que han hablado en la Cámara de los Lores: los hijos del rey Jorge III, el príncipe de Gales futuro Eduardo VII y el príncipe Carlos, el primogénito de la reina Isabel II, cuando llevaba el título de príncipe de Gales.

[7] *Dawson Papers*, en Sarah Bradford, *George VI, op. cit.*

[8] Michael Bloch, *L'Amour souverain: les lettres intimes du duc y de la duchesse de Windsor*, trad. fr., de Jean-Luc Barré, Perrin, 1986.

CAPÍTULO 6. 1937-1939. WINDSOR CONTRA WINDSOR
O LOS DESAFÍOS DE JORGE VI

[1] Hoy día todavía cuentan a los visitantes de Glamis (se pronuncia «Glamse») que una partida de cartas, empezada hace siglos un viernes santo —lo cual estaba prohibido por la Iglesia—, continúa en una estancia del castillo y continuará eternamente como castigo a los dos jugadores sacrílegos.

[2] Al enviudar en 1952, la reina madre Isabel se la regalará a su segunda hija, la princesa Margarita.

[3] Estas revelaciones corresponden al estreno de la excelente película de un joven cineasta británico, Tom Hooper, *The King's Speech* (*El discurso del rey*); con tanto valor como sentido del humor y ternura, el film evoca este aspecto desconocido de la vida del futuro Jorge VI, padre de la actual reina Isabel II. La película, muy emocionante, fue un éxito mundial, recibió numerosas recompensas (y cuatro Óscar), especialmente por la actuación de los actores Colin Firth y Geoffrey Rush.

[4] Se trata del padre del futuro presidente John Fitzgerald Kennedy.

[5] Sarah Bradford, *George VI, op. cit.*

[6] Se encontró en la India y había pertenecido a los Grandes Mogoles. Se lo regalaron a la reina Victoria cuando fue proclamada emperatriz de las Indias en 1876. Originariamente tenía 800 quilates y su peso, una vez tallado, se redujo a 279 quilates.

[7] François Kersaudy, *Histoire de la dernière guerre*, núm. 7, septiembre-octubre de 2010.

[8] Reproducido por Martin Allen, *op. cit.*

[9] Michael Bloch, *L'Amour souverain, op. cit.*

[10] El rey Jorge VI, al que en su rabia Wallis se niega a llamar por su título.

[11] En esta correspondencia, el duque ha adquirido la costumbre de unir sus iniciales en una sigla, WE (Wallis y Eduardo), a fin de demostrar el carácter definitivo de su unión.

[12] Citas traducidas por el autor, extraídas de William Shawcross, *Queen Isabel, the Queen Mother*, McMillan, 2009 (reed. Pan Books, 2010).

[13] Martin Allen, *Le roi qui a trahi, op. cit.*

[14] Charles Bedaux será detenido por los norteamericanos en 1943, acusado de alta traición, y se suicidará en 1944 en una prisión de Miami.

[15] Frances Donaldson, *Edward VIII*, Weidenfeld & Nicolson, Londres, 1974.

[16] Este perro, un regalo de Eduardo a Wallis, no la pudo seguir en su exilio a Francia. Eduardo lo recuperó y enviaba noticias del animal casi a diario. Unos días después de su llegada a Candé, Wallis se pasea por los bosques con su perro, siguiendo vagamente un recorrido de golf. El pequeño Slipper desaparece. Lo encuentran casi sin vida: una víbora lo ha mordido. El perro muere en casa de un veterinario de Tours. Wallis está destrozada: «¿Debo perder todo lo que amo?». Los romanos habrían visto en ello una señal. La señora Bedaux, que se halla en el Ritz de Londres, compra un carlino que es la copia exacta de *Loo* y se lo manda a Wallis... en un avión especial. No se puede ser más amable. La muerte del primer perro y la llegada del segundo son *bocato di cardinale* para los periodistas: ¡qué actualidad!

[17] Hugo Vickers, *op. cit.*

[18] Martin Allen, *op. cit.*

[19] Sarah Bradford, *George VI, op. cit.*

[20] Citado por Martin Allen y Charles Higham, *op. cit.*

[21] François Kersaudy, *Histoire de la dernière guerre*, núm. 10, marzo-abril de 2011. Estoy de acuerdo con este autor en que «no cabe ninguna duda, aunque Hitler, tan ignorante como sus acólitos del funcionamiento de las instituciones británicas, sobrestima inevitablemente el papel de un monarca en la vida política de Reino Unido». En este terreno, Hitler estaba tan mal informado como Wallis, pues ésta repetía a menudo que un rey tenía todos los derechos, una ilusión que siempre había acariciado.

[22] Charles Higham, *op. cit.*

[23] Estimación financiera en 2005.

[24] Sarah Bradford, *George VI, op. cit.*

[25] El archiduque Otto de Habsburgo, que siempre se había negado a ver a Hitler y se había convertido en su bestia negra, me hizo observar que hubo un solo país que formuló una protesta, hoy olvidada: México. Por rabia contra el heredero de los Habsburgo al que intentará asesinar, Hitler dio al *Anschluss* el nombre cifrado de «operación *Otto*». El archiduque Otto murió el 4 de julio de 2011, a los 99 años. Véase Jean des Cars, *La saga des Habsbourg*, Perrin, 2010 (reed. 2011).

[26] El destino de ese coche es curioso. Al principio fue diseñado para el presidente de la República, pero Albert Lebrun lo utilizó una sola vez, el 10 de agosto de 1937,

para la inauguración de un memorial a la gloria del cuerpo expedicionario norte-americano en Montfaucon, cerca de Verdún, donde éste obtuvo una victoria en septiembre de 1918. Luego, después de los Windsor, desde abril de 1940 hasta finales de 1942, el coche fue incorporado al tren del almirante Darlan, vicepresidente del Consejo del gobierno del mariscal Pétain, en Vichy.

[27] Charles Higham, *op. cit.*

[28] Christopher Hibbert, *op. cit.*

[29] Cuando volvió triunfalmente a París, ante la multitud alegre que obstaculizaba el paso de su coche, Edouard Daladier exclamó: «¡Imbéciles!». El «toro del Vaucluse» no se hacía ilusiones.

[30] Extraído de un artículo del *Sunday Express* de 5 de marzo de 1967 titulado «El tío de la reina». Véase también Sarah Bradford, *George VI, op. cit.*

[31] François Kersaudy, *Histoire de la dernière guerre*, núm. 10, marzo-abril de 2011.

[32] Hugo Vickers, *op. cit.*

[33] Martin Allen, *op. cit.*

CAPÍTULO 7. 1940-1945. LOS WINDSOR EN GUERRA

[1] William Shawcross, *op. cit.*

[2] Una neutralidad relativa, que será realmente muy puesta en apuros por los agentes alemanes, puesto que el Eire, en esa época, todavía forma parte de la Commonwealth.

[3] La hipótesis de un rapto de la reina madre no era absurda: en efecto, unos meses más tarde, la reina Guillermina de los Países Bajos, que se había refugiado en Londres con su gobierno tras la invasión de su país por los alemanes, estuvo a punto de ser víctima de un secuestro por agentes enemigos.

[4] William Shawcross, *op. cit.*

[5] Sarah Bradford, *George VI, op. cit.*

[6] François Kersaudy, *Churchill, le pouvoir de l'imagination, op. cit.*

[7] Martin Allen, *op. cit.*

[8] Pierre Assouline (dir.), *A la recherche de Winston Churchill*, entretiens collectifs, Perrin/France Culture, 2011.

[9] Informe citado por Charles Higham, *op. cit.*

[10] Y algo más asombroso aún: a finales de 1941, después de la entrada en la guerra de Estados Unidos y la ocupación de La Croë por los italianos, las instrucciones del duque y la duquesa son respetadas. Es más —y también resulta revelador—, «la cuenta de los Windsor en el Banco de Francia» nunca fue confiscada por el administrador alemán de los bienes extranjeros, Carl Schaefer» (Charles Higham, *op. cit.*).

[11] Seis meses más tarde, el 15 de diciembre de 1940, por orden de Hitler, Otto Abetz organizará la repatriación a los Inválidos de las cenizas del Aguilucho, el hijo de Napoleón, para intentar engatusar a los parisinos, una primicia de la colaboración franco-alemana cuyos partidarios se trataba de reunir.

[12] El informe del embajador norteamericano en España, A. Weddall; véase Charles Higham, *op. cit.*

[13] François Kersaudy, *Histoire de la dernière guerre*, núm. 10, marzo-abril de 2011.

[14] El nombre de *mall* vendría de la época de Carlos II (1660-1685), rey Estuardo, cuando los cortesanos practicaban un juego de origen italiano llamado «pall-mall», comparable al cróquet.

[15] William Shawcross, *op. cit.*

[16] Winston Churchill, *Mémoires de guerre 1919-1941,* Cassel and Co, 1959; traducido, presentado y anotado en francés por François Kersaudy, Tallandier, 2009.

[17] *Ibid.*

[18] Memorias de Frank Giles, *Sunday Times*; véase Charles Higham, *op. cit.*

[19] Charles Higham, *op. cit.*

[20] *Ibid.*

[21] La envergadura del bombardeo hará nacer en Alemania un sustantivo, «coventrización», con la amenaza de que otras ciudades corran la misma suerte.

[22] Este «bunker a la inglesa» dejará de utilizarse tras la capitulación de Japón en agosto de 1945. El 16 de agosto, el *War Room* apagó las últimas bombillas rojas, la puerta blindada se cerró y las habitaciones quedaron intactas. En 1948 el Parlamento le concedió el estatus de «lugar histórico que merece ser preservado». No fue hasta 1981 cuando la primera ministra Margaret Thatcher decidió abrir al público este amplio refugio para que su historia fuera conocida. Ha sido restaurado en el estado que presentaba durante la guerra y es una visita absolutamente apasionante, abierta al público en 2003. Sólo falta el humo de los puros de sir Winston...

[23] Winston Churchill, *op. cit.* Este mensaje también puede interpretarse como una alusión a la salud precaria del presidente norteamericano, afectado por una poliomielitis que había interrumpido su vida política veinte años atrás.

[24] Sarah Bradford, *George VI, op. cit.*

[25] *Ibid.*

[26] De hecho, este plan será modificado y ampliado en abril de 1942, sobre todo por el general Marshall y por Hopkins, llegados también de Washington, combinando una vasta ofensiva por aire y por mar con un desembarco proyectado entre Le Havre y Boulogne en 1943. Es el primer esbozo del que tendrá lugar el 6 de junio de 1944. Pero el proyecto es rechazado a causa de la operación *Torch*, en el norte de África en julio de 1942. La situación allí es muy peligrosa y urgente: frente al Afrikakorps de Rommel, los combates de Bir-Hakeim y Tobruk son heroicos.

[27] Hay varias en esta época. Sea cual sea el lugar, real o gubernamental, la comida será frugal... Desde entonces el soberano está más acostumbrado a invitar que a ser invitado.

[28] El nombre de pila inicial de Jorge VI era Albert, y su apodo Bertie. Al convertirse en rey adoptó un nuevo nombre en homenaje a su padre.

[29] Sin embargo se había ocupado mucho de él, lo había instalado en su casa y había logrado curarlo de su adicción.

[30] Charles Higham *(op. cit.)* cita una nota de los servicios de espionaje alemanes: «El supuesto accidente es, en realidad, el resultado de las actividades desalmadas del

servicio secreto británico deseoso de desembarazarse de [Kent] antes de que sus simpatías proclamadas por la causa alemana resulten incómodas para la familia real».

[31] Según una conversación de la década de 1970, revelada en 2003, con un contemporáneo del drama, Martin Allen *(op. cit.)* estima que «se deshicieron del duque», que se había convertido en un estorbo. Algunos autores han explicado la manera como se podía sabotear un hidroavión. El caso ha sido comparado a veces con el accidente de aviación en el cual murió, en junio de 1943 en Gibraltar, el general polaco Sikorski, primero antinazi y luego antisoviético, tras el descubrimiento de la fosa de Katyn, cuya responsabilidad, atribuida a Hitler, era en realidad de Stalin, un crimen que Rusia no reconoció hasta 1990.

[32] Sarah Bradford, *George VI, op. cit.*

[33] Christopher Hibbert, *op. cit.*

[34] François Kersaudy, *Histoire de la dernière guerre*, núm. 10, marzo-abril de 2011.

[35] Sarah Bradford, *George VI, op. cit.*

[36] Hugo Vickers, *op. cit.*

[37] Charles Higham, *op. cit.*

[38] Christopher Hibbert, *op. cit.*

[39] Hugo Vickers, *op. cit.*

Capítulo 8. 1945-1952. El final del Imperio

[1] En uno de los salones de Marlborough House, Leopoldo de Sajonia-Coburgo-Gotha recibió en 1831 a los emisarios del gobierno provisional que fueron a ofrecerle la corona de Bélgica. Se convertirá en Leopoldo I, el primer rey de los belgas.

[2] Hugo Vickers, *op. cit.* Las «dos decisiones» son la negativa a recibir a la duquesa en la corte y la de concederle el título de Alteza Real.

[3] Se han formulado diversas tesis para aclarar este misterio. Leslie Field, historiadora oficial de las joyas de la reina y de la familia real: «En mi opinión, la duquesa de Windsor estafó a las compañías de seguros sobreestimando el valor de las joyas. Una treintena al menos de las alhajas que dio como robadas figuran en el catálogo de Sotheby's para la subasta de Ginebra en 1987. Fueron vendidas a precios elevadísimos. Ella evidentemente no las pudo llevar más después de haber cobrado con su marido la suma por la cual las había declarado. Sin duda no volvieron a salir jamás del cofre en el cual las metió en París» (Charles Higham, *op. cit.*). La duquesa había muerto en 1986. La subasta de Ginebra, los días 2 y 3 de abril de 1987, comprendía doscientos treinta lotes. El conjunto estaba valorado en más de siete millones de dólares. La venta alcanzó más de 50 millones de dólares, es decir siete veces su estimación (alrededor de 274 millones de francos), legados, como todos los bienes de la duquesa, al Instituto Pasteur. La joya preferida de Wallis era un collar de rubíes y diamantes de Birmania que el rey Eduardo VIII le regaló el día en que cumplió 41 años con esta inscripción: *«My Wallis from her David».*

[4] Royal Navy.

[5] Sarah Bradford, *George VI, op. cit.*

[6] Recordemos que a causa del cambio de horario, en Rusia la victoria de 1945 se celebra el 9 de mayo (también se hacía así en tiempos de la URSS).

[7] Sarah Bradford, *George VI, op. cit.*

[8] El 25 de julio de 1943, el rey Victor Emmanuel III de Italia, que había colaborado durante mucho tiempo con el fascismo, hizo detener a Mussolini. Pero la caída del Duce también es el final de la casa de Saboya, totalmente desacreditada. La reacción del rey llega demasiado tarde.

[9] Martin Allen, *op. cit*

[10] Las sospechas y las dudas envenenarán el final del reinado de Jorge VI y el principio del de su hija, la actual reina Isabel II. En 1956, en respuesta a la publicación de ciertos «documentos alemanes», tal vez entregados, fabricados o adulterados por los servicios soviéticos, el gobierno británico, entonces dirigido por el sucesor de Churchill, el conservador Anthony Eden, mandará publicar una «precisión». Esa declaración oficial refuta las acusaciones, considerando que se basan en «una fuente muy poco fiable» y subrayando que en 1940 «el duque fue sometido a fuertes presiones desde todos los rincones de Europa donde los alemanes esperaban verle ejercer su influencia contra el gobierno de Su Majestad. Su Alteza Real jamás vaciló en su lealtad a la causa británica ni en su determinación de ocupar su puesto de gobernador de las Bahamas en la fecha convenida». Martin Allen considera, por el contrario, que el examen de los informes alemanes demuestra que «contienen una versión totalmente distinta de lo que el *establisment* británico presenta como la verdad» (*op. cit.*). Pero para el primer ministro, se trataba de cerrar el caso para evitar ulteriores polémicas.

[11] Sarah Bradford, *George VI, op. cit.*

[12] Christopher Hibbert, *op cit.*

[13] Christopher Sykes, *Nancy, The Life of Lady Astor*, Collins, Londres, 1972.

Capítulo 9. 1952-1955. El aprendizaje de una reina

[1] Como la muerte prematura del rey no permitió preparar su tumba, fue enterrado primero provisionalmente en la de Jorge III. La tumba definitiva de Jorge VI, con su memorial, data del 31 de marzo de 1969.

[2] Charles Higham, *op. cit.*

[3] William Shawcross, *op. cit.*

[4] *Ibid.*

[5] Se trata del padre del esposo, hoy separado, de la princesa Carolina de Mónaco, que sigue llevando el título de SAR, la princesa de Hannover.

[6] Sarah Bradford, *George VI, op. cit.*

[7] Alain Decaux, *op. cit.*

[8] Charles Higham, *op cit.*

[9] *Ibid.*

[10] Charles Hargrove, *Elizabeth II*, Perrin, 1994 (reed. 2004).

[11] François Kersaudy, *Churchill, le pouvoir de l'imagination, op. cit.*

[12] *Ibid.*

[13] La siguiente vez que la reina sea invitada a Downing Street lo será por parte del laborista Harold Wilson, la víspera de su dimisión en marzo de 1976. El primer ministro sólo lleva corbata negra (esmoquin) y la reina no lleva ni tiara ni condecoraciones.

[14] Cristopher Hibbert, *op. cit.*

CAPÍTULO 10. 1956-1965. EL TIEMPO DE LAS CRISIS

[1] *The New York Times*, reproducido por *Le Figaro*, 17 de junio de 2011.

[2] Hugo Vickers, *op. cit.*

[3] Sarah Bradford, *George VI, op. cit.*

[4] *Ibid.*

[5] Entre otras malas reputaciones, la duquesa tenía la de no aceptar ninguna invitación no retribuida. Una de mis tías, que no la apreciaba, dijo en aquella época, al verla en un coctel junto a la Place Vendôme: «Si la duquesa ha venido es que ha recibido el sobre».

[6] Sarah Bradford, *George VI, op. cit.*

[7] Uno de los coches Pullman del tren fúnebre, después de haber sido reformado, se integró al tren británico que enlaza con el actual Venice-Simplon-Orient-Express.

CAPÍTULO 11. 1965-1997. BODAS, ENTIERROS, TRAICIONES Y...
ANNUS HORRIBILIS

[1] Citado por Philippe Valode, *op. cit.*, y Roland Marx, *La Reine Victoria*, Fayard, 2000.

[2] El Príncipe Negro, hijo del rey Eduardo III de Inglaterra, debía su apodo al color de su armadura. Se le concedió el título de príncipe de Gales en 1343. Su técnica de utilización de los arqueros fue determinante en la primera gran victoria inglesa en la guerra de los Cien Años, en Crécy, el 26 de agosto de 1346.

[3] En la década de 1950, el castillo fue alquilado a ex monarcas: al ex rey de los belgas Leopoldo III, a María José de Italia, a Faruk de Egipto. Lo que le valió a la propiedad el sobrenombre de «castillo de los reyes desdichados». Luego pasaron por él dos armadores griegos riquísimos, Onassis y su cuñado Niarchos.

[4] Hugo Vickers, *op. cit.*

[5] Charles Higham, *op. cit.*

[6] Sarah Bradford, *George VI, op. cit.*

[7] Jérôme Carron, *Elizabeth II, reine du siècle*, Editions Point de Vue/L'Express/Roularta, 2011.

[8] Sarah Bradford, *George VI, op. cit.*

[9] François Kersaudy, *Lord Mountbatten*, Payot, 2006.

[10] Charles Higham, *op. cit.*

[11] Hugo Vickers, *op. cit.*

[12] «Dix siècles de mariages royaux à la cour d'Angleterre», *Point de Vue,* spécial «Histoire», núm. 7, marzo de 2011.

[13] Sarah Bradford, *Elizabeth: A Biography of Her Majesty the Queen*, Penguin Books, 1996, reed. 2002.

[14] Charles Hargrove, *op. cit.*

[15] Andrew Morton, *Diana, Her True Story*, Simon & Schuster, Londres, 1992.

[16] Intervención en el Parlamento.

Capítulo 12. 1998-2011.
Isabel II, ¿la serenidad a pesar de todo?

[1] Bertrand Deckers, *Les Grandes Amoureuse du Gotha*, Editions Point de Vue/L'Express/Roularta, 2001.

[2] William Shawcross, *op. cit.*

Agradecimientos

Durante mis investigaciones y mis viajes para la preparación de este libro he gozado de la ayuda de muchísimas personas. Quiero expresar sobre todo mi cordial gratitud a Janet Sayers, nuestra guía acompañante durante las diversas visitas que realizamos al castillo de Windsor, quien contestó a tantísimas preguntas con exquisita precisión. Asimismo, han sido muy valiosas las informaciones que me han proporcionado Alain Decaux, de la Académie Française, François Kersaudy, Ursula Painvin, Rudolf von Ribbentrop y Pierre Joannon.

También quiero expresar mi agradecimiento al equipo de la editorial Perrin porque, a causa de un problema personal doloroso, la redacción de este libro ha sido más larga de lo previsto. Gracias a Benoît Yvert, director general; a Laurent Theis, director editorial; a Céline Delautre, correctora jefe; a Yann Rigo, corrector adjunto; a Marguerite de Marcillac, encargada del cuaderno iconográfico; a Marie de Lattre, del departamento artístico; a Jean d'Hendecourt y a Lysiane Bouchet, del departamento de fabricación. Todos han confiado en mí y han unido sus esfuerzos. Mi reconocimiento también a los equipos de Nord Compo, del fotograbador RVB y de la imprenta Firmin-Didot.

Gracias a la agencia Voyages à la Une (Denis Plé, Céline Plé-Mosconi y Cecilia Hoffmann).

Por último, Monique, mi esposa, me ha ayudado cariñosamente con sus excelentes consejos y sus comentarios siempre inteligentes y sensatos. No ha cesado de apoyarme y animarme en una verdadera carrera contrarreloj.

Índice onomástico

Este libro se terminó de imprimir en el mes de
Enero del 2013, en Impresos Vacha, S.A. de C.V.
Juan Hernández y Dávalos Núm. 47, Col. Algarín,
México, D.F., CP 06880, Del. Cuauhtémoc.